낙하생 이학규 문학의 심층 연구

낙하생 이학규 문학의 심층 연구

정은주 지음

학자원

책을 펴내며

이 책은 조선후기 근기남인 실학파의 마지막 세대로 평가받는 이학규李學逵에 관한 연구이다. 이학규는 부친이 일찍 세상을 떠나 서울 황화방皇華坊에 있는 외갓집에서 생장했다. 그의 외조부는 남인계의 문권을 30여 년간 주도했던 이용휴李用休이고, 외숙부는 조선시대 천재 학자로 명성이 높았던 이가환李家煥이다. 이용휴의 숙부는 근기남인 실학파의 종장으로 추앙받았던 실학자 성호星湖 이익李瀷이다. 이로써 본다면 이학규는 근기남인 실학파의 자장磁場 안에서 수학하며 가학의 전통을 계승했음을 알 수 있다. 이학규는 젊은 시절 정조에게 문재文才를 인정받아 규장각을 출입하는 등 전도유망한 신진문인으로 세간의 주목을 받았다. 그러나 19세기 벽두에 발생한 신유사옥辛酉邪獄으로 인해 그의 인생 궤적은 정반대 방향으로 향하게 되었다. 이학규는 천주교와 직접적인 관련이 없었음에도 불구하고 정쟁政爭의 회오리에 휘말려 유배형을 받았으며, 그와 가까운 인물들도 대부분 귀양을 가거나 목숨을 잃었다. 이승훈李承薰을 비롯하여 이학규의 외숙인 이가환, 정약용丁若鏞의 형인 정약종丁若鍾 등 100여 명이 세상을 떠났고, 정약용 등 400여 명이 유배형에 처해졌다. 이학규의 유배지는 전라도 능주로 정해졌다가 이후 경상도 김해로 이배되었으며, 24년의 유배기간이 지난 1824년에 해배되었다.

이학규의 유배지에서의 삶은 어떠했던가. 서울에서 나고 자란 그에게 국토 남단에 위치한 유배지의 낯선 환경과 사물, 낙후한 문화 수준은 정신적·육체적 고통을 수반하는 것이었다. 그러나 그는 유배지의 고통과 괴로움에 매몰되지 않고, 글쓰기를 통해 이를 극복하고자 하였다. 이학규는 일상적 고통의 삶 속에서 남다른 안목과 체험의 깊이를 통해 새로운 문학적 감수성을 드러내보였다. 이후 유배기간이 점차 지나면서 그의 시선은 민중의 치열한 삶의 현장으로 깊숙이 파고들었다. 민중의 삶과 목소리를 다양하게 포착하여 생생하게 담아내는 등 문학적 소재로 적극 반영하는 한편, 지역민들의 실생활에서 우러나온 참다운 정감과 감수성을 저술에 녹여냈다. 그 결과 유배지에서 계발된 현실 인식을 바탕으로 눈부신 현실주의 문학의 성취를 이루었으며, 이는 조선후기 현실주의 시문학을 계승하여 보다 진전된 면모로 발전시켰다는 점에서 그 문학사적 의의가 있다.

이 책은 필자의 이학규에 대한 연구 결과를 한 자리에 모은 것이다. 1부는 박사학위논문을 수정, 보완한 것이다. 이학규의 삶을 유배 이전, 유배 전·후반기, 해배 이후로 구분하고, 각 시기별로 변모되어 나타나는 문학 양상과 특징을 규명하였다. 2부와 3부는 이학규의 다각적 면모를 조망하기 위해 시도했던 다양한 주제의 연구 논문을 수록한 것이다. 여기서는 이학규의 문집을 비롯하여 문집에 수록되지 않은 저술에까지 연구 대상을 확장하여 심층 탐구를 시도하였다. 이를 통해 문인과 실학자의 면모가 공존하는 이학규의 전모를 확인할 수 있다. 이외에도 이학규에 대한 연구 논문으로 「이학규의 「성시전도시城市全圖詩」 창작 배경과 그 특성」, 「영남대 동빈문고 소장 『낙하척독洛下尺牘』의 자료적 가치와 의의」가 있으나 공동저술이므로 이 책에는 수록하지 않았다.

2020년은 이학규가 탄생한 지 250주년이 되는 해이다. 뜻 깊은 해에 발간된 이 책이 관련 연구자들에게 조금이나마 도움이 되길 바란다. 이 책이 나올 수 있었던 데에는 전적으로 여러 선생님들의 가르침이 있었기에 가능했다. 성균관대학교의 임형택 선생님, 송재소 선생님, 이희목 선생님, 안대회 선생님, 그리고 서울대학교의 김명호 선생님께 진심으로 감사 인사를 드린다. 무엇보다 불민한 제자를 연구자의 길로 이끌어주신 진재교 선생님께 깊은 감사의 인사를 올린다. 인생이 계획대로만 흘러가지 않듯이 이 책 역시 당초 계획보다 조금 늦게 출간하게 되었다. 이는 이학규에 대한 보다 폭넓은 연구사를 담고 싶었던 필자의 개인적인 바람 때문이다. 끝으로 여러 편의 산만한 원고를 예쁘게 단장하여 책으로 엮어주신 학자원 편집진께 감사드린다.

2020년 3월

정은주 근지

| 차례 |

제2부 근기남인 실학파 문인의 위상과 면모

제3부 보론

이학규李學逵는 조선후기에 활동했던 문인이자 실학자이다. 그는 근기남인 실학파의 종장인 성호 이익이 속한 남인가南人家에서 생장하며 실학적 학풍을 익혔고, 청년시절에는 정조의 특별한 신임을 받아 『규장전운奎章全韻』 편찬에 참여하기도 하는 등 서울의 유수한 문인들과 어울리며 학문적 바탕과 문학적 소양을 쌓았다. 그러나 19세기 벽두에 발생한 신유옥사辛酉獄事에 연루되어 유배길에 오르게 되었고, 이로 인해 이학규의 인생은 한순간에 뒤바뀌는 처지가 되었다. 첫 유배지는 전라도 능주로 결정되었고 이후에 다시 경상도 김해로 유배지가 변경되었다. 유배지에서 이학규가 보낸 기간은 모두 24년이다. 유구한 역사를 더듬어볼 때 정쟁政爭의 희생양이 되어 유배형을 받은 인물이 적지 않으나, 24년의 유배기간은 유례를 찾아볼 수 없는 오랜 세월이다.

유배는 주위를 둘러싼 거의 모든 것의 변화를 의미한다. 촉망받는 청년 문인에서 유배객이 된 이학규는 신분의 변화만큼 급변한 주변 환경에 적응해야 했다. 유배지의 낯선 공간에 떨어진 이학규의 눈에 비친 것은 서울과 비교해서 이질적인 문화와 척박한 수준의 환경이었다. 낯선 곳에서의 오랜 유배 생활은 이학규의 내면에도 변화를 가져와 문학 또한 유배 이전과는 변모된 양상으로 나타났다. 곧 유배 체험은 이학규의 문학이 변모되는 데에 직접적인 계기로 작용했다. 유배는 전통시대 형벌의 일종이지만, 한편으로는 문학창작의 원천을 제공하여 이전과는 다른 문학적 성과의 토대가 된다는 점에서 중요한 의미를 부여할 수 있다.

이학규의 문학은 유배를 전후하여 변모되는 양상을 보인다. 유배 이전의 청년시절과 유배 시기, 그리고 해배 이후의 시기이다. 각각의 시기에 창작된 시문과 저술은 다른 시기와 구별되는 양상을 보이는데, 이는 유배로 인해 서울에서 김해로 공간의 이동에 따른 외부 환경의 변화와 이에 따른 자의식의 변모가 문학으로 표출되어 나타났기 때문이다. 이학규는 유배지의 변화된 공간 속에서 깊은 절망감을 드러내는 한편, 그곳에서 체험한 현실인식을 문학 속에 적극적으로 투영시킴으로써 유배 이전과는 또 다른 문학적 성취를 이루었다. 이는 유배 체험이 그의 의식세계에 지대한 영향을 주었고, 그 결과 문학 형성에 고스란히 녹아들었기 때문이다. 이학규의 시문은 유배를 기점으로 해서 저자의 인식상의 변화가 감지되며, 이는 그의 문학에도 고스란히 투영되었다. 곧 유배 체험에서 비롯된 현실인식과 자아각성이 그의 시문 창작에 어떤 방식으로 투영되었으며, 나아가 어떻게 문학으로 형상화되었는지를 구체적으로 살펴볼 필요가 있다. 각 시기별로 나타난 문학의 특징적 변모를 추적함으로써 이학규의 인식 변화와 그에 따른 창작의 변화를 살펴볼 수 있을 것이다.

이학규의 문학세계는 그가 본래 지니고 있던 내적 자질과 유배라는 외적 경험이 결합되어 일정한 문학적 성취를 거둘 수 있었다. 유배기가 이학규의 문학에서 뚜렷한 족적을 남긴 시기이기는 하나, 그 이전과 이후 시기의 문학에 대한 검토 역시 이학규의 문학을 총체적으로 규명하기 위해서는 필수적이다. 한 문인이 지닌 문학의 변모 양상을 고찰할 때, 시간의 흐름에 따라 고찰하는 종적縱的 연구는 인생 전체를 조망할 수 있는 동시에 그 문학의 변천사를 가장 잘 드러낼 수 있다는 점에서 의미가 있다. 이와 같은 접근 방식의 연구는 곧 이학규라는 문인이 일생동안 추구했던 문학세계를 가장 잘 드러낼 수 있을 것이다. 또한 그의 문학 속에는 문인으로서의 모습과 실학자로서의 모습이 공존한다. 따라서 이학규의 문학이 지닌 온전한 면모를 드러내기 위해서는 시와 산문, 양자를 범주에 넣은 보다 광범위한 시각에 기반한 연구가 필요하다. 이상의 연구는 이학규의 문학 연구에서 처음으로 시도되는 종적 연구이며 동시에 종합적 연구라는 측면에서 그 의미를 지닌다.

Ⅰ. 유배 이전 생애와 초기의 문학적 경향

이학규는 남인가南人家의 촉망받는 젊은 문인이었다. 그는 외조부인 혜환惠寰 이용휴李用休의 훈육을 받으며 생장하였고, 정조의 지우를 입어 『규장전운』 편찬에 참여하기도 하는 등 일찍부터 문학적 자질을 인정받았다. 또한 그의 유배가 세간의 질시에서 비롯되었다는 다산茶山 정약용丁若鏞의 언급은 당시 이학규가 세인의 주목을 받을 정도로 유수한 문인이라는 점을 반증한다. 유배 이전에 지어진 이학규의 시문은 『낙하생집洛下生集』책1 춘성당집春星堂集과 『낙하생집洛下生集』책2에 실려 있다. 책1 춘성당집에는 1793년에서 1800년에 지은 시詩 77제題가 실려 있고, 책2에는 1800년에 저술한 「삼서蔘書」가 별도로 수록되어 있다. 시의 내용은 대체로 지인들과 주고받은 수창시와 개인적 홍취와 서정적 감흥을 읊은 것들이다.

1. 가학적 연원과 학풍

1) 남인계南人系 인맥과의 교류

이학규(1770~1835)의 자字는 성수醒叟·성수惺叟이고, 호號는 낙하생洛下生이다. 본가本家는 평창이씨平昌 李氏요, 외가外家는 여주이씨驪州 李氏이다. 또한 그의 처가妻家는 나주정씨羅州 丁氏로, 그의 본가와 외가 · 처가가 모두 남인가南人家인 셈이며 이들 가문 간에는 서로 인친姻親관계로 두텁게 맺어져 있었다.[1] 이학규는 부친[2]이 일찍 세상을 떠나는 바람에 황화방皇華坊에 있는 외가에서 유복자로 태어나 그곳에서 유년시절을 보냈다. 이학규의 외조부는 혜환惠寰 이용휴李用休(1708~1782)이고, 외숙은 금대錦帶 이가환李家煥(1742~1801)이다. 널리 알려진 바와 같이 이용휴는 성호星湖 이익李瀷(1681~1763)의 조카로 당시에 문학으로 명성을 드날리며 30여 년간 문단을 좌우한 문인이었다.[3] 그는 이익의 문학을 계승한 인물로 평가받았으며, 기굴신교奇崛新巧한 문풍으로 영 · 정조대의 문학을 일신하였다. 또한 그의 문학적 영향력은 이익 이후 30년 재야의 문권을 장악하였다는 평가를 받았다.[4] 이가환은 이용휴의 아들로, 노긍盧兢 · 심익운沈翼雲과 함께 조선 후기의 3대 천재로 불렸던 문사이다. 그는 정조로부터 '정학사貞學士'라 호칭될 만큼 대학자였으며, 시와 산문 등 문장뿐만 아니라 천문학, 지리, 수학 등 다방면에 걸친 뛰어난 재주를 지녔던 인물이다. 이와 같이 당대 손꼽히는 쟁쟁한 문인들이 포진한

1 『平昌李氏大同譜』 上 · 下, 平昌李氏大同譜所, 1978 ; 『平昌李氏細譜』 권3, 平昌李氏大宗會, 2005 참조.

2 李應薰(1749~1770) : 字는 華國이다. 8월에 세상을 떠났는데, 그 해 12월 이학규가 외조부인 李用休의 皇華坊(지금의 貞洞)에서 유복자로 태어났다.

3 丁若鏞, 『與猶堂全書 I』(『한국문집총간』 281)卷15, 「貞軒墓誌銘」, "自號曰惠寰居士, 當元陵末年, 名冠一代. 凡欲琢磨以自新者, 咸就斧正, 身居布衣之列, 手操文苑之權者, 三十餘年. 自古以來, 未之有也."

4 박용만, 「18세기 安山과 驪州李氏家의 文學活動」, 『한국한문학연구』25집, 한국한문학회, 2000.

외가에서 생장한 이학규가 근기남인계열인 성호학파의 문인들과 교유하며 그 실학적 학풍을 체득할 수 있었음은 어렵지 않게 짐작할 수 있다. 곧 남인가의 실학적 분위기는 이학규의 문학 형성에 영향을 미쳤으며, 실제로 그의 저술을 통해 확인할 수 있다.

이학규는 이용휴와 이가환을 비롯하여 다산茶山 정약용丁若鏞(1762~1836), 목재木齋 이삼환李森煥(1735~1813), 백진伯津 이명규李明逵 등의 남인계 문인들과도 교유하였다. 이외에 자하紫霞 신위申緯와 제원霽園 한재렴韓在濂 등의 문인과도 교유를 하였는데, 남인가에서 생장한 덕에 이학규의 교유 범위는 자연스레 남인계 문인이 주를 이루었다. 정약용과의 교유는 유배 이후에 더욱 활발하게 진행되었고, 종형인 이명규와는 전 생애에 걸쳐 긴밀한 교유를 나눈 사이였다. 그리고 이학규는 성호 이익의 종손인 이삼환에게 의문 나는 사항에 대해 물어보기도 하는 등 학문적 가르침을 받았다.[5]

이용휴의 집에서 유년시절을 보낸 이학규의 모습을 살펴보기로 한다.

> 아! 나는 하늘에서 복을 받지 못하여 선고先考께서 세상을 떠난 지 다섯 달 만에 선비先妣께서는 비로소 황화리皇華里에 있는 외갓집에서 나를 낳으셨다. …… 바야흐로 혜환공惠寰公이 가르쳐 주심에 나는 무릎 꿇고 앉아 배웠는데, 당인시唐人詩 절구絶句 약간 편을 가르쳐주셨다.[6]

---

5 「畣權處一」, 『洛下生集』冊14 文漪堂集, “昔予秊弱冠, 問聲病之義於李木齋先生. 先生笑曰, 君秊已弱冠, 尙不知聲病爲四聲八病邪. 予大慙赧, 不敢再問其詳, 退而自咎, 竊搜唐宋以來諸家言詩聲病者, 領略無餘, 頗能暗誦.”

6 「權耈配驪州李氏墓誌銘」, 『洛下生集』冊14 文漪堂集, “嗚呼! 予不祿于天, 先考棄世五閱月, 而先妣始娩余于予外家皇華里第. …… 時惠寰公方敎予學跽坐,

이 글은 이학규가 이용휴의 손녀인 여주이씨驪州 李氏를 위해 지은 묘지명으로, 두 사람은 이용휴의 집에서 어린 시절을 함께 보낸 가까운 사이였다. 그녀는 어릴 적부터 총명하고 덕성이 있었는데, 16세에 권구權耉에게 시집을 가서 아이를 해산한 뒤 열흘도 못되어 세상을 떠났다. 위에 인용한 부분에서는 이학규가 유복자로 외가에서 태어난 사실과 외조부인 혜환공惠寰公에게 글을 배운 정황이 나타나 있다. 이 글에는 당인시唐人詩를 배웠다는 단편적인 언급만 되어 있으나, 이학규가 외가에서 10여 년의 유년시절을 보내는 동안 이용휴의 자장磁場 안에서 수학하였으므로 그의 사상과 문학관에 일정정도 영향을 받았을 것으로 짐작된다.[7]

세 살에 걸핏하면 질문할 줄 알았지만	三歲動知問
부모님 모시지 못해 마음 아프네.	痛迫風樹晨
여주 이씨 집안은 내가 태어난 곳으로	驪李我自出
고가古家가 성곽 서쪽에 있었네.	古家西郭鄰
혜환옹에게 글을 배웠는데	學書惠寰翁
말소리도 알아듣기 어려웠네.	詰屈語音艱
금대공은 다만 앉아서 웃다가	錦公但坐笑
나를 업고 일어나 서성거렸다네.	負我起盤桓[8]

口授唐人詩絶句若干篇."

7 이학규의 문집에서 이용휴와 직접 수창한 시문은 보이지 않으나, 이학규가 이용휴에 관해 언급한 부분은 다음 글에도 보인다. 「與孫拭魯」, 『洛下生集』 冊16 秋樹根齋集, "昔者, 李星湖先生其胤氏佐郎公遘奇疾, 先生晝不進飯, 夜不卽枕, 飮食湯藥, 無或失時. 佐郎公旣屬纊, 先生卽返寢所, 一臥鼾息齁齁. 或曰, 是不情者與. 先生奮曰, 我方衰耄, 一子遘奇疾, 蚤夜以扶將治療, 我之分也, 彼旣長逝, 命也, 命可爭乎. 安眠強飯, 以盡吾餘季亦分也. 此事僕於幼季, 承聞于外王考惠寰公."

이 시는 1806년에 유배지에서 지은 「영회봉기백진詠褱奉寄伯津」의 일부이다. 이학규가 종형인 이명규에게 부친 것으로, 유배지에서 지내는 동안 회한의 심정으로 과거를 회상하며 지은 장편시이다.[9] 인용한 부분에는 외갓집에서 태어난 사실과 함께 어린 시절 이용휴에게 학문을 배우고 이가환의 보살핌을 받았던 모습이 잘 나타나 있다. 외조부가 가르쳐 주는 글은 너무 어려워 알아들을 수 없고, 외숙의 등에 업혀 재롱을 부리던 순진무구한 이학규의 어린 시절이 시 속에 투영되어 있다. 이러한 이학규의 직접적인 언급은 외가의 학문적 풍토 속에서 생장한 배경을 잘 나타낸다고 볼 수 있다.

이학규가 남인가의 학통을 이어받은 사실은 후대인의 평가에서도 드러난다. 일찍이 이가원李家源 선생은 이학규를 언급하면서 성호학파에서 이용휴를 이어 문학적 전통을 이어받은 것으로 파악하였다.

> 성호星湖의 모든 자질子姪 중에서 문학으로서는 혜환惠寰 이용휴李用休가 으뜸이었으니, …… 그러나 그의 문학적 전통은 낙하洛下 이학규李學逵에 이르러서 더욱 빛났으니, 낙하洛下는 곧 혜환의 외손外孫으로서 재명才名이 일세를 경동시키던 수재秀才이다. …… 혜환의 재맥才脈은 아들 금대錦帶를 제외하고는 곧 외손인 낙하에게로 흘러내렸던 것이다.[10]

곧 이학규는 문학으로써 이용휴를 계승한 문인으로 평가받았다. 실제로 이학규의 문집 속에는 이용휴의 영향을 받은 것으로 보이는

---

8 「詠褱奉寄伯津」, 『洛下生集』冊4 因樹屋集.

9 伯津 李明逵의 문집은 알려진 것이 없었는데, 『群芳綴英』(전남대 도서관 소장)에 『大谷晩稿』라는 표제로 시문이 실려 있음이 확인된다.

10 『李家源全集』 第9卷 韓國名人小傳, 정음사, 1986.

글들이 다수 산견된다. 문학창작의 원천으로 진정眞情의 표출을 강조한 것이나, 곳곳에서 소품문의 취향을 보이는 글이 발견되는 것이 그것이다. 당시 소품취향의 기이한 문장을 구사하여 문명文名을 날렸던 이용휴의 문학세계가 은연중에 이학규에게도 영향을 미쳤던 것이다. 주지하다시피 이용휴는 소품문이 본격적으로 창작되는 18세기 초부터 후반까지의 기간을 작품 활동에만 전념하였으며, 18세기 소품작가로서 가장 선배에 해당하는 그가 후배들에게 미친 영향은 지대하였다. 통원通園 유만주兪晩柱(1755~1788)가 "혜환은 장서가 제법 풍부한데, 모두 기문이책奇文異冊으로 평범한 것은 한 질도 없다."[11]라고 소개한 바 있듯, 이용휴의 집에는 장서가 풍부하여 그 소문이 널리 퍼져 있었다. 따라서 유년시절을 이용휴의 집에서 보냈던 이학규도 외가의 장서를 열독했을 가능성이 높다. 이학규의 시문에서 발견되는 광범한 독서 폭과 박학한 지식의 원천에는 이용휴의 영향이 지대했음을 알 수가 있다.

또한 이학규는 이가환의 학문세계를 일정부분 계승한 것으로 보인다. 이학규에게서 나타나는 폭넓은 분야의 실학적 관심과 지식은 외숙인 이가환의 학문성격을 잇고 있기 때문이다. 이가환은 문학에서 과장을 배격하고 작가의 진실한 감정표현을 중요하게 여겼다. 요컨대 이학규가 일생동안 문예적인 문장을 추구했던 것은 외조인 이용휴의 영향을 받은 것으로 보이며, 실학적 학풍을 보여주는 여러 논설류의 글을 비롯한 학술적인 저술에서 드러나는 다방면에 걸친 폭넓은 관심과 박학한 식견은 외숙인 이가환의 영향을 받아 형성된 것이

11 兪晩柱, 『欽英』(奎章閣資料叢書 文學編 제5권, 1997, 121면) 제17책 甲辰年 正月 13日, "惠寰藏書頗富, 而所有皆奇文異冊, 无平常者一秩."

라 할 수 있다.[12]

유배 이전 문집에 이학규가 외숙인 이가환에게 보낸 시가 남아 있다.[13]

용산 정자 돌아가는 물가에 임해 있고	龍山亭子枕迴磯
긴 여름날 강가에서 바라보는 일 드물지 않네.	長夏臨江望不稀
먼 산봉우리 하늘과 닿은 듯 다하고	遠岫盡如空翠合
저녁놀 깔려 나는 듯한 낚싯배 옆에 가지런하네.	落霞齊傍釣船飛
너른 물에서 물고기 바라보니 더위가 가시고	觀魚水闊無炎暑
오리를 쏘며 지내는 사람 시비가 적구나.	射鴨人居少是非
맑은 강물이 빼어난 시구에 비친 것 의심하니	怪道澄江暎秀句
알았도다! 공의 시는 사현휘를 이었음을.	知公詩接謝玄暉[14]

이 시는 이학규가 유배되기 이전인 1799년에 지은 것이다. 시제에서 '내구금대옹內舅錦帶翁'이라고 하여 외숙인 이가환에게 부친 것임을 나타냈다. 이가환은 당시 시안정是岸亭에 머물고 있었던 듯하다. 시안정은 용산에 있는 정자로, 당시 남인계 명사들이 모이던 대표적인 장소 가운데 하나였다. 이가환 역시 시안정에 대해 시를 지은 것이 남아있다.[15] 위의 시는 시안정 주위의 풍경을 묘사하는 것으로 시작된다. 여름날 강가의 청각적 이미지와 함께 산봉우리의 푸른빛과

---

12 백원철, 『낙하생 이학규 문학연구』, 보고사, 2005, 80면 참조.

13 이학규의 문집에서 보이는 이가환과 관련된 시문은 「寄呈內舅錦帶翁是岸亭寓居」·「是岸亭四絶句追呈錦帶翁」·「奉和錦帶翁同申大鹵先生春日騎省小吏家後園」으로, 모두 3편이다. 이는 모두 유배 이전에 지은 것이다.

14 「寄呈內舅錦帶翁, 是岸亭寓居」, 『洛下生集』冊1 春星堂集.

15 「是岸亭」, 『錦帶詩文鈔』 上, "龍氣猶蒸雨, 乾文已落星. 安危無一老, 江漢有孤亭. 客至鷗還白, 時移艸自青. 橫槎故近檻, 渾欲泛滄溟."

저녁놀의 시각적 이미지는 시안정의 주위 풍광을 더욱 돋보이게 한다. 수련과 함련에서 시안정의 모습에 대해 표현했다면, 미련에서는 이가환을 육조시대 시인인 사현휘謝玄暉에 비유해서 나타냈다. 사현휘는 남제南齊 때의 명성 높은 시인인 사조謝朓(464~499)를 칭하는 것이며, 그는 특히 오언시에 능했던 것으로 알려져 있다. 특히 사현휘의 시 중에서 '맑고 깨끗한 강물 마전한 듯하네[澄江淨如練]'란[16] 시구가 유명한데, 이학규는 위 시의 미련에서 이 싯구를 끌어다가 표현하였다. 곧 이학규는 이가환을 사현휘에 빗대어 칭송함으로써, 외숙에 대한 존경의 마음을 드러냈다.

위의 시에 이어 이학규는 시안정을 읊은 시 네 수를 이가환에게 부쳤다.

흐르는 구름 막막하고 버들은 우거진데	流雲漠漠柳陰陰
산 위 둑 부근에 비 기운이 엄습하네.	崦上隄邊雨氣侵
누대에서 산 색 보는 것 가장 좋으니	最好樓中見山色
나루 밖 높다란 나무 푸르고 울창하네.	高槲津外碧森森
노량진 가 버들은 솜처럼 흩날리고	露梁津上柳飛綿
햇볕 쬔 모래사장 따뜻하여 바라보니 어여쁘네.	日曝沙暄望可憐
마을 안 인가에는 무당이 반이라	邨裏人家半巫覡
긴긴 날 피리소리 북소리 평천에 가득하다.	長時簫鼓滿平川
용정의 물 흘러 학정으로 합해지고	龍汀水過鶴汀渾

16 謝朓, 『謝宣城詩集』 卷3, 「晩登三山還望京邑」, "灞涘望長安, 河陽視京縣. 白日麗飛甍, 參差皆可見. 餘霞散成綺, 澄江靜如練. 喧鳥覆春洲, 雜英滿芳甸. 去矣方滯淫, 懷哉罷歡宴. 佳期悵何許, 淚下如流霰. 有情知望鄕, 誰能鬒不變."

깊은 밤 추녀를 헤치니 안개 자취 맑도다. 後夜披軒淨霧痕
강가 구름 흰 비단처럼 휘날려 분별키 어려우니 不辨江雲飄素練
지는 달 금 술잔에 떨어짐을 보고자 함이네.[17] 要看落月墜金盆

와우산臥牛山 줄기 푸른 시내 동쪽으로 내려와 牛山脚下碧谿東
벼이삭과 사립문이 도리어 붉게 비치네. 穲稏柴門返照紅
인가를 몹시 사랑하여 이곳에서 거처하니 愛殺人家此中住
거위 한가로이 노닐고 연실 바람 불어오네. 鷄鵝閒放藕絲風[18]

이 시에는 시안정의 주위 풍경이 앞의 시에 비해 보다 구체적으로 묘사되어 있다. 여기에는 아름다운 자연 경관이 회화적으로 묘사되어 있을 뿐, 이가환에 관련된 직접적인 언급은 드러나지 않는다. 이학규가 이 시를 지은 의도는 확실하지 않으나, 시안정의 수려한 풍광에 관한 시를 지어서 외숙의 심사를 달래고자 한 것으로 짐작된다. 첫째 수에서는 누대에서 산 빛깔을 보는 것이 가장 좋다고 하였다. 나루 밖에는 높다란 나무가 푸르도록 울창하다고 하여 자연의 모습과 함께 푸른 심상의 이미지를 형상화하였다. 둘째 수에는 버들개지 흩날리고 햇빛 내리쬐는 모래벌판을 묘사하여 자연의 따스한 시각적 이미지와 함께 박수무당의 소리가 자아내는 청각적 이미지가 함께 그려져 있다. 셋째 수에서는 맑은 안개와 흰 비단처럼 흩날리는 강가 구름을 표현하였다. 앞의 수에 비해 저녁이 되었음을 묘사하여 시간의 경과를 느끼게 한다. 넷째 수에서는 시안정 주변의 풍경을 지속적

17 杜甫의 시에 "밤이 이슥토록 도란도란 얘기하다, 지는 달을 보니 마치도 황금 쟁반[夜闌接軟語 落月如金盆]"이라는 구절이 있다(『杜少陵詩集』卷9「贈蜀僧閭丘師兄」).

18 「是岸亭四絶句, 追呈錦帶翁」, 『洛下生集』冊1 春星堂集.

으로 표현하였다. 푸른 시냇물과 붉게 비추인 벼이삭은 시각적 대비가 분명하여 보는 이로 하여금 선명한 이미지를 떠올리게 한다. 마지막에서 시인은 거위가 한가로이 노닐고 연실 바람 불어오는 곳에서 지내는 모습을 표현했다. 이 시는 시인이 아름다운 자연경물을 대하여 그 대상을 가감없이 그려낸 것으로, 시안정과 그 주위 풍광에 대해 색채적 이미지를 차용한 시각적 방법을 동원하여 그려낸 작품이라 하겠다.

2) 제원霽園과의 사귐과 실학적 학풍

유배 이전 이학규가 긴밀하게 교유했던 사람으로 제원霽園 한재렴韓在濂(1775~1818)을 꼽을 수 있다. 한재렴은 시로 명성이 있었는데, 당시 임경한林景翰의 글씨, 임고자臨皐子의 그림과 함께 송도 3기奇로 꼽힐 만큼 뛰어난 시재를 인정받았다. 그는 부친과 함께 연암燕巖 박지원朴趾源에게 글을 배웠으며, 또한 1795년에는 제출한 시권試券이 정조의 눈에 들어 어비御批를 하사받기도 하였다.[19] 한재렴은 이후 거처를 송도에서 한양으로 옮겨 서울의 문인들과 교유하였는데, 이학규와의 교유도 이즈음 시작된 것으로 보인다.[20]

이학규가 한재렴을 처음 만난 것은 1793년이다. 두 사람이 처음

---

19 김승룡, 「심원자 한재렴의 학문과 문학에 대하여」, 『동양한문학연구』 22, 동양한문학회, 2006 참조. 위 논문은 한재렴과 연암과의 만남, 정조의 지우, 그리고 그의 시문학에 대해 논의하였으나, 이학규와의 교유는 언급되지 않았다.

20 한재렴의 일생에 대해서는 金澤榮의 『崧陽耆舊傳』과 李建昌의 『明美堂集』에 傳記가 실려 있다.

사귐을 맺게 된 경위와 정황에 대해서는 다음 글에 자세하게 나타난다.

> 건릉 계축년, 도림蓟林 김성유金醒維가 병화재甁花齋에 있는 나를 방문하였는데, 손에는 백사白紗로 만든 부채를 들고 있었고 그 위에는 칠언시 두 연이 씌어 있었다. 나에게 자랑하며 말하기를, "지금 세상에 박재선朴在先과 유혜풍柳惠風 이외에 이러한 시를 쓰는 사람이 있단 말인가. 지금 이후로 주옥이 앞에 있어 부끄럽다는 것을 알겠도다."라고 하였다. 그 사람이 누군지 급하게 물었더니 한참이 지난 다음에 말하기를, "송경 사람인 한재렴韓在濂으로 자는 제원霽元입니다. 사귄 지 겨우 십 수 일이 되었는데, 경예經禮와 고금의 시와 문을 상론한 것이 이미 두 차례였습니다."라고 하였다. 나는 그의 거처를 묻고는 마음으로 알고자 하여 아침마다 가서 문을 두드렸는데, 연소한 나이에도 풍채가 빼어나고 눈이 밝아서 잘 볼 수가 있었다. …… 이때 이후로 8, 9년간 심한 비바람과 추위와 더위 그리고 먼 거리가 아니면, 보지 못한 기이한 책들은 구하기를 기다리지 않고 서로 바꾸어 보았다. 저술한 시문이 득의하면 펼쳐 보이고는 자랑삼아 읊었고, 그렇지 않으면 감추기도 했는데 반드시 서로 몰래 가져다가 펴보고는 실없이 놀리며 웃곤 하였다.[21]

이 글은 이학규가 지은 「한제원묘지명韓霽元墓誌銘」의 첫 부분이

21 「韓霽元墓誌銘」, 『洛下生集』冊19○洛下生藁[下]卻是齋集, "健陵癸丑歲, 蓟林金醒維過余甁花齋中, 手白紗凉箑, 上題七言詩二聯. 詑余曰, 今世朴在先柳惠風以外, 而有能道此者乎. 今而後, 知珠玉在前之媿爾. 急問其爲誰, 故持久乃言曰, 松京人韓在濂, 字霽元, 定交財十數日, 商論經禮及古今詩若文已兩度矣. 余惟問其所止舍, 心識之, 朝日往叩門, 有妙年丰姿, 明矑善視瞻. …… 自是以後八九年間, 非甚風雨寒暑遠行, 則有所未見異書, 不待求而遞寄示之. 所著詩文, 得意則披示, 吟唱誇詡, 否則匿之, 必遞相攘竊而披露之, 以爲詼笑."

다. 이학규와 교유가 있었던 도림萄林 김성유金醒維가 그의 거처인 병화재甁花齋[22]를 방문하는 것으로 한재렴과의 인연은 시작되었다. 이학규는 이 글에서 한재렴을 처음 만나 교유하게 된 경위, 그리고 선조대의 사적과 학문저술에 이르기까지 그의 일생 전반에 대해 장편의 글로 옮겨놓았다. 두 사람의 만남은 김성유의 부채에 써준 시를 본 것이 계기가 되어 이루어졌다. 이학규가 그 시를 본 후 한재렴의 거처를 묻고 직접 그의 집을 여러 번 방문하면서 교유가 시작되었다. 이학규는 한재렴이 자신보다 5살 아래인데도, 풍채가 빼어나고 눈이 밝다고 하였다. 글의 끝부분에서 두 사람은 서로 잘 지은 시문은 자랑하고, 그렇지 않은 시문은 감추었다가 몰래 꺼내어 보고 서로 놀리며 웃었다고 하였다. 이러한 과거의 회상 장면은 두 사람의 격의 없는 사귐을 엿볼 수 있는 것으로, 풋풋한 이십대 청춘들의 순수한 만남을 떠올리게 한다.

여기에서 주목할 점은 두 사람의 교유가 단지 시문수창에 그치지 않았다는 점이다. 이학규는 한재렴을 통해 여러 서책을 제공받아 볼 수 있었는데, 그 서책의 종류는 주로 '이서異書'였다. 한재렴의 조부인 한대훈韓大勳은 개성의 갑부였는데, 수만 권의 책을 구입하여 집의 서가에 비치해두었다.[23] 이때문에 당시 그의 집에는 진귀한 서책들이 많이 소장되어 있었고, 이학규도 자연스레 접할 수 있었다. 한재

22 甁花齋는 이학규가 유배 이전에 거처했던 堂號인 듯하다.

23 김택영 저, 김승룡 역, 『송도인물지』, 현대실학사, 2000, 113면. 이러한 사실에 대해서는 이학규의 글에도 언급되었다. 「韓霽元墓誌銘」, 『洛下生集』冊19 ○洛下生藁[下]卻是齋集, "丙午歲, 監察公挈家移寓于漢師盤松坊里第, 貯書數万卷, 命霽元朝夕其中, 蕙畹公招延通闊賢士, 資其講習酒食之具無虛日, 帑藏粟布, 偏諸窮乏, 皆曲從霽元志也."

렴이 서책을 빌려준 경우는 이학규에만 국한되지 않는데, 정약용 또한 한재렴에게 서책을 빌려본 정황이 포착된다.[24] 빌려간 서책들의 내용이 주로 '이속괴사異俗怪事'와 '기편묘구奇篇妙句'에 해당한다는 정약용의 언급은 이학규가 '이서異書'라고 한 것과 일치한다. 그런데 정약용이 완상할 만하다고 하면서 돌려주지 않고 갖고 싶다고 한 『소지집所知集』은 이학규도 인용한 바 있다.[25] 이러한 정황은 당시 한재렴과 교유가 있었던 문인 사이에 서책의 교류가 있었음을 나타낸다.

이학규와 한재렴의 교유는 신유옥사 때 유배로 인해 중단되었다. 이학규가 경상도 김해로 유배되었을 때, 한재렴은 전라도 순천으로 유배지가 결정되었다. 이학규는 한재렴의 유배에 대해 시기하는 자들의 비방에서 비롯되었다고 하면서, 그의 언행은 조금도 올바르지 않음이 없다고 주장하였다.[26] 이학규가 그의 소식을 다시 접하게 된

---

24 정약용과 한재렴간의 서책 교류는 다음 편지글에 보인다.
○「答韓霽園在濂」, 『茶山詩文集』第一集詩文集第十九卷文集 書, "雨去華翰來, 鄙懷欣爽. 鏞近不向大酉齋校書, 却自在與猷堂鈔書, 如風磑水碓, 有粟亦磨, 無粟亦磨, 何時不勞動. 但頭不帽腰不鞓, 差快活耳. 奎章全韻立來使, 另走人買來, 第初搨, 如西峰鐵笛, 不與監事者有舊, 不可得耳. 赤雅是南海鄺湛若所撰, 專記土司蠻獠之異俗怪事者. 兒子從人借觀, 故已奪而還之耳."
○「答韓霽園」, 『茶山詩文集』第一集詩文集第十九卷文集 書, "所知集果多奇篇妙句, 比之淸詩別裁, 洵有味矣. 其中竿盆行芳樹諸篇, 尤足賞玩也. 誠欲執留, 然借書之法, 如貧人從富人假貸, 須勿失信, 方有前程. 玆割情完璧耳."

25 이학규의 문집에서 『所知集』에 대한 언급은 「紅梅舘襍事, 同韓霽園作」(『洛下生集』冊1 春星堂集)의 다섯째 수에 보인다. "新雲澹白舊雲靑, 窓戶通凉酒氣醒. 長日亂籤隨手閱, 比篘詩又斷香銘. (篘兒, 高繼允, 明府靑衣, 高作比篘兒詩百首, 見陳古漁所知集.)"

26 「韓霽元墓誌銘」, 『洛下生集』冊19○洛下生藁[下]卻是齋集, "辛酉歲, 爲娼嫉者搆誣, 禍且不測, 吏收及門, 擧家無人色. 霽元動止不少撓, 及簿對, 詞理明辨, 不可緇涅, 顧爲始誣者所持."

것은 유배지에서 지낼 때였다. 1818년 여름, 이학규는 송경 출신으로 무역하는 사람을 통해 한재렴이 진사시제에서 등과에 합격한 것과 가세는 날로 기울어도 학문은 날로 진전한다는 사실을 모두 들을 수 있었다. 또한 뜻하지 않게 한재렴이 1818년 3월에 이미 세상을 떠난 것도 전해 들었다. 서로 유배형에 처해져 만남이 끊어진데 이어, 다시는 살아서 만날 기약조차 없어진 것이다. 이후에 이학규가 해배되어 서울을 방문했을 때 한재렴의 아들인 한만식韓晩植을 우연히 만났다. 이때 한만식은 눈물을 흘리며 부친의 만년의 일에 대해 젊은 시절 친우였던 이학규에게 상세하게 들려주었다.

> 대개 한제원의 학문은 경사를 꿰뚫었고 박학하면서도 매우 정밀하여, 의장儀章의 제도와 자학字學의 원류에서 충어초목의 자잘한 것에 이르기까지 마음으로 궁구하여 이해되지 않은 것이 없었다. 시에 있어서는 소식蘇軾을 말미암아 두보杜甫를 거슬러 올라갔고, 성정이 매우 뛰어난 것은 아득하여 서로 만날 수 없는 것과 같으니, 또한 다른 사람이 미칠 바가 아니었다. 일찍이 고려의 역사를 뽑아 가려 『고려고도징』 열네 편을 지었고, 복어服御의 옛 제도를 고거하여 『포경당존고』 네 편을 지었다.[27]

위의 글은 이학규가 지은 한재렴의 묘지명에서 그의 학문에 대해 언급한 부분이다. 이학규는 한재렴의 학문에 대해 박학하면서도 정밀하여, 의장儀章의 제도와 자학字學의 원류에서 충어초목에 이르기

27 「韓霽元墓誌銘」, 『洛下生集』冊19〇洛下生藁[下]卻是齋集, “盖霽元之學, 貫穿經史, 博而克精, 儀章制度, 字學源流, 以至虫魚草木之微, 靡不究心疏解. 於詩則由蘇遡杜, 至其情性之超詣, 卽之邈然, 若無可梯接, 又非他人所及也. 嘗採摭麗史, 著古都徵十四篇, 攷据服御古制, 著抱經堂存藁四篇.”

까지 모르는 것이 없었다고 하였다. 그리고 시 또한 묘연함이 뛰어나 다른 사람이 미칠 바가 아니었다고 하여, 한재렴이 뛰어난 문인이자 학자였음을 밝혀놓았다. 그런데 이 글에 나타난 한재렴의 학문적 성향은 이학규에 대한 후대의 평가와 매우 흡사하다. 또한 이학규와 한재렴은 학문적 성향 뿐 아니라, 인생의 궤적 또한 유사한 부분이 존재한다. 두 사람 모두 정조 때 문재文才가 알려져 임금의 지우를 입어 규장각의 명신으로 뽑혀 여러 서적을 찬정하였으며, 또한 다른 사람의 시기와 비방을 받아 누명을 쓰고 유배길에 올랐다. 곧 이학규와 한재렴 두 사람은 젊은 시절 시문 교환을 통해 정감을 나누고 의기투합한 이후, 문학과 학문에서 서로 영향을 주고받으며 누구보다 진정한 사귐을 하였다.

이학규와 한재렴은 가깝게 지내면서 자주 시문을 주고받았다. 이학규의 유배 이전 문집인 『춘성당집春星堂集』에는 한재렴과 주고받은 시 13제가 수록되어 있다.

한 굽이 푸른 물을 끌어 사립문짝으로 들이니	拖藍一曲浸斜扉
썩은 나무에 서린 뿌리 낚시터에 삐죽 솟았네.	壞樹根蟠出釣磯
연잎은 이미 높으니 풍력이 시원하고	荷葉已高風力爽
싸락눈 흔적에 해오라기 날아오른다.	一痕乾雪鷺鷥飛
이곳은 바로 백양지와 흡사하지만	是中應似白洋池
다리 옆에 작은 배 한 척조차 없네.	只欠橋邊艣一枝
반 길 장대 깊이 안개 낀 물 흐르는데	消受半竿烟水活
온 하늘엔 장맛비 은실처럼 찬란하구나.	一天梅雨爛銀絲[28]

28 「露園池亭」, 『洛下生集』冊1 春星堂集.

이 시는 이학규가 한재렴의 정자를 방문한 뒤에 지은 것이다. 한재렴의 부친은 서울에 들어가 서쪽 성 밖에 거처하면서 못을 파고 연꽃을 심어 우화당藕華堂이라 이름했는데, 이 시의 공간적 배경이 된 곳으로 보인다.[29] 수련과 함련에서는 연못 주변의 풍광을 묘사하였다. 쪽빛과 연잎은 시각적 이미지를 형상화하고, 풍력과 해오라기는 시에 동적인 이미지를 부여한다. 못 위에 연꽃이 펼쳐져 있고, 해오라기가 모여 있는 풍경은 매우 아름다웠던 듯하다. 그래서 이학규는 이 곳의 풍경을 보고난 후, 그곳을 백양지白洋池에 비유하였다. 그리고 다만 아쉬운 점이 있다면 한재렴의 정자가 있는 못은 조각배가 없는 것이라고 하였다. 아름다운 정취를 감상하고, 그곳이 완벽해질 수 있는 부분까지 아울러 생각하는 것은 시인의 뛰어난 서정적 홍취에서 비롯된 것이라 할 수 있다. 안개 낀 물 흐르는 못 가에서 바라본 하늘에서 내리는 장맛비를 은실처럼 찬란하다고 한 부분은 시적 표현이 뛰어나다. 시인의 풍부한 서정적 감수성을 돋보이게 하는 구절이라 할 수 있다. 시의 마지막 구에는 백양지에 관한 내용이 주석으로 달려 있다. 백양지는 남호南湖의 이름이라고 하면서, 『사조문견록四朝聞見錄』을 인용하여 백양지에 대한 자세한 내용을 기록하였다. 그리고나서 한재렴의 연못 위에는 작은 조각배가 없으니 이따금 정취가 부족하다고 하여 개인적인 견해를 피력하기도 하였다.[30]

다음에 살펴볼 시는 이학규가 한재렴의 꿈을 꾸고 난 뒤에 지어 보낸 것으로, 모두 두 수이다.

---

29 김택영 저, 김승룡 역, 『송도인물지』, 현대실학사, 2000, 114면.

30 「霽園池亭」, 『洛下生集』冊1 春星堂集, “白洋池, 亦名南湖. 四朝聞見錄, 白洋池在田家橋側, 芰荷渺然. 鴟鷺雜集, 號小水晶宮. 霽園以池上無小葉舟, 時有欠意.”

1수

연꽃 피던 시절 청한을 꿈꾸었는데　藕花時節夢淸寒
금려의 편지가 오니 검은 글씨 완전하네.　錦荔書來墨字完
스스로 말하길 집을 옮겨 성 안에 사는데　自說移家城裏住
수많은 점 같은 푸른 산 담장 너머 에워쌌구나.　碧山千點遶墻看

2수

수국꽃 활짝 피어 달빛이 생겨나고　繡毬開盡月華生
기억하노니 누런 다리 꿈속에서 거닐었다네.　曾記黃橋夢裏行
초록 난간 둘러 있는 집의 아랫길　一帶綠欄堂下路
옥어[31] 두드리니 작은 종경 소리 울리네.　玉魚敲作小球聲[32]

이 시의 앞에는 이학규가 꾼 꿈의 내용이 자세하게 소서小序로 기록되어 있다.[33] 시의 내용은 모두 이학규가 꿈꾼 내용에 기반한 것이다. 꿈은 7월 16일과 18일, 8월 13일 모두 세 번에 걸쳐 꾸었다. 7월

31 玉魚 : 옥을 다듬어 만든 물고기 모양의 노리개로, 전설에 吳楚七國의 난 때 楚王 戊의 태자가 장안에서 죽었는데, 천자가 옥어 한 쌍으로 殮을 했다고 한다. 이로 인하여 부장품의 뜻으로 쓰인다.

32 「紀夢二首, 寄霽園」, 『洛下生集』冊1 春星堂集.

33 「紀夢二首, 寄霽園」, 『洛下生集』冊1 春星堂集, "七月十六夜夢, 霽園寄書一幅, 字畫甚細. 書云, 近日僦居, 北城之內, 院宇弘敞, 紅墻百遭, 墻頭山色, 尤可悅也. 余寫, 劉夢得詩淸光門外一渠水, 秋景墻頭數點山二句, 答之. 十八夜又夢, 霽園寄赫蹏云, 移家在敦義門內, 屋檐低小, 行步傴僂, 但地勢崇廣, 安居有日矣. 八月十三夜又夢. 霽園挈余西行, 行數百里, 遇赭色長橋, 橋上亭臺翼然, 紅窓綠檻, 暎帶溪港. 余得玉魚六七枚, 用力一敲, 鏗然作鍾磬聲. 霽園曰, 三代古鍾也, 其一磬也, 有欵識可辨, 諦視之, 皆蝌蚪奇字, 漫漶不可認. 霽園又鼓掌曰, 丹彝翠敦, 皆此類, 說見古今樂錄及爾雅註, 抽閱二書, 皆朦朧未詳. 嘗以此說告霽園, 霽園曰, 好奇之致."

16일 밤 한재렴이 매우 가는 자획으로 글씨 한 폭을 부친 것으로 꿈은 시작된다. 1수의 3구와 4구는 꿈속에서 한재렴이 이학규에게 말했던 내용으로, 한재렴이 자신의 거처에 대해 표현한 말이다. 7월 18일 밤의 꿈에서는 한재렴이 이학규에게 조각 편지[34]를 보냈는데, 그 내용은 '돈의문 안으로 집을 옮겼는데, 집 처마가 낮고 작아 다닐 때 몸을 구부리지만 지세가 높고 넓으니 편히 거처할 날이 있을 것이다'라는 것이다.

2수는 8월 13일 밤에 꾼 꿈의 내용을 시로 옮긴 것이다. 두 사람은 꿈에서 길을 가다가 우연히 다리 위에 날아갈 듯 서있는 정자를 보았는데, 붉은 색 창문과 초록색 난간이 있고 시냇물이 둘러 비추이고 있었다. 이와 같이 삼일에 걸쳐 꾸었던 꿈을 자세히 기록하고 그것을 다시 시의 소재로 사용했다는 점에서 당시 두 사람이 누구보다 가까운 사이였음을 알 수 있다. 위의 시에서는 꿈에서 본 한아한 정취가 잘 묘사되어 있다. 특히 2수의 '수국꽃'과 '달빛', '황색 다리', '초록색 난간'의 시어가 시의 시각적 심상을 구체화하며, '종경 소리'는 시의 청각적 심상을 자극하여 아름다운 풍경을 하나의 화폭 속에 모두 담아냈다.

다음의 시는 이학규가 한재렴의 시에 차운하여 지은 시이다.

다리 근처 바람 숲에 여름 경치 고요한데	橋上風林夏景虛
나그네는 아직도 우전의 집에 머무르네.	行人猶在藕田居
짧은 도롱이엔 옛부터 도화우 향이 배어 있고	短簑舊裛桃花雨

34 조각 편지 : 赫蹏. 赫蹄라고도 한다. 옛날에 글씨를 쓰는 데 썼던 폭이 좁은 비단을 말하는데, 종이를 칭하는 말로 전용되어 쓰인다. 전하여 아주 작은 종이에 작은 글씨로 쓴 글을 말한다.

해진 상자엔 처음 가져왔던 상저[35]의 글이 있네. 敝篋初携桑苧書
곧 찌는 듯한 무더위 오리니 수정만 찾게 되고 即有炎蒸煩水玉
정히 크고 우뚝한 뜻 없이 충어만 주석하네.[36] 定無磊落注蟲魚
검남의 늙은 육유 정령이 깃들어 있으니 釰南老陸精靈在
그대의 시로 말미암아 여러 번 나를 홍기시키네. 賴爾題詩數起余[37]

이 시에는 여름날 집에서 기거하며 학문하는 정경이 나타난다. 수련에서는 거처하는 곳에 여름이 왔음을 묘사하고, 그곳에서 머물러 있는 정황을 나타냈다. 함련에는 비 오는 날 도롱이를 입고 벗의 거처에 방문한 시인의 모습이 나타난다. 복사꽃에 빗줄기 내리자 도롱이엔 복사꽃 향이 배어 오래도록 향내가 난다. 시인은 그곳에서 오래되어 해어진 상자를 보았는데, 거기에는 담긴 것은 상저옹桑苧翁의 글이다. 상저옹은 중국 당나라 때 육우陸羽의 자로, 그는 태상사태축太常寺太祝에 제수되었으나 취임하지 않고 두문저서杜門著書한 것으로 알려져 있다. 곧 시인은 여전히 거처에 머물러 있으면서 시를 짓는 한재렴을 상저옹에 비유한 것이다.

경련에서는 한재렴이 학문하는 모습을 묘사했다. 수옥水玉은 수정水晶으로 본래 서늘한 기운을 지녀 여름철에 더위를 피할 때 긴요한 물건이다.[38] 그리고 사물의 이름에 주석을 낸다고 하여 한재렴의 학

35 桑苧 : 당나라 때 隱士로 『茶經』을 지은 陸羽의 호가 桑苧翁으로, 곧 陸羽를 가리킨다.

36 蟲魚를 주석하는 것 : 사물의 이름에 주석이나 다는 자잘한 학문을 뜻한다. 韓愈의 시 「讀皇甫湜公安園池詩書其後」에 "이아에 충어를 주석 내는 것은, 정히 큰 뜻 지닌 사람의 일이 아니다[爾雅注蟲魚定非磊落人]"라고 하였다.

37 「次韻霽園郊居夏日」, 『洛下生集』冊1 春星堂集.

38 杜甫의 시에 "어떡하면 차가운 수정 지니고, 서늘한 가을 고채 맛을 볼거나

문 경향을 드러냈다. 이것으로 미루어 보면, 이학규와 한재렴은 학문의 고증적 태도가 서로 닮아있음을 짐작할 수 있다. 두 사람의 고증적 학문 성향은 한재렴의 저술인 『고려고도징高麗古都徵』과 이학규의 저술인 『동사일지東事日知』, 『물명류해物名類解』 등에서 나타났던 것이다. 곧 처음에는 뛰어난 문재文才로 교유를 맺었지만, 이처럼 공통된 학문 성향 또한 두 사람이 오랜 시간 깊은 우정을 유지할 수 있었던 요인이라 할 수 있다. 미련에서 시인은 한재렴을 중국 남송 때 시인인 육유陸游에 비유하고, 그의 시재는 자신을 흥기시킨다고 하였다. 이학규는 마지막 구의 주석에서 한재렴이 근래 지은 시는 육유의 시체를 많이 본받았는데 자못 공교하였음을 밝혀놓았다.[39] 당시 누구보다 가깝게 지내며 서로의 시문을 평가했던 문학적 동지였기에, 한재렴에 대한 이학규의 이러한 평가는 신뢰할 만한 것으로 보인다.

이학규와 한재렴 두 사람은 유배 이전까지 누구보다 친밀한 관계였으며, 시문을 주고받고 서책을 빌려보기도 하는 등 심교心交를 나누었다. 당시 정조의 지우를 입어 규장각에 드나들고, 서울의 유수한 문인들과 교유를 하는 등 득의의 시절을 함께 보냈던 두 사람은 서로의 학문세계를 공유하며 상대방의 문학에 감발되기도 하는 등 서로에게 문학적 자양분과 같은 존재였다. 이러한 두 사람의 깊은 우정은 유배로 인해 단절되고 말았으나, 해배 이후 한재렴의 아들에게 계승되어 나타났다.

앞서 살펴본 바와 같이 이학규와 한재렴은 잦은 만남을 통해 자연스레 서로의 시문과 학술적 관심사를 공유하게 되었다. 두 사람의 영

[乞爲寒水玉 願作冷秋菰]"라는 구절이 있다(『杜少陵詩集』卷15 「熱」).

39 「次韻霽園郊居夏日」, 『洛下生集』冊1 春星堂集, "霽園近詩多倣陸體頗工."

향관계는 이학규가 유배되기 한해 전에 저술한 「삼서蔘書」를 통해서도 드러난다. 「삼서」는 본격적인 인삼 재배에 관한 저술로, 이 책의 저술배경에는 한재렴과의 밀접한 관계가 놓여 있다. 한재렴의 집안은 당시 개성에 인삼밭을 소유하고 있었다. 그리고 한재렴 집안의 경제적 부의 근원이 인삼밭에서 나온 사실은 당시에 널리 알려진 사실이었다. 곧 이학규가 인삼재배에 관심을 기울이게 된 데에는 한재렴과의 교유에서 영향을 받은 것으로 짐작된다. 「삼서」는 유배 이전 이학규의 농경에 대한 관심과 실학적 학풍을 드러낸 저작으로써 의미가 있다.

「삼서」는 이학규가 유배되기 한해 전인 1800년에 지은 저술이다. 인삼의 재배 방법과 의약적 처리 그리고 그에 대한 제반 지식을 자세하게 서술한 농서農書로, 최초의 본격적인 인삼재배서이다.[40] 전체의 내용은 모두 12조항으로 구성되어 있는데, 인삼의 식물학적 특성에서부터 씨 뿌리는 방법, 거두는 방법을 포함하여 인삼의 재배 방법에 대해 기술한 뒤, 마지막에 쇄어瑣語를 수록하여 인삼에 관한 세부적인 사항을 담고 있다. 인삼은 반음지성半陰地性 다년생 작물로서 일반 작물에는 없는 인삼 고유의 식물학적 및 재배 경영적 특성을 갖고 있어 그 재배에는 많은 어려움이 따른다. 또한 인삼은 재배환경에 따라 생육상의 변이가 크다. 토양 중의 양분상태는 물론 토양의 수분상태와 통기성 등의 물리적 조건에 따라서도 큰 변이를 나타낸다. 따라서 인삼은 유전적인 변이에 비하여 환경에 따르는 변이가 아

40 임형택, 『낙하생전집』 해제, 21면. 임형택 선생은 『蔘書』에 대해서 인삼에 대한 최초의 해박한 저술로 특히 자신이 직접 실험 조사한 결과를 정리한 것이라는 점에서 귀중한 문헌적 가치를 지닌 것으로 평가하였다.

주 크게 나타나는 식물이라 할 수 있다.[41] 곧 인삼은 다른 작물보다 전문적인 재배 방법이 요구되는 작물이며, 이것이 바로 저자가 「삼서」를 짓게 된 동기이기도 하다.

「삼서」의 12조항은 다음과 같다.

[제일론第一論, 삼불이생蔘不易生] 첫 번째 논의, 인삼은 쉽게 싹이 나지 않음
[제이론第二論, 삼불이장蔘不易長] 두 번째 논의, 인삼은 쉽게 자라지 않음
[제삼론第三論, 취자取子] 세 번째 논의, 종자 고르기
[제사론第四論, 취토取土] 네 번째 논의, 토양 고르기
[제오론第五論, 종자種子] 다섯 번째 논의, 종자 심기
[제육론第六論, 종근種根] 여섯 번째 논의, 뿌리 심기
[제칠론第七論, 호양護養] 일곱 번째 논의, 보호하여 기르기
[제팔론第八論, 동장冬藏] 여덟 번째 논의, 겨울에 저장하기
[제구론第九論, 춘종春種] 아홉 번째 논의, 봄에 심기
[제십론第十論, 의치醫治] 열 번째 논의, 병을 고침
[제십일론第十一論, 수채收採] 열한 번째 논의, 수확하기
[제십이第十二, 쇄어瑣語] 열두 번째, 쇄어

각각의 조항은 다시 이단 구성으로 되어 있다. 먼저 각 조항에 해당되는 구체적인 내용을 관련 문헌에서 인용하여 기록한 다음 이어서 저자의 견해를 덧붙이는 방식이다. 「삼서」의 구체적인 내용을 살

41 조재성 외, 『인삼재배』, 선진문화사, 1998 참조.

펴보기로 한다.

> 첫 번째 논의, 인삼은 쉽게 싹이 나지 않는다. 인삼은 신령한 풀로 본래 드문 것인데, 아울러 씨앗이 늙으면 싹이 나지 않는다. 지금 인삼은 가을에 캐는데 모두 종자가 익었을 때 붉은 열매를 바라보아야 캔다. 그러므로 거둔지 모두 지나치게 오래되면 싹이 나지 않는다. 사람의 채집을 거치지 않고 스스로 맺어 스스로 떨어진 것도 또한 반드시 너무 지나치게 오래된 것이다. 덜 익어 쉽게 싹튼 것은 반드시 스스로 떨어지지 않지만, 이러한 백 개의 씨앗 가운데 싹이 나는 것은 겨우 1~2개일 뿐이다. 이것이 인삼이 쉽게 싹이 나지 않는 까닭이다.[42]

「삼서」의 첫 번째 조항은 인삼 싹트기의 어려움에 대한 내용이다. 인삼은 본래 드문 것이지만, 쉽게 싹이 나지 않는 속성을 지녔다. 씨앗이 오래된 것이어도 안 되고, 거둔지 오래된 것이어도 싹이 나지 않는다고 하였다. 저자는 백 개의 씨앗 가운데 1~2개의 씨앗만 싹이 난다고 하여 인삼 재배의 어려움에 대해 말하였다. 그러나 인삼이 싹트기가 쉽지 않다는 것은 산삼의 경우를 말한 것이며, 집에서 심는 가삼家蔘의 경우에는 그렇지 않다고 하였다. 이는 바로 문헌에 기록된 내용에 대해 상반된 견해를 제시한 것으로, 실생활에서 체득한 정보를 제공하고 있다. 또한 인삼은 생육이 까다로운 속성을 지니고 있어 재배하는 사람이라면 알지 않아서는 안 될 유용한 내용을 기록한

---

42 〈第一論, 蔘不易生〉, 「蔘書」, 『洛下生集』冊2, "第一論, 蔘不易生. 蔘靈草, 本自罕有, 兼之子老則不生. 今蔘爲秋採, 皆於子熟之時, 望其紅實而採之. 故所取之, 皆過老不生, 其不經人採, 自結自落者, 亦必在過老之後, 其微熟易生者, 必不自落. 是百子而生者僅一二, 此蔘所以不易生也."

다고 하여 저술하는 동기를 밝혀 놓았다.

「삼서」에는 인용 문헌에 대한 구체적인 기록이 없어서 저자가 참고한 저술을 알기가 어렵다. 그런데 「삼서」에 수록된 내용이 서유구徐有榘(1764~1845)의 『임원경제지林園經濟志』에서도 발견된다. 『임원경제지』 관휴지灌畦志 제4권第四卷 약류藥類의 '인삼人蔘'조는 명칭과 품종[名品]부터 쇄언[瑣言]까지 모두 14조항으로 구성되어 있다. 이 저작은 『본초강목本草綱目』과 『해동농서海東農書』, 『종삼보種蔘譜』의 내용을 발췌, 기록하고 해당 문헌을 명시해 놓았다. 『임원경제지』의 '인삼'조와 대조해보면, 이학규의 「삼서」에 인용된 부분은 모두 『종삼보』의 인용 부분과 일치한다.[43] 곧 이학규는 『종삼보』를 참고하여 「삼서」를 저술했음을 알 수 있다. 『임원경제지』의 '인삼'조와 「삼서」는 인삼에 대한 정보를 제공한다는 측면에서는 동일하나, 두 저술에는 일정한 차이점이 존재한다. 『임원경제지』는 여러 문헌에서 발췌한 내용을 새롭게 재구성하여 기록해놓았을 뿐, 저자의 새로운 견해는 포함되어 있지 않다. 그러나 「삼서」는 문헌에서 인용한 내용 다음에 저자의 주관적인 견해를 밝히고, 아울러 새로운 내용까지 더하여 기술한 저작이라는 점에서 그 가치를 발견할 수 있다.

「삼서」의 열두 번째 조항에는 인삼의 속성과 삼품蔘品, 그리고 인삼의 해외 교역에 대한 저자의 견해가 기술되어 있다. 여기에는 인삼의 생태학적 특성을 비롯하여, 인삼 재배에 필요한 유용한 정보가 수록되어 있다. 인삼을 키우는 사람들에게 실제로 필요한 사실을 제공

---

43 『種蔘譜』는 누구의 저술인지 분명하지 않다. 李圭景도 「人葠詩文辨證說」(『五洲衍文長箋散稿』 人事篇 技藝類 醫藥)에서 "我東亡名氏 『種蔘譜』"라고 하였다.

함으로써 인삼 재배에 더욱 요긴하게 쓰이게 하려는 저자의 의도가 드러난다. 또한 인삼의 유통과 교역에 대해서도 기술되어 있다. 요사이 중국에는 조선 인삼이 통용되는데 이는 역관이 연경에 보급한 것으로, 은화 대신에 인삼을 이용하여 노자를 채운다고 하였다. 그런데 오히려 연경의 상인에게 미혹되어 인삼이 많아도 경시하고 아울러 빨리 팔라고 요구하면서 저들은 도리어 팔짱 끼고 좌시한 채 값이 낮아지면 바로 사버리니, 본국의 가종이 날이 갈수록 값이 싸지는 까닭으로 다시 이득을 얻을 수가 없다고 비판하였다. 이러한 이학규의 지적은 당시의 현실을 반영해서 내놓은 발언이다. 1797년 시행된 포삼제包蔘制는 대청외교 비용마련과 역관의 생활 부양을 위한 제도였다. 그러나 청국 상인들이 조선 사행의 행기行期가 급박함을 이용하여, 홍삼 값을 떨어뜨리려는 농간을 부려 역관은 도리어 손해를 볼 위치에 처하기도 했던 것이다.[44]

> 본국은 백여 년 전 인삼 무게 일전에 값이 백전에 당하였으나, 이후로 값이 점점 올라서 무게 일전에 수천 전까지 이르렀다. 지금 산에서 캔 것은 값이 정해져 바꿀 수 없고, 집에서 심은 좋은 품종은 겨우 사오백전에 당하며, 수준이 낮은 것은 백여 전을 넘지 않는다. …… 또 들으니 남해의 여러 나라는 날씨가 매우 더워서 사람의 수명이 매우 짧은데, 삼 한 근을 복용하면 오래 살 수 있고 진열과 진습에 도움을 주어 수명을 늘리는데 이른다고 한다. 이 때문에 장삿배가 여기에 모여들어 오로지 조선의 삼으로 이익을 도모한다. 이미 중국 땅에서 약재로 거래되며 외국으로 교역이 되고 있으니, 홍삼의 값은 반드시 다시 오를 것이다. 이때 비로소 내다 팔아야 한다. 이것

---

44 이철성, 『조선후기 대청무역사 연구』, 국학자료원, 2000, 129~162면 참조.

은 인삼 재배 계획의 원대함이 된다. 그러므로 인삼을 심는 여러 가지 방법과 각단의 시말을 이상과 같이 자세히 논하였으니, 이치를 궁구하는 자가 채용하기를 기다릴 뿐이다.[45]

이학규는 날이 갈수록 인삼의 값이 올라 지금은 무게 일전에 수천전에 해당한다고 하였다. 그리고 남방의 여러 나라에서 인삼의 약효가 입증되어 장삿배가 모여든다고도 하였으며, 연시燕市의 교역에 은화 대신으로 쓰이고 있다고 하였다. 이학규의 이와 같은 언급은 인삼 재배에 필요한 기술적 문제를 나타내는데 그치지 않고, 국가경제의 차원에까지 관심이 확대되어 나타난 것이다. 저자는 글의 마지막에서 이치에 궁구한 자가 채택하기를 기다린다고 하여, 실생활에서 인삼 재배에 관한 이해와 도움을 제공하는 데에 저술 동기가 있음을 나타냈다.

2. 문학적 지향과 창작 활동

이학규는 젊은 시절 문재文才가 있어 당시 남인가의 촉망받는 문사로 주목을 받았으며, 정조도 그 이름을 알고 있을 정도였다. 이 시

45 〈第十二, 瑣語〉, 「蔘書」, 『洛下生集』冊2, "本國百餘年前, 蔘重一錢, 價直百錢, 以後價漸踊, 重一錢至數千錢. 只今山採者, 價定不易, 而家種品佳者, 僅直四五百錢, 劣者, 無過百餘錢. …… 又聞南海諸國, 因日氣盛熱, 人壽極短, 服蔘一根, 便可益壽, 資眞熱眞濕, 至以延年耳. 是以商舶輻湊於此, 專以朝鮮蔘致利, 旣資中土, 轉需外國. 紅蔘之價, 必復翔貴, 始出以售之, 此計之遠且巨者也. 故詳論種蔘諸法及各端始末如右, 竢窮理者採用耳."

기는 이학규가 규장각에 드나들면서 서울의 유수한 학자들과 교유하던 때로, 그의 일생에서 가장 득의의 시절에 해당된다. 이학규는 26세가 되던 해인 1795년, 정조의 특명으로 규장각의 도서 편찬 사업에 참여하였다. 이때에 이학규는 『규장전운』과 『어제전서御製全書』 수교讎校의 직임을 맡았다. 그리고 1797년에는 원자궁에 내리기 위해 정조가 손수 편수한 책을 찬진撰進하였는 바, 이를 본 정조로부터 문사文詞와 자학字學에 밝다는 칭찬을 듣기도 하였다. 같은 해 겨울에는 대사성인 이만수李晩秀가 지은 『화성경리시말華城經理始末』을 언해하여 왕비에게 바쳤고, 30세가 되던 1799년에는 왕명으로 『무이구곡도가武夷九曲櫂歌』를 제진製進하기도 하였다. 이상의 사실로 미루어 볼 때, 당시 이학규의 문학적 자질과 수준이 중앙 정계에서 높이 평가받았음을 알 수 있다. 규장각에 드나들던 당시의 정황에 대해서는 이학규의 언급에서 확인할 수 있다.

> 정종 을묘년에 『규장전운』을 간행할 때 나는 실제로 교정하는 일에 종사하였는데, 덧보태거나 협운할 때 간혹 내 말 한마디에 따라 넣기도 하고 빼기도 했다. 지금 생각해보니 꼭 타당하지 않은 경우도 있었을 것으로 생각된다.[46]

위 인용문에서 언급된 정종正宗 을묘년乙卯年은 1795년으로, 이때는 이학규의 나이가 26세 되던 해이다. 그는 이 글에서 『규장전운』을 간행할 때 교수의 직임을 맡았다고 밝히고 있다. 정조가 당시 신

46 「聲韻說 一」, 『洛下生集』冊11 菜花居集, "正宗乙卯, 頒行奎章全韻, 予實從事于校讎之役, 當其增入叶韻之際, 間有由予一言存拔者. 自今追惟意其或有不盡停當者也."

진지식인을 모아 관학적 아카데미인 규장각을 설치했던 것은 주지의 사실이다. 이학규가 어린 나이에 포의布衣의 신분으로 『규장전운』 편찬사업에 참여하여 중요한 임무를 맡게 되었던 것은 당시 그의 문학적 재능과 역량이 어떠했던가를 보여주는 좋은 증거라 할 수 있다. 그러나 불행하게도 이러한 그의 재능은 훗날 세상 사람들의 질시를 불러일으켜 결국에는 인생 자체를 송두리째 바꿔놓는 동인으로 작용하였다. 이학규가 규장각에 드나들게 된 데에는 당시 국왕인 정조의 지우知遇에 힘입은 바 크다.

> 나는 그릇되게 문학으로 정묘正廟의 지우를 입어 자주 만나 뵙고 말씀을 간곡하게 오래 하시어 가까운 근신들이 주목하였다. …… 정사년 여름, 임금께서 손수 삼례三禮 · 마사馬史 · 한서漢書 · 주서朱書에서 각각 약간 편을 뽑아 한 권으로 만들어 원자궁에 내려줄 때 속히 교정해서 바칠 것을 명하셨는데, "이 선비는 문사가 뛰어날 뿐만 아니라 자학에도 반드시 생소하지 않구나."라고 유시하셨다.[47]

이 글은 이학규가 유배지에 있으면서 정조에게 입었던 은혜를 나타낸 「감구기은 삼수感舊紀恩 三首」의 서문이다. 정사년(1797)은 정조 21년으로, 이학규의 나이 28세 때이다. 저자 스스로 밝히고 있듯이, 그는 문학으로 이름이 나서 정조에게 알려지게 되었다. 그리하여 정조가 사서史書를 교정하여 바치라는 명을 내릴 때, 이학규의 문사와 자학의 뛰어난 능력에 대해 언급하였던 것이다. 이는 곧 이학규가

---

47 「感舊紀恩 三首 · 並序」, 『洛下生集』冊11 菜花居集, "予謬以文學, 受知正廟, 數被引見, 玉音諄復, 動移晷刻, 邇班爲之注目. …… 丁巳夏, 上手選三禮 · 馬史 · 漢書 · 朱書各若干篇, 彙爲一卷, 俾授元子宮, 亟命校讎以進, 諭以此士子, 不惟文詞優好, 其於字學, 必不生疎也."

문학적 재능으로 정조의 인정을 받았음을 보여주는 사례라고 할 수 있다.

이와 같이 당시 문학으로 재능을 인정받은 이학규는 문예적 홍취가 뛰어난 문인이었다. 이러한 사실은 후대인의 평가에도 드러나며, 정약용의 직접적인 언급에서도 살필 수 있다.

> 지난번 성수醒叟의 시를 읽어보았다. 그가 너의 시를 논평한 것은 간절하게 잘못을 지적한 것이니 너는 응당 명심하여야 할 것이다. 그가 지은 시는 아름답기는 하나 내가 좋아하는 바는 아니다.[48]

이 글은 1808년 정약용이 그의 아들인 정학연丁學淵에게 보낸 편지의 일부분이다. 정학연은 유배지에 있는 정약용과 이학규가 편지와 저술을 주고받는 사이에서 가교 역할을 한 인물이다. 이학규는 해배된 이후에도 다산가와 지속적으로 시문을 주고받았다. 인용문에도 나와 있듯이, 정약용은 이학규의 시 논평이 합당함을 말하면서 아울러 그의 시 경향에 대해 언급하였다. 정약용은 편지의 뒷부분에서 임금을 사랑하고 나라를 근심하는 내용이 아니면 시가 아니라고 하여,[49] 아름다움을 추구하는 내용의 시에 대해서는 부정적 입장을 취하고 있음을 밝혔다. 이러한 언급은 곧 이학규의 유미적인 시적 성향을 지적하는 것이라 할 수 있다. 이학규의 문예적 감수성은 그의 일생 전편에 흐르고 있지만, 유배 이전의 시에서는 젊은 시절 문인으로

---

48 「寄淵兒」, 『與猶堂全書』第一集詩文集 第二十一卷○文集 書, "向來醒叟之詩見之矣. 其論汝詩, 切切中病, 汝當服膺. 其所自作者雖佳, 亦非吾所好也."

49 「寄淵兒」, 『與猶堂全書』第一集詩文集 第二十一卷○文集 書, "不愛君憂國非詩也, 不傷時憤俗非詩也."

서의 참신하고 밝은 분위기가 주를 이루며 시간이 지날수록 점점 완숙된 경지를 보인다.

유배 이전 이학규의 주된 생활공간은 서울과 그 주변의 명승지였다. 그는 그 속에서 보고 듣고 체험한 것들을 시문 속에 담아냈다. 그러므로 이 시기에 창작된 시에서는 우수와 비감의 정조보다는 한아한 서정을 읊은 시가 대부분을 차지한다. 이러한 분위기의 시에서는 이학규의 서정적 홍취와 감수성을 가늠할 수 있다. 이때 지어진 시는 모두 77제이며, 대체로 편폭이 길지 않고 평온하고 여유로운 분위기를 자아낸다.

초가집 처마 한 모퉁이 엷은 연기에 가려지고	茅檐一角淡烟遮
별은 빛나지 않는데 달은 이미 기울었네.	星未生芒月已斜
박쥐 흩어져 날고 거미도 나오는데	蝙蝠散飛蛛子出
옆쪽 벽면에 희끗한 것은 박꽃이라네.	側邊微白是匏花[50]

이 시는 이학규의 문집 맨 처음에 수록되어 있는 것으로, 1793년에 지어진 것이다. 이때 이학규의 나이는 24세로, 시인은 20대의 풍부한 감성을 바탕으로 주위 사물을 미적인 대상으로 관조하고 있다. 이 시는 시인의 주관적 감정이 배제된 체, 오로지 시인의 눈에 비친 외적 경물을 담담하게 읊고 있다. '별[星]'과 '달[月]', '박쥐[蝙蝠]'와 '거미[蛛子]', '박꽃[匏花]'등의 시어는 이 시의 시간적 배경이 저녁임을 알려 준다. 박꽃은 하얀 색으로 7~9월 사이에 볼 수 있는데, 저녁에 피었다가 아침에 진다. 이 시는 시제 그대로 가을 저녁의 한아한 정취를 담박하게 그려낸 시라 할 수 있다.

---

50 「初秋夕」, 『洛下生集』冊1 春星堂集.

이학규는 주위 사물에 대해 서정적 기법으로 노래했다. 이는 당시 교유하던 사람과 수창한 시에서도 나타난다. 아래에서 살펴볼 시는 이학규가 한재렴과 함께 홍매관紅梅舘에서 지낸 일을 소재로 삼아 지은 것이다. 모두 7언절구 여섯 수로 구성되어 있는데, 그중 둘째 수와 여섯째 수를 인용해 본다.

2수

빈 행랑 여섯 굽이에 붉은 매화 그리니	虛廊六曲寫紅梅
붉은 누각 처마 앞엔 푸르름이 펼쳐지네.	紫閣簷前積翠開
새벽녘엔 바람이 세차다고 말하니	爲說曉來風色峭
섬섬옥수로 담배연기[51] 날려 보내네.	玉纖分送鼻烟來

6수

저물녘 빛 버드나무 서쪽으로 들쑥날쑥한데	暮色參差楊柳西
팥배나무에 빗줄기 떨어져 나뭇가지 늘어졌네.	棠梨雨落一枝低
소렴과 단선을 시어로 삼아	踈簾團扇題詩語
한 자 가지런한 남병에 바삐 쓰노라.	忙寫藍屛一尺齊[52]

이 시의 공간적 배경이 된 곳은 홍매관이다. 이학규와 한재렴은 붉은 매화가 아름다운 홍매관을 방문한 뒤, 함께 시를 지었다. 2수의 1구와 2구에서는 홍매관의 풍경을 묘사했고, 3구와 4구에서는 그곳

51 鼻烟 : 飛煙이라고도 한다. 담배를 곱게 가루로 만들어 병에 담아 놓고 손가락 끝으로 콧구멍에 바른 다음, 코에 힘을 주어 빨아들인다. 병은 琥珀, 蜜花 등으로 만들어서 衣帶 사이에 차고 다니는데 그것을 鼻煙筒이라고 한다. 鼻煙의 재료는 오로지 옥잠화의 향기에 의지하는데, 성안의 비연 파는 자들을 보면 꽃을 따서 비연 통 속에 넣어 판다.

52 「紅梅舘褉事, 同韓霽園作」, 『洛下生集』冊1 春星堂集.

에 거처하는 시인의 모습을 나타냈다. 1구의 '홍매紅梅'와 2구의 '자각紫閣', '취개翠開'는 색감이 선명하게 대조를 이루어 시의 시각적 이미지를 제고시킨다. 또한 3구의 '풍색초風色峭'와 4구의 '비연래鼻烟來'는 시에 동적 이미지를 불어넣어 생동감을 부여해주는 역할을 한다. 시인이 홍매관을 방문했을 때는 마침 매화가 피었던 시기였던 것 같다. 홍매관의 행랑에서 매화꽃을 그리는데, 처마 앞에는 푸른 빛이 들어와 쌓인다고 하여 꽃의 붉은 색과 푸른 빛이 선명한 대비를 이룬다. 4구의 '비연鼻烟'은 코담배를 가리키는 것으로, 담뱃가루를 곱게 갈아 코로 들이마시는 것이다. 새벽녘 바람에 담배연기를 날려 보내는 시인의 흥취가 그려진다.

6수의 1구와 2구에서는 해질 무렵 홍매관의 주변 풍경을 표현하고, 3구와 4구에서는 홍매관 안에서 시 짓기를 하는 시인의 모습을 형용했다. 1구의 '모색暮色'과 '양류楊柳', 2구의 '당리棠梨'와 4구의 '남병藍屛'은 시각적 심상을 불러일으키는 시어이다. 해가 져서 홍매관에 스며드는 어스름한 저물녘 빛이 버드나무 서쪽으로 들쑥날쑥 보인다. 홍매관에 심어져 있는 팥배나무에는 비를 맞아 나뭇가지가 아래로 늘어져 있는 정경이 시인의 눈에 들어온다. 그리고 그 속에서 두 사람은 시 짓기를 하였는데, 어느덧 쪽색 병풍 한 자를 이루었다. 이 시는 홍매관의 아름다운 풍경과 그 속에서 교유를 나누었던 이학규와 한재렴의 모습이 잘 드러나 있는 작품이라 하겠다.

동쪽 밭에 오디 익어 올빼미가 엿보고	東田葚熟鵂鶹窺
남쪽 고개엔 두견새 울음소리 더욱 구슬프다.	南嶺子規啼更悲
종일토록 흰 꽃이 어지럽게 흩날리는데	盡日白花飛歷亂
소나무 사이로 때때로 푸른 버들가지 나타나네.	松間時出綠楊枝[53]

이 시는 이학규가 초여름에 서쪽 동산을 방문했을 때 한재렴과 함께 지은 것이다. 이때 이학규와 한재렴은 누구보다 친밀한 사귐을 맺고 있었다. 두 문인은 의기투합하여 동산의 정겨운 풍경을 시에 옮겨 놓았다. 1구와 2구의 올빼미와 두견새의 울음소리는 시에 청각적 이미지를 부여하고, 3구와 4구의 흰 꽃과 푸른 버들가지는 시각적 심상을 제공한다. 이러한 이미지는 시의 생동감을 살리는 시적 장치이며, 초여름이라는 시의 시간적 배경에도 잘 부합한다. 동산의 동쪽 밭에는 오디가 익고, 남쪽 고개에서는 두견새의 구슬픈 울음소리가 들린다. 동산에는 하루종일 흰 꽃이 흩날리고, 소나무 사이로 푸른 버들가지가 엿보인다. 이 시에는 경景과 정情이 어우러져 있다. 동쪽 밭의 오디와 남쪽 고개의 두견새는 경에 해당하고, 두견새 소리를 듣고 구슬프게 느끼는 것은 경景에서 촉발된 정情의 경지이다.

이학규는 경景과 정情의 두 가지 요소로 시가 이루어지는데, 여기에는 정에 기인하여 경에 깃드는 경우와 경을 만나 정을 일으키는 경우가 있다고 하였다. 그리고 정으로 시를 승하면 지극한 곳에 도달할 수 있으며, 경을 묘사하여 정에 들어간 것으로 진실로 사람을 감동시킨다고도 하였다.[54] 이 시는 시의 청각적 요소와 시각적 요소가 하나의 액자 안에 절묘하게 어우러져, 읽는 사람의 눈과 귀를 자극한다. 눈앞의 풍경을 사실적으로 표현하면서도 미려한 시어를 사용하

---

53 「首夏西園卽事, 同韓霽園作」, 『洛下生集』冊1 春星堂集.

54 「詩話」, 『逸名稿』(임형택선생 소장본), "詩以情景二道, 融合成語, 有因情寓景者, 又有遇景起情者. …… 以理勝文之至極處, 以情勝詩之極至處. 昔人賦遠山云, 盡日自秋色, 無人知地名, 暗時雲更合, 缺處路應平, 此以理勝, 不如日暮數峰靑似染, 行人說是汝州山, 寫景入情, 眞是感人."

여 이미지화함으로써, 시인으로서의 감성과 내적 자질을 엿볼 수 있게 하는 작품이다. 곧 이학규와 한재렴 두 문인의 문예적 취향과 시인으로서의 서정적 감수성을 드러낸 시라고 할 수 있다.

위의 시와 같은 때에 지어진 시를 한 수 더 살펴보기로 한다.

안보나루 앞엔 가을 강물 맑고	安保津前秋水淸
그대 은거하는 곳엔 버드나무 뿌리도 곧다네.	人居鍛處柳根平
실바람은 언덕 너머에서 누런 잎에 부는데	小風隔岸吹黃葉
이따금 돌아가는 소는 코 내놓고 건너가네.	時有歸牛浮鼻行[55]

이 시는 안보진安保津 앞의 풍경을 노래한 것이다. 시에서 느껴지는 계절은 가을이다. 시인의 눈에 비친 가을 풍경을 한 폭의 동양화를 그리듯 7언 절구의 짧은 시 안에 담아냈다. 1구와 2구에 형상화된 풍경은 정적인 이미지이다. 나루 앞의 맑은 강물과, 평평한 버들 뿌리는 차분하고 고요함을 자아낸다. 이와 대조적으로, 3구와 4구에 형상화된 풍경은 동적인 이미지이다. 누런 잎사귀에 부는 실바람과 건너가는 소의 모습은 움직이는 경물을 포착하여 나타낸 것이다. 이 시에는 시인의 주관적인 감정이 드러나 있지 않다. 오직 가을날에 흔하게 볼 수 있는 일상의 소소한 풍경을 담담하게 그리고 있을 뿐이다. 이는 당시 시인이 안정되고 온화한 심리적 상태를 지녔음을 알 수 있다. 이 시는 눈앞에 있는 대상의 움직임과 사물의 풍경을 순간적으로 포착하여 하나의 이미지로 구성한 점이 돋보이는 시라 할 수 있다.

---

55 「安保津」, 『洛下生集』冊1 春星堂集.

선유봉 아랫길 仙遊峰下路
기대어 바라보니 외로운 정자로세. 憑望復孤亭
해 다시 뜨니 맑게 갠 강물 하얗고 日廻晴江白
구름 걷히니 여름 산봉우리 푸르도다. 雲開夏岫靑
돛대 잇대어 가까운 물가로 오고 連檣來近渚
놓아기르는 마소 먼 들판으로 나아가네. 放牧出遙坰
성의 북쪽은 넓은 그늘 속이라 城北浮陰裏
그윽한 시름이 아득하게 생겨나네. 幽愁起杳冥[56]

위에 인용한 시는 유배되기 한 해 전인 1800년에 지은 것이다. 선유봉仙遊峰은 주위 풍광이 빼어나 문인들의 시적 소재와 화가들의 그림 소재로 즐겨 차용되었던 곳이다. 지금은 선유봉의 자취는 사라져 찾을 수 없고 대신 선유도만 남아있다. 선유봉 아래에는 선유정仙遊亭이 있는데, 시인이 시에서 언급한 정자는 이 곳이 아닐까 한다. 이 시의 계절적 배경은 여름이다. 이 시에서 함련의 '해[日]'과 '구름[雲]', '강물[江]'과 '산봉우리[岫]', '하얗고[白]'과 '푸르도다[靑]'은 서로 대조적인 느낌의 시어이다. 그리고 경련의 '오고[來]'와 '나아가네[出]', '가까운[近]'과 '먼[遙]'는 서로 대구를 이루는 시어이다. 시인은 이러한 대조적 느낌의 시어를 구사함으로써 시의 미적 심상을 높임과 동시에, 시에 단조로움을 피하고 생동감을 부여하였다. 시인은 여름날 맑게 갠 선유봉 주변의 경치를 관조적 시선으로 바라보고 있다. 구름 걷히고 햇빛에 모습을 드러낸 산봉우리는 더욱 푸르고, 햇빛에 반사된 한강의 강물은 눈부시도록 하얗다. 그리고 그 위에는 돛대를 매단 배들이 유유하게 물가로 들어오는데, 방목하는 마소들은 들로

56 「野望」, 『洛下生集』冊1 春星堂集.

멀리 나아간다. 이상의 시적 표현은 그림으로 그려도 수작일 만큼 회화적 묘사가 뛰어나다.

이상으로 유배 이전 창작된 시를 통해 이학규의 초기 문학적 경향을 살펴보았다. 이 시기에 창작된 시문에는 서울 주변의 미려한 경관을 시 속에 담아내기도 하고, 일상 속의 풍경을 그려내기도 하였다. 이때 창작된 시는 내면의 울분이나 고독감보다는 대체로 한아하고 평온한 정조가 묻어나는 작품이 지배적이다. 또한 시각적 · 청각적 이미지를 활용한 회화적 묘사와 함께 감각적인 시어를 배치한 작품이 돋보인다. 이는 이학규가 젊은 시절 지녔던 풍부한 감수성과 뛰어난 문예적 흥취를 방증하는 것이라 할 수 있다.

Ⅱ. 유배 전반기의 시문 창작과 그 성과

유배는 주위를 둘러싼 거의 모든 환경의 변화를 의미한다. 유배는 창작주체의 내면에도 영향을 미쳐 일정한 문학적 변모를 초래한다. 서울의 주목받던 문인에서 유배객의 신세로 전락한 이학규도 유배를 기점으로 변화된 모습이 감지된다. 이학규는 1801년에 김해에 유배된 뒤, 24년이라는 오랜 시간을 유배지에서 보냈다. 그는 유배 생활을 보내면서 현실에 대한 새로운 인식과 내면의식의 성찰을 통해 다수의 시문과 저술을 남겼다. 유배지에서 생활하는 동안 이학규는 문인으로서의 자세를 버리지 않았다. 오히려 자신의 괴롭고 고달픈 심사를 이겨내기 위한 방편으로 시문을 지어 내면에 자리한 근심을 떨쳐내고자 하였다. 그에게 있어 글쓰기는 유배지의 괴롭고 고달픈 현실에서 세상을 향해 열려있는 유일한 출구였다. 이학규 자신이 하루라도 시를 짓지 않고는 견딜 수 없다고 고백했던 것처럼, 글쓰기는 유배지의 고단한 현실을 잠시나마 잊게 해주는 위안처이자 그의 인생에 있어 떼려야 뗄 수 없는 불가분의 관계였다.

이학규의 문집을 살펴보면 유배기간에 이루어진 문학적 성과가 가장 많은 분량을 차지한다. 유배시기에 창작된 시문과 저술을 살펴보면, 유배 이전과 비교해서 변모된 양상이 나타나며 그 안에 담긴 내용 또한 매우 다양한 면모를 지녔음이 확인된다. 이학규는 유배지에서 생전 처음 접하는 새로운 환경과 풍속들, 그리고 그 속에서 살아가는 사람들에 대해 붓을 들어 기록하였다. 또한 유배객으로서의 내면의 울울한 심사와 회한을 절절하게 토로했는가 하면, 김해지역의 역사와 자신이 현장에서 직접 목도한 민간 현실을 시문의 소재로 차용하기도 했다. 이외에도 실학적 사유를 바탕으로 다양한 분야에 걸친 실학적 면모가 드러나는 글을 짓기도 하였고, 주변 물사物事에 대한 호기심이 지적 탐구로 이어지기도 하였다. 또한 자국의 역사와 문물제도에 대해 관심을 갖고 세밀하게 고증한 저술을 남기기도 했다. 이상으로 볼 때, 이학규의 문학은 어느 한 방면에 치우치지 않고 다양한 면모가 공존함을 확인할 수 있다. 물론 이러한 시문 창작과 학문 저술은 유배기에 갑자기 돌출된 것이 아니라, 유배 이전에 형성된 실학적 학풍과 문인으로서의 자질에 유배지에서의 현실 인식이 더해져 창출된 것이다.

유배기를 전반기와 후반기로 구분지을 때, 어느 시점을 기준으로 분명하게 선을 그을 수 있는 것은 아니다. 그러나 유배기간이 길고 다양한 문학적 성과가 창출된 점을 고려할 때, 확실한 구분점은 없으나 다만 다음의 몇 가지 경향에서 전반기와 후반기로 구분할 수 있다.[57] 물론 이것은 갑자기 한순간에 변모된 것이 아니며, 유배 생활

57 유배기간 동안의 이학규의 의식 변화에 대해서는 기존에 두 가지 견해가 보인다. 백원철 선생은 이학규가 정약용과 저술을 왕래한 시점인 1808년과 이후 정약용이 해배된 1818년을 기점으로 하여 세 시기로 구분하였다. 또한 이국진은 이학규의 첫째 부인이 세상을 떠난 1815년을 기점으로 하여 유배기간의 창작상의 변화를 두 시기로 구분하였다. 그러나 이상의 구분은 이학규의 문학적 변모를 살피기에는 적합하지 않은 것으로 여겨지므로, 본고에서는 저술상의 특징적 면모를 기점으로 삼아 전반기와 후반기를 구분하였다.

을 지내는 동안 문인의 의식 변화에 따른 점진적인 변화로 이해해야 할 것이다.

이학규의 유배시기의 저술을 살펴보면, 1814년을 전후로 하여 실학적 경향의 글들이 창출되기 시작한다. 김해에 내려온 이후 유배지의 역사와 민간현실에 대해 기록하고 유배객의 육체적 · 정신적 고충을 토로하던 이전 시기의 글에 비해, 실학적 경향의 글들이 저술되기 시작하였다는 점은 창작주체의 의식 변화에 따른 결과로 볼 수 있다. 실학적 저술이 갖는 의의는 이학규가 내면에의 침잠에서 벗어나 비로소 지식체계를 형성하려는 객관적 인식으로 한걸음 나아간 데에 있다. 그리고 유배 전반기에는 김해지역의 풍속과 역사를 소재로 삼아 다수의 기사시紀事詩와 「영남악부嶺南樂府」를 지술하였다면, 후반기에는 이러한 인식의 지평이 확장되어 자국의 문화와 역사를 소재로 한 「해동악부海東樂府」와 「동사일지東事日知」를 저술하였다. 또한 유배 전반기에는 내면의 정신적 고뇌와 우울한 심사를 절절하게 토로한 글이 다수인 반면, 후반기에 접어들면 고통과 괴로움의 장소였던 유배공간을 바라보는 시각에 변화가 생김을 알 수 있다. 이는 주변의 승경을 유람하거나 일상의 경치를 생동감 있게 형상화한 시문에서 찾을 수 있다.

이학규가 유배지에서 보낸 기간은 인생의 중장년기로 가장 활동이 왕성한 시기에 해당되며, 이 시기에 창작된 시문과 저술이 문집에서 가장 많은 분량을 차지한다. 유배기에 지어진 시문과 저술은 『낙하생집』책1의 『죽수집竹樹集』과 『낙하생집』책3~책17, 책20에 실려 있다. 분량으로 따져볼 때 문집의 거의 대부분을 차지한다고 해도 과언이 아니다. 유배 전반기의 저술을 시기별로 나타내면 다음과 같다.

〈표 1〉 이학규의 유배 전반기 저술[58]

책수	저술연대	시문
책1 竹樹集	1801년	시詩 41제題
책3 因樹屋集	1802년~1805년	시詩 88제題, 부賦 2편篇, 문文 12편篇
책4 因樹屋集	1806년~1809년	시詩 81제題, 부賦 4편篇, 문文 2편篇
책5 因樹屋集	1808년	고정기사시苽亭紀事詩 52수首
책6 嶺南樂府	1808년	영남악부嶺南樂府 68수首
책7 因樹屋集	1809년~1810년	시詩 71제題
책8 因樹屋集	1810년	기경기사시己庚紀事詩 15수首
책9 因樹屋集	1810년~1811년	시詩 43제題, 부賦 1편篇, 문文 2편篇
책10 因樹屋集		서書 62편篇
책11 匏花屋集	1812년~1813년	시詩 34제題, 부賦 1편篇, 문文 12편篇

위의 표에서 보이는 바와 같이 유배 전반기에는 주로 연작시를 비롯하여 시 창작이 활발하게 이루어졌음을 확인할 수 있다. 여기에서 책10 인수옥집因樹屋集에 수록된 글은 수신인과 발신인이 표시되어 있지 않은 척독을 모아놓은 것이다.

1. 유배지의 체험, 김해 사람들과의 만남

19세기의 벽두인 1801년, 조정에는 일대 회오리바람이 불어 닥쳤다. 새로운 집권세력인 노론계老論系 벽파僻派가 그동안 대립 반목관계에 있던 남인계南人系 시파時派를 '사학도당邪學徒黨'이라는 명분아래 혹독한 탄압을 자행한 사건이 발생하였다. 이른바 '신유옥사辛酉獄事'이다. 조선왕조실록에서 이학규에 관한 언급은 1801년 2월 14일

58 『한국문집총간』에 수록된 『洛下生集』을 대상으로 하였음.

조에 처음 보인다. 이학규는 삼흉三凶으로 지목된 이가환 · 정약용 · 이승훈의 무리 가운데 가장 두드러진 사람 가운데 한 명으로 지목되어 추국을 당하였다.[59] 그는 직접적으로 외숙인 이가환과 연루되어 무고당한 것이었으므로 의금부 추국의 결과 천주교와는 무관한 것으로 드러났다. 그 결과 의금부에서는 방송放送할 것을 품계하였으나 받아들여지지 않고, 동년 봄에 전라도 능주綾州로 유배되었다. 이후 같은 해 10월 13일에 황사영백서사건黃嗣永帛書事件으로 다시 서울로 불려와 국문을 받았다. 그리고 1801년 11월 5일, 사학 죄인의 누명을 쓰고 경상도 김해부金海府에 이배移配되었다. 이후 1824년 4월 8일, 장남인 이재종李在種의 소청에 따라 의금부의 복계에 의해 해배解配되기까지 김해에서 24년의 긴 유배생활을 하였다.[60]

유배 체험은 이학규에게 중대한 의미를 지닌다. 이학규는 유배로 인해 예전에 경험하지 못했던 새로운 문화와 환경을 접하게 되었고, 그 과정에서 비롯된 현실 인식을 저술에 고스란히 담아냈다. 이때문에 유배시기에 지어진 시문은 이전의 것과 그 탄생 배경이 다를 수밖에 없었고, 자연스레 문학이 변모되는 양상으로 나타났다. 이학규가 처음 유배된 지역은 전라도 능주이다. 능주에 머물렀던 기간은 1801년 5월에 유배된 후, 동년 10월에 황사영백서사건으로 다시 서울로 불려가기 이전까지이다. 능주에서 지은 시문은 『낙하생집』책1

59 『朝鮮王朝實錄』 47권, 『純祖實錄』, 國史編纂委員會, (探求堂, 1986, 影印本) 365면, "臣聞渠之徒黨中最著者, 即吳錫忠 · 兪理煥 · 李學逵 · 洪獻榮是已. 凡此諸賊, 俱爲三凶之傳法護神, 表裏和應, 聲勢相倚, 爲世指目. 請命王府, 拿鞫嚴訊."

60 이학규의 신유사옥 때의 행적에 대해서는 『純祖實錄』과 『推案及鞫案』에 기록되어 있다.

죽수집에 실려 있다.

소주 새로 맛보고 채소도 올리며	火酒新嘗薦野蔬
표주박으로 물을 끌며 옷자락 적시누나.	田蠡曳水浣帬裾
아침 일찍 맛있는 남쪽 음식 비로소 알게 되니	早來始識南烹好
마침 쟁반 가득 피라미가 있네.	恰有盈盤篳篥魚[61]

이 시는 이학규가 능주에 도착한 뒤 그곳의 낯선 환경을 접하고 나서 지은 것이다. 시의 전반적인 분위기를 살펴보면, 유배 이전의 시에 비해 매우 달라진 것을 알 수 있다. 시의 공간적 배경 또한 서울의 명승지에서 능주의 농어촌으로 바뀌었다. 시적 배경의 변화만큼이나 시어詩語에도 변화가 생겼다. 우선 '소주[火酒]', '피라미[篳篥魚]' 등의 시어는 유배 이전의 시문에서는 잘 찾아볼 수 없던 것으로, 시인이 처해 있는 유배지의 환경을 잘 나타내준다. 그리고 지방의 고유어가 시어로 사용되었다. 시의 제목에도 나와 있듯이 개울가에 있는 작은 물고기를 지방민들은 '피리[篳篥]'라 부른다고 하였다. 피라미는 우리나라 민물에서 가장 많은 수가 살고 있는 종이다. 그만큼 우리 주위에서 쉽게 볼 수 있어 지역에 따라 방언도 많다. 산란기의 수컷은 불거지, 가래, 개리, 개피리, 날피리 등으로 불리고, 암컷이나 어린 새끼는 피라미, 피라지, 피리, 피리미, 피랭이 등으로 불린다.[62] 즉 능주에서는 피라미를 피리[篳篥]라는 방언으로 불렀으며, 서울에서 내려온 이학규에게 호기심의 대상이 되었음을 알 수 있다. 이 시는 이학규가 농어민의 현실을 직접 목도한 체험을 바탕으로 창작될

61 「舍南溪中, 出小魚, 土人謂之篳篥, 賦絶句紀事」, 『洛下生集』冊1 竹樹集.

62 최윤 외, 『낚시물고기 도감』, 지성사, 2000, 274면 참조.

수 있었던 것으로, 유배지의 낯선 환경문물에 대해 호기심을 갖고 시적 소재로 채용한 것이다.

능주에서 지은 시를 한 편 더 살펴보기로 한다.

1수

능주의 집 단풍나무 향 가득하고	州舍楓香滿
마을 동산엔 대나무 층층이로다.	邨園竹樹層
곳간의 벼는 참새가 배불리 먹고	囷禾饒瓦雀
장독의 젓갈엔 파리가 날아오르네.	甕鮓起麻蠅
토지는 물 댈 필요 없고	壤地不須灌
노래 부르기 가장 잘한다네.	歌呼復最能
오직 시름겨운 일 패랭이 쓰는 것이니	唯愁捉褦襶
더위 무릅쓰고 제방으로 올라가네.	觸熱到邱塍

4수

바닷가에 왕풍은 멀고	濱海王風遠
산을 따라 물태가 번성하네.	緣山物態繁
벼논엔 소나기 불어오고	稻田吹白雨
대나무 숲엔 황혼이 고요하네.	竹樹靜黃昏
북두는 원래 서로 바라보았지만	北斗元相望
남쪽 소리 거의 시끄럽지 않구나.	南音近未諼
멀리서 애달파보네, 고향의 달	遙憐故園月
밤새도록 사립문 곁에 있누나.	一夜傍柴門[63]

이 시는 오언율시 여섯 수로 구성되어 있는데, 위에 인용한 부분은 그중 첫째 수와 넷째 수이다. 첫째 수의 수련과 함련에서는 능주 마

---

63 「綾州襍詩」, 『洛下生集』冊1 竹樹集.

을의 풍경을 묘사했고, 경련에서는 능주의 지역적 특성을 표현했다. 미련에서는 능주의 습속에 동화되지 못하고 시름겨워하는 유배객의 마음을 드러냈다. 패랭이는 더위를 피하고자 할 때 쓰는 물건으로, 평량자平凉子 또는 평량립平凉笠이라고도 한다. 그러나 서울의 문인이었던 이학규에게 서민들이 주로 사용하던 패랭이를 쓰는 일은 익숙하지 않은 일이었다. 때문에 불편을 감수하더라도 더위를 무릅쓴 채 지낸다고 한 것이다. 시에도 나와 있듯이 당시 능주에서 이학규가 거처하던 곳에는 대나무가 많았던 모양이다. 이 때문에 이학규는 당시에 지은 시문을 모아 '죽수집竹樹集'이라 명명하였다.

넷째 수의 수련과 함련에는 능주의 지리적 위치와 환경에 대해 표현했다. 능주는 서울과 거리상으로 멀고 바닷가에 위치한 마을이라 왕풍은 멀지만, 대신 물산이 풍부하다고 하여 천혜의 자연환경의 혜택을 받은 고장임을 나타냈다. 산을 따라 물태가 번성하다는 표현은 국토의 서남쪽에 위치하여 소백산맥의 지맥이 사방으로 뻗어 있는 능주의 지리적 위치를 짧은 시어로 잘 나타낸 것이다. 마지막 미련에는 고향을 그리워하는 시인의 모습을 형상화하고 있다. 밤새도록 사립문 곁에 서있는 대상은 바로 시인 자신의 모습이다. 유배지에 처해 있는 시인의 고향에 대한 가슴 절절한 그리움과 애틋함이 배어난다. 수련의 '해海'와 '산山', 함련의 '취吹'와 '정靜'과 '백白'과 '황黃', 그리고 경련의 '북北'과 '남南'은 서로 상반되는 이미지의 시어로, 시의 심상을 선명하게 부각시키는 역할을 한다.

유배지에서 가장 먼저 생각나는 것은 고향에 두고 온 가족들이다. 한 집안의 가장으로서 가정을 돌보지 못하는 죄책감이 더해져 가족을 향한 그리움은 더욱 증폭되었을 것이다.

호숫가에서 고향 있는 곳을 바라보다 湖上望鄕處
호수의 누대에서 다시 행인을 전송하네. 湖樓復送行
바다와 하늘은 모두 달걀빛이고 海天皆卵色
골짝에 비 내리니 온통 방울소리네. 峽雨盡鈴聲
이별의 생각 편지로 묻기 어렵고 離思書難問
이른 새벽 꿈결에도 놀란다네. 蕭晨夢亦驚
부모님 계신 곳 바라보니 되레 간절해져 親闈望轉切
돌아가지 못하는 마음 응당 알려야겠네. 須報未歸情[64]

이 시는 이학규가 능주에 유배된 이후 처음으로 집에 부친 시이다. 그는 어느 날 호숫가에서 고향이 있는 북쪽을 바라보다 집 생각이 간절해져 편지를 보낼 생각을 떠올렸다. 그러나 이별의 슬픈 마음은 차마 편지로도 묻기 어렵다. 이러한 심리적 갈등은 이학규를 새벽녘 꿈속에서도 놀라 깨게 만든다. 하지만 이내 부모님이 계신 곳을 바라보니 그리운 마음이 더욱 강해져서, 돌아가고 싶어도 차마 가지 못하는 마음이나마 알려야겠다고 다짐하는 것이다. 곧 낯설고 외로운 유배지에 처해 불우한 자신의 신세를 감내하면서, 서울에 두고 온 가족들을 걱정하고 그리워하는 마음에 편지를 부치는 한 유배객의 초상이 절절하게 그려진 작품이다.

능주에서 유배 생활을 하던 이학규는 1801년 10월 13일 다시 서울로 불려가 국문을 받은 뒤, 1801년 11월 5일에 경상도 김해로 이배되었다. 전라도 능주에서 경상도 김해로 유배지역만 변경되었을 뿐, 유배형은 변함없이 지속되었다. 서울에서 태어나 그곳에서 30여년을 생활한 이학규에게 국토의 남쪽 바닷가에 위치한 김해라는 공간은

64 「寄家書」, 『洛下生集』冊1 竹樹集.

매우 낯설고 두려운 장소였다.[65] 유배지에서 이학규가 느낀 낯섦과 두려움의 정체는 두 가지 경우로 생각할 수 있다. 첫째는 지역적 환경의 차이에 의한 것이고, 둘째는 서울과의 문화적 수준의 차이에 의한 것이다. 김해지역에 대한 이학규의 언급을 살펴보기로 한다.

> 김해가 어디 좋은 곳이 있습니까? …… 남자들은 재명才名이 한 고을에 떠들썩해도 그 실제를 살피면 과거에 응시할 수가 없습니다. 오직 모여서는 속이는 일과 빚 놓는 일만 할 뿐입니다. 빚 놓는 것이 관아에 알려져 꾸짖으면 빙그레 웃기만 하고, 소장으로 소송을 하면 도리어 욕을 해댑니다. 하월헌荷月軒은 객관의 북쪽, 분성대盆城臺의 동쪽에 있는데, 읍재邑宰가 선비들을 양성하던 곳입니다. 그곳은 오래도록 폐치되어 고을의 불량배가 모여 음탕한 짓을 하는 장소가 되었습니다. 여자들은 술과 음식은 의논하지 않고, 베 짜는 일도 돌보지 않는답니다.[66]

이 글은 이학규가 어떤 사람에게 보낸 편지글의 일부분이다. 내면의 심사를 솔직하게 고백하는 편지의 특성상, 이학규는 이 글에서 유배 초기 김해지역에 대해 느낀 자신의 인상을 가감없이 표현한 것으

---

65 金海는 본래 가락국의 땅이었다. 신라 법흥왕 19년(532)에 금관가야의 마지막 임금인 俱亥가 투항하자 신라에서 金官郡을 설치하였고, 고려 태조 때에는 金海府로 하였고, 조선 태종 13년(1413)에 도호부로 승격시켰다가 고종 32년(1895)에 金海郡으로 하였다(이병태, 『金海地理志』, 김해문화원, 1991, 22~25면).

66 「答」, 『洛下生集』冊10 因樹屋集, "金官有何好處. …… 其爲男子者, 有以才名噪一邑, 而考其實則無能爲應擧. 惟會撒謊與賴債耳. 賴債之法, 見登門辱罵則莞爾而已, 具狀起訟則反詈而已. 荷月軒在客館北盆城臺之東, 邑宰養士處也. 軒久廢置, 爲邑中惡少聚婬之所. 其爲女子者, 不議乎酒食, 不恤乎織紝."

로 보인다. 여기에서 이학규는 김해지역의 사람들에 대해 차갑고 냉소적인 시선을 보내고 있다. 문학적 소양도 없고 서로 속이면서 욕을 해대는 사람들과 집안일을 돌보는데 소홀한 여자들의 모습은 사대부 가문에서 생장한 이학규의 입장에서 보면 분명 눈에 거슬리는 일이었을 것이다. 이학규는 김해지역 사람들의 행태에 대해서는 냉철한 비판을 가한 반면, 그곳의 자연환경에 대해서는 상반된 평가를 하였다.

> 남쪽에는 큰 산기슭이 있어 나물과 채소, 땔나무 등을 모두 취할 수 없고, 동쪽에는 큰 호수가 있어 물고기와 새우, 게와 조개를 다 먹을 수가 없습니다. 갈대를 이용하여 자리와 삿갓을 만들고, 배를 부려 소금을 실어 나르는데 뱃머리와 꼬리가 맞물릴 정도입니다. 무릇 이른바 사람이 살아가는데 쓰이는 것은 공급되지 않음이 없으니, 영남 속담에 이르기를 사람 살기 좋은 곳은 왼쪽엔 울산이고, 오른쪽엔 김해라고 하였습니다.[67]

이 글에는 김해지역의 자연 환경에 대한 이학규의 견해가 나타나 있다. 김해는 남쪽으로 큰 산에서 나는 산림자원이 풍부하고, 동쪽으로는 큰 호수에서 나는 수산자원이 풍부하다. 또한 특산물인 갈대는 품질이 우수하여 자리와 삿갓을 만들어 쓸 수 있고, 바다에는 염전 사업도 활발하다. 곧 당시의 김해는 지리적 특성상 산과 호수를 끼고 있어 물산이 풍부하며, 염전이 많아 경제적 요건도 넉넉한 형편이었다. 이 때문에 영남 속담에 사람 살기 좋은 곳으로 꼽힌다는 것이다.

67 「贈金致默序」, 『洛下生集』冊19〇洛下生藁[下] 谻是齋集, “南有巨麓, 蔬茹樵烝, 不可勝取也, 東有大湖, 魚鰕蟹蛤, 不可勝食也. 葭葦之利爲簟爲笠, 操舟檝載鹽艖, 首尾相銜. 凡所謂生人之需, 靡不備給, 嶺諺曰, 生人之樂, 左蔚右金.”

이와 같이 이학규는 유배지인 김해에 대해서 문화적 수준은 낙척한 반면, 물산은 매우 풍부하여 사람이 살기 좋은 천혜의 자연적 환경을 갖추었다고 하였다. 이러한 김해에 대한 상반된 평가는 실제로 그러한 부분도 있겠으나, 문인의 신분으로 절감했던 낙후한 문화 수준에 대해 상대적으로 커다란 박탈감을 느꼈기 때문이다.

청년 시절 촉망받는 실학파 문인에서 한순간에 유배객의 신세로 전락한 이학규에게 유배지에 대한 가장 큰 거리감은 문화적 수준의 차이에서 오는 것이었다. 이학규는 김해에서 지내면서 서울과의 지적 수준 차이를 절감하고 다음과 같이 탄식하였다.

> 이 고장에는 서적이 없어 구존재의 『전등신화』를 책상 위의 존각으로 여기고, 나관중의 『삼국연의』를 베개 속의 비장으로 여깁니다. …… 때때로 생각이 비각에 가득 쌓인 장서와 이름난 집안의 서가에 꽂힌 책자에 미치면, 아득히 하늘과 땅같이 멀어 오직 스스로 크게 탄식할 뿐입니다.[68]

이학규가 느낀 김해지역에 대한 인상은 지적 수준의 낙후함이 무엇보다 큰 부분으로 다가왔다. 평소 문인임을 자처하였던 그에게 장서藏書의 부재에서 오는 심리적 박탈감은 다른 어떤 부분보다 견디기 힘들었을 것이다. 더욱이 수많은 장서를 보유했던 외조부 이용휴의 집에서 유년시절을 지내고, 규장각에 드나들면서 청년시절을 보낸 그였기에 그 상대적 박탈감의 크기가 더욱 컸을 것임은 어렵지

---

68 「答」, 『洛下生集』冊10 因樹屋集, "此鄕苦無書籍, 以瞿存齋翦燈新話, 爲丌上尊閣, 羅貫仲三國演義, 爲枕中秘藏. …… 時時想到, 秘閣充棟之藏, 名家揷架之玩, 邈若天淵, 惟自浩歎而已."

않게 짐작할 수 있다. 때문에 그 차이가 천지만큼이나 현격함에 스스로 크게 탄식할 뿐이라고 토로하고 있는 것이다.

이상에서 언급한 유배지의 자연환경과 학적 수준에 대한 내용은 이학규가 그곳에서 몸소 체험한 것들이다. 유배지에서의 생활은 그 지역 사람들과의 교유도 포함된다. 학식과 식견을 두루 갖춘 서울의 유수한 문인들 사이에서 생활하다가, 낯선 사투리를 쓰고 낯선 풍습을 지닌 유배지역 사람들은 이학규에게 있어 이방인의 감정을 느끼게 하는 또 하나의 요인이었다. 이학규와 김해지역 사람들과의 만남은 처음에 서로 낯설어하고 경계하는 모습이었다. 김해 사람들은 서울에서 온 이방인을 적대적인 시선으로 경계하였고, 이학규 또한 낯선 음식을 먹고 낯선 풍습을 지닌 그들에게 쉽게 다가갈 수 없었다. 그러나 점차 시간이 흐르면서 서울에서 온 문인에게 시문의 평점을 요구하고, 만시輓詩를 부탁하기도 하는 등 격의 없는 사이로까지 관계가 진전되었다. 그 결과 이학규는 미천한 신분인 떡장수나 술집노파와도 '이여지교爾汝之交'하는 사이가 되었다고 하였다.[69]

이학규와 김해지역민 사이의 관계가 우호적으로 발전된 것은 이학규가 지역민의 생활과 현실에 공감하게 된 사실과 무관하지 않다. 신분계층을 넘어선 교유는 이학규가 신분에 대해 보수적 인식을 지니지 않았던 이유도 있지만, 당시 김해의 현실을 현장에서 직접 목도한 이학규가 현실에 대한 인식을 새롭게 하여 그들의 삶에 대해 연민의 감정을 갖게 된 요인도 있다. 이학규의 이러한 태도는 곧 주위 사물과 인간에 대한 재발견으로 이어져 문학작품 속에 반영되었다. 이학

69 「感舊紀恩 三首」, 『洛下生集』冊11 菜花居集, "嗟乎. 身名一敗, 竄伏荒徼, 惟日與餠師酒媪, 爲爾汝之交. 惟十四年前事, 滄桑屢變矣."

규와 김해 지역민의 일상적인 교유는 이학규가 그 지역민들의 학적 수준 향상에 일정한 도움을 주는 방향으로 확대되었다.

> 지난봄에 고을 사람인 최두극과 김덕하 두 사람이 인수옥으로 나를 찾아와 자주 말하기를, "고을에는 장서가가 없어서 간혹 서책에 마음을 두어도 찾아 살펴볼 수가 없으니, 고을에 문사가 적은 것은 대개 이 때문입니다."라고 하였다. 이에 고을 서당의 유력자들과 상의하여 임우춘·우윤권·배상렬 세 명을 만나 금관서사를 만들고, 돈을 갹출하여 먼저 육경六經과 제사諸史 약간 권을 모아서 서당에 나가는 고을 자제들에게 편리하게 볼 수 있도록 하였다.[70]

이 글은 「금관서사기金官書社記」의 일부로, 유배생활에 접어든지 3년째 되는 해에 지은 것이다. 금관金官은 김해의 다른 명칭이다. 이학규는 이 글에서 김해지역 시골서당의 글이 위로는 문장을 아름답게 꾸미지 못하고, 아래로는 시재도 짓지 못한다고 하였다. 그러면서 이에 대한 원인으로 두 가지 이유를 꼽았다. 첫째는 들을 만한 스승의 말이 없다는 것과 둘째로는 읽을 만한 장서藏書가 없는 것이다. 이에 고을의 유력자들과 의논해서 지금의 도서관에 해당하는 금관서사金官書社를 설치하여, 고을의 자제들이 편리하게 볼 수 있도록 하는 해결책을 제시하였던 것이다. 이와 같이 이학규는 김해지역의 지적 수준 향상을 위해 그곳 주민들과 적극 협력하여 힘을 보탬으로써 지역문화 발전에 도움을 주었다.

---

70 「金官書社記」, 『洛下生集』冊3 因樹屋集, "客春, 有邑人崔斗極金德河二君者, 過余因樹屋中, 數言邑無藏書家, 間有留心載籍, 而無因搜覽, 邑之少文, 槩由此也. 乃謀諸邑塾之強力幹事者, 得林遇春禹允權裵尙烈三人, 爲金官書社, 就醵錢, 先聚六經諸史若干卷, 令邑子弟之就塾者, 取便覽焉."

이상에서 이학규가 유배지인 능주와 김해를 처음 접하고 나서 지은 시문에 대해 살펴보았다. 이학규에게 있어 유배 공간 속의 모든 것은 낯설고 새로운 경험이었다. 그는 유배지의 문물과 자연환경을 체험한 뒤, 자신의 개인적 소감을 시문으로 표현하였다. 첫 유배지인 능주에서 보낸 기간은 6개월 남짓 되는 짧은 시간이었지만, 그곳에서 목도한 새로운 사물에 대해 관찰한 바를 기록하였다. 이후 김해로 이배된 이후에도 그곳에서 새롭게 발견되는 자연환경과 풍습에 대해 글로 남겨놓았다. 유배 공간에서 마주치는 사람들은 낯선 이방인인 이학규에게 경계의 시선을 보냈다. 하지만 시간이 지날수록 점차 경계를 허물고 도움을 주고받는 관계로 나아갔음을 확인할 수 있다.

2. 유배 일상과 문학으로의 경도

유배지에서의 삶은 고립감과 소외감을 느끼게 하며, 육체적 고통과 정신적 고충을 수반한다. 이학규의 유배 생활도 예외는 아니었다. 유배 초기에는 다른 유배객들과 마찬가지로 유배지의 환경에 적응하지 못해 괴로워하는 모습이 자주 발견된다. 그러나 이학규는 유배지에서 겪는 고통과 괴로운 현실에 머무르지 않고 문학에 경도되는 방향으로 나아갔다. 그는 문인으로서의 자의식을 항상 지니고 있었다. 그리고 글 짓는 일은 세상을 향해 열려 있는 유일한 출구이기도 했다.

김해지역의 생활환경은 서울과의 지리적 거리만큼이나 현격한 차이가 난다. 이러한 외부 환경의 변화는 서울에 있을 때 좋은 계절과 아름다운 경치를 만나면 절로 마음이 동하여 창작을 했던 것에 비해 확연하게 차이가 난다.[71] 김해에서 보내는 유배 생활은 고통과 괴로움으로 몸부림치던 날들의 연속이었다. 이학규는 유배 생활에서 오는 이질감과 괴로움에 대해 자주 토로하였다. 이러한 현상은 어느 한 부분이 아닌 의식주 전반적인 영역에 걸쳐 나타난다. 언어 또한 마찬가지였다. 이학규는 서울과 다른 말씨인 김해의 사투리에도 이질감을 토로하여, 오히려 까마귀 소리가 더 정겹게 들린다고 호소할 정도였다.[72] 언어의 이질감 뿐 아니라, 먹는 음식 또한 유배객을 괴롭게 했던 요인이었다. 아래에 인용한 시에는 서울과 다른 음식문화에 대해 적응하지 못한 이학규의 초상이 그려져 있다.

영남의 바닷가 풍토가 달라서	嶺南右海風土殊
영남의 먹는 음식 괴이하도다.	嶺南食物吁怪乎
어느 집의 술과 포 구구하다 논하니	何家糟脯議區區
내가 와서 직접 보니 허튼 소리 아니네.	我來目擊非誕誣
(중략)	
나머지 자잘한 것 마음대로 부를 수 없으나	其餘細瑣不任呼
온갖 음식 맛 부엌에 가득하네.	一一鼎味充庖廚
비록 소금 된장에다 생강과 마늘도 섞었지만	雖和鹽豉雜薑葫
젓가락 내리려다 자꾸만 머뭇거리네.	象筯欲下仍踟躕[73]

71 「與」, 『洛下生集』冊10 因樹屋集, “僕向在京洛, 每遇良辰美景, 雲物澄鮮, 鳴禽在樹, 則不覺忻然意動, 情與境會, 攤紙把筆, 必欲摹寫一番.”

72 「悶極疾書得俳體 十五首」, 『洛下生集』冊4 因樹屋集, “七載厭聽南土語, 此禽猶是故園聲.”

73 「南食行」, 『洛下生集』冊11 匏花屋集.

김해는 지리적 위치상 바닷가에 접해 있어 각종 해산물을 서울보다 쉽게 접할 수 있다. 때문에 서울에서 보지 못했던 다양한 해산물을 손쉽게 밥상의 반찬으로 올릴 수 있었다. 서울에서 생장한 이학규에게는 김해지역 사람들이 각종 물고기와 조개 등을 맛있게 먹는 모습이 신기하고 낯설게만 느껴질 뿐이었다. 비록 해산물에 각종 장류와 마늘, 생강을 섞어 양념을 해도 잘 먹지 못하고 젓가락을 가져가다 머뭇거리는 모습에서, 낯선 음식문화에 쉽사리 적응하지 못하는 유배객의 모습이 잘 드러난다. 또한 이학규는 창난젓 냄새에 속이 뒤집어져 가라앉지 않는 날도 있다고 토로한 바,[74] 서울과는 다른 음식문화에 상당히 애를 먹었음을 알 수 있다.

이학규는 김해의 음식 뿐 아니라 낯설고 열악한 주거환경에도 괴로움을 감내해야 했다.

오늘 저녁 장열瘴熱이 생겨나 먹구름까지 끼었는데	今宵瘴來雲黑色
시어풍 불어와 남은 꽃마저 떨어지네.	鰣魚風起卸餘花
날벌레 뜰에 가득하고 날씨는 뜨거운데	飛蟲滿院天烘熱
누워서 뱀보고 지저귀는 앞 못의 참새소리 듣노라.	臥聽前池雀啅虵[75]

유배지인 김해는 남쪽 바닷가에 위치한 지리적 특성상 장기瘴氣가 발생하곤 했는데, 이는 유배객을 힘들게 한 주된 환경 요인 중 하나

74 「答」, 『洛下生集』冊10 因樹屋集, "盤飧甫撤, 鰠鰔甐胃, 摸捱不定, 不覺倒頭."

75 「瘴熱」, 『逸名稿』(임형택 선생 소장본), 39면. 이 시는 다른 필사본 자료에도 수록되어 있으나, 약간의 글자 출입이 있다. 『秋雲荼集』(安城李氏 소장본)에는 '今宵'가 '金晝'로 되어 있고, '前池'가 '南枝'로 되어 있다. 또한 『秋樹根齋初稿選』(버클리대 소장본)과 『洛下詩話』(단국대 소장본)에는 '宵'가 '晝'로 되어 있다.

였다. 장기는 풍토병의 일종으로 축축하고 더운 땅에서 생기는 독기毒氣이다. 이학규 또한 장기 때문에 괴로워하는 모습이 나타나는데, 유배지에서 생긴 더위병 때문에 해배 이후에도 한동안 고생하기도 했다. 이 시는 유배지의 무료한 일상 속에서 그곳의 한때 풍경을 담아낸 것이다. 1구에서 3구는 유배지의 풍경을 묘사한 것이고, 4구에서는 그 속에서 지내는 유배객의 모습을 표현하였다. 이 시에서 느껴지는 유배지의 풍경은 다소 어둡고 절망적이다. 장기가 생겨나 구름마저 먹빛인데, 바람이 불어와 남아있던 꽃마저 떨어뜨린다. 유배객이 거처하는 곳의 뜰에는 날벌레만 가득하고, 날씨는 타는 듯이 뜨겁다. 이상에서 묘사된 상황은 모두 유배객의 마음과 몸을 소모시키는 것들이다. 그러나 이학규는 이러한 환경을 극복하려는 시도조차 할 수 없다. 누운 채 앞 못에서 들려오는 참새들의 소란한 소리에 귀 기울이는 모습에서 당시 이학규의 무기력한 일상을 엿볼 수 있다. 이러한 모습은 다른 글에서도 발견된다.

이학규는 자신의 거처와 그곳에서의 생활에 대해 구체적으로 기록해두었다.

> 낙하생의 집은 높이는 한 길이 못되고 넓이는 아홉 자도 못 된다. 읍양하면 모자가 걸리고 자리에 누우면 무릎이 굽혀진다. 한여름의 날에 햇빛이 비스듬히 들어오면 창문이 붉게 빛나서 둘러친 뒷담 아래에 박 10여 개를 심으니 덩굴이 뻗어 나와 집을 덮어 가렸다. …… 머물러 고요하게 있으면 가려운 데를 긁느라 지치고, 일어나 돌아다니면 매섭게 쏘는 벌레가 두렵다. 고통과 근심이 날로 심해져 열병에 걸리고 소갈증이 생겼으며 가슴이 답답하게 되었다.[76]

---

76 「匏花屋記」, 『洛下生集』冊11 匏花屋集, "洛下生之屋, 高不及一仞, 廣不及九

이 글은 이학규가 자신이 거처했던 '포화옥匏花屋'에 붙인 기문이다. 그는 각 권수의 구분으로 자신이 거주했던 당호堂號를 사용했는데, 여러 개의 당호가 사용된 것으로 보아 유배지에서 거처를 자주 옮겨 다녔음을 짐작할 수 있다. 위에 인용한 글에는 이학규의 유배지의 형편과 유배 생활이 사실적으로 묘사되어 있다. 이학규는 유배 생활의 육체적 고통이 마음의 병으로 전이되었음을 토로하였다. 읍양하면 모자가 걸리고, 자리에 누우면 무릎조차 제대로 펴지 못하는 형편은 유배 생활의 곤궁함을 짐작하게 한다. 그리고 미물인 벌레조차 유배객에게는 두려운 존재였다. 이러한 육체적 고통은 정신적 고충으로 전해져 열병과 소갈증이 생겼으며 가슴이 답답한 증상까지 생겼던 것이다.

이학규는 자신이 겪는 이와 같은 고통에 대해서 공평하지 못하게 자신만 받는 것으로 인식하고 있었으며, 심지어 이러한 고통에서 구해줄 사람도 없고 벗어나려 해도 갈 곳이 없는 절망적인 수준으로 판단하였다.[77] 이러한 언급은 당시 이학규의 고단한 유배 생활을 단적으로 드러내는 것이다.

> 그대는 제가 요사이 하는 일을 알고 싶으십니까? 요즘은 가래 때문에 괴로워 아침 일찍 일어나 앉아서 담배 한두 대를 태우는데, 아침 해가 벌써 동쪽 창문 두 번째 눈금에 있게 됩니다. 밥상을 겨우

咫. 揖讓則妨帽, 寢處則跼膝. 盛夏之日, 斜光所注窓戶爀然, 乃於還坏之下, 種匏十餘本, 蔓莚芘屋. …… 定靜則疲於搔痒, 振迅則惧此辛螫, 憂瘁日甚, 發爲疢疾, 爲消中, 爲痞懣."

77 「答」, 『洛下生集』冊10 因樹屋集, "我獨何人哉, 偏受此苦, 而救苦無人, 離苦無地."

> 치우고 나면 창난젓이 속을 뒤집어 놓아 잡고 막아도 안정되지 않다가, 저도 모르게 머리가 수그러듭니다. 한잠 자고 일어나서 옆 사람이 짚신을 삼는 것을 보면, 몸소 볏짚을 골라서 짚신 짜는 일을 도와줍니다. 정오가 지나면 석양이 핍박을 하여 집 뒤편 여러 곳의 고목나무 그늘 아래로 도망치는데, 이웃 사람들이 유행하는 하산가 부르는 소리를 듣습니다. 초저녁 이후에는 날아다니는 모기 때문에 괴로워 손을 흔들고 다리를 떠는데 미친 사람의 모습과 다를 게 없습니다. 관가에서 문 닫는 고각 소리를 들으면 베개를 괴고 한번 눕는데, 천만 마리 모기떼가 마음대로 저의 드러난 팔다리를 깨뭅니다. 저는 오직 이 밤에 잘 수 있기를 바랄 뿐입니다. 매일이 지났다가 다시 시작되어 이와 같이 지나가 버립니다.[78]

이 글은 이학규가 자신의 유배 일상에 대해 토로한 편지글이다. 편지의 수신인은 명시되어 있지 않다. 척독은 내밀한 사적 글쓰기를 담보로 이루어지는 측면이 강하다. 이학규가 이처럼 개인적인 하루 일과에 대해 시시콜콜한 부분까지 말할 수 있었던 것은 척독이라는 장르가 내면을 토로하는데 효과적이기에 가능할 것이다.[79] 이학규는 상대방에게 아침에 일어나서 잠자리에 들 때까지의 일과에 대해 시간 순서대로 말하였다. 여기에서 드러나는 이학규의 일상은 서울 문

---

78 「答」, 『洛下生集』冊10 因樹屋集, "足下要知我近日所事乎? 近日爲膈痰所苦, 早起, 於坐次, 燒卻一二烟帒, 朝日已在東窗第二眼矣. 盤飧甫撤, 鰦鮧黐胃, 摸捱不定, 不覺倒頭. 一睡睡起, 見傍人織芒屨, 自揀稻草稈助挼屨耳. 過午則爲夕陽所逼, 奔避屋後數處古樹陰下, 聽隣人唱時世下山歌. 初昏以後, 爲飛蚊所苦, 搖手振脚, 無異風狂人體態. 聽官樓作閉門鼓角聲, 搘枕一臥, 任爾千萬蚊陣咬我至露肋. 我惟望此夜睡著耳. 每日周而復始, 如此度了."

79 이학규의 척독에서 드러나는 특성에 관해서는 김하라, 「낙하생 이학규 서간문의 자기서사적 특성」(『민족문학사연구』 27, 민족문학사학회, 2005) 참조.

인들의 고상함과는 거리가 먼 유배객의 쓸쓸하고 비루한 일상이다. 바닷가에 접한 지역에서 흔히 볼 수 있는 반찬인 젓갈의 비릿한 냄새에 속이 뒤집히기도 하고, 왕성한 모기떼에 팔다리를 뜯기는 모습을 통해 유배지의 환경에 적응하지 못한 채 괴로워하는 유배객의 모습이 나타난다.

이학규가 유배지의 외적 환경에 고통 받는 정황은 다른 글에서도 포착된다. 때로는 추운 날씨에 고통 받기도 하고,[80] 때로는 더운 날씨에 고통스런 나날을 보내기도 하는데 미물인 뱀과 모기떼에마저 괴롭힘을 당하는 안쓰러운 모습을 토로하기도 한다.[81] 이학규는 글의 끝부분에서 이 편지를 쓴 동기를 밝혔는데, 답장으로 적을 만한 일이 없어 이러한 내용의 편지를 보낸다고 하였다. 그는 여느 사대부 문인이라면 꺼려했을 개인적이고 자질구레한 일상을 감추지 않고, 오히려 문학의 소재로 적극 받아들였다. 이처럼 유배지에서 겪는 육체적 고통과 내면의 불우한 심사를 문학을 통해 해소시키고자 한 것은 바로 문인으로서의 자각적 산물이다.

이상에서 살펴본 이학규의 유배 생활은 단조롭고 권태로운 일상의 반복이었다. 이학규는 그 속에서 붓을 들어 시를 짓는 것으로 유배 생활의 고독감과 괴로움을 견디고자 하였다.

---

80 「答」, 『洛下生集』冊10 因樹屋集, "一寒之威, 窮人偏受苦罰, 故衾如鐵木, 枕如石頭, 牕紙如鬼嘯, 虎子氷凍不可開闔, 終夜夢涉巨川, 手脚凌兢. 朝起頓服一盂赤豆粥, 聊以禦寒, 爔腐舌酸, 殆不自支, 貴儲尙有薑芽茶, 一團惠及, 至望至望."

81 「答」, 『洛下生集』冊10 因樹屋集, "此間風吹草動, 動疑蛇行. 睡餘耳鳴, 便謂蚊陣, 烈陽所曝, 樑木流脂, 窄屋向西, 西日返照, 便如熱鐵上螞蟻, 東西奔避, 無處安身, 如此而人生安得不老."

> 우리들이 어찌 하루라도 시를 짓지 않을 수 있겠습니까? 시를 짓지 않으면 어찌 이렇게 긴긴 날을 견디며 보내겠습니까?…… 요즈음 집에서 온 편지를 보면 백진이 때때로 시를 부치고, 여러 사람도 때때로 시를 부쳐옵니다. 나도 모르는 사이에 감정이 움직이고 정신이 들어 혹 하루에 수십 수의 시를 짓기도 하고, 혹은 한 수의 시를 몇 번이나 고치면서도 그칠 줄 모른답니다. 이는 마치 굶주린 자가 먹을 것을 만나고 목마른 자가 마실 것을 만난 것과 같아, 항상 스스로는 그것이 지나친 줄을 모릅니다. 이런 때를 넘기고 나면 쓸쓸하고 무료하여 축 처져서 누워 있습니다.[82]

이학규는 기약 없는 유배 생활의 무료한 일상을 시작詩作을 통해 견뎌내고자 하였다. 이때문에 지인이 부친 시를 보게 되면 자신도 모르는 사이에 시 창작에 몰두하게 되는 것이다. 그리고 이러한 자신의 모습에 대해 음식을 만난 굶주린 자와 마실 것을 만난 목마른 자에 비유하여 시 짓기에 전념하는 상황을 나타냈다. 이와 같이 이학규는 유배 생활을 보내는 동안 정신적·육체적 고통으로 괴로워했지만, 이러한 괴로움의 순간을 문학으로 극복하고자 하였다. 그는 유배지에서의 고단한 삶 속에서도 창작을 게을리하지 않고, 시문창작을 통해 근심을 떨쳐버리고자 하였다.

유배 초기에 집중적으로 나타난 잡체시雜體詩 창작도 이를 방증하는 예이다. 유배의 전 기간을 살펴볼 때, 유배 초기에는 유배객의 내적 갈등이 다른 시기보다 고조되어 나타난다. 그리고 이후로 갈수록

---

82 「與」, 『洛下生集』冊10 因樹屋集, "吾曹何可一日不作詩. 若不作詩, 何以捱過此許多長日耶. …… 近日見家書, 伯津時時寄詩, □□□數人者, 亦時時寄詩. 不覺情動神往, 或一日作數十詩, 或一詩易數三藁而不知止. 是猶飢者當食, 渴者當飲, 每每自不知其過量也. 過此以往, 則索然無聊, 廢然僵卧."

갈등구조는 점점 줄어들게 된다. 곧 잡체시 창작은 유배지에서 울울한 심사를 달래려는 희작의 창작의도에서 지어진 것으로 짐작된다. 하지만 정체正體 외에 다양한 형식의 한시를 짓는다는 것은 그에 해당하는 실력과 해박한 지식이 밑받침되어야만 가능하다. 청년 시절 규장각을 드나들며 정조에게 문학으로 인정을 받았던 자질이 십분 발휘된 것이라 볼 수 있다. 이학규의 문집에서 잡체시로 분류될 수 있는 것은 모두 48편이다.

〈표 2〉 이학규의 잡체시 양상[83]

<table>
<tr><th colspan="2">시체詩體</th><th>편명</th><th>책수</th></tr>
<tr><td rowspan="9">잡언시
雜言詩</td><td rowspan="5">六言詩</td><td>「元日. 離合」</td><td>책3 因樹屋集</td></tr>
<tr><td>「晩晴. 六言」</td><td>책3 因樹屋集</td></tr>
<tr><td>「春盡日戲書, 當壚便面」</td><td>책4 因樹屋集</td></tr>
<tr><td>「菊半齋中秋日卽事」</td><td>책18 菊半齋集</td></tr>
<tr><td>「牧溪李再新求余一詩甚切. 攀爾書此贈之」</td><td>책18 卻是齋再集</td></tr>
<tr><td>九言詩</td><td>「冬至. 九言」</td><td>책3 因樹屋集</td></tr>
<tr><td>三言詩</td><td>「龜雖壽. 三言」</td><td>책3 因樹屋集</td></tr>
<tr><td>三五七言詩</td><td>「三五七言」</td><td>책3 因樹屋集</td></tr>
<tr><td>一言至十言詩</td><td>「蟬. 一言至十言」</td><td>책3 因樹屋集</td></tr>
<tr><td rowspan="3">잡구시
雜句詩</td><td>三句詩</td><td>「早秋褢人. 三句詩」</td><td>책3 因樹屋集</td></tr>
<tr><td rowspan="2">六絶句詩</td><td>「卽事戲占六絶句」</td><td>책9 因樹屋集</td></tr>
<tr><td>「山居六絶句, 贈金士能」</td><td>책11 匏花屋集</td></tr>
<tr><td rowspan="2">배체시
俳體詩</td><td rowspan="2">回文詩</td><td>「萬石渠春望. 回文」</td><td>책3 因樹屋集</td></tr>
<tr><td>「月. 回文」</td><td>책3 因樹屋集</td></tr>
</table>

83 잡체시의 범주에 대해서는 기존에 다양한 견해를 보이며, 범주 설정에 대해서도 연구자의 시각에 따라 다양한 논의가 존재한다. 본고에서는 기존의 논의를 수렴하여 正體가 아닌 한시의 유형을 잡체시의 범주로 분류하였는데, 이 장의 목적이 유배 전반기 이학규의 다채로운 형식의 시 창작을 보여주는 데 있기 때문이다.

		「晩泊江倉酒壚回文」	책12 匏花屋集
	玉連環	「秋日湖亭. 玉連環」	책3 因樹屋集
	禽言詩	「禽言十章」	책4 因樹屋集
	俳體	「悶極疾書得俳體 十五首」	책4 因樹屋集
		「俳體紀所見」	책12 菜花居集
		「次韻郭老卿南湖用俳體」	책12 海榴菴集
		「戲作俳體排悶」	책16 秋樹根齋集
		「俳體戲贈花亭許景詹」	책18 卻是齋再集
		「正月二日由南郭至古西門往還之間觸目紀事作俳體十首志悶郤寄李敬天玄對」	책18 卻是齋再集
잡수시 雜數詩	八音	「閨怨. 八音」	책3 因樹屋集
	五音	「征婦怨. 五音」	책4 因樹屋集
	六府詩	「少季行. 六府」	책4 因樹屋集
잡명시 雜名詩	人名	「幽居. 謎語人名」	책3 因樹屋集
		「寄內. 謎語」	책3 因樹屋集
		「春遊. 集古美人名」	책3 因樹屋集
		「秋日言褱. 人名」	책3 因樹屋集
	藥名	「夏夜. 藥名」	책3 因樹屋集
		「卽事. 藥名」	책3 因樹屋集
		「襍事口號排悶. 藥名」	책4 因樹屋集
	吃語	「戲贈姜泰振. 吃語」	책3 因樹屋集
	衲子名	「人信宿西林寺寄示. 衲子名」	책4 因樹屋集
집구시 集句詩	集句	「歲暮言懷. 集句」	책3 因樹屋集
		「感事集句」	책11 匏花屋集
잡체시 雜體詩	兩頭纖纖	「兩頭纖纖」	책3 因樹屋集
	歇後體	「辛酉初度. 歇後體」	책1 竹樹集
		「羽兒壬戌初度寄懷. 歇後」	책3 因樹屋集
	歇前體	「歲暮言懷. 歇前」	책3 因樹屋集
	長慶體	「何處難忘酒, 擬長慶體」	책4 因樹屋集
	進退體	「贈金昌鉉用進退體」	책11 匏花屋集
	偸春體	「至日戲爲偸春格」	책7 因樹屋集
		「卽事, 用偸春格」	책11 匏花屋集
	扇對體	「贈尹師赫書契, 用扇對格」	책11 匏花屋集
	楊誠齋體	「奉和洌上夏日田園雜興, 戲效楊誠齋體 二十四首」	책18 菊半齋集
	演雅體	「演雅」	책3 因樹屋集

위의 표에서 보이는 바와 같이 잡체시로 분류된 것 가운데 23편이 책3 인수옥집에 실려 있다. 이는 전체 분량에서 절반 정도 되는 분량이다. 또한 7~8편을 제외하면 잡체시 창작은 모두 유배 전반기에 집중적으로 이루어졌음을 알 수 있다. 인수옥집은 저자가 유배된 다음 해인 1802년에 지은 시문을 모아놓은 것이다. 이 시기는 이학규가 아직 유배지의 환경에 적응하지 못한 채 힘겨운 나날을 보내던 시절이었는데, 이러한 때에 유독 잡체시 창작이 특징적으로 나타나는 것은 저자의 내면과 일정한 연관성을 갖는 것으로 보인다.

이미 알려진 바와 같이 이용휴를 비롯한 성호일문의 문인들에게서 시 형식에 대한 파격이라는 새로운 시도가 있었다. 18세기 보편적 양식이었던 근체시에 대해 금기를 넘어서거나 깨뜨리려는 시도가 보인다. 이용휴와 『섬사편剡社編』[84]에서 나타나는 6언시 창작은 진부한 형식을 탈피하고 새로운 형식에 대한 관심과 지향이라는 성호일문의 집단적 자각의 표출이었다. 평측과 압운의 일탈, 자수와 구격의 파격은 자신들의 구애됨이 없는 활발한 정신세계를 형식의 과감한 파격을 통해 드러내고자 한 것이다.[85] 곧 이학규의 잡체시 창작은 이들의 실험적이고 파격적인 문학적 성향과 동일선상에 있는 것으로 보인다.

이학규는 다채로운 형식의 잡체시를 창작하였다.[86] 이 가운데 집

---

84 『剡社編』은 이철환이 편집한 시집이다. 경기도 안산에 살던 이철환이 장원이 있는 충청도 예산으로 내려간 뒤 이광환과 이창환을 비롯한 안산의 일족들과 어울려 지은 것으로, 모두 66수의 시가 실려 있다.

85 박용만, 「18세기 星湖一門의 한시 창작에 관한 일고찰」, 『국제어문』 26집, 국제어문학회, 2002.

86 이학규의 잡체시에 관한 보다 자세한 논의는 이국진의 「이학규 한시의 표현기법과 미적 특질 연구」(고려대 박사학위논문, 2010) 참조.

구시集句詩 한 편을 살펴보기로 한다. 잡체시의 한 종류인 집구시는 전인前人의 시에서 한 구씩 모아 한 편의 시를 이루어 놓은 것으로, 문화의 발전과 함께 시인들의 개성 있는 표현 욕구의 산물이다. 집구시는 한 경전의 구를 취하여 한 편의 시를 짓는 방법과 전인들의 시구를 혼합하여 짓는 방법, 특정시인의 시에서만 구를 모아 짓는 세 가지 방법이 있다. 집구시는 백가의체百家衣體라고도 한다.[87] 『문체명변文體明辯』에서는 이러한 집구시에 대해서 반드시 널리 배우고 많은 것을 기억하고 있으면서 두루두루 통달하여 마치 한 사람의 솜씨에서 나온 것처럼 한 다음에야 작품다운 작품이 될 수 있다고 하였다. 이로써 미루어 본다면, 여러 시구를 모아서 하나의 시로 매끄럽게 하기 위해서는 시인의 솜씨와 자질이 필수요건이라 할 수 있다.

눈 속의 뜻과 마음속 기약 모두 끊어지지 않았는데

眼意心期卒未休〈唐韓偓〉

남의 문호에 기대고 남의 누대를 의지하네.

傍他門戶倚他樓〈唐李山甫〉

광풍이 불어 붉은 꽃을 다 떨어뜨리니 狂風落盡深紅色〈唐杜牧〉

마음대로 물결 따라 물 따라 흘러가네. 任爾隨波逐水流〈明謝五娘〉

모란꽃 피는 시절 맑은 달을 좋아하여 牡丹時月好淸明〈明張昱〉

돌아와 여와黎渦[88]를 대하자 도리어 정이 생겨났네.

歸對黎渦卻有情〈宋朱文公〉

---

87 김상홍, 『한국한시론과 실학파문학』, 계명문화사, 1989, 127면 참조.

88 胡銓이 樞密院編修官으로 상소하여 王倫·秦檜·孫近 세 사람의 목을 베어 藁街에 달기를 청하자, 진회가 노하여 昭州로 귀양 보냈고, 10여 년 만에 귀양이 풀려 돌아오다가 黎渦를 만나 낭패한 일이 있다.

인간 세상 가련하다 오직 늙음 뿐이니 人世可憐惟有老〈明劉基〉
비웃음일랑 이미 제생에게 부치었네. 已將嘲弄付諸生〈宋陸游〉

한 점 희미한 등불 작약 떨기 비추어 一點殘燈照藥叢〈明張紅橋〉
한겨울에 서로 짝하니 텅 빈 방보다 낫구나. 窮冬相伴勝房空〈明吳寬〉
작은 개 요동치며 일어나니 방울소리 진동하고
猧兒撼起鍾聲動〈唐元稹〉
이미 깨달았네, 은정恩情이 새벽바람 따라오는 것을.
已覺恩情逐曉風〈唐崔涯〉

마당 쓸고 향 사르며 문 닫고 잠자는데 埽地燒香閉閤眠〈宋秦觀〉
찌륵찌륵 벌레 우는 소리 밤새도록 이어지네.
暗蟲唧唧夜緜緜〈唐白居易〉
한 마디 말 분명하게 부쳐서 들리는 듯하니
似聞一語分朙寄〈淸王士禎〉
다만 그 당시에 이미 망연하였네. 只是當時已惘然〈唐李商隱〉

누가 능히 구주九州의 쇠[89]를 한데 섞어 만들어
一錯誰能鑄九州〈淸王士禛〉
많고 많은 슬픔과 한 부질없이 유유하구나. 多悲多恨謾悠悠〈唐權審〉
춘정은 중하니 누구에게 의지해 풀 수 있나
憑誰解釋春情重〈元楊維楨〉
다만 있는 것은 가을빛 텅 빈 평상뿐이네. 只有空牀敵素秋〈唐李商隱〉

만년은 원래 초년을 돕지 못하니[90] 桑楡元不補東隅〈宋陸游〉

---

89 九鼎 : 禹임금이 九州의 금을 한데 모아 만들었다는 솥으로, 이후 천하를 차지한 제왕의 상징물로 간주되었다(『史記』 卷12 孝武本紀).

세상사람 모두 오로지 섬돌에 엎드리기 좋아하네.

世好都歸一嬾除〈明沈周〉

내 본디 집이 없으니 다시금 어디로 가야 하나

我本無家更安往〈宋蘇軾〉

문득 농부들 집에 때때로 들러보네. 郤須時到野人廬〈仝上〉

의관에 서늘한 기운 생기고 석양빛 공허하니

巾帶凉生暮色虛〈清吳省欽〉

이 세상에서 살아가는 맛은 삼여[91]에 있구나.

此生有味在三餘〈宋蘓軾〉

늘그막에 시름없이 바라봄을 그대는 아는지

晩來悵望君知否〈唐白居易〉

누워서 이웃집 밤에 책 읽는 소리 듣노라.

臥聽鄰齋夜讀書〈宋楊萬里〉

근심 잊을 방도 없으니 오직 두강[92]뿐이고 無計忘憂只杜康〈清王士禛〉

사람과 헤어져 여기에 이르렀으니 상심이 더해졌네.

離人到此倍堪傷〈唐羅鄴〉

---

90 東隅는 해가 뜨는 곳이고 桑楡는 해가 지는 곳이다. 즉 동우는 인생의 초년을, 상유는 인생의 만년을 뜻한다. 馬援이 "처음에는 비록 회계에서 날개를 드리웠지만 마침내 민지에서 날개를 떨칠 수 있었으니, 동우에서는 잃었지만 상유에서 거두었다 이를 만하다.[始雖垂翅回谿 終能奮翼黽池 可謂失之東隅 收之桑楡]" 하였다(『後漢書』 卷24 「馬援列傳」).

91 三餘 : 학문을 하는 데 가장 좋은 세 가지 여가로, 바로 해의 나머지[歲之餘]인 겨울, 날의 나머지[日之餘]인 밤, 때의 나머지[時之餘]인 흐리고 비올 때이다.

92 杜康 : 최초로 술을 만든 것으로 전해지는 인물이며, 전의되어 술을 가리키는 말로도 쓰인다.

이러한 마음 말하지 않으니 어느 누가 알아줄까
此情不語何人會〈唐白居易〉
다만 술 깨어서 타향에 있음을 깨달을 뿐이네.
只有醒時覺異鄉〈宋李覯〉

사람은 곧 바쁜 때지만 나 또한 한가하니 人正忙時我正閑〈宋楊萬里〉
늙은 회포 느낌이 많으매 절로 기쁜 일이 없도다.
老懷多感自無懽〈宋陸游〉
사립문에 종일토록 턱 괴고 앉아 있으니 柴門盡日支頤坐〈清邵長蘅〉
일부러 서풍이 얼굴을 차갑게 때리고 지나가네.
柴門盡日支頤坐〈清錢謙益〉

난리에 도롱이 입은 노인 보지 못했는데 干戈不見老蓑衣〈唐杜甫〉
취한 꿈에 집에 돌아왔는데 깨어서 돌아가지 못했네.
醉夢還家醒未歸〈明張以寧〉
마침내 숲과 연못은 그 누가 주인인가 畢竟林塘誰是主〈唐白樂天〉
배추 속은 푸르며 여리고 겨자 줄기는 살졌구나.
菘心青嫩芥臺肥〈宋范成大〉[93]

이 시의 제목은 「감사집구感事集句」이며 모두 10장으로 구성되어 있다. 당나라 때 문인부터 청나라 때 문인에 이르기까지 전인들의 시구를 연결하여 한 편의 새로운 시를 완성하였다. 이 시에는 유배지에 처한 시인의 회한의 감정이 시 전편에 흐르고 있으며, 여러 시인의 시구를 유기적으로 연결하여 내용이 매끄럽게 전개된 것이 특징이라 할 수 있다. 1장에서 6장까지는 유배객의 외로움과 고독한 처지에

93 『洛下生集』冊十一 匏花屋集, 「感事集句」.

대해 표현했다. 그리고 이 같은 상황에서 유배객의 근심을 풀 수 있는 방편으로 두 가지를 들었는데, 바로 독서와 술이다. 7장에서는 책을 읽는 것에 대해 말하였고, 8장에서는 술로 근심을 달래는 내용을 표현했다. 9장에서는 바람조차 차갑게 때리고 지나가는 유배객의 무료하고 쓸쓸한 처지에 대해 나타냈고, 10장에서는 꿈에서조차 고향에 돌아가기를 희망하는 시인의 소망이 표현되었다. 이 시의 앞에는 다음과 같은 내용의 소서小序가 달려 있다.

> 8월 14일 밤, 추수근재에 우숙하는데 비바람이 몰아치고 촛불이 거의 사그라졌다. 옛사람의 시구를 읊노라니 마침 회한의 감정이 생겨 이에 열 장을 모으고 '감사집구'라 이름 붙였다. 다음 날을 기다려 치기와 인전, 여러 동지들에게 부친다.[94]

이 글에서 치기穉箕는 유산酉山 정학연丁學淵(1783~1859)[95]의 자字로, 이후에 치수穉修로 바꾸었다. 정학연은 정약용의 장남으로 이학규와 정약용의 문학적 교류에 가교 역할을 하였으며, 그 자신 또한 이학규와 시문수창을 하기도 하였다. 위의 글에서 밝혔듯이 이 시는 저자가 밤에 고인의 시구를 읊다가 회한의 감정이 촉발되어 집구시를 지은 것이다. 곧 이학규는 고인들의 여러 시구를 이용하여 유배객이 느끼는 회한의 심정을 효과적으로 표현해냈다.

---

94 『洛下生集』冊十一 匏花屋集, 「感事集句」, "八月十四夜, 寓宿秋樹根齋, 風雨驟至, 燈燭已灺, 漫誦前人詩句, 適肰有感於懷, 乃輯爲十章, 命之曰感事集句. 竢翊日, 以寄穉箕, 仁田諸同志."

95 丁學淵의 저작은 『茶山學團文獻集成』(성균관대 대동문화연구원, 2008) 1책과 2책에 실려 있다.

3. 유배 생활의 비감悲感과 심사의 토로

1801년 11월 경상도 김해에 유배되어 1824년 4월에 해배되기까지 이학규는 김해의 유배객이 되어 바깥세상으로 나가지 못했다. 이학규는 유배지에 묶인 상황에서 아내와 어머니를 여의었고, 후실과 어린 자식마저 저세상으로 떠나보내야 했다. 유배로 인해 기본적인 인간의 도리마저 지키지 못할 때 상심의 크기는 더욱 커질 수밖에 없다. 오랜 유배 생활로 이학규의 삶은 한순간에 불우한 신세로 전락하였으며, 그 주변사람들과의 관계 또한 소원해질 수밖에 없었다. 이학규는 장기간의 유배 생활을 지내는 동안 내면의 불우한 심사를 표출하고 비감의 정조를 토로하였는데, 이는 그의 시문에 고스란히 투영되었다. 곧 이학규는 김해에서 장기간의 유배생활을 지내면서 자기 자신의 내면 심사와 일상에서 느끼는 비감悲感, 그리고 자신을 둘러싼 주위 환경까지도 시문 속에 형상화하였다.

유배객은 바깥세상과 단절된 채 유배지의 제한된 공간 속에서 생활을 영위한다. 그 안에서 혼자만의 고독한 시간을 보내는 동안 지난날을 회상하고 고향에 두고 온 가족과 친구를 향한 그리움이 생겨난다. 아래에 인용한 시는 능주에 있을 때에 지은 것이다.

그때의 엄율지는 보이지 않고 不見當季嚴栗之
능성의 높이 솟은 나무만 들쑥날쑥 보이네. 綾城雲樹望差差
강아지 꼬리 흔들며 일어나고 갈가마귀 새끼도 퍼덕이니 猧兒撼起鵶兒動
남쪽 서재에 봄비 내릴 때 더욱 그리워라. 絶憶南齋春雨時[96]

96 「曉起懷嚴栗之 · 並序」, 『洛下生集』冊1 竹樹集.

위의 시는 7언절구의 짧은 형식으로 긴 내용의 병서並序가 함께 기록되어 있다. 1구의 '엄율지嚴栗之'는 엄극관嚴克寬을 가리키는데, 그는 이학규의 집에 머물던 노장반老長班이다.[97] 예전에 함께 지냈던 엄율지는 보이지 않고, 유배지의 풍경만 시인의 눈에 들어온다. 3구의 꼬리 흔들면서 일어나는 강아지와 날개를 푸득거리는 갈가마귀 새끼는 오히려 시인의 외로움을 더욱 부각시키는 존재이다. 세상을 향해 날기 위해 날개짓을 하지만 자신은 제한된 공간에 유배되어 있기에 더욱 처량하다. 4구에서는 고요한 남쪽 서재에 봄비가 내려 사람의 마음을 심란하게 하니, 그리움이 더욱 절절해지는 시인의 심사를 나타냈다.

이학규는 긴 분량의 서문에서 엄율지와 관련된 과거의 일화를 상세하게 나타냈다. 이학규는 자신이 약관의 나이에 추운 밤마다 등불을 밝히고 누워서 책을 읽을 때면 늙은 엄율지도 곁에 앉아서 자지 않았다고 하였다. 그리고 자신이 책을 덮는 것을 보고나서야 불을 끄고 잠자리에 들었다는 것이다. 이와 같이 하기를 십 수 년이나 하다가 어느 날 숨이 막혀 죽었는데, 죽음을 앞두고 이학규를 보면서 눈물을 줄줄 흘리며 마지막 인사를 했다고 하였다. 이학규는 이후에 화액을 당해 그를 생각할 겨를조차 없다가, 유배지인 능주에서 책을 읽으면서 불현듯 과거가 떠올라 이 시를 지은 것이다. 유배지에서 과거를 반추하고 절친했던 사람을 그리워하는 시인의 심정이 잘 드러나 있으며, 늙은 하인에 대한 연민의 감정을 나타낸 작품이라 할 수 있다.

---

97 이학규가 편차한 『物名類解』에 '長班'에 대해 다음과 같이 나와 있다. 『物名類解』, 「人事類」, "長班--俗名中房, 슈청ᄒᆞᄂᆞᆫ청지기."

유배지에서의 생활은 이전에 비해 개인적인 시간이 많아진다. 서울에 있을 때보다 상대적으로 늘어난 시간은 창작을 하는 계기도 되지만, 한편으로 과거를 반추하는 계기가 되기도 한다. 김해에 유배된 지 얼마 안 되었을 때 이학규는 사촌형인 이명규에게 장편의 시를 부쳤다. 이명규는 이학규가 유배 길에 오를 때에는 그의 가족들과 함께 전별을 했고, 유배된 이후에는 그의 가족들을 돌보아 주기도 하였다. 또한 유배 이전은 물론 이학규가 김해로 유배된 이후에도 끊임없이 서신을 왕래하며 연락을 주고받은 가까운 사이였다. 이명규는 이학규가 정약용과 시문을 주고받을 수 있도록 중간에서 다리 역할을 해주는 등, 친형제나 다름없는 존재라고 할 수 있다. 그런 그였기에 이학규는 자신의 속마음을 솔직하게 털어놓을 수 있었다.

내 생애가 오랫동안 영락하여	我生久搖落
내 의지 참으로 고달파졌네.	我志良苦辛
내가 어린 시절에는	向我在提孩
어머님께서 어루만지며 길러 주셨지.	撫養見慈親
세 살에 걸핏하면 물었지만	三歲動知問
어버이 모시지 못해 마음 아프네.	痛迫風樹晨
여주 이씨 집안은 내가 태어난 곳으로	驪李我自出
옛집이 성곽 서쪽에 있었지.	古家西郭鄰
글을 혜환옹에게 배웠는데	學書惠寰翁
말소리도 알아듣기 어려워,	詰屈語音嚞
금대공은 다만 앉아서 웃다가	錦公但坐笑
나를 업고 일어나 거닐었지.	負我起盤桓
높은 지붕에 찬바람이 불고	高甍動凉吹
북두칠성이 난간에 비쳤지.	北斗光闌干
그 뒤로 생각이 차츰 나아져	而後思稍進

홍수라도 난 듯 쏟아져,	快若倒洪瀾
역사를 외워도 두 번 다시 읽지 않았고	誦史不再讀
시를 지었다하면 몇 편씩 되었지.	作詩動數篇
열 살에 내 집에 와 보니	十歲見吾家
온 집안이 깜짝 놀라 떠들썩했네.	擧家俄驚讙
할머님께선 대청에 앉으셔	祖母在高堂
급제하는 것이 바로 소망이라셨지만,	所望卽勝冠
지금은 책 겨우 대여섯 권에다	殘書五六卷
부서진 집만 시냇가에 남아있었네.	破屋淸溪濱
애써 삼십 년을 닦으며	辛勤三十載
풍운에 사업을 두었지.	事業在風雲
글을 바쳐 부름 받고 뵈었으며	獻賦被引見
시를 강하여 조정 반열을 뒤따랐네.	講詩隨朝班
오랫동안 임금을 대하니	奏對悄移晷
특별한 은총에 시신들도 놀랐네.	寵渥驚侍臣
지난번 신유 임술년을 생각하니	憶昨歲辛壬
그 일이 모두 간악한 권력가에게서 나왔네.	事出自權奸
흉계가 무성해 천지가 막히고	薈蔚塞天地
헐뜯는 말이 다섯 가지 무늬를 이루었으니,	萋菲爲五紋
남은 자는 모두 유배지로 쫓겨났고	存者盡竄逐
죽은 자야 어찌 말할 게 있으랴.	逝者何足云[98]

이 시는 오언 장편고시로, 위에 인용한 부분은 1구~36구이다. 시의 내용을 살펴보면, 이학규가 외가에서 태어나고 자란 과정과 학문하는 정황, 그리고 정조의 지우를 입어 조정에 드나들던 일, 그로 인해 유배를 가게 된 상황까지 시간의 흐름대로 서술하였다. 1구에서

98 「詠褱奉寄伯津」, 『洛下生集』冊4 因樹屋集.

18구까지는 외가인 여주이씨 집안에서 유복자로 태어나 외조부인 이용휴와 외숙인 이가환의 보살핌을 받으면서 생장한 정황을 말하였다. 25구에서 30구의 내용은 정조에게 문학적 재능을 인정받아 글을 지어 바치고 시를 강하는 등 당시 서울에서 촉망받는 젊은 문인으로서의 모습을 나타냈다. 31구에서 36구에는 신유사옥 때 간악한 흉계로 인해 유배를 오게 된 사정을 말하였다. 시인은 과거에서부터 현재에 이르기까지 자신의 인생 여정에 대해 상세하게 말하고 있어, 마치 자서전을 읽는 듯한 느낌을 자아낸다. 이 시는 유배 초기에 지어진 것으로, 유배지에서 느꼈을 비감과 회한의 정조로 자신의 과거를 반추하며 울울한 심사를 토로한 것이다.

낯선 공간에서 낯선 사람에 둘러싸여 지내는 생활은 유배객의 비애와 우수를 자아낸다. 이러한 비감의 정서는 이학규의 글 전편에 흐르는 일관된 정조이다. 유배생활 초기에는 좌절과 고독감에서 비롯된 상실감이 시문 전편에 드러난다.

집 남쪽에 우거진 풀 그윽하게 무성하고	舍南幽草暗萋萋
새 한 마리 울지 않고 구름 기운 낮게 깔렸네.	一鳥不鳴雲氣低
온종일 거센 바람이 마당을 휩쓸더니	竟日惡風來埽地
떨어진 꽃 우물 난간 서쪽에 가득 쌓였구나.	落花堆滿井闌西[99]

이 시의 분위기는 전반적으로 어둡고 울울하다. 대체로 봄을 노래한 시는 새롭게 싹트는 생명의 생동감이나 힘찬 출발의 긍정적인 이미지를 수반한다. 이에 반해 위에 인용한 시는 시인의 고독하고 우울한 감성이 마치 경물에 투영되어 나타난 듯, 시종일관 어두운 분위기

99 「春陰」, 『洛下生集』冊4 因樹屋集.

가 이어진다. 객사의 남쪽에 우거진 풀은 어둡도록 무성하고, 그 위에는 구름만 낮게 드리워 있다. 심지어 하루 종일 거센 바람이 불어와 마당을 휩쓸고, 이 때문에 꽃이 떨어져 우물 난간의 서쪽에 수북하게 쌓여 있다. 시의 제목을 보지 않고, 내용만 보면 흡사 가을의 경물을 읊은 듯 쓸쓸하고 처량하다.

이 시에는 새 한 마리의 소리조차 억제할 만큼, 청각적 이미지가 극도로 자제되어 있다. 시인이 시각적 이미지와 청각적 이미지를 다채롭게 구사했던 다른 시와는 사뭇 대조적이다. 시인의 귀에 들리는 것이라곤, 금방이라도 비바람을 몰고 올 듯한 사나운 바람소리뿐이다. 이로 인해 시인의 고독감은 더욱 고조된다. 거센 바람에 떨어진 꽃은 모함과 질시로 인해 유배지에 처한 이학규 자신의 모습을 비유한 듯하다. 1구의 '암暗'과 2구의 '저低', 3구의 '거센 바람[惡風]'과 4구의 '떨어진 꽃[落花]'는 모두 시의 분위기를 차분하고 어둡게 이끌어가는 시어이다. 시인의 눈에 비친 봄의 경물은 이렇듯 쓸쓸하고 애처롭다. 이는 바로 이학규의 마음을 대변해주는 것이기도 하다.

이학규의 저술에서 드러나는 우수와 비감의 정조는 시 뿐 아니라, 산문에서도 포착된다. 이러한 비감의 근원은 외부세계와 고립된 유배객의 처지에서 비롯된 것이다. 이는 불우한 자신의 처지를 한탄하는 데서 비롯되기도 하고, 헤어진 가족에 대한 짙은 그리움에서 기인하기도 한다. 이학규는 유배지에서 겪는 고통에 대해 다른 사람에게 말하기를 주저하지 않았다. 오히려 전면에 내세워 자신의 고통을 글쓰기를 통해 형상화하는 방식을 택했다. 이러한 내면의 적극적 토로는 다음 글에서 살필 수 있다.

이곳에서 밤낮으로 바라는 일은 오직 집에서 온 편지를 한번 보는 것입니다. 그러나 집에서 온 편지를 볼 때면 곧 심문을 기다리는 중죄인이 상부의 판결문을 보게 되는 것처럼 가슴이 먼저 절로 요동치며 마치 썩썩 싹싹 소리가 들리는 것 같아, 거의 진정하기가 어렵습니다. …… 이는 바로 소갈병 있는 사람이 겨우 찬물 한 사발을 마시고 나면 또 한 사발의 찬물을 마시고 싶어 하여, 마시면 마실수록 더욱 목이 말라 끝내 그칠 때가 없는 것과 같습니다. 이것이 첫 번째 괴로움입니다. 술을 마시지 않으면 목이 마를 뿐만 아니라 곧 마음까지 말라서 가슴 속이 답답한 것이 단단한 음식물이 막혀 있는 것과 같습니다. …… 짚신을 삼는 사람이 어디서 돈을 많이 얻어 자신이 사용하고 다시 다른 사람에게 주겠습니까? 때때로 여기에 생각이 미치면 오직 스스로 허공을 우러러 볼 뿐입니다. 이것이 두 번째 괴로움입니다. 이 고장 사람들은 매양 이웃마을 상제를 만나면, 나무꾼과 초동, 떡장수와 술집 노파를 막론하고 걸핏하면 종이 한 장을 구해서 동서로 내달리면서 만시를 구합니다. …… 오직 나의 정기를 소모하고, 나의 쇠약함을 재촉할 뿐입니다. 이것이 세 번째 괴로움입니다. 저는 평소에 뱀을 보는 것을 싫어하여 우연히 한번 눈앞을 지나가면 하루 종일 몸이 떨렸습니다. 남쪽에서 지낸 이후로 방랑이나 집안 뜰에서 걸핏하면 이 물체를 만납니다. 매양 어두운 때에 우연히 마른 가지나 썩은 새끼만 보면 실성하여 뒤돌아 달아나지 않은 적이 없습니다. …… 이것이 네 번째 괴로움입니다.[100]

---

100 「與」, 『洛下生集』冊10 因樹屋集, "此中日夜所望者, 惟是一見家書, 而臨見家書時, 便如待勘重囚, 將見上司判詞, 胷中先自跳動, 如聞霾霾有聲, 殆難按下. …… 正如病渴人, 纔飮過一盂凉水, 又思飮一盂凉水, 愈飮愈渴, 了無歇時. 此一苦也. 不飮酒則不惟喉渴, 便覺心渴, 胷中格格如有硬物窒礙. …… 織屨人何處得許多錢鈔, 旣以自供, 復以給人耶. 時時念到, 惟自仰空而已. 此二苦也. 此鄕之人, 每遇鄰里喪死, 不論樵翁牧竪餠師酒婆, 動費一張紙本, 東西奔馳, 乞爲輓詩. …… 惟自秏我精光, 速我衰朽耳. 此三苦也. 僕平生惡見虵虺, 偶一經眼, 竟日體栗. 居南以後, 房廊戶庭, 動遇此物. 每曛黑之際, 偶見枯枝朽索, 無

위에 인용한 글은 장문의 편지이다. 수신인이 밝혀져 있지 않으나, 개인적 정황을 상세하게 말한 것으로 보아 가까운 사람에게 부친 것으로 짐작된다. 이 글에서 이학규는 유배지에서 자신이 겪는 괴로움에 대해 네 가지 구체적인 경우를 제시하였다.

첫 번째 괴로움은 서울에 있는 집에서 보낸 편지를 기다리는 것이다. 막상 편지를 받게 되면 가슴이 뛰어 진정할 수 없는 지경에까지 이르지만, 소갈증에 걸린 사람이 계속 물을 마시고 싶어 하듯 계속해서 서울에 두고 온 가족들의 소식을 알고 싶은 것이다. 가장의 의무도 다하지 못한 채 먼 유배지에 홀로 내려와 있는 유배객의 가족애가 정신적 괴로움으로 전이된 것이다.

두 번째 괴로움은 돈이 부족하여 술을 마음껏 마실 수 없는 것이라고 하였다. 이학규가 술과 시를 짓는 것으로 유배지에서의 나날을 보내는 정황은 다른 글에서도 종종 포착된다. 곧 술과 시 짓기로 유배생활의 근심을 잊고자 하였으나, 어려운 금전 형편 때문에 이마저도 마음대로 못하게 되어 괴로운 마음을 갖게 되었다고 한 것이다.

유배지의 세 번째 괴로움은 김해지역 사람들이 시도 때도 없이 찾아와 만시를 부탁하는 것이다. 신분의 고하를 막론하고 만시를 부탁하면서도, 오히려 저자를 위한 소일거리라고 변명을 하였다. 이학규는 자신에게 글을 부탁하러 오는 사람들을 개미떼에 비유하고 있어, 얼마나 많은 사람들에게 시달렸는지를 짐작케 한다. 그는 이러한 일을 정신을 소모하고 늙음을 재촉하는 일이라고 하여 매우 꺼렸으나, 차마 해주지 않을 수 없는 일을 억지로 해야만 하는 데서 괴로움을 느끼게 된 것이다.

不失聲反走. …… 此四苦也."

네 번째 괴로움은 미물인 뱀이다. 이학규가 뱀을 끔찍이도 싫어한 사실은 앞에서도 잠깐 언급되었는데, 이를 자신을 괴롭히는 네 번째 괴로움으로 꼽을 만큼 정신적 고통이 매우 컸던 모양이다. 이는 자라온 성장 환경이 다른 데서 기인한 것으로, 유배로 인해 주거환경이 달라지면서 겪는 고통은 유배객의 괴로움 가운데 하나였다. 이학규는 이상에서 열거한 네 가지 괴로움에 대해 혼자 겪는 고통으로 인식하였다. 그리고 그러한 고통에서 구해줄 사람도 없고 고통에서 벗어나려 해도 갈 곳이 없는 절망적인 수준으로 인지하고 있었다. 이러한 자신의 괴로움을 상대방에게 토로한들 어떠한 손해나 이익도 없지만, 자신의 괴로운 정황을 지인에게 털어놓는 것으로 잠시나마 마음의 위안을 삼고자 한 것이다.

인간이 극한의 고통에 처하게 되면 자연스레 현실에서 벗어나고 싶은 욕구가 생긴다. 하지만 고통스런 현실의 굴레에서 벗어날 수 없을 때, 잠시나마 현실을 벗어날 수 있는 망상을 꿈꾸게 된다. 이학규는 자신의 처한 상황을 매우 고통스럽고 괴로운 것으로 인지하였으며, 망상의 세계를 통해 괴로운 현실에서 도피하려는 모습이 나타난다. 망상은 무엇에도 구속받지 않고 자신의 의지에 따라 자유로운 생각이 가능하다. 망상의 세계에서는 구천九天과 구지九地를 자유롭게 드나들 수도 있고, 드넓은 천하와 작은 터럭 끝도 마음대로 배회할 수가 있다. 이학규는 이러한 망상의 특성을 물 위를 나는 잠자리와 빙빙 도는 주마등走馬燈에 비유하여 설명하기도 하였다. 밤에 잠잘 때를 제외하고는 한순간도 떠나지를 않는다고 하여, 구속되어 있는 현실에서 자유를 갈망하는 그의 염원이 망상의 세계로 나타났음을 알 수 있다.

이와 같이 이학규는 망상을 고된 유배생활의 도피처로 삼았다. 자신이 처한 괴로운 현실에서 도망치고 싶어 하는 마음은 둘째아이가 죽음에 처했을 때 갑자기 높이 날아가고 멀리 달아나 이 눈앞의 참혹한 광경으로부터 벗어나고 싶었다는[101] 고백에서도 찾을 수 있다.

> 추울 때에는 가난한 집의 거지 아이를 생각한다. 눈 오는 밤에 남의 집 낮은 처마 밑에 누워서 솜옷과 담요를 깔고, 손등과 정강이는 얼어터지고 갈라진 채 눈물을 흘리며 애원한다.
>
> 더울 때에는 잠방이를 입고 일하는 머슴을 생각한다. 한낮에 호미를 잡고 밭을 매는데 땀이 비 오듯 흐른다. 우거진 잡초 사이를 웅크리고 기어 다니며 날이 저물도록 힘들게 일을 한다.
>
> 굶주릴 때에는 집집마다 돌아다니며 구걸하는 거지를 생각한다. 매미처럼 텅 빈 창자에 거북이 등처럼 배는 쭈글쭈글하지만 힘을 다해 걸음을 재촉한다. 오직 죽 한 그릇도 입에 못 넣을까 걱정한다. 기운은 빠지고 이마엔 땀이 흘러 어느덧 숨이 끊어지길 기다린다.
>
> 목이 마를 때에는 소금을 갈망하는 사람을 생각한다. 독이 퍼져 목구멍이 타들어 가는데 그 모습을 표현할 길이 없다. 옷을 잡아당기고 침상을 더듬어 찾는다. 이때 별안간 가슴이 답답하여 터질 것만 같고 눈알은 퉁퉁 부어 굴려지지 않아 있는 힘을 다해 미친 듯이 소리친다.
>
> 수심이 깃들 때에는 화를 입은 집안의 사람을 생각한다. 피붙이들이 모두 죽었고 집안 기물은 흩어져 없어졌으며, 자신은 노비 신세가 되어 외진 곳에 유배되었다. 지난날 즐겁게 웃으며 노닐던 일을 돌이켜 생각해보니, 심장을 칼로 찌른 듯 눈물이 먼저 떨어진다.

---

101 「與」, 『洛下生集』冊4 因樹屋集, "轉憶前日僕在家, 値二兒痘發, 方其化去. 覩夫呼爹覓孃, 宛轉懷抱中, 此時但覺心頭急跳, 手脚忙掉, 蹔願高飛遠走, 以離目前作惡也. 客冬, 坐因樹屋中, 覩家書, 三兒因久痢化去, 不覺淚簌簌被面. 不恨三兒速化, 惟恨化去之日, 不復一見面貌也."

번민할 때에는 순장殉葬을 당하는 사람을 생각한다. 땅 속으로 들어가며 머리를 들어 위를 쳐다보니 시커멓기가 경쇠 같고, 등불이 가물가물 꺼지기를 기다린다. 이때에 비록 다시 벼락에 맞아 죽는다 하더라도 그저 다시 한 번 인간세상의 소리를 듣는다면 가슴이 상쾌할 것이다.

근심스러울 때에는 임종을 앞둔 사람을 생각한다. 혀는 꼬부라지고 숨을 헐떡이는데, 아직도 눈은 빛을 잃지 않았고 감정의 뿌리는 끊어지지 않았다. 곁을 보니, 늙으신 부모가 부르는데 어떻게 대답해야 할지, 착한 아내가 흐느껴 우는데 어떻게 부탁을 해야 할지, 자식들을 어떻게 장가보내고 시집가게 할지, 집안 세간과 전답들은 어떻게 조치해야 할지를 등등. 고민하는 사이 저승사자가 도착하니 손을 내저으며 모든 것을 포기하게 된다.

병이 났을 때에는 수많은 옛사람을 생각한다. 이미 흙무덤 속에서 뼈는 썩고 몸뚱이는 흩어져버렸다. 끝도 없이 긴긴 밤, 언제 다시 아침이 찾아올까?[102]

이 글은 1806년에 지은 「비해팔칙譬解八則」이다.[103] 이 글에는 유

---

102 「譬解八則」, 『洛下生集』冊4 因樹屋集, "寒時, 思貧院乞兒. 向雪夜裏, 臥人矮簷下, 半絮半氈, 手腿皸裂, 波沱哀冤. 熱時, 思襏襫傭夫. 方午把鉏, 流汗如雨, 從草萊中, 傴僂匍匐, 盡晝力作. 飢時, 思沿門叫化人. 蟬腸龜腹, 力疾行走, 惟患粥糜, 猶未到口, 氣欠頹泄, 看看待盡. 渴時, 思仰滷人. 毒發喉燥, 無可形狀, 循衣摸床, 此時■覺, 心悶欲爆, 眼脹不轉, 儘意胡叫. 愁時, 思禍家子骨肉已皆就殊. 家貲隨卽蕩散, 身復爲奴, 竄身荒徼. 追思曩時, 懽笑行樂, 心腸如剸, 有淚先從. 悶時, 思從殉人. 向地道裏, 仰見上頭, 黝黑如磬, 漆燈幽幽待灺, 此時雖復爲霹靂震死, 但復一聞人世聲響, 也是快心. 憂時, 思屬纊人, 舌卷喘急, 猶眼光未落, 情根不斷, 傍見老親呼喚, 如何膺對, 良妻啜泣, 如何吩咐, 男女如何嫁娶, 家伙田地, 如何措置, 無那鬼符已到, 撒手抛卻. 病時, 思諸古人, 已向土饅頭中, 骨朽形銷, 長夜漫漫, 何時復朝."

103 이 글은 『逸名稿』(임형택 선생 소장본)와 『洛下詩話』(단국대 소장본)에는

배 전반기 고통스런 현실에서 벗어나고자 하는 이학규의 망상이 잘 표현되어 있다. 글의 제목에도 명시되어 있듯이 인간이 처할 수 있는 극한의 여덟 가지 상황이 구체적으로 명시되어 있다. 인간이 현실에서 처하게 되는 고통스런 경우는 추울 때[寒時], 더울 때[熱時], 굶주릴 때[飢時], 목마를 때[渴時], 수심이 깃들 때[愁時], 번민할 때[悶時], 근심스러울 때[憂時], 병이 났을 때[病時]이다. 이학규는 이러한 각각의 상황에 처할 때 떠올리는 망상의 대상을 나타냈다. 추울 때는 거지 아이를 생각하고, 더울 때는 한낮에 힘들게 일하는 머슴을 생각한다. 굶주릴 때에는 비렁뱅이를 생각하고, 목마를 때에는 소금을 갈망하는 사람을 떠올린다. 수심이 깃들 때에는 화를 당한 사람을 생각하고, 번민스러울 때에는 남을 따라 죽을 사람을 떠올린다. 근심스러울 때에는 죽음을 목전에 둔 사람을 생각하고, 병이 났을 때에는 옛사람을 생각한다. 저자는 이와 같은 상황에 처했을 때, 이보다 더 극한에 처한 경우를 생각하여 현실의 괴로움에서 잠시나마 벗어나고자 한 것이다.

이 글에서 제시한 여덟 가지 고통과 절망에 처한 상황들은 아마도 저자인 이학규가 유배지에서 몸소 체험했던 일로 짐작된다. 신유옥사에 연루되어 가족들과 헤어져 유배지에서 긴긴 세월을 보내야 했던 저자의 과거 기억의 파편들이 만들어낸 상념들인 것이다. 그리고 그럴 때마다 자신의 처지보다 더욱 어려운 상황에 놓인 사람을 상상함으로써, 자신의 고통을 최소화하고 위안처로 삼은 것이다. 또한 글의 제목이 '비해譬解'인 것을 볼 때, 이학규 자신이 수심에 잠겨있을

「起想八則」이란 제목으로 실려 있다. 문집총간본과는 약간의 글자출입을 보인다.

때의 내적 심리 상태를 다른 사람의 상황을 통해 유추하여 설명한 것으로 해석된다.[104]

이 글에서 묘사된 여덟 가지 상황은 비유의 대상이 매우 현실적이며, 또한 구체적인 표현으로 구성되어 있다. 자유로운 망상을 통해 현실의 고통을 극복하려는 자세는 동 시기 소품작가인 이옥李鈺(1760~1813)의 글 「원통경圓通經」에도 보인다.[105] 이옥은 이 글에서 다양한 극한 상황을 제시하면서, 상상의 경계를 넓혀 나갔다. 위 속이 비어 있을 때는 도리어 굶주리는 백성을 생각하고, 오랫동안 집을 떠나 있을 때는 도리어 멀리 떠난 나그네를 생각한다. 이 글에서 제시한 여러 가지 상황은 일상생활 속에서 어렵지 않게 만나게 되는 것들이다. 이상에서 이학규와 이옥의 글에서 보이는 상상을 통해 고통을 해소하려는 것은 적극적인 대처방안은 아니다. 그러나 현실에서 어찌해볼 도리조차 없을 때 상상 속에서나마 자기위안을 찾으려는 몸짓인 것이다.

4. 김해의 풍속과 향토정서의 표출

김해에서의 유배 생활이 이학규에게 육체적 · 정신적 고통을 안겨주었던 것은 사실이나, 다른 한편으로는 문학 창작의 원천을 제공하

---

104 정우봉, 「낙하생 이학규의 산문세계」, 『한국실학연구』 6, 한국실학학회, 2003, 204면.

105 이옥 저, 실시학사 고전문학연구회 옮김, 『이옥전집』2, 휴머니스트, 2009, 202~204면.

는 계기가 되었다. 유배 생활은 예전에 경험하지 못했던 새로운 세계와의 조우이기도 하다. 이학규는 김해의 풍속과 문화, 문물과 역사 등 그곳의 모든 것을 시문의 소재로 삼아 노래하고 기록했다. 이학규는 유배지에서 자신의 개인적 심사만을 노래하지 않았다. 오히려 그의 문집에는 조선후기 김해의 문화적 지형도를 그릴 수 있을 정도로 당시의 민풍토속과 문화에 대한 기록이 산재해 있다.

유배를 경험한 모든 문인들이 해당 지역의 풍속과 문화를 기록하는 것은 아니다. 원교圓嶠 이광사李匡師(1705~1777)는 1755년 을해옥사乙亥獄事에 연루되어 23년의 유배생활을 보냈다. 이광사는 처음 함경도 부령富寧에 유배되었는데, 유배지역의 풍속을 기록한 시는 유배 이후 7년이 지나 이배된 전남 신지도薪智島에 내려간 이후에 지어졌다.[106] 이에 반해 이학규는 유배지의 풍속과 생활상을 목도한 사실을 다수의 시문으로 남겼다. 처음 유배된 능주에서는 반년 남짓한 기간 동안 그곳에서 견문한 내용을 바탕으로 「능주잡시綾州雜詩」, 「능주기속綾州紀俗」, 「능주사綾州詞」 등의 여러 편의 시문을 지었다. 그러므로 유배라는 개인적 고통을 창작으로 승화시킨 이학규의 경우는 각별한 의미를 지닌다. 곧 이학규의 기록 정신과 김해지역의 특수한 환경이 어우러져 현실주의 문학의 성취를 이루어낼 수 있었던 것이다. 이학규는 한시 창작에 있어 심오한 철학적 사유를 담아내려 했다기보다는, 백성들의 곤궁한 현실을 사실적이고 구체적으로 표현하려 하였다. 이는 진정眞情의 표출을 중시하는 문학관을 지녔던 그에게

---

106 박무영, 「거세된 언어와 사적 전언: 이광사의 유배체험과 글쓰기 방식」, 『한국문화연구』9, 이화여대 한국문화연구원, 2005 ; 김동준, 「부령 유배기 이광사 한시의 내면과 진정의 지평」, 『한국한시연구』13, 한국한시학회, 2005 참조.

당연한 결과물이라 할 수 있다.[107]

유배 전반기에는 주로 연작 형태의 시가 많이 지어졌다. 창작시기 순서대로 살펴보면, 1808년에는 「고정기사시菰亭紀事詩」(52편)를 지었고, 다음 해인 1809년에는 「강창농가江滄農歌」(10장), 「남호어가南湖漁歌」(10장), 「상동초가上東樵歌」(8장)와 「금관죽지사金官竹枝詞」(30수), 「영남악부嶺南樂府」(68수)를 지었다. 그리고 1810년에는 「기민십사장飢民十四章」과 「기경기사시己庚紀事詩」(15편)를 지었다. 이상의 개별 작품에 대한 연구는 일찍부터 현실주의 문학으로 조명을 받아 다수의 선행연구가 이루어졌다. 이학규에 관련된 연구의 대부분이 이 부분에 집중되었다고 해도 과언이 아니다. 각각의 영사악부와 기속시, 기사시 등의 개별 작품에 대해 주제별, 내용별 고찰을 비롯하여 다양한 방면에서의 연구가 이루어졌다.

이에 본고에서는 기존의 연구 성과를 염두에 둔 채, 이상의 작품이 창출될 수 있었던 계기와 당시 김해의 모습이 어떻게 문학적으로 형상화되었는가를 중점으로 살펴보고자 한다. 이는 개별 작품 자체에 대한 분석보다는 유배지에서의 시문 창작의 연속성 위에서 김해지역을 묘사한 다른 작품과 함께 고찰하려는 것이다.

이학규는 김해 지역의 다양한 모습을 여러 편의 기사시紀事詩로 남겼다. 그는 유배지에서 지역민들과 밀착된 거리에서 생활을 하였고, 여기에서 창출된 기민한 현실 인식을 바탕으로 기사시를 창작하였다.

107 이학규가 문학창작의 원천으로 眞情의 표출을 강조한 것에 대해서는 정은주, 「낙하생 이학규의 산문에 대한 연구」(성균관대 석사학위논문, 2005) 참조.

> 고정菰亭은 김해부성에서 동쪽으로 2리 되는 곳인데, 땅이 기름지고 샘물이 달다. 김해부에서 부잣집들이 다 여기 모여 산다. 현왕 정묘에 내가 바야흐로 이 지방에서 죄를 기다리던 중 한가한 날에 토속과 농민들의 상말, 그리고 나무하고 고기 잡으며 베 짜는 집들의 고락을 물어서 잘 알았다. 이에 고시가요 잡체 몇 편을 지어서 그 일들을 자세히 기록하였는데, 대개 꼭 부연하지는 않았다.[108]

이 글은 「고정기사시菰亭紀事詩」 서문의 일부이다. 고정菰亭의 지리적 위치와 지역적 특성에 대해 말한 다음, 「고정기사시」를 짓게 된 이유를 설명하였다. 이학규는 유배지역의 토속과 농민들의 언어, 그리고 그들의 고락까지 잘 알게 되었다고 하였다. 곧 김해에서 민중들과 가까운 거리에서 호흡하면서 현실에 대한 자각으로 창작에 임하였던 것이다. 이는 단지 목도한 현실에 대한 관조적 태도에 의한 글쓰기가 아니라, 민중들의 삶을 자세히 관찰하고 그들과의 대화를 통해 현실을 파악하고자 하는 적극적인 태도이다. 또한 유배지에서 민중들의 삶을 목도하는 데에 그치지 않고, 이를 기록하여 작품으로 남기고자 한 것은 그들의 삶에 대한 애정과 연민에서 비롯된 것으로 볼 수 있다.

「고정기사시」에 수록된 작품을 살펴보기로 한다.

> 김해부에서 꽃무늬로 물들인 대나무가 나오는데 몹시 아름답다. 탐욕스런 수령들이 끝도 없이 거두어 들여 마침내 고을의 큰 폐단이 되었다.[109]

---

108 「菰亭紀事詩 幷序」, 『洛下生集』冊5 因樹屋集, "菰亭在府城東二里, 地沃泉甘, 府內諸上戶萃焉. 當宁丁卯, 余方俟罪此方, 暇日詢及土風農諺, 暨夫樵漁織作諸家, 苦樂甚悉. 乃著爲古詩歌謠雜體若干篇以詳述其事, 槩未必所敷演者."

대나무 물들이지 마라	莫染竹
대나무 물들이면 채찍을 맞게 되리니.	染竹遭鞭扑
처음엔 자기 일처럼 하지만	初時殊自營
다음 해엔 결국 빼앗기리라.	來秊竟侵黷
강 가운데 죽도 언덕에서	江中竹島岡
해마다 베어내 산골짜기에 가득하네.	歲斫漫山谷
색을 물들일 겨를조차 없어	染色自不遑
연줄 따라서 서로 팔아 채우네.	夤緣轉相鬻
남쪽 관리들 재물 바치는 일 없을 때가 없으니	南官賮遺無時無
오직 꽃무늬 대나무 받고 기뻐할 얼굴만 생각하네.	惟喜花斑顔色足[110]

이 시는 「고정기사시」에 실려 있는 〈화반죽사花斑竹詞〉이다. 화반죽花斑竹은 대나무에 여러 꽃무늬를 물들인 것인데, 당시 김해부 수령들은 이를 뇌물로 바치는데 좋은 물건으로 여겼다. 그래서 대나무를 염색할 겨를도 없이 수령들이 거두어 가자, 서로 팔아 채울 정도로 수요에 비해 공급이 부족한 실정이 되었다. 그러나 탐욕스런 수령들은 이러한 백성들의 고통은 돌보지 않고, 선물을 받고 좋아할 사람의 얼굴만 생각하고 있다. 이학규가 시서詩序에서 지적하였듯이 이러한 행태가 마침내 고을의 큰 폐단이 되었던 것이다. 이를 통해 당시 고을 관리들 사이에서 뇌물수수가 횡행하였음을 짐작할 수 있다. 이학규는 이 시에서 탐욕한 수령들의 뇌물을 대느라 고생하는 백성들의 실정을 고발하는 한편, 그러한 관리들을 향해 비판의 목소리를 내고 있다. 이와 같이 기본적으로 민중의 삶에 대해 애정 어린 시선을

109 〈花斑竹詞〉, 「苽亭紀事詩」, 『洛下生集』冊5 因樹屋集, "府內出花斑染竹甚良, 墨倅徵斂無度, 遂爲邑鉅弊."

110 〈花斑竹詞〉, 「苽亭紀事詩」, 『洛下生集』冊5 因樹屋集.

갖고 있던 이학규는 정약용의 시문을 보고 나서 그 현실주의 인식이 한층 격발되는 계기가 되었다.

「고정기사시」를 비롯한 연작형의 작품에서는 김해지역의 문화와 풍속을 수집, 기록해서 전하고자 하는 이학규의 의도가 엿보인다.

> 가) 답월사는 본래 김해 아전 배씨의 아내가 지은 노래이다. 달밤에 동네 아이들이 서로 주고받는 노랫소리를 듣고, 그 가사의 뜻이 은근하고 아름답다고 생각하였다. 채록할 만하여 곧 그 뜻을 살려 이 시를 짓고, 기사시 뒤에다 덧붙인다.[111]

> 나) 강창은 김해부성에서 남쪽 5리쯤 떨어진 곳으로 바닷가에 닿아 있어 여러 물줄기가 돌아나가는 곳이다. 농사에 힘쓰지 않으면 살아가는 것이 어려운 곳인데, 강창농가를 지어 그 일들을 기록하고자 하였다.[112]

인용한 글 가)는 「고정기사시」에 실려 있는 〈답월사蹋月詞〉의 시서詩序이다. 이 노래는 이름을 알 수 없는 김해 아전의 아내가 지은 것이다. 어느 날 동네 아이들이 부르는 노랫소리를 듣고, 저자는 그 뜻이 은근하고 아름답다고 생각하였다. 그리고 채록할 만한 가치가

---

111 〈蹋月詞〉, 「菰亭紀事詩」, 『洛下生集』冊5 因樹屋集, "蹋月詞, 本金官小吏裵姓妻作. 月夕, 聞里兒聯聲互唱, 念其詞旨微婉. 有可採者, 遂演其意, 作此附于紀事之尾云."

112 「江滄農歌·並小序」, 『洛下生集』冊4 因樹屋集, "江滄距府城南五里, 地瀕海口, 衆水匯焉. 且農不嗇, 勞生理, 難聊業, 欲作江滄農歌, 識其事. 偶得丁籜翁著有耽津農歌十二章, 曲盡農人情事, 詞理微婉, 深得風人之旨. 卽同其意, 爲江滄十章及南湖歔歌上東樵歌, 共若干篇. 令籜翁見之, 雖其嶺海間闊, 知我尙能爲此過活則庶矣."

있다고 여겨, 시로 지어 남긴 것이다. 이름 없는 사람의 노래라도 시로 지어 남긴 것은 바로 저자가 지닌 기록정신의 소산이다. 인용한 글 나)는 「강창농가江滄農歌」의 서문이다. 「강창농가」와 「남호어가南湖漁歌」, 그리고 「상동초가上東樵歌」는 「고정기사시菰亭紀事詩」를 지은 다음 해에 지어졌으며, 이어서 「기경기사시己庚紀事詩」의 창작이 이루어졌다. 곧 이러한 연작시들은 1808~1810년 사이에 집중되어 창출된 것으로, 이 시기 이학규의 의식세계를 분명하게 보여주는 것이라 할 수 있다. 곧 이학규는 김해지역의 문화와 풍속에 대해 기록하려는 자세로 창작에 임하였다.

> 돌아보건대 내가 머물러 있는 곳 또한 영외로 하늘의 재앙과 백성의 폐해가 대략 비슷하였다. 그런데 홀로 가슴 두드리고 길게 탄식하고 뜻을 품은 채로 침묵만 지키면서 하늘의 재앙과 백성의 폐해 가운데 경계할 만하고 두려워할 만하며 권면할 만하고 징계해야 할 만한 것을 모두 가려두고 전하게 하지 않는 것은 애석한 일이다. 이에 듣고 본 것 가운데 정치와 교화에 관련되는 것을 모으니 십여 조가 되었는데 시로써 읊고 서문에 자세히 기록하였다. 기사년 늦겨울에 짓기 시작하여 경오년 초봄에 손을 놓았다. 이를 기경기사라 이름 붙이고 백진에게 부쳤다.[113]

위 인용문은 「기경기사시」의 서문 중 일부분으로, 저자의 창작의

---

113 「己庚紀事詩序」, 『洛下生集』冊8 因樹屋集, "顧余所處止, 亦惟嶺外, 則天菑民瘼, 蓋略同焉. 獨擣心永歎, 齎志泯默, 使夫天菑民瘼之可警可怵可勸可懲者, 悉泯而不傳, 爲可惜也. 仍就所聞見, 撮其事有關於時政風敎者, 得十數條. 詩以諷詠之, 序以詳述之. 始作于己巳季冬, 斷手于庚午孟春. 命之曰己庚紀事, 以寄伯津."

도가 분명하게 나타난다. 이학규는 가뭄의 피해나 백성들의 괴로움을 마음속에 묻어둔 채 침묵할 수만은 없었다고 하였다. 이때문에 사실을 시로 읊고, 서문으로 기록한 것이다. 물론 이러한 글쓰기가 백성들의 괴로움을 실제적으로 구해줄 수는 없다. 그러나 저자가 목도한 사실을 묵인하지 않고 그들의 피해와 고통을 글로 남기고자 한 것은 곧 문인으로서의 소임을 다하려는 태도에서 기인한 것이다. 「기경기사시」의 창작배경이 정약용이 지은 「전간기사시田間紀事詩」에 감발된 것은 사실이지만, 이학규가 지닌 현실인식에서 비롯된 것 또한 부인할 수 없는 사실이다. 정약용의 「전간기사시」는 여섯 편인데, 이학규의 「기경기사시」는 모두 열여섯 편으로 구성되어 있다. 제재의 양적 확대에 그치지 않고 현실의 복잡하고 심각한 사실들을 보다 광범하게 파악해 묘사하였다. 현실주의는 이학규의 시세계 전반에 걸친 특징적 경향이다. 특히 생활풍토의 사실적이면서 다각적인 제시와, 내용 표현에서 일정하게 민중성을 확보한 면은 정약용의 시로부터 진일보한 면으로 볼 수 있다.[114]

「기경기사시」에 실려 있는 작품을 살펴보기로 한다.

칡은 긴 호미로 캐고	采葛用長鉏
쑥은 손으로 뜯네.	采蒿須手搴
온몸에 힘이 빠져	四體已無力
헐떡이다 한낮이 되었네.	喘息當午天
다만 쑥이라도 캐서	不如但采蒿
아침저녁 삶아야 하네.	朝夕急烹煎
삶아도 죽이 안 되니	烹煎每不糝

114 임형택, 「낙하생전집 해제」, 『洛下生全集』 上, 아세아문화사, 1985, 14~18면.

털가죽 삼키는 것과 무엇이 다르리.	何異呑旄氈
달고 씀은 배부름과 주림에 있으니	甘苦在飽飢
잠깐 새에 게걸스레 먹는구나.	饕餮須臾焉
살갗은 도리어 누렇게 떠서	肌膚旋黃脹
걷기도 어지러워 넘어질 듯하네.	行步暈欲顚
아! 지난 신해 임자년에는	維昔歲辛壬
큰 가뭄이 해를 넘어 이어졌네.	大旱實彌季
물에는 뱀장어만 있고	在水饒鱺鰻
진흙에는 부들과 연이 있었네.	在水饒鱺鰻
뱀장어는 기름기가 많아	鱺鰻脂有餘
오래 먹으면 잠에 떨어졌네.	久食惟昏眠
지금 가뭄은 비할 데 없으니	今旱逝無比
산과 연못이 모두 불타는 듯하네.	山澤悉如爇
풀뿌리조차 말라 죽었으니	草根動燋死
좋은 곡식이야 하물며 온전하랴.	草根動燋死
서로 만나면 쑥 캐는 사람이니	相逢采蒿者
저녁 내내 밭에 머무르네.	終夕在良田[115]

이 시는 「기경기사시」에 〈채호采蒿〉라는 제목으로 실려 있으며 흉년을 탄식하는 노래이다. 이학규는 시서詩序에서 '탁옹의 채호시 서에 "가을이 되기도 전에 굶주려, 들판에 푸른 풀이 없었다. 아낙네들이 쑥을 뜯어 먹을거리로 삼았다"고 하였다.'고 하면서, 기사년 가뭄은 호남과 영남이 거의 같았는데 호남이 더욱 심했다고 밝히고 있다.[116] 시인은 심각한 가뭄에 칡뿌리와 쑥을 뜯어 연명하는 민중의

---

115 〈采蒿〉, 「己庚紀事詩」, 『洛下生集』冊8 因樹屋集.

116 〈采蒿〉, 「己庚紀事詩」, 『洛下生集』冊8 因樹屋集, "按籜翁采蒿詩序曰, 未秋而飢, 野無靑草. 婦人采蒿, 以當食焉. 蓋己巳之旱, 湖嶺大同, 而湖爲尤甚云."

모습을 형상화하였다. 삶아서 죽을 쑨다 해도 맛은 비록 형편없지만, 배고픔에 그마저도 게걸스럽게 먹는 백성들의 처절한 생활상을 나타냈다. 가뭄으로 인한 현재의 극심한 형편을 말하면서, 과거의 가뭄으로 인한 재해를 상기하였다. 시인은 13구의 원문 뒤에 건릉 신해년(1791)과 임자년(1792)에 영남 우도에 몇 년을 잇달아 큰 가뭄이 들었다는 내용을 자주自註를 달아 기록해 놓았다.[117] 그러면서 기사년의 가뭄은 과거에 비할 바 없다고 하여 백성들의 피해가 얼마나 심각한 형편인지를 드러냈다. 이학규는 산과 연못, 풀뿌리까지 모두 말라버린 상황에서 쑥을 캐서 목숨을 부지하는 백성들의 고달픈 현실을 목도하고, 그들의 참담한 실상을 시를 지어 기록하고자 한 것이다.

「기경기사시」와 같은 해에 지어진 「기민십사장飢民十四章」에는 굶주리는 백성들의 처참한 모습이 더욱 극명하게 묘사되어 있다.

세금부과는 죽으면 그만이나	差科死卽已
죽지 않으면 응당 매를 맞는다네.	不死應遭笞
집을 팔면 걸식은 할 수 있어도	賣屋尙行乞
자식을 팔면 누구에게 의지할 것인가?	鬻兒當依誰
아내나 자식 사이에 인정이 있으니	惟有婦子情
생사에 힘껏 서로 따를 뿐이라네.	生死力相隨
한 몸을 어디에도 의탁하지 못하여	一身去無托
가다 앉다 또다시 갈림길에 다다랐네.	行坐且臨歧
아내에게 머릿속 이를 잡게 하니	敎婦捻頭蝨
두 줄기 눈물이 하염없이 흘러내리네.	敎婦捻頭蝨[118]

117 〈采蒿〉, 「己庚紀事詩」, 『洛下生集』冊8 因樹屋集, "健陵辛亥壬子, 嶺右連歲大旱."

118 「飢民十四章」, 『洛下生集』冊7 因樹屋集.

위에 인용한 시는 「기민십사장」의 9장이다. 이학규는 이 시에서 농민들이 굶주리는 까닭에 대해 과도한 조세가 그 원인이었음을 밝혀놓았다. 그런데 관원들의 대접을 소홀히 하는 바람에 세금이 더욱 가중되었다고 하여, 농민들이 관리들의 횡포에 고통을 받는 실정을 고발한 것이다. 당시 부패한 관리들은 가난한 농민들에게 착취한 세금으로 도박놀이를 벌이거나 방탕하게 소비하는 재물에 사용했다. 여기에서 인용한 9장의 내용은 농민들이 굶주림을 견디다 못해 고향을 떠나 유리걸식하게 되는 지경을 묘사한 부분이다. 이학규는 자연재해에 의한 기근이 아니라 부패한 관원들의 횡포에 괴롭힘을 당하는 농민들의 참상을 직접 목도한 뒤, 그들의 아픔과 고통을 기록한 것이다.

이와 같이 현실의 부조리함을 비판하고 고발하는 시작詩作 태도는 이학규의 현실주의적 시세계를 반영하는 것이다. 이는 자신이 비록 사대부 가문 출신이나 그곳 사람들과 함께 생활하며 백성의 일상적 삶과 동일한 시선에서 나온 것이다. 이외에도 이학규는 가난한 농민들이 세금 때문에 당하는 고초를 노래하기도 하고,[119] 농사짓기와 고기잡이를 하는 백성들의 고난에 찬 생활을 생생하게 그려내기도 하였다.[120] 또한 지배계층으로부터 수탈을 받는 백성들의 모습을 애민의식으로 그려내기도 하고,[121] 탐욕스런 김해부사에 분풀이한 아녀자들의 얘기를 듣고 시를 짓기도 하였다.[122]

---

119 〈催租行〉, 「苽亭紀事詩」, 『洛下生集』冊5 因樹屋集.

120 〈鯔魚歎〉, 「苽亭紀事詩」, 『洛下生集』冊5 因樹屋集.

121 「採鰒女」, 『洛下生集』冊7 因樹屋集.

122 「析薪莫持斧行」, 『洛下生集』冊7 因樹屋集.

이상에서 살펴본 바와 같이 이학규의 문학은 김해지역의 현장성을 담보하여 이루어질 수 있었다. 당시 백성들의 생활상과 고난을 형상화하거나 폐정과 부패관리들을 비판하고 고발하는 내용의 시들이 그러하다. 또한 시문의 창작 소재가 확대되었는데 하층민의 생활모습이나 장날 시장터의 활기찬 모습을 묘사하기도 하였다.[123]

동당동당동당	鼕鐺鼕鐺鼕鐺
호남 퇴기 해서 창녀	湖南退妓海西娼
한 불당에 어찌 내 사당 네 사당 다투랴.	一佛堂何爭我社堂汝社堂
어디든 인산인해 되면	箇處人海人山傍
몰래 손을 넣어 치마 속 더듬는데,	暗地入手探帬裳
너는 한푼에도 허락하는 여자요	汝是一錢首肎之女娘
나는 팔도에 거침없는 한량이라네.	我又八路不闕之閑良
아침에는 김서방 저녁에는 박서방	朝金郎暮朴郎
물결치는 대로 바람 부는 대로	逐波而偃隨風狂
일반 보시 술 한 잔에 국 한 그릇.	一般布施茶酒湯[124]

이 시는 걸사乞士의 모습을 보고 형상화한 「걸사행乞士行」이다. 이 시는 모두 6장으로 구성되어 있으며, 각 장은 '동당동당동당鼕鐺鼕鐺鼕鐺'하는 소고 소리로 구분되어 있다. 위에 인용한 부분은 3장의 내용이다. 3장에서는 당시 윤리규범에 얽매이지 않는 행동을 일삼았던 걸사들의 모습을 표현했다. 특히 여기에서는 비속한 표현을 주저없이 수용하여 한시화한 것을 특색으로 꼽을 수 있다. 이는 사대부의

---

123 「觀市八十韻」, 『洛下生集』冊16 秋樹根齋集.

124 「乞士行」, 『洛下生集』冊18〇洛下生藁[上] 拾遺.

전통적인 한시에서 중요하게 여기는 고아한 품격보다, 민중들의 생동하는 모습과 그들의 정서를 실감있게 표현하려는 진취적인 문학의식의 발로인 것이다. 이어지는 부분에서는 걸사들이 직접 부르는 타령이 한역漢譯되어 있다. 이는 걸사패들이 천민집단에서 불리어지는 우리말 노래를 한시화한 것으로, 조선 후기에 발생한 '민요의 한시화'라는 문학사적 측면에서 이해될 수 있다.[125]

이외에도 이학규는 민요적 정감을 한시의 영역 속에 끌어들였다. 민요의 가사를 한역하거나, 민요의 가사를 재해석하여 창작하기도 하였다. 이러한 민요시는 「산유화가山有花歌」[126]나 「전하산가前下山歌」,[127] 「후하산가後下山歌」[128] 등의 작품에서 찾을 수 있다. 이상의 작품들은 이학규가 신분계층의 구분 없이 김해지역의 다양한 삶의 현장을 문학으로 형상화했음을 보여주는 것이다.

조선 후기의 실학자군에서 특히 역사에 관심이 높았던 이들은 근기지방에서 성장한 성호학파星湖學派였다.[129] 성호학파의 직접적인 영향 아래서 성장한 이학규도 예외는 아니었다. 이학규가 지닌 자국의 문화와 역사, 풍속 등에 대한 관심은 여러 시문에 표출되었다. 앞서 언급하였듯이 김해에서 보낸 유배 체험은 이학규에게 현실에 대한 인식을 새롭게 하는 계기를 제공하였다. 김해라는 공간이 지닌 역사성은 이학규에게 좋은 창작 소재가 되었다. 이학규가 본래 지니고

---

125 백원철, 『낙하생 이학규 문학연구』, 보고사, 2005, 138~139면.

126 〈山有花歌〉, 「苽亭紀事詩」, 『洛下生集』冊5 因樹屋集.

127 「前下山歌」, 『洛下生集』冊7 因樹屋集

128 「後下山歌」, 『洛下生集』冊7 因樹屋集

129 이우성, 「李朝後期 近畿學派에 있어서의 正統論의 展開」, 『역사학보』31집, 역사학회, 1966.

있던 자국 문화와 역사에 대한 관심은 현실에 대한 인식이 더해져 다수의 문학작품으로 창출되었다.

이학규는 자국의 문화와 풍속에 관심을 갖고 기록화 하는 것뿐 아니라, 역사에도 관심을 기울여 「영남악부嶺南樂府」와 「해동악부海東樂府」를 저술하였다.[130] 두 저술은 저자가 평소 지니고 있던 역사에 대한 관심에서 비롯된 것으로, 유배 전반기에 「영남악부」가 영남지방의 역사에 대한 인식에서 창작된 것이라면 유배 후반기에 창작된 「해동악부」는 자국의 역사에 대한 인식에서 창출된 것이다. 유배 전반기의 지역사에 대한 관심이 차츰 시간이 지나면서 자국사에 대한 인식으로 확장된 것이다.

우리나라 악부시를 의고악부擬古樂府, 영사악부詠史樂府, 기속악부紀俗樂府, 소악부小樂府로 대별할 때, 이학규의 악부시는 영사악부에 해당한다. 영사악부는 김종직의 「동도악부東都樂府」를 최초로 하여, 18세기부터 19세기 말까지는 이익의 「해동악부海東樂府」를 비롯한 다수의 작품이 창작되어 곧 악부의 전성기를 이루었다. 악부의 소재는 우리나라의 설화나 사화史話 등에 근거하여 창작되었다.[131] 조선 후기 영사악부가 자국 역사에 대한 관심의 확대에서 비롯되었음은

---

130 이학규의 두 詠史樂府의 전체적인 내용 개괄은 백원철, 『낙하생 이학규 문학연구』, 보고사, 2005, 226~231 참조.

131 이혜순 선생은 「한국악부연구(I)」(『한국문화연구원논총』39, 이화여대, 1981)에서 조선 후기에 나타난 우리나라 악부가 중국 악부의 소재로부터 벗어나 우리나라 과거의 역사적 사실, 인물, 제도, 풍속을 소재로 하여 지어졌다는 것은 의미있는 일이라고 하였다. 그리고 여기에는 악부 제작에 참여했던 작가들의 민족의식이 크게 작용했음을 발견할 수 있거니와, 이들은 대부분 벼슬에서 사직했거나 미관말직에 있던 사람, 유배를 당했거나 해외에 다녀온 사람이라는 점을 주목할 필요가 있다고 하였다.

잘 알려져 있다. 영사악부는 형식과 표현방법이 일정하지 않아, 단편·장편·장단구·제언구 어느 것이나 수용하여 근체시의 한계를 극복하였으며, 우리의 역사와 풍속을 소재로 다루어 민족문학으로서의 성격을 더욱 뚜렷하게 했다.

이학규의 「영남악부」는 1808년에 지은 것으로, 모두 68수로 구성되어 있다. 각각의 편은 대개의 영사악부들처럼 〈사화史話(소서小序)+원시原詩〉의 형태로 구성되어 있다. 각 편마다 제목이 달려 있으며, 형식이 일정하지 않고 장단구가 혼효되어 있으며 제언구로 이루어져 있다. 역사적 사실을 영회적이거나 감흥적인 표현이 아닌 사실적으로 나타내기 위해서는 단편이 아닌 장편의 장단구를 사용하는 것이 표현의 제약에서 자유롭기 때문이다.

먼저 「영남악부」에 수록된 작품을 살펴보기로 한다.

> 고려 말기에 배원룡이라는 자가 계림부윤이 되어 백성들을 침탈했는데, 심지어는 백성들의 쇠스랑까지 거두어 자기 집으로 실어 날랐다. 그래서 고을 백성들이 그를 '철문어 부윤'이라고 불렀다. 팔초어를 우리말로 '문어'라고 부르는데, 쇠스랑의 모습이 문어와 비슷하므로 그렇게 부른 것이다.[132]

철문어야.	鐵文魚
어찌하여 묵은 밭은 파지 않고	何不杷人畬
도리어 사람들을 침탈하느냐.	而反爲人漁
세 갈래 굽어져 꺾인 것이 손가락 같아	三叉屈折如指爪

132 〈鐵文魚〉, 「嶺南樂府」, 『洛下生集』冊6, "麗季有裵元龍者, 爲鷄林府尹, 侵漁百姓, 至斂民鐵杷, 載故家. 府民目爲鐵文魚府尹, 八梢魚, 俗名文魚, 鐵杷之形似之故云."

백성의 살을 파고 백성의 기름도 빨아, 爬民之肉吮民腴
네 집으로 실어 나르면서 而輸爾田廬
우리 소 수레까지도 부수는구나. 又敝我牛車
계림에는 이제 남은 쇠붙이가 없으니 鷄林自此鐵無餘
활을 당겨 수문어나 쏘아 맞추세. 抨弓去射水文魚[133]

이 시는 「영남악부」에 〈철문어鐵文魚〉라는 제목으로 실려 있다. 고려 우왕 때의 관인인 배원룡裵元龍에 관한 고사를 노래한 것이다. 배원룡은 공민왕 때 벼슬길에 올랐으며, 그 후 나라에 큰 공을 세워 분성군盆城君을 하사받았다. 이후에 후손들이 시조로 섬기고 분성(김해의 옛 이름)을 본관으로 삼아, 김해배씨金海裵氏의 시조가 된 인물이다. 그는 유능한 관리로 평가받았는데, 1384년(우왕 10)에 권신 염흥방廉興邦에게 아부하여 스스로 그를 양아버지로 섬기고 자기 집을 뇌물로 바쳐 계림부윤鷄林府尹에 올랐다. 그 후 임지인 계림(경주)에 가서는 백성들의 재물을 억지로 빼앗아 갔는데, 쇠갈퀴까지 집으로 가져가는 등 그 탐욕스러운 행동이 매우 심하였다. 이에 사람들이 그 모양이 문어다리와 비슷하다 하여 '철문어부윤鐵文魚府尹'이라 불렀다고 한다. 이학규는 이상의 내용을 먼저 사화史話로 기록하고 시로써 풍자하였다. 사화에 기록된 내용은 『고려사高麗史』에도 실려 있다.

> 배원룡이란 자가 평소에 유능한 관리라는 칭찬을 받았는데 염흥방에게 아부하여 양부로 삼았으며 그에게 집을 선물하고 계림 부윤으로 되어 있으면서 백성의 재물을 긁어모아서 심지어 쇠스랑까지 실어 가지고 고향으로 돌아갔으므로 고을사람들이 '철문어 부윤'

---

133 〈鐵文魚〉, 「嶺南樂府」, 『洛下生集』冊6.

이라고 불렀다. 문어와 쇠스랑의 형성이 비슷해서 그렇게 부른 것이다.[134]

이 글은 『고려사』 열전의 '염흥방廉興邦'조에 보인다. 이학규는 배원룡에 관한 기록 가운데에서 그가 백성들에게 탐욕한 행동을 저지른 대목을 풍자하여 악부시로 나타냈다. 이는 직접적으로는 배원룡에 관한 고사를 풍자한 것인 동시에, 이학규 당대의 탐욕한 관리에 대한 간접적인 비판이기도 하다. 저자의 시선은 백성들의 재물을 빼앗는 철문어를 고발하는데 그치지 않는다. 마지막 구에서 수문어를 활로 쏘아 맞추려고 한 것은 저자의 현실극복에 대한 강한 의지를 드러낸 것이다.

> 고려 우왕 2년에 왜구가 합포에 쳐들어왔는데, 이보다 먼저 원수 김진이 경상도의 기생과 악공들을 크게 모아서 휘하 장수들과 함께 밤낮으로 취하고 즐겼다. 그래서 군사들이 소주도라고 불렀는데, 김진이 소주를 즐겼기 때문이다. 그는 또한 형벌을 함부로 집행해 군사들이 모두 원한을 품고 분히 여겼는데, 왜구들이 들이닥치자 군사들이 싸우지 않고 뒤로 물러서며 말했다. "원수는 소주도를 시켜 적을 치시오. 우리들이 왜 싸우겠소?" 결국 패하게 되었다.[135]

---

134 『高麗史』126권, 列傳 제39, '廉興邦', "有裴元龍者, 素稱能吏, 附興邦爲養父, 贈以宅舍, 爲雞林府尹, 侵漁百姓, 至載鐵杷歸之家, 鄕人目爲鐵文魚府尹. 文魚卽八梢魚, 鐵杷之狀, 似之故云."

135 〈燒酒徒〉, 「嶺南樂府」, 『洛下生集』冊6, "高麗辛禑二年, 倭寇合浦, 先是, 元帥金鎭大集一道妓樂, 與麾下晝夜酣飮. 軍中號曰燒酒徒, 以鎭嗜燒酒也. 且刑杖濫酷, 一軍怨憤, 及冦至, 軍士卻立不戰曰, 元帥使燒酒徒擊賊, 我輩何爲. 遂至於敗."

그대들은 소주나 마시는 무리이고　　君爲燒酒徒
우리는 매나 맞는 노예일세.　　我爲箠下奴
어제 술 마시는 건 그대 멋대로 하더니　　昨日之酒君爲政
오늘 싸우는 일은 어찌 우리와 함께하려고 하나.　　今日之事寧我與俱
아무쪼록 백 병 천 잔을 마시고　　政須百榼與千觚
술김에 돌진해서 죽을 힘 다해 싸우다가,　　氣酣突前無不殊
흉악한 적의 해골을 급히 가져다　　急取凶醜顱
그 해골 쪼개서 술잔 만들게나.　　刳其顱以爲飲器
원수와 더불어 주거니 받거니 할 테지　　與元帥載斟載𣂏
하필이면 우리를 앞세우려 하나.　　何必用我輩爲先驅[136]

위에 인용한 시는 「영남악부」에 실린 〈소수도燒酒徒〉의 사화와 원시이다. 고려 우왕 때 합포의 원수元帥였던 김진金鎭은 기녀를 모아 놓고 휘하의 병사와 어울려 밤낮으로 소주燒酒를 마시면서 질탕하게 놀았다. 마침 왜적이 쳐들어 왔는데, 부하 군졸들이 '소주도'를 시켜 적을 치게 할 것을 주장하며 앞으로 나아가지 않았다고 한다. 부조리한 지배층에 대한 피지배층의 저항의식을 잘 드러내고 있다. 고려 말 부패한 관리였던 김진의 고사를 소재로 삼은 것은 역사모순에 대한 비판의식이 표출된 현실주의적 작가의식에서 비롯된 것이다. 여기서 주목할 점은 김진 고사의 내용이 바로 「영남악부」의 창작동기가 되었다는 것이다.

> 현왕 무진년 여름에 복통을 앓아서 날마다 인수옥의 서편 마루에 누워있을 때 어떤 사람이 정인지의 『고려사』 몇 권을 보여 주었다. 책장과 먹글씨가 헤어지고 뭉개져 쉽게 읽을 수 없었다. 문득 이리

---

136 〈燒酒徒〉, 「嶺南樂府」, 『洛下生集』冊6.

> 저리 뜻을 헤아려 보다가 '우왕 2년에 합포의 군사들이 김진을 소주도라고 불렀다'는 한 단락을 겨우 알아내고 크게 기뻐하면서 "이것은 악부를 지을만하구나."라고 말하였다. …… 위로는 신라에서 아래로는 여말에 이르기까지 무릇 영남에 관련된 사실들과 사람에 대하여 경우에 따라 제목을 붙이고 제목에 따라 문장을 이루니 날이 감에 글의 편수도 많아졌다. 총괄해서 「영남악부」라고 하였다.[137]

이 글은 「영남악부」 서문의 일부이다. 이학규는 유배생활에서 그곳의 민중들과 호흡하면서 이들의 삶의 현장과 방식에 관심을 갖게 되었고, 이러한 민족과 국토에 대한 역사인식을 비판적으로 형상화하여 「영남악부」를 저술하였다. 그는 정인지가 저술한 『고려사』에서 김진의 고사를 보고 영감을 얻어 「영남악부」를 짓게 되었다고 하여 그 저술동기를 밝히고 있다. 「영남악부」의 창작계기가 된 고려말 부패한 관리의 형상은 앞에서 언급한 「고정기사시」의 〈화반죽사〉에 등장하는 현실 속의 탐욕스런 수령의 모습과 다르지 않다. 곧 이학규는 악부시의 이고자금以古刺今의 역할을 빌어 현실의 위정자들을 비판한 것이다.

'소주도'에 관련된 내용은 유배 후반기에 저술한 「동사일지」에도 〈소주燒酒〉라는 제목으로 실려 있다. 여기에서는 고려 신우 원년에 사치를 막기 위하여 소주, 비단, 금이나 옥 등의 물건사용을 모두 금지한 사실을 들어 현실의 문제점을 지적한 뒤, 이어서 김진의 고사를

137 〈嶺南樂府序〉, 「嶺南樂府」, 『洛下生集』冊6, "當宁戊辰仲夏, 余有河魚之疾, 日寢臥于因樹屋之西軒, 人有示余鄭麟趾高麗史數篇, 紙墨刓缺, 不堪便讀. 輒沿洄揣摩, 僅解辛禑二年, 合浦軍謂金鎭爲燒酒徒一段意. 犂然大樂曰, 是可以作樂府矣. …… 上自羅代, 下至麗季, 凡爲事屬嶺表, 人係嶺鄕, 則隨遇命題, 逐題成章, 爲日寢久, 篇什良多, 摠以命之曰, 嶺南樂府."

인용하였다. 저자는 김진의 고사를 통해 각자 해야 할 일은 뒷전으로 미루고 소주마시는 일에만 힘쓰면 언제 어려운 상황이 닥칠지 모른다는 경고를 한 것으로 보인다. 저자는 노예들과 평민들도 마시지 않는 이가 없을 만큼 지금 세상에서 소주가 온 나라에 행해지고 있는 현실을 개탄하면서, 사치하는 풍속에 대해 비판의 목소리를 높이고 있다. 이와 같이 동일한 고사가 다양한 문학 작품의 소재로 채택된 것은 이학규가 해당 내용에 대해 깊은 공감을 느끼고 있었던 것이며, 이는 당대 현실에서 발견한 위정자들의 모습과도 부합되는 것으로 보인다.

Ⅲ. 유배 후반기의 시문 창작과 그 성과

유배지에서 보내는 시간이 점점 많아질수록 예전에 미처 발견하지 못했던 사실에 대해 새롭게 인식하고, 주위 사물에 대해서도 깊이 있는 고찰을 하게 된다. 이와 같은 창작주체의 인식의 전환은 시문 창작의 변모로 나타나게 된다. 이학규는 유배 전반기에 유배지에서 느낀 인상과 그곳에서 보고 들은 민간현실의 모습을 고스란히 시문에 담았다. 또한 유배객의 울울한 심사를 토로하고, 현실 인식에 바탕하여 다수의 기사시와 악부시를 지었다. 이러한 유배 전반기의 문학적 면모는 유배 후반기에 접어들면 변모된 양상을 보인다. 물론 유배시기 문학의 변모 양상은 단절된 것이 아닌 연속성의 측면에서 이해해야 할 것이다.

유배 후반기의 저술을 시기별로 나타내면 아래와 같다.

〈표 3〉 이학규의 유배 후반기 저술[138]

책수		저술연대	시문
책11 菜花居集		1814년	시詩 21제題, 문文 10편篇
책12	匏花屋集	1815년	시詩 11제題
	菜花居集	1816년~1817년	시詩 42제題, 문文 8편篇

138 『한국문집총간』에 수록된 『洛下生集』을 대상으로 하였음.

	海榴菴集	1818년~1819년	시詩 68제題, 문文 10편篇
책13	海榴菴集	1819년	금관기속시金官紀俗詩 78수首
책14	文漪堂集	1820년	문文 22편篇
책15	文漪堂集	1820년~1821년	시詩 22제題, 문文 23편篇
책16	秋樹根齋集	1821년~1823년	시詩 67제題, 부賦 1편篇, 문文 9편篇
책17	秋樹根齋集	1821년	해동악부海東樂府 56수首
책20		1819년	동사일지東事日知

유배 전반기에 연작시를 중심으로 한 시작詩作이 활발하게 이루어졌다면, 유배 후반기에는 전반기에 비해 문文의 창작이 활발하게 이루어졌다. 위의 표에서 보이는 바와 같이 책14 문의당집文漪堂集에는 실학적 내용의 저술을 비롯하여 산문으로만 구성되어 있다. 이는 이학규가 유배 후반기에 접어들어 전반기에 비해 점차 유배생활에 적응하게 되면서 지식체계를 형성하기 위해 다양한 주제의 저술을 시도한 결과로 보인다.

1. 유배 공간의 미적 인식

유배객의 외로움과 고독감의 크기는 시간에 비례하여 점점 커져간다. 시간이 흘러 유배지역 사람들과 친숙한 사이가 되어도 마음 한구석에는 항상 고향집에 두고 온 가족들이 자리 잡고 있기 때문이다. 말하지도 않고 웃지도 않고 술 마시고 시를 지어도 유배객이 느끼는 갈증은 해소되지 않는다. 심지어 객사의 문을 닫고 삼십일이 지나도 들르는 사람마저 드문 형편이니 유배객의 고립감마저 촉발된다.[139]

유배 중반에 접어들던 1815년, 이학규는 유배지에서 부인 정씨丁氏

가 세상을 떠났다는 소식을 접하게 되었다. 이학규의 부인은 나주정씨羅州丁氏인 정재만丁載萬의 따님으로, 두 사람은 15세 때 진천현 관아에서 부부의 연을 맺었다. 생이별도 슬픈 것인데 유배지에서 맞이하는 사별은 그에게 형언할 수 없는 슬픔을 안겨 주었다. 장례식에조차 가볼 수 없는 유배객의 처지에서 이학규가 할 수 있는 일이라곤 글을 지어 망자를 애도하는 일 뿐이었다. 그리고 1820년 추석에 불현듯 죽은 아내를 회상하며 장편의 글을 지어 애도하였다.[140] 이 글에는 두 사람이 처음 만나 혼인을 맺고, 결혼생활을 꾸리는 과정, 그리고 유배 이후 고생을 하는 모습 등을 시간의 흐름에 따라 서술하였다. 그리고 세상을 떠난 부인에 대한 그리움과 회한의 심정을 절절하게 토로하였다. 이학규는 가슴에서 우러나온 진심으로 부인을 위한 제문을 지었으며, 이러한 저자의 진정성은 읽는 사람의 마음을 울린다.[141]

이학규가 지닌 비감悲感의 정조는 친밀한 사람과의 관계가 단절되었을 때에 고조되어 나타난다. 이학규는 1817년 김해지역 노파의 주선으로 진양강씨晉陽姜氏를 후처로 맞아들였다. 그녀는 유배지의 고단한 생활 속에서도 이학규를 위해 헌신했던 것으로 보인다. 5년을 함께 살다가 아이를 낳고 세상을 떠났는데, 이학규는 그녀에 대한 고마움과 한탄을 담아 진심으로 망자를 애도하였다.[142] 또한 유배지에서 자식처럼 아끼고 가르쳤던 어린아이인 우성돈禹聖敦이 전염병에

---

139 「閉門」, 『洛下生集』冊12 匏花屋集, "自我閉門三十日, 至今西郭少人過."

140 「擬祭丁孺人文」, 『洛下生集』冊14 文漪堂集.

141 정은주, 「낙하생 이학규의 산문에 관한 연구」, 성균관대 석사학위논문, 2005, 22~24면.

142 「哭允母文」, 『洛下生集』冊16 秋樹根齋集.

걸려 죽고 난 뒤에 지은 글이 있다.[143] 이학규는 우성돈이 어렸을 때부터 글을 가르치는 등 마치 친자식을 대하듯이 정성을 기울였다. 우성돈 역시 이학규가 사면받기를 기대하고, 심부름도 다니는 등 그를 잘 따랐다. 글의 처음에서 이학규는 지극히 사랑한 정[至愛之情]이 있어 이 글을 짓는다고 하였다.

이상에서 언급한 글에는 모두 이학규의 비감의 정조가 극대화되어 나타난다. 물론 글의 성격상 망자를 애도하는 표현은 당연한 것일 수도 있겠으나, 이학규에게는 당시 본인의 불우한 처지와 결합되어 더욱 슬픔의 강도가 배가되었다. 이러한 글에서 이학규는 망자의 일생을 시간 순서대로 서술하는 대신, 과거를 반추하고 회상하는 장면 중심의 서술기법을 사용했다. 이러한 과거의 특정 장면은 저자와 망자, 두 사람만 알고 있는 지극히 사적인 영역이다. 이는 두 사람의 친밀한 애정의 밀도를 독자로 하여금 짐작하게 하며, 저자의 깊은 슬픔의 실체를 공감하게 한다.

이학규는 유배 이후 줄곧 내면의 고독감과 비애감에 몸부림쳤다. 그러나 점점 시간이 지날수록 울분과 우수에 찬 시문 대신 일상생활의 순간을 포착하여 회화적으로 형상화한 시문이 자리하게 된다. 유배 전반기에 자신을 둘러싼 유배지의 환경에 대해 고통과 괴로움을 안겨주는 공간으로 인식했다면, 시간이 지날수록 유배 공간을 미적 대상으로 바라보려는 시선이 감지된다. 유배지의 정경을 회화적으로 형상화한 시문에서는 서정적 감수성이 뛰어난 문인으로서의 기질이 유감없이 발휘되었다. 일상의 한 단면을 그림을 그리듯 유려한 필치로 그려내는 것은 유배 이전부터 잇닿아 있던 것으로, 이학규가 지닌

143 「哭童子禹聖敦文」, 『洛下生集』冊9 因樹屋集.

풍부한 문예적 감성에 기인한 것이다.

자다 깨니 수풀 끝 하늘엔 은하수 있고	睡覺林端天有河
벌레 소리와 잎 그림자 서로 어울렸네.	蟲聲葉影兩相和
잠깐 베개에 기대어 가을 당 아래를 보니	須臾欹枕秋堂下
주렴 걷어 올리자 서풍에 달빛이 가득하구나.	簾捲西風月色多[144]

이 시는 1809년에 지은 것이다. 유배지에서 보낸 지 9년째에 접어들었지만, 그곳에서의 생활은 쉽사리 적응되지 못한 채 여전히 괴롭고 고통스런 나날의 연속이었다. 이 시는 시인이 무료한 일상 중에 낮잠을 자다 깨어나 눈에 들어온 주위 풍경을 그린 것이다. 낮에 잠이 들었는데 깨어 보니 어느덧 저녁이 되었다. 하늘에 떠있는 은하수와 벌레소리, 달빛 등의 시어는 시간적 배경이 저녁이 되었음을 알리는 것들이다. 이 시는 시인의 주관적 감정은 배제된 체, 오로지 가을날 저녁의 고즈넉하고 아름다운 풍경을 그리고 있다. 그 순간 시인의 고단한 처지와 괴로운 심사는 잠시나마 잊게 된다. 하늘엔 은하수가 떠있고 벌레 울음소리와 나뭇잎 그림자가 서로 어울려 있다. 시인의 존재는 3구에서 감지된다. 잠에서 깨어난 시인은 그 순간을 잠시 더 음미하려는 듯 바로 일어나지 않는다. 주렴을 걷어 올리자 서풍에 달빛이 가득 내려온다. 이른바 '시중화詩中畵'이다. 시각적 심상과 청각적 심상이 한데 어울려 가을저녁의 미려한 풍경을 감성적 필치로 형상화한 작품이다.

유배 전반기 이학규에게 유배 공간은 지독하게 싫어하는 뱀과 모기가 득실거리는 고통과 절망의 장소였다. 그러나 그 속에서도 유배

144 「午睡至夕」, 『洛下生集』 冊4 因樹屋集.

공간의 아름다운 순간을 포착하여 시문 속에 담아내기도 하였다. 그리고 후반기로 접어들수록 유배 공간의 아름다운 풍경과 정취에 대한 미적 인식이 점차 강화되었다. 이러한 미적 인식의 강화는 이학규의 서정적 감수성을 통해 시문으로 형상화되었다.

개구리떼 합창소리 강에서 언덕으로 이어져	萬蛙聲合水連陂
비 갠 뒤 모두 꿈에서 깨어난 듯.	晴後渾疑夢覺時
햇빛이 나무 위에 비치니 맑기가 거울 같고	日向樹頭澄似鏡
구름은 산허리 따라 연기처럼 올라가네.	雲從山腹上如炊
잠 깬 게으른 나비 두 날개 팔랑거리고	蘇醒倦蝶雙翻動
시들어 남은 푸성귀 낙엽이 기울었네.	委頓殘蔬亂葉欹
모두들 사방 이웃 농사일 급하다고 말하니	總道四鄰田事急
모심기 노래 오래된 동쪽 묵정밭에서 들려오네.	種秧歌在古東菑[145]

이 시는 1819년에 지어진 것이다. 비교적 유배 만년에 지어진 것임에도 불구하고, 이학규의 개인적 고뇌와 불우한 정서는 전면에 드러나지 않는다. 오로지 비 개인 날 아침의 풍경을 사실적으로 그리고 있을 뿐이다. 수련에서 경련은 시인의 눈에 비친 비 갠 날의 주위 풍경을 묘사했다. 전날 내린 비에 강물이 불어나 개구리 떼 울음소리가 요란하게 들린다. 한바탕 비가 지나고 난 다음의 자연은 마치 꿈에서 깨어난 듯 모든 것이 새롭게 보인다. 나무 위에 떨어지는 햇빛은 거울처럼 맑고, 구름은 산허리 따라 위로 올라간다. 때마침 잠에서 깨어난 듯 나비가 팔랑거린다. 미련에서는 농사일에 열중하는 김해 지역민들의 모습을 나타냈다. 비 때문에 밀린 농사일을 모두 협동

145 「早晴」, 『洛下生集』冊12 海榴庵集.

해서 하는 모습이다. 때에 맞춰 모심기 노래가 동쪽 밭에서 들려온다. 이학규는 이러한 때에 들은 노동요나 민요를 시문 속에 담아내기도 했다. 위의 시는 자연풍경과 인간의 모습이 잘 어우러져 있다. 비 온 뒤에 꿈에서 깬 듯 한 자연의 모습과 농촌 사람들이 분주하게 일하는 모습이 절묘한 조화를 이룬다.

또한 이 시는 시각적 심상과 청각적 이미지가 절묘한 조화를 이루는데, 특히 청각적 이미지가 돋보인다. 개구리 떼의 합창소리, 나비의 팔랑거리는 날개 짓, 시골 사람들의 모심기 노래는 현장의 모습을 생생하게 들려주는 듯하다. 이 시는 보여주는 시가 아니라, 들려주는 시이다. 비 갠 뒤의 모습을 여러 가지 청각적 요소를 이용하여 사실적이고 생동감 있게 형상화하였다. 곧 카메라 렌즈처럼 평범한 일상의 한순간을 포착하여 시 속에 담아낸 시인의 문예적 자질이 돋보이는 작품이다. 유배 전반기 뱀과 모기 등의 미물에게조차 괴롭힘을 당하던 현실을 토로하던 글과는 확연하게 달라진 분위기를 느낄 수 있다.

강가 누각에 오르니 일찍 개었는데	江閣登臨值早晴
긴 둑에 아득하니 세찬 바람 일어나네.	長隄漠漠疾風生
푸른 산 다함이 없어 외로운 돛대 잠겼는데	青山不盡孤颿沒
붉은 해 조금 떠오르니 들꿩이 울어대네.	紅日微昇野雉鳴
관새의 나무 무성하여 바라보이는 듯	關樹依依如在望
비탈진 밭 어둑하여 홀로 마음 상하누나.	陂田黯黯獨傷情
주민들 모두 촌원의 즐거움을 말하니	居人摠說邨園樂
보리 익고 고기 살찌듯 마음껏 다니네.	麥熟魚肥儘意行[146]

146 「登匙山後麓」, 『洛下生集』冊16 秋樹根齋集.

이 시는 이학규가 시산匙山의 뒤편 기슭에 오른 소회를 노래한 것이다. 수련에서는 비갠 날 강가 누각에 오른 시인의 모습을 나타냈다. 함련에서는 시인이 처한 곳의 주변 풍경을 그렸는데, '청산靑山'과 '홍일紅日'의 색채적 대비를 통해 선명한 시각적 이미지를 자아낸다. 첩첩이 둘러싸인 산에 가려 강가의 돛대는 숨겨진 듯하다. 아침이 되어 해가 떠오르자 들꿩의 울음소리가 시인의 귓가에 들린다.

경련에서는 시인의 시선이 주위 자연풍광에서 인가의 풍경으로 옮겨간다. 관문의 나무는 바라보이는 듯, 비탈진 곳의 전답은 어둑어둑하다. 미련에서는 시인의 마음을 표현하였다. 마을에 거주하는 사람들의 말처럼, 시인은 보리 익고 고기 살찌듯이 자신의 마음 가는대로 모두 다닌다고 하였다. 앞부분에서 전원의 풍경을 노래한 뒤 시인은 그곳을 자유롭게 다니려는 갈망을 표현한 것으로 보인다.

이 작품은 시각적 이미지와 청각적 이미지를 함께 배치하여 시의 회화성을 부각시키는데, 시인의 유배 공간에 대한 인식이 잘 드러나 있다. 유배 전반기 고통과 절망을 안겨주었던 공간에 대한 인식은 유배 후반기에 접어들어 그곳을 두루 유람하려고 하는 인식으로 나타났다. 이러한 생각은 실제로 유배지 주변의 명승을 유람하는 결과로 나타나기도 하였다.

이학규는 일상의 한순간을 포착하여 회화적으로 형상화하여 시로 노래하고, 유배 공간의 아름다운 풍경을 글 속에 담아냈다. 이러한 글에는 대상물을 바라보는 저자의 심미안이 드러나며, 대상물을 사실적이고 회화적으로 그려낸 것이 특징이다. 이 시기에 이학규는 자신의 집 주변에 작은 연못과 밭을 만들어놓고 낚시를 하거나 채소를 가꾸면서 자못 한가롭고 여유로운 생활을 영위하였다.[147] 이러한 풍경을 담은 글에서는 유배생활에 적응하지 못한 채 전전긍긍하던 모습은 찾을 수 없고, 연못 주변의 한아한 정취를 즐기는 여유로움이 드러난다. 이학규는 거처하는 곳 주위에 작은 연못을 만들어 낚시질을 하기도 하고 밭을 만들어 오이, 가지, 호박 등을 심고 가꾸었다. 고단한 현실에서 벗어나 자연에 동화되는 것으로 잠시나마 마음의 안정과 위안을 삼고자 했던 것이다. 이러한 글에서는 편폭이 짧은 글 안에 연못과 그 주위의 풍경을 제법 예리하게 관찰하고 세밀하게 표현하여 회화적 표현기법을 잘 부각시킨 점이 특징이다.

> 도중에 강 건너 물가를 바라보니, 인가는 산 아래 물 곁에 있고 단풍나무와 떡갈나무가 어울려 있어 초가집이 보일락 말락 하는데 아침 해가 비치니 단풍잎이 노랗기도 하고 붉기도 하였습니다. 나무 실은 배와 소금 실은 작은 배가 서로 바라보며 왕래하고, 채소밭과 노적가리가 손가락 끝에 숨었다 보였다 했습니다. 또한 지팡이 짚고 밭이랑에 서 있는 사람, 빗자루를 잡고 마당을 도는 사람, 어린아이를 끌고 동이를 머리에 인 사람, 상대방을 재촉하며 쟁기를 끄는 사람도 있었고, 닭과 개가 어지러이 돌아다니며 밥 짓는 연기가 간간이 일어났습니다.[148]

이 글은 이학규가 관동에 놀러갔을 때 보았던 풍경을 묘사한 부분이다. 길을 가던 도중에 잠시 고개를 돌려 강 건너편 물가의 모습을 순간적으로 포착하여 기록하였다. 단풍나무와 떡갈나무에 가려 보였

147 「記小池」, 『洛下生集』冊14 文漪堂集 ; 「記小圃」, 『洛下生集』冊14 文漪堂集.

148 「與」, 『洛下生集』冊10 因樹屋集, "路中望見隔江濱陽, 人家依山傍水, 楓槲交加, 茅茨掩暎, 朝日照之, 霜葉或黃或丹. 樵艖鹽艓, 相望往還, 蔬畦稻堆, 隨指隱現. 亦有植杖而停於壟者, 執帚而循於場者, 攜幼而戴盎者, 速耦而曳犁者, 雞犬散行, 炊煙間起."

다 안보였다 하는 초가집과 형형색색의 단풍나무가 시야에 들어온다. 그리고 강 위에는 작은 배들이 잇달아 오가고, 논밭이 보이기도 한다. 그 속에서 오가는 다양한 사람들의 모습도 나타냈다. 그 묘사에서 정겨운 강촌의 풍경을 바라보는 저자의 따스한 시선이 고스란히 묻어난다. 이학규는 그 풍경을 보고 자기 자신도 모르게 신운神韻과 홍취興趣가 일어나 노년을 보낼 수 있겠다는 생각까지 들었다고 고백하였다. 이는 고향을 그리워하는 이학규의 마음이 표출된 것으로, 예전에 보았던 풍경을 지금 눈앞에 보이는 것처럼 핍진하게 묘사할 수 있는 것도 창작주체의 뇌리에 깊이 각인되었기 때문일 것이다. 이 글에는 이전에 비해 따뜻하고 정겨운 시선으로 주위 풍경을 바라보는 이학규의 변화된 시선이 감지된다.

이학규는 유배 후반기에 접어들면서 김해지역 사람들과 함께 주변의 승경을 유람하는 일이 잦았다.[149] 유배 공간에 대한 미적 인식은 그곳의 승경을 유람한 글에서 잘 드러난다. 그는 유람을 다녀온 후, 당시의 정황과 아름다운 풍경에 대해 유기遊記를 지었다.

> 계유년 가을 9월이다. 비가 막 그치더니 날씨가 갑자기 서늘해졌다. 김해부 사람인 김표가 문으로 들어와서 말하였다. "전에 마을 어

149 김해지역 주변을 유람한 일이 나타난 시로는 「同李聖爊使君, 遊東山聖祖菴」, 『洛下生集』冊12 海榴菴集 ; 「翌日, 同遊山海亭, 亭在曹南冥先生故宅址」, 『洛下生集』冊12 海榴菴集 ; 「南湖舟中呈李使君」, 『洛下生集』冊12 海榴菴集 ; 「南湖舟中贈許任進士」, 『洛下生集』冊12 海榴菴集 ; 「從海東門至風化樓, 同裵允元許性能金羲瑞夜話, 是日立春」, 『洛下生集』冊12 海榴庵集 ; 「南湖放舟, 口占述往還, 卻寄徐漢源」, 『洛下生集』冊16 秋樹根齋集 ; 「暮春晦日, 從普州陵, 步至花亭後麓」, 『洛下生集』冊16 秋樹根齋集 외 여러 편이 문집에 보인다.

> 른들을 따라 남포로 자주 놀러갔었습니다. …… 이제 다시 선생님을 따라 가려고 하는데 예전에 한 것과 반대로 하는 것이 어떨지요?" 나는 지체하지 않고 바로 "좋네."라고 대꾸하고는 저녁밥을 먹고 나서 이웃집에서 갈대로 만든 갓과 짚신을 빌려서 진흙밭이든 비가 오든 피하지 않고 가기로 약속하였다. 동행은 모두 네 명이다. 그 중 한 사람은 큰 술동이를 등에 졌는데 동이에는 막걸리 두 말이 들어 있다. 한 사람은 낚싯대 세 개를 어깨에 들쳐 멨는데 다른 사람을 대신하여 들고 간다. 또 한 사람은 오리를 쏘아 사냥하는 자로 탄알을 끼고 갔다.[150]

이 글은 「유남포기遊南浦記」의 앞부분으로, 이학규의 문집에 실려 있는 유일한 유기遊記이다. 저자는 1813년 가을에 김해부 사람인 김표金杓의 권유로 남포南浦로 유람을 가게 되었다. 남포 일대는 금릉팔경金陵八景의 하나인 남포어화南浦漁火로 유명한 갈밭이다.[151] 이학규는 이 글에서 경진년 늦여름에 김표가 그의 집을 방문하여 대화하는 도중에 지난해 늦가을에 노닌 일로 말이 미쳐 붓 가는대로 기록하였다고 했다. 어느 날 김해 사람인 김표가 이학규를 찾아와 남포 유람을 권하였다. 그리고는 술과 음식을 가득 장만하면 따르는 사람들이 개미떼처럼 몰려들어 왁자지껄 소란하고 성깔부리고 화내는 일이 생겼고, 의관을 정제하고 나서면 뱃사공이나 장사꾼들이 의아하

---

150 「遊南浦記」, 『洛下生集』冊14 文漪堂集, "癸酉歲之秋九月. 天新雨, 日驟凉. 府人金杓踵門而告曰, 向之從鄕先生遊南浦數矣. …… 今復從執事者, 請一反向日之爲如何. 余亟應曰諾. 晡飯訖, 假隣之荻笠芒屩, 約泥雨毋避也. 同行凡四人. 其一擔大酒壺, 壺貯村醪可二斗, 一荷釣竿, 共三根, 替各人持也. 一射鴨者, 挾彈具."

151 이병태, 『金海地理志』, 김해문화원, 1991, 123면.

게 쳐다보는지라 돌아다니기가 불편하여 제대로 즐길 수가 없었다고 하여 예전에 유람을 다녀왔던 경험에 대해 말해주었다. 그러면서 이학규에게 예전에 했던 것과 반대로 해보자는 제안을 하였고, 이에 지체 없이 승낙하면서 남포 유람이 결정되었다.

이학규와 김표 이외에 함께 동행하는 사람은 모두 네 명이다. 이 글에는 이들과 함께 배를 타고 남포로 가는 여정이 상세하게 기록되어 있다. 남포로 가는 여정에는 이상의 네 명의 동행자 이외에도 중간에 새로운 인물이 계속 등장한다. 김표와 잘 아는 사이로 낚시질을 하는 사람인 하씨河氏라는 인물이 등장하고, 같은 마을에 살면서 녹산菉山에 가서 소금을 사오는 심씨沈氏 성을 가진 사람도 등장한다. 또한 심가沈家란 노비는 물고기 통발을 거두러 새벽녘에 나왔다가 힘을 합쳐 노를 젓기도 하였다. 이학규 이외에 여정에 동행하는 사람과 여정 중간에 나오는 사람들은 모두 사대부의 신분과는 거리가 먼 계층의 인물들이다. 이는 이학규가 유배지에서 신분의 구분 없이 지역민과 거리 없는 교유를 하였음을 보여주는 것이라 할 수 있다.

> 얼마 있다가 달이 뜨고 서풍이 크게 일어났다. 배 안에 있던 사람들이 모두 몸을 웅크리고 있었는데 순식간에 포구에 도착하여, 하늘과 물이 크게 환해져 깜짝 놀라 눈을 휘둥그레 떴다. 가까운 곳은 황금빛이 튀어 오르고 거울이 번쩍이는 듯하고, 먼 곳은 옥으로 만든 밭이요 은빛 바다이다. 종합하면 달이 물을 만나면 더욱 맑아지고 물이 바람을 만나면 더욱 일렁거린다. 배를 함께 탄 사람 중에는 어부들이 있는데 이런 광경은 자주 보지 못한다고 입을 모았다. 대체로 포구의 경치는 가을이 가장 좋고, 가을의 경치는 밤이 좋고 새벽이 좋다. 밤에는 달이 뜨고 새벽에는 안개가 낄 때가 가장 좋다.

> 다만 큰 안개가 낄 때 나가면 안 된다. 물새가 떼를 지어 밤새도록 울어대는데, 소리가 높고 시원한 새가 고니이다. 멀리서 들어야 어울리는 그 소리는 횡취곡에 뒤지지 않는다.[152]

앞의 글에 이어지는 부분이다. 남포 유람을 떠난 일행이 포구에 도착하여 그곳의 경치를 묘사한 내용이다. 위에 인용한 부분은 글 전체에서 회화적 형상화가 가장 돋보이는 부분이다. 앞부분에서 유람이 결정되고 포구로 가는 여정은 사실적이고 간결한 필치로 표현한데 비해, 포구에 도착한 후의 경치에 대해서는 그곳의 아름다운 풍광을 자세하고 회화적으로 묘사하여 당시 이학규가 느낀 감홍을 짐작하게 한다.

이학규는 기나긴 여정 끝에 도착한 포구의 모습에 대해 가까운 곳은 황금빛이요, 먼 곳은 은빛 바다라고 표현하였다. 이러한 장관을 묘사하여 '가까운 곳은 황금빛이 튀어 오르고 거울이 번쩍이는 듯하고, 먼 곳은 옥으로 만든 밭이요 은빛 바다이다[近者爲躍金爲閃鏡, 遠者爲玉田爲銀海]'라고 나타냈다. 이 두 구절은 서로 대구를 이루어 심상을 더욱 제고시킨다. 가까운 곳과 먼 곳, 금빛과 은빛이 각각 공간적 · 시각적 대비를 이루어, 독자들에게 시적 심상을 선명하게 하는 효과를 불러일으킨다. 이학규는 남포의 아름다운 풍광을 종합하여 '달이 물을 만나면 더욱 맑아지고, 물이 바람을 만나면 더욱 일렁

---

152 「遊南浦記」, 『洛下生集』冊14 文漪堂集, "而已月出, 西風大作. 舟中皆瑟縮, 瞬息至浦口, 則天水大明, 驚心駭目. 近者爲躍金爲閃鏡, 遠者爲玉田爲銀海. 摠之月遇水益澄, 水得風益蕩. 同舟有釣徒, 皆言不數見此也. 大抵浦之勝宜秋, 秋宜夜宜曉, 夜宜月, 曉宜霧, 第大霧不宜出爾. 水禽成陳, 徹夜叫噪, 聲高而亮者, 天鵝也, 宜遠聞, 不讓橫吹也."

거린다[月遇水益澄, 水得風益蕩]'라고 표현했다. 달이 물을 만나면 더욱 맑아지고 물이 바람을 만나면 더욱 일렁거린다고 하여, 자연의 생동감 있는 모습을 감각적인 언어로 절묘하게 표현하였다.

이러한 장관에 대해 어부들조차 자주 보지 못하는 풍경이라고 한 것으로 보아, 남포의 풍광이 매우 뛰어났으며 날씨 또한 좋았음을 알 수 있다. 포구의 주변 경치는 시각적으로도 아름다울 뿐 아니라, 밤이 되면 물새의 울음소리도 귓가에 들려 유람객을 지루하지 않게 해 준다. 그중에서도 소리가 높고 시원한 고니의 울음소리는 횡취곡에 뒤지지 않는다고 하여, 남포의 경치는 유람자의 눈과 귀를 모두 즐겁게 하는 승경임을 알 수 있다.[153]

이후에도 이학규는 정약용에게 보낸 편지에서 마을 사람과 함께 마을 동쪽 어산魚山의 꼭대기에 있는 암자인 영귀암靈龜菴과 읍의 남쪽에 있는 강창포江滄浦를 찾아갔을 때의 아름다운 풍광에 대해 말하기도 하였다.[154]

이학규에게 유배 공간은 육체적 · 정신적 고통을 견뎌내야 하는 고독과 시련의 장소였다. 이후 유배 생활이 거듭될수록 그는 유배 공간에 대해 차츰 미적 대상으로 인식하게 되었다. 유배 전반기에 나타나

---

153 이학규는 남포의 아름다운 풍광에 대해 「金官紀俗詩」에도 기록해놓았다. 「金官紀俗詩」, 『洛下生集』冊13 海榴菴集, "蘆花浦上月紛紛, 夜啄朝嘲百鳥聞. 卻喜降霜蟲信至, 盡提笭箵下湖濆."

154 「答丁參議若鏞書」, 『洛下生集』冊15 文漪堂集, "府東有靈龜菴, 菴在魚山絶頂, 石閣楓林之勝, 甲於嶺右. 淸晝, 見對馬州, 螺鬟玉筍, 汨沒雲海中. 邑南有江滄浦, 去海門十數里, 煙水際天, 蒹葭彌望. 每秋冬之交, 水禽成陣, 喧號達夜, 沿浦八九家, 皆所押認, 鴨臛最珍, 郫酒極美. 向與一二邑人, 煙蓑雨屐, 恣意所適, 不于此則于彼也."

던 고통을 수반한 공간에서 아름다운 풍광을 지닌 미적인 대상으로 바라보기 시작한 것이다. 이는 유배지 주변의 승경지를 자주 유람하고 기록으로 남긴 사실을 통해 알 수 있다.

2. 주변 물사物事에 대한 시적 탐구

유배 생활을 보내는 동안 이학규는 주변에서 접하는 사물事物과 이물異物을 시문의 창작소재로 적극 채용하였다. 이러한 사물의 범주에는 주위에서 흔하게 볼 수 있는 미물微物을 비롯하여 김해지역의 산과 바다에서 나는 온갖 사물들이 포함되어 있다.

이학규의 영물시詠物詩 창작은 유배 전반기에 집중적으로 이루어졌다. 이는 새로운 환경의 낯선 사물을 처음 접한 뒤에 유배객의 호기심어린 시선으로 면밀하게 사물을 고찰한 결과이다. 또한 유배 초기의 불우한 심사를 사물에 투영시켜 표출하기도 하였다. 유배 전반기에 사물을 밀도 높게 형상화한 영물시 창작은 후반기에 접어들면 다소 감소되는 현상을 보인다. 각각의 독립적인 사물을 주제로 한 영물시 창작은 이전 시기에 비해 감소하는 대신 사물의 현상과 근원을 심도있게 고증하고 체계화된 저술로 나타내고자 하였다.

먼저 유배 전반기에 창작된 영물시를 살펴보기로 한다. 김해지역에서 생활하는 동안 주변의 다양한 사물은 시인에게 시적 소재의 대상이 되었다. 이학규는 짧은 형식의 시에서부터 장편고시에 이르기까지 다양한 형식을 이용하여 사물의 제특징을 고스란히 담아냈다. 유배 전반기에는 매미[蟬], 굴[石華], 해삼[海參]이나 빈대[蟚蝱], 복어[河鮑], 죽순[新箏], 옥수수[玉蜀黍] 등 일상에서 쉽게 접하는 사물을 세밀하고 사실적으로 묘사하여 시적 소재의 영역을 확대해나갔다.[155]

매미
가을날
저녁 하늘
오래된 절의 안쪽
황폐한 누각의 꼭대기에서,
바람 불자 빨리 허물을 벗고
이슬 먹고자 날개를 파닥거리네.
고귀한 근신도 좇지 않는데
어찌 매미 이마 닮은 어여쁜 사람 기다리겠는가.
붉은 향기 푸른 벼 익기를 재촉하니
누런 참새와 사마귀 나아가지 않는구나.
며칠간 조각구름과 쇠잔한 비가 그치니
몇 소리 성긴 버들과 오랜 홰나무 가에서 들리네.
시 짓는 마음 다시 한 쌍의 매화 사랑하는 고아한 나그네와 만나고
휘파람소리의 뜻은 고목 위의 맑은 솔개를 따라가네.
이때는 맑은 밤이면 고취부의 소리도 듣기 싫은데
무슨 일로 대낮에 드물게 자는 고요한 잠을 깨우는가.
쟁과 피리소리 귓가에 울려 화노가 시름 풀어주길 기다리지 않는데
사립문에 지팡이 짚고 나가니 마침 마힐이 선에서 깨어나는 듯하네.

---

155 이학규의 영물시詠物詩에 대한 보다 자세한 고찰은 이국진의 「이학규 한시의 표현기법과 미적 특질 연구」(고려대 박사학위논문, 2010) 참조.

蟬
蟬
秋日
暮天
古寺裏
荒臺顚
因風迅蛻
仰露翩翾
不逐貂金貴
那須螓首憐
紅香穲稏催熟
黃雀螳螂未前
幾日斷雲殘雨後
數聲踈柳古槐邊
詩腸復値雙梅雅客
嘯旨仍隨古木淸鳶
此時厭聽淸宵鼓吹部
何事初回白日希夷眠
箏篴耳邊不待花奴解穢
柴門杖外會從摩詰驚禪[156]

이 시는 매미를 소재로 삼아 지은 것으로, 유배 초기인 1802년의 작품이다. 앞에서 유배 전반기의 문학적 특징으로 잡체시 창작을 언급하였는데, 이 시 또한 잡체시의 형식을 빌려 지은 것이다. 이 시의 형식인 '일언지십언一言至十言'은 글자를 탑처럼 쌓은 모양으로

156 「蟬」, 『洛下生集』冊3 因樹屋集.

되어 있다.

이학규는 가을날 저물녘에 황폐한 누각 쪽에서 들려오는 매미소리를 듣고서 시를 지었다. 이 시는 매미에 관련된 여러 전고典故를 이용하여 그 모습을 재미있고 구체적으로 형상화한 것이 특징이다. 1구에서 8구까지는 매미의 소재와 모습을 표현하였다. 9구에서 14구는 비 그친 뒤 들리는 매미소리에 귀기울이는 시인의 모습을 나타냈다. 마지막 구의 마힐摩詰은 중국 당나라 때 시인인 왕유王維(699~759)의 자이다. 왕유가 벗인 배적裴迪에게 주는 시에서 저녁 매미 소리를 듣는다는 내용에서 간취한 것이다.[157] 주위에서 친근하게 볼 수 있는 미물인 매미를 소재로 삼아 잡체시의 형식으로 나타낸 것으로, 유배객의 쓸쓸하고 한가로운 일상을 함께 드러낸 작품이다.

이학규의 영물시 가운데 옥수수를 제재로 한 시가 있다. 동일한 소재와 시제로 전반기와 후반기에 각각 한 수씩 지었는데 함께 제시한다.

성긴 꽃은 누른 기장 이삭과 같고	疏花強似黃穈穟
억센 잎은 푸른 수수 떨기 같구나.	鞕葉渾疑綠薥叢
부질없이 구슬을 뱃속 가득 쌓아두고	空有珠璣貯滿腹
흰 머리털 가을바람에 흩날리네.	不堪衰髮向西風[158]

이 시는 1810년에 지어진 것이다. 옥수수의 외형적인 모습을 비유적 수법을 구사하여 나타냈다. 옥수수의 꽃과 잎, 옥수수 알맹이, 그

157 王維, 『王右丞集』, 「輞川閒居贈裴秀才迪」, "寒山轉蒼翠, 秋水日潺湲. 倚杖柴門外, 臨風聽暮蟬."

158 「玉薥黍」, 『洛下生集』冊7 因樹屋集.

리고 옥수수의 수염을 차례대로 묘사하였다. 여러 겹의 억센 잎사귀 안에 들어 있는 옥수수 알맹이를 뱃속에 쌓아둔 구슬이라고 한 표현이 정겹게 다가온다.

자잘한 솜털은 갈대 이삭 같고	細茸略似蒹葭穗
억센 잎은 원래 수수 떨기와 한가지라네.	硬葉元同薥黍叢
부질없이 구슬을 뱃속 가득 쌓아두고서	空有珠璣貯滿腹
흰 머리털 가을바람에 흩날리네.	不堪衰髮向西風[159]

이 시는 앞의 시를 짓고 나서 11년 뒤인 1821년에 다시 옥수수를 제재로 삼아 지은 것이다. 앞의 시와 비교해볼 때, 전반적인 시적 분위기가 유사하며 3구와 4구는 동일한 시어로 이루어져 있다. 다만 1구에서 묘사한 부분이 옥수수의 성긴 꽃에서 자잘한 솜털로 변용되어 표현되었다.

서쪽 동산의 석류 한 그루 이른 서리에 놀라니	西園一樹早驚霜
풍미가 진진하여 사탕수수와 비슷하구나.	風味津津近蔗鄉
들 참새가 엿을 보내 주어 알맹이를 만들고	野雀送餳來作粒
산벌이 꿀을 실어 와서 과즙이 되었네.	山蜂輸蜜與爲漿
응당 삼시주에 치아가 손상되지 않으리니	未應齒損三尸酒
부질없이 백자방에 눈썹 찌푸리지 말게나.	莫謾眉攢百子房
북에서 온 나그네 종류를 구별하지 못해	北客不知流品別
잘못하여 금귤을 같은 바구니에 담았다네.	誤將金橘貯同筐[160]

159 「玉薥黍」, 『洛下生集』冊15 文漪堂集.

160 「甘榴」, 『洛下生集』冊16 秋樹根齋集.

이 시는 석류를 소재로 하여 지은 것으로, 1821년에 창작된 것이다. 감류甘榴는 석류의 품종 가운데 신맛이 덜하고 단맛이 많은 종류이다. 당시 이학규가 거처하던 곳의 서쪽 동산에 석류나무가 있었던 듯하다. 수련에서는 서리를 맞고 떨어진 석류 열매의 맛이 단수수에 가깝다고 하여 감류의 특징을 나타냈다. 경련에서는 석류 열매 안에 있는 수많은 붉은 씨에 대해 말하였다. 삼시주三尸酒는 도가道家에서 가을에 서리를 맞고 저절로 떨어진 석류 열매를 귀한 약으로 생각하여, 이것을 먹으면 삼시三尸가 취하게 된다고 한데에서 나온 것이다.[161] 곧 인체 내의 세 가지 해충인 삼시를 몰아내면 장수한다고 믿은 것이다.

미련에서는 북쪽에서 온 나그네인 이학규가 감류와 금귤金橘을 구별하지 못한 정황을 말하였다. 감류가 다른 석류 열매에 비해 단맛이 강하고 금귤이 다른 품종에 비해 신맛이 강한 것을 감안하면, 이학규가 이 둘의 열매를 쉽게 구분하지 못하였을 것이다. 여기에서 나타나 있듯이 비슷하면서도 다른 사물을 명확하게 구분하기란 쉬운 일이 아니다. 이와 같이 이학규는 유배 일상에서 다양한 사물을 접하면서 느낀 점을 기반으로 보다 구체적이고 명확하게 사물을 규명하려는 의지를 지니게 된 것으로 보인다. 이는 사물에 대해 명확한 지식체계를 구축하려는 태도로 확대되어, 사물의 기원을 고증하고 물명에 대한 저술로 이어져 나타났다.

유배 전반기에 다양한 종류의 사물을 시적 소재로 삼아 형상화했다면, 후반기에는 사물에 대해 보다 깊이 있는 고찰을 하게 되었다.

---

161 '三尸酒'에 대해서는 이학규의 다른 시에도 보인다. 「啞榴和尹師赫」, 『洛下生集』冊11 菜花居集, "榴實, 道家謂之三尸酒, 三尸得此果則醉也."

일상생활에서 접하게 되는 다양한 사물을 향한 예리한 시선은 단순한 묘사에 그치지 않고, 지적 탐구의 영역으로 확대되었다. 곧 사물을 시문의 소재로 차용하여 묘사하는 데에서 나아가, 다양한 문헌을 이용하여 사물의 기원과 모습에 대해 확인하고 고증하려는 모습으로 발전된 양상을 보인다. 이러한 경향은 시문 속에서 해당 사물에 대한 자주自註의 내용으로 나타나기도 하고, 물명에 대한 본격적인 저술인 『물명류해』로 나타나기도 하였다.

먼저 유배 전반기에 지어진 시를 한 수 살펴보기로 한다.

고을 누대에서 피리소리 들려	州樓角咿咿
다락에 올라 아침 해를 바라보았네.	樓額瞰朝曦
길에는 패랭이 쓴 사람들 오가고	行路蔽陽子*1
아낙네들은 반달빗으로 새로 단장하네.	新裝半月兒*2
화랑의 꾸민 얼굴 자그마하고	花郎雕面小*3
나무꾼 노인은 어깨가 늘어졌네.	樵老擔肩垂
풍속이 달라 의탁하기는 어려우니	殊俗遙難托
오직 충신한 마음을 지니노라.	唯將忠信持[162]

이 시는 유배지인 능주의 풍속을 보고 지은 시이다. 능주는 이학규가 신유옥사 때 김해로 이배되기 전 처음으로 유배간 곳인데, 지금의 전라도 화순이다. 이학규는 능주에서 유배생활을 보내던 중, 이곳의 누대에 올랐다가 보게 된 풍경을 시로 읊었다. 서울에서 30여 년을 생활했던 이학규에게 능주 사람들의 모습은 매우 이색적으로 다가왔다. 시인은 누대에서 바라본 능주의 풍경을 노래하고 난 다음,

162 「綾州紀俗, 戲作俳體排悶」, 『洛下生集』冊1 竹樹集.

유배지의 이질적인 풍속에 대해 자조적인 한탄을 내쉬고 있다. 시인은 능주의 풍습을 기록하는 데에 그치지 않고, 시의 행간에 자주自註를 달아 특정 시어의 내용을 구체적으로 고증하였다.

> *[1] [南人織竹爲笠, 名蔽陽子.] 남쪽 사람들이 대를 엮어서 갓을 만드는데, 이름을 패랭이라고 한다.
> *[2] [南商專賣竹篦木梳, 呼圓梳, 爲半月兒.] 남쪽 상인이 대빗과 나무빗을 파는데, 둥근 빗을 반달빗이라 부른다.
> *[3] [俗多女巫, 男曰花郎.] 풍속에 여자 무당이 많은데, 남자를 화랭이라고 한다.

*[1]은 3구에 달려있는 자주의 내용으로, 패랭이라 부르는 '폐양자蔽陽子'의 속성을 풀이하였다. *[2]는 4구의 자주 내용이다. 남쪽 지역의 장사꾼이 대나무로 만든 빗과 나무로 만든 빗을 파는데, 둥근 모양의 빗을 가리켜 '반월아半月兒'라 한다고 하였다. 5구의 자주인 *[3]에서는 여자 무당과 별도로 남자는 화랭이라고 한다고 하였다. 곧 화랭이는 남자 무당을 지칭하는 것으로, 신라의 화랑에 그 어원을 두고 있다. 이상에서 언급한 자주의 내용은 지역 고유의 방언에 대해 풀이한 것이다. 서울의 문인이 생소하게 느낀 방언에 대해 그 의미를 기록하여, 시의 이해를 돕고 풍부한 내용을 전달하는 역할을 한다.

이상의 시와 같이 시의 행간에 자주를 부기하여 사실의 고증에 힘쓴 시는 고증시에 해당된다. 고증시는 실학파 시인들이 즐겨 창작한 바 있으며, 기왕의 실학 유파의 성격과 관계없이 두루 보인다.[163] 이

163 진재교, 「실학에서의 한시, 한시에서의 실학」, 『한국실학연구』 18, 한국실학학회, 2009.

학규의 시문을 살펴보면, 시의 내용이 고증 자체에 관련된 것이 아니라도 시의 행간에 자주를 삽입하여 다양한 분야의 내용을 고증한 사실이 드러난다. 고증한 내용은 자국의 역사와 풍속, 지리에서부터 당대의 사실 고찰 등 다방면에 걸쳐 있다. 어떤 경우에는 시 자체의 분량보다 자주의 분량이 더 많은 경우도 있는데, 이는 고증학적 시 경향의 한 특성인 시의 산문화를 보여주는 것이라 할 수 있다. 이러한 고증시는 독자에게 정감보다는 지식을 전달하려는 창작 의도에서 지어진 것으로 보이며, 저자의 지속적인 기록 정신과도 긴밀하게 연결되어 있다.

사물의 고증적 접근을 위해서는 그에 뒷받침하는 박학한 식견과 견해가 필수요소이다. 이학규는 일찍이 정조로부터 문사가 뛰어날 뿐만 아니라 자학에도 생소하지 않다는[164] 평가를 받을 만큼, 자학 방면에 높은 견해를 지녔던 것으로 보인다. 또한 시의 자구字句와 편장篇章의 법칙에 대해 『광시칙廣詩則』 1책을 짓기도 하였다.[165] 『광시칙』은 현재 전하지 않아 그 전모를 밝힐 수는 없지만, 당송원명의 여러 설을 자세히 수록했다고 한 것으로 미루어 여러 참고문헌을 참고하여 시의 자구와 편장에 대해 고증한 저작으로 짐작된다.

그 무렵 장안 저자에는	爾日長安市
소학의 집이 소문이 났었지.	聞名小鶴家*1

---

164 「感舊紀恩 三首 · 並序」, 『洛下生集』冊11 菜花居集, “丁巳夏, 上手選三禮 · 馬史 · 漢書 · 朱書各若干篇, 彙爲一卷, 俾授元子宮, 亟命校讎以進, 諭以此士子, 不惟文詞優好, 其於字學, 必不生疎也.”

165 「答」, 『洛下生集』冊10 因樹屋集, “至如字句結搆諸法, 僕嘗著廣詩則一書, 俱載唐宋元明諸家著說. 第恨不盡脫藁, 不能寄去, 俟來便更示奉報也.”

중대엽의 새로운 음악에 新聲中大葉*2
숨은 나무에 꽃이 반쯤 피었다네. 幽樹半開花
박 노인은 생적 불러 들렀고 朴老吹笙過*3
화무 기생은 향발무 비스듬히 추네. 和娘舞鈸斜*4
지금은 처지가 영락하니 秖今淪落地
머리 돌려 길게 한번 탄식하네. 回首一長嗟[166]

이 시는 1814년에 지은 것으로, 이학규가 유배지에서 김경복金慶福에게 부친 것이다. 짧은 5언율시 형식의 시에 상세한 내용을 자주로 삽입하여 시의 이해를 돕는 역할을 한다. 수련에서 경련까지의 내용은 이학규가 서울에서 지내던 때를 회상하여 말한 것이다. 수련에는 장안의 저자거리에서 소학네의 이름이 들린다고 하여, 시끌벅적한 장날의 모습을 나타냈다. 함련에서는 중대엽의 음악소리에 고요한 나무에서 꽃이 피어날 정도의 아름다움을 표현하였다. 경련에서는 생적笙篴을 불며 지나가는 사람과 향발무響鈸舞를 추는 기생에 대한 회상을 나타냈다.

이상의 내용은 이학규가 서울에서 보았던 모습을 추억한 것으로, 지난 시절에 대한 아련한 그리움과 향수에 젖어 시로 읊은 것이다. 미련에서는 유배지에 있는 영락한 신세에 대해 한탄 섞인 자조를 하는 시인의 모습을 표현했다. 이러한 탄식은 활기차고 생동감 있는 앞의 내용과 대조를 이루어 예전으로 다시 돌아갈 수 없는 유배객의 처지를 더욱 비감 있게 형상화한다. 위 시에 달려 있는 자주의 내용을 아래에 나타내본다.

166 「寄贈金慶福」, 『洛下生集』冊11 菜花居集.

*[1] [小鶴當壚酒媼名.] 소학은 곧 주막집 할멈의 이름이다.

*[2] [中大葉, 我東歌曲名, 爲曼聲淵淵如梵唄. 近時無能唱此曲者, 惟金及成均館小胥洪得祥, 最著名.] 중대엽은 우리나라 가곡의 명칭으로, 범패와 같이 깊게 소리를 끌어서 낸다. 요사이 이 곡을 잘 부르는 자가 없었는데, 오직 김경복과 성균관 소서 홍득상이 가장 유명하다.

*[3] [朴保安笙簫爲樂院之選.] 박보안의 생적은 장악원의 묘수이다.

*[4] [沃川妓和巫善響鈸舞.] 옥천 기생 화무는 향발무를 잘 추었다.

*[1]은 소학네가 장안의 저자거리에 있는 주막집 할멈의 이름이라고 하여 시어에 대한 부연설명을 하였다. *[2]는 3구의 중대엽에 대한 보충설명이다. 우선 중대엽의 특징에 대해 기록하고, 김경복과 성균관 소서 홍득상洪得祥이 가장 잘 부르는 것으로 유명하다고 했다. *[3]은 5구의 朴老에 관한 내용으로, 그의 생적 부는 솜씨는 장악원에 선발될 정도로 뛰어났음을 알게 한다. *[4]에서는 향발무를 잘 추었던 옥천 기생에 관해 기록하였다.

이상에서 살펴본 자주의 내용은 시만 보아서는 이해하기 어려운 내용을 보완하는 성격을 지닌다. 가령 *[1]의 소학네는 자주의 내용이 없었다면 누구를 가리키는지 확인하기 어렵다. 이러한 자주의 삽입은 두 가지 측면이 존재한다. 첫 번째는 객관적인 내용으로 독자에 대한 지식정보의 전달을 돕는 경우이고, 두 번째는 시인의 주관적인 개인사를 기록하는 경우이다. 이는 시의 내용을 더욱 풍부하게 하고 작품의 완성도를 높이는 역할을 한다.

어떤 객관적 사실에 대해 세밀하게 고증할 때에는 여러 서적들을 참고하여 정확성을 더하게 된다. 그리고 관련되는 내용을 자주로 부기함으로써, 시를 읽는 사람에게 지식 전달의 역할을 하기도 한다.

아래에 여러 문헌을 이용하여 고증한 시를 살펴보기로 한다.

2수

누에똥이 계수나무 꽃 북돋는 줄 헤아리지 못했는데 未擬蠶砂壅桂葩*1
진사향이 참외에게 해되는 줄 잘못 알았네. 錯將眞麝損甜瓜*2
한 잔의 아황수는 어떠한가 何如一勺鵝黃水*3
평상 앞에 스스로 연한 싹을 길러보네. 自向牀前養嫩芽

3수

괴이해라, 꽃소식이 누런 명주이불 스며드는데 怪來香信透黃紬
봄은 병 속에 있으니 경계 다시 아득하네. 春在壺中境更幽
꿈에 바다와 산의 천만 그루 나무를 두루 다녔는데 夢遍海山千萬樹
아침 해에 푸른 깃털이 가지 끝에 걸려있네. 綠毛初日掛梢頭*4[167]

위의 시는 7언절구 네 수 가운데 2수와 3수이다. 이 시는 이학규가 영외嶺外의 수재守宰에게 겨울에 매화 기르는 방법을 듣고 따라했는데 과연 효능이 있어 지은 것이다. 이때문에 시의 전체적인 내용은 병에 매화를 기르는 방법에 대한 것이나, 시의 형식적인 특성상 한정된 시어로는 그 많은 내용을 모두 다 담아낼 수가 없다. 이에 시인은 시구에 자주를 달아 고증한 내용을 기록해놓았다.

2수의 1구와 2구에서는 식물에게 어떤 성분이 이롭고 해로운지에 대해 오인했음을 나타냈다. 그리고 3구와 4구에서는 아황수鵝黃水를 이용해 매화꽃 피우는 방법을 표현했다. 아황수는 어떤 사람이 말해준 방법에 나와 있던 것으로, 유황 한 덩이를 가루로 빻아 끓는 물로

167 「甁梅四絶句」, 『洛下生集』冊16 秋樹根齋集.

합한 것을 말한다. 여기에 매화나무 가지를 병 속에 꽂고 황랍을 녹여 병 입구를 막아 공기가 새지 못하게 하면 열흘도 안 되어 꽃이 핀다고 하였다. 3수에서는 겨울철에 핀 매화를 보고 봄이 병 속에 있다고 느낀 시인의 감정을 묘사했다. 3구와 4구에서는 소식蘇軾의 시에 나온 내용을 표현한 것이다. 그리고 여기에 자주를 삽입하여 상세한 내용을 알 수 있게 하였다.

*1 [十竹齋畫譜云, 木樨花以蠶砂壅之, 則花盛.] 『십죽재화보』[168]에 이르기를, "계수나무 꽃[169]은 누에똥으로 북돋아주면, 꽃이 활짝 핀다."라고 하였다.

*2 [本艸云, 人帶眞麝香, 過園中, 果瓜皆不實.] 『본초』에 이르기를, "사람이 진사향眞麝香을 띠고 동산을 지나가면 참외가 모두 열매를 맺지 않는다."라고 하였다.

*3 [本艸云, 硫黃色如鵝子, 初出殼者良.] 『본초』에 이르기를, "유황의 색깔은 처음으로 껍질을 뚫고 나오는 거위새끼와 같은 것이 좋다."라고 하였다.

*4 [東坡咏梅詞云, 海山時過探芳叢, 倒掛綠毛幺鳳.][170] 소동파가 매화를 노래한 시에서, "바다신선 꽃떨기 찾아 보낼 적에, 초록빛 작은 새 같은 꽃망울 달려 있네."라고 하였다.

---

168 『十竹齋畫譜』: 중국 명나라 胡正言의 木板 畵譜. 畵譜와 果譜, 翎毛譜, 墨畵譜, 蘭譜, 竹譜, 梅譜, 石譜의 여덟 책으로 되어 있다. 난보 이외의 그림에는 題詩가 있으며, 난보와 죽보에는 초보적인 描法의 圖解가 있다. 그림은 거의 色刷로 되어 있다.

169 木樨 : 계수나무의 異稱이다.

170 이 부분은 原詩와 다소 차이를 보인다. 蘇軾, 『西江月 · 梅花』, "玉骨那愁瘴霧, 冰肌自有仙風. 海仙時遣探芳叢, 倒掛綠毛麼鳳. 素面翻嫌粉涴, 洗妝不褪唇紅. 高情已逐曉雲空, 不與梨花同夢."

해당 시구에 달린 자주自註의 내용이다. 여러 문헌을 참고하고 그 내용을 기록함으로써 세밀한 고증을 시도했음을 알 수 있다. *[1]의 『십죽재화보十竹齋畵譜』는 중국 명대의 호정언胡正言(1584~1674)이 편찬한 목판 화보집이다. 이 책은 명말 판화기술의 획기적인 인쇄기법으로 제작된 명화집으로 알려져 있다. 서화보書畵譜, 묵화보墨華譜, 과보果譜, 영모보翎毛譜, 난보蘭譜, 죽보竹譜, 매보梅譜, 석보石譜 등 전 8권 총 158도圖로 이루어져 있으며, 분판분색에 의한 다색중쇄기법을 활용하여 미묘한 색조와 농담의 변화를 살린 다색판화로 제작되어 한층 원화에 가까운 예술적 경지에 도달한 화보로 널리 알려져 있다.[171] 계수나무의 꽃은 누에똥으로 북돋우면 꽃이 잘 핀다고 하여, 문헌에 실린 내용을 인용해놓았다.

*[2]와 *[3]은 『본초강목本草綱目』에 실려 있는 내용을 인용한 것이다. 참외는 진사향을 꺼려서 열매를 맺지 않는다는 사실과, 유황의 속성에 관한 내용이다. 이와 같은 것은 모두 식물을 재배할 때 매우 유용한 정보들이다. 때문에 이 시를 읽는 사람들은 뜻하지 않게 중요한 사실을 얻게 되는 것이다. *[4]는 소동파가 매화를 노래한 시의 구절을 옮겨놓았다. 녹모마봉綠毛麽鳳은 푸른 깃털을 지닌 앵무새 같은 새이다. 이상과 같이 시에 부기된 자주의 내용은 독자에게 시의 의미를 보다 명확하게 전달하고, 아울러 실생활에 유용한 정보를 제공함을 알 수 있다.

이학규의 주변 물사에 대한 관심은 물명物名에 대한 관심으로 확대되어 『물명류해物名類解』의 저술로 나타났다.[172] 『물명류해』는 천

---

171 차미애, 「中國 花鳥畵譜의 類型과 系譜」, 『미술사논단』제22호, 한국미술연구소, 2006, 136면.

지만물의 물명을 유형별로 분류하여 목록화한 물명어휘집이다.[173] 물명에 관한 어휘를 의미별 상관관계에 따라 분류하고 해당 어휘에 대해 그 출전과 용례를 세밀하게 고증하여 밝혀 놓았다. 『물명류해』는 모두 1책 24장으로 구성되어 있다. 표지에는 책명이 '물명류해 단物名類解 單'으로 명기되어 있다. 첫 장에 '물명류해 권지일物名類解 卷之一'이라 되어 있고 바로 이어서 본문이 시작된다. 권수를 표기한 아랫부분에 '낙하 이학규 편차洛下 李學逵 編次', '고금진사 노덕규 증보古今進士 盧德奎 增補'[174]라 하여 편자를 명시해 놓았다. 『물명류해』에는 서문이나 발문이 없고, 다만 물명에 관한 내용이 책 전체를 구성하는 형식을 보인다.

『물명류해』의 체제를 간략하게 표로 제시하면 아래와 같다.

〈표 4〉『물명류해』 체제

『물명류해』	
천도부天道部	38항
지도부地道部	122항

172 『물명류해』에 관한 보다 자세한 논의는 제2부 Ⅰ.「실학파 지식인의 물명에 대한 관심과 『物名類解』」 참조.

173 『물명류해』의 편찬 시기는 확실하지 않다. 이학규의 문집에서도 『물명류해』에 관한 언급은 잘 발견되지 않는다. 다만 이학규의 저작들을 살펴볼 때 남아 있는 글들이 유배 이후에 지어진 것들이 대부분이고, 『물명류해』에서 보이는 당시 풍속에 관련된 구체적이고 세밀한 기록으로 보아 김해로 유배된 이후에 저술한 것으로 짐작된다.

174 盧德奎(1803~1869) : 字는 美兼, 號는 古今堂, 본관은 光州. 경상도 夏山(昌寧)에서 태어났으며, 문집으로 『古今堂集』(4권 3책)이 있다. 12세에 진사가 되었는데, 박학하여 많은 저술을 하는 등 慶尙左道의 이름 있는 유림으로 활동하였다.

<table>
<tr><td>금석부金石部</td><td>11항</td></tr>
<tr><td>수부獸部</td><td>29항</td></tr>
<tr><td>금부禽部</td><td>35항</td></tr>
<tr><td>비충주충부飛虫走虫部</td><td>50항</td></tr>
<tr><td>어부魚部</td><td>29항</td></tr>
<tr><td>인사류人事類</td><td>61항</td></tr>
<tr><td>기용부器用部 · 서화부書畵部 · 음식부飮食部</td><td>215항</td></tr>
<tr><td colspan="2">고려국高麗國 · 소류구국小琉球國 · 일본日本 · 여진女眞 · 삼불제국三佛齊國 · 교지국交趾國 · 진랍국眞臘國 · 섬라국暹羅國 · 발니국浡泥國 · 소문답랄국蘇門答剌國 · 회골국回鶻國 · 산마아한檵馬兒罕 · 화주火州 · 흉노달단국匈奴韃靼國 · 곤륜층기국崑崙層期國</td></tr>
<tr><td colspan="2">태을구성太乙九星</td></tr>
<tr><td>동분東分</td><td>진辰 · 묘卯 · 인寅 · 축丑 · 자子 · 해亥 · 술戌 · 유酉 · 신申 · 미未 · 오午 · 사巳</td></tr>
<tr><td>중원분中原分</td><td>묘필일궁기주昴畢一宮冀州 · 익진이궁형주翼軫二宮荊州 · 여허위삼궁청주女虛危三宮靑州 · 항저사궁서주亢氐四宮徐州 · 구검오궁예주鉤鈐五宮豫州 · 정귀육궁옹주井鬼六宮雍州 · 삼칠궁량주參七宮梁州 · 저팔궁연주氐八宮兗州 · 우구궁양주牛九宮楊州 · 사강궁교주巳絳宮交州 · 삼신명당곤익주參申明堂坤益州 · 미성도未成都 · 기인옥당건유주箕寅玉堂乾幽州 · 해위분亥衛分 · 자제분子齊分 · 축오월분丑吳越分</td></tr>
<tr><td colspan="2">역대제왕기년삼원갑자歷代帝王紀年三元甲子</td></tr>
</table>

위의 표에서 보이는 바와 같이 『물명류해』의 체제는 다른 물명류 저작들과 분명한 차이점을 보인다. 대부분의 물명류 저작들은 천지만물의 물명을 일정한 부部와 류類로 분류한 뒤, 각 부류部類에 속하는 물명 어휘를 기록하는 일정한 체제를 지닌다. 이에 비해 『물명류해』는 물명을 부류로 나누어 기록한 다음, 덧붙여 제국諸國의 지리적 위치와 풍속, 그리고 천문天文에 관한 내용을 기록하고 있기 때문이다. 이러한 체제상의 특성은 곧 편찬자의 역사와 천문에 관한 폭넓은 관심, 그리고 그에 수반한 광범한 지식이 반영된 결과이다.

『물명류해』의 특징은 다음의 세 가지로 요약할 수 있다.

첫째, 다양한 문헌을 이용한 물명 고증이다. 이학규는 『물명류해』에서 단순하게 물명 어휘의 뜻을 기록하는 데에 그치지 않고, 고금의 다양한 문헌을 이용하여 해당 어휘의 기원이나 출전을 찾아 그 일례를 제시하는 방식으로 물명을 설명하였다. 이는 동 시기의 저작인 이철환李嘉煥의 『물보物譜』와 정약용丁若鏞의 『청관물명고靑舘物名攷』와 비교해보면 차이점이 분명하게 드러난다. 『물보』와 『청관물명고』는 한자로 표기된 물명 어휘에 대해 그 뜻을 한글로 기록한데 그친 반면, 『물명류해』는 각 물명 어휘에 대해서 고금의 여러 문헌을 참고하여 세밀하게 고증하여 기록하였다. 곧 『물보』와 『청관물명고』가 순수어휘사전 성격의 물명어휘집이라면, 『물명류해』는 백과전서적 성격을 띤 물명어휘집이라 할 수 있다. 이철환과 정약용, 이학규는 모두 남인계 학자라는 공통점이 있다. 이들 남인계의 관련 논저는 다른 계통과 비교했을 때 어휘 논의로 집중한다는 공통점이 있으며 특정 어휘에 대한 고증이 주류를 이룬다.[175]

> 樑上君子 …… 도적놈. ○賊也. 又曰, 綠林豪客. 李泌詩, 春雨蕭蕭江上村, 綠林豪客夜相聞. 出陳寔史.[176]

위에 인용한 '양상군자樑上君子'는 도적을 지칭하는 말이다. 한글로 '도적놈'이라는 뜻을 기록한 다음, 한자로 물명에 대한 풀이를 하였다. 한자로는 '적賊', 또는 '녹림호객綠林豪客'이라 하는데, 이러한 물명이 사용된 경우를 이필李泌의 시를 들어 예증하였다. 또한 '양상군자'의 출전이 진식陳寔의 고사에서 유래한 것을 기록했다. 진식의 고사는 『후한서後漢書』·「진식전陳寔傳」에 실려 있다. '녹림호객'은 도둑

---

175 김동준, 「소론계 학자들의 자국어문 연구활동과 양상」, 『민족문학사연구』 35, 민족문학사학회, 2007 참조.

176 『物名類解』, 「人事類」, 〈樑上君子〉.

의 이칭으로, 왕망王莽 때에 왕광王匡·왕봉王鳳 등 무뢰배 수백 명이 산에 숨어 강도를 일삼았으므로 그들의 별명을 녹림綠林이라 붙인 데서 유래한 말이다. 해당 물명이 사용된 문헌을 찾아 그 부분을 인용해서 기록하고, 그 물명의 출전도 아울러 기록하는 입체적인 설명 방식은 『물명류해』의 특징으로 꼽을 수 있을 것이다.

둘째, 현실의 풍습을 반영한 물명 고찰이다. 이학규는 유배지인 김해에서 24년간 지내면서 다수의 현실주의적 한시와 실학적 성격의 글들을 저술하였다. 이러한 현실 인식은 『물명류해』에도 일정정도 반영된 것으로 보이는데, 물명 어휘를 풀이하면서 당시 세속의 풍습을 반영하고 있기 때문이다. 이러한 태도는 고금의 문헌 자료와 아울러 세속의 풍습을 자료적 가치로 인정하고 담아낸 결과라 할 수 있겠다. 이학규는 물명 어휘를 설명하면서 당시 세간에서 전해지는 풍습을 자료적 가치로 인정하여 물명을 설명하기 위한 방법의 하나로 취하고 있다.

> 東京狗 …… 동경기. ○我國慶州府, 多産短尾狗. 今俗見短尾狗直呼曰, 東京. 蓋慶州部新羅之東京也.[177]

위에 인용한 물명은 '동경구東京狗'이다. 먼저 '동경구'를 한글로 표기하고, 한자로 풀이를 하였다. 우리나라 경주부에 꼬리가 짧은 개가 많이 나는데, 지금 세속에서는 이 개를 가리켜 '동경東京'이라 한다고 하였다. 그리고 경주부가 옛 신라의 동경이었던 데서 그 이름이 유래하였음을 말하였다. 세종 후기의 문헌인 『동국어록東國語錄』에도 '꼬

177 『物名類解』, 「獸部」, 〈東京狗〉.

리가 짧거나 없는 개를 동경구라고 한다'고 되어 있으며, 『성호사설星湖僿說』에도 꼬리가 짧은 개를 동갱이[東京狗]라고 불렀다고 하여 신라의 풍속이라 기록하였다.[178]

셋째, 천문지리에 대한 관심이다. 『물명류해』는 물명에 관한 어휘를 의미별로 분류하고 난 다음, 15개국의 지리적 위치와 문화적 특징, 그리고 천문 분야에 대해 다시 상세하게 기록하였다. 이러한 체제는 분명히 다른 물명류 저작에서는 볼 수 없는 것으로, 이는 편찬자의 천문지리에 대한 깊은 관심과 그에 대한 박학이 뒷받침된 결과로 보인다. 그런데 이 부분은 앞 장에서 물명 어휘를 분류한 부분의 체제와 상이하여 별도로 기록된 것으로 보이는데, 편자가 의도적으로 그렇게 배치한 것인지 아니면 미완성된 부분인지의 여부는 확실하지 않다. 이러한 천문지리에 대한 별도의 기록은 편찬자의 관심 정도를 반영하는 것으로 볼 수 있다. 이학규는 「조석설潮汐說」과 「월식설月食說」을 비롯한 천문에 관련된 저술을 남기기도 하였는바, 『물명류해』에서 보이는 천문분야에 대한 기록은 그의 축적된 지적 역량을 가늠케 하는 부분이다.

물명에 대한 관심과 물명류 저작의 출현은 조선후기에 나타난 실학과 그 시기를 같이하고 있으며, 물명류 저작의 주요한 저작자들 역시 실학파 지식인이라는 점에서 물명류 저작과 실학사상은 밀접한 관계를 지니고 있다. 실학파 지식인들은 무엇보다 현실에 주목하여 실생활과 관련된 물명의 어휘에 관심을 가졌거니와, 이 물명류 어휘를 저술로 나타낸 것은 이용후생과 그 맥을 같이 하는 것이다. 이와 같이 조선 후기에 쏟아진 물명류 저작은 당시의 실학적 사유의 학술

---

178 李瀷, 『星湖僿說』제15권, 「人事門 · 羅俗」.

적 전환 중의 하나였으며, 실학파 지식인들이 실제 생활과 관련된 물명에 깊은 관심을 견지한 데서 창출된 것임을 짐작할 수 있다.

3. 실학적 사유와 논리적 제시

이학규는 외조부인 이용휴의 집에서 유년시절을 보내면서 성호학파 문인들과의 교유를 통해 학문적 기반을 다졌고, 실학적 분위기를 자연스레 몸에 익혔다. 이후에는 규장각에 드나들면서 서울의 여러 문인들과 교유를 통해 실학적 사고의 기틀을 다졌다. 이학규의 유배 이전의 실학적 면모는 「삼서」를 통해 그 단초를 엿볼 수 있었다. 유배시기에 접어들면서 그의 실학적 기질이 본격적으로 발휘되었는데, 어느 한 분야에 국한되지 않고 다양한 주제와 분야를 넘나들면서 해박한 식견을 드러냈다. 이학규의 문집에 실린 글을 살펴보면, 광범위한 분야에 걸쳐 박학한 학문세계를 형성하고 있다. 이는 후대 사람의 평가에서도 확인된다.

> 공은 박학다식하여 산천 · 도리 · 풍토 · 지리 · 천문 · 음률 · 산수 · 의약 · 초목 · 금수 등의 명물도수를 널리 궁구하고 환하게 깨달아 모르는 것이 없었으며, 시사와 문장이 더욱 정묘하고 간결하였다. …… 저서에는 『명물고名物考』 · 『광시칙廣詩則』 · 『영남악부嶺南樂府』 · 『인수만필因樹漫筆』 · 『문의당고文漪堂稿』 · 『낙하집洛下集』 등이 있다.[179]

179 張志淵, 『逸士遺事』, 「李學逵」, 321~322면, "公이 博學多識ᄒᆞ야 凡山川 · 道里 · 風土 · 地理 · 天文 · 星曆 · 律呂 · 筭數 · 醫藥 · 草木 · 禽獸等 名物度數ᄅᆞᆯ

위에 인용한 글은 『일사유사逸士遺事』에 실려 있는 「이학규李學逵」조이다. 이 글의 저자인 장지연張志淵은 이학규에 대해 산천과 도리·풍토와 지리에서부터 초목과 금수에 이르기까지 명물도수에 박학다식하였다고 평가하였다. 이는 이학규의 실학적 경향을 분명하고 정확하게 지적한 평가로 시사하는 바가 크다.

이학규의 문집을 살펴보면 실학자로서의 면모를 엿볼 수 있는 다양한 분야의 글이 존재한다. 비록 거질巨帙의 저술은 아니지만 당시 사회문제에 대한 관심과 해결책을 제시한 글, 자연과학인 천문과 수학에 대한 식견을 드러낸 글, 의학적 관심과 병장兵仗에 대한 글에 이르기까지 다양한 분야에 걸친 광범위한 지식 체계가 드러나있다. 이러한 실학적 내용의 글들은 대체로 1812년~1820년 사이에 집중적으로 창작되었다.

유배 초기에 볼 수 없었던 저술이 중반기를 지나면서 본격적으로 창출되기 시작했다는 것은 저자의 인식 변화와도 무관하지 않다. 곧 유배생활에 적응하지 못하고 고통 받던 시기에서 벗어나 점차 심리적 안정을 되찾게 되면서, 실학파 문인으로서의 기량을 발휘하게 된 것으로 보인다. 이러한 글들은 이학규의 실학적 사유에서 비롯된 것이다. 그는 김해지역의 현실을 직접 목도하고, 그 속에서 사람들의 실생활과 밀착된 사유를 하였다. 전황錢荒의 원인을 당시 사람들의 사치스러움에서 찾고[180] 장량제법丈量諸法을 저술하고자 한 점이나, 꺼려야할 음식에 대해 저술을 남긴 점에서 실용에 주안점을 둔 학문

無不博究通曉ᄒᆞ고 詩詞文章이 尤精邃簡潔ᄒᆞ야 …… 所著有名物考·廣詩則·嶺南樂府·因樹漫筆·文漪堂稿·洛下集等書ᄒᆞᆫ니라."

180 「錢論」, 『洛下生集』冊14 文漪堂集.

을 지향했음을 짐작할 수 있다.

유배 이전에는 농경에 대한 관심의 발로로 「삼서」를 저술하였다면, 유배 후반기에는 보다 광범위한 분야로 관심이 확대되었다. 김해 지역의 현실을 직접 목도한 결과로 사회경제에 대한 관심이 증대되어 이에 관련된 저술을 짓기도 하였다.

> 구수九數의 뜻은 방전方田에서 가장 쉽게 깨달을 수 있고, 장량丈量은 또한 우리나라의 밭두둑에서 가장 쉽게 알게 된다. 대개 중국은 밭을 구등九等으로 제도화하고 또한 원사圓斜・환호環弧・고사鼓梭・우각牛角・사형蛇形・오각五角・육각六角이 있어 사방이 같은 것이 없으니, 제형諸形을 측량하는 법이 하나가 아니니 계보로써 묘를 헤아리기까지 하여 이랑을 셈하여 세금을 매기는데 정당하도록 힘썼으니, 법이 지극히 세밀한 것이다. 우리나라의 이른바 전제육등은 구등보다 거칠고 오형은 제형보다 간략하며 일자오결이라는 것은 이백사십보보다 소활하니, 왼손에 지팡이잡고 오른손에 산가지 들고서 당장 옷소매 걷어 부치기를 의심 없게 하는 이유이다. 현왕 경진년에 각도 주군에 명하여 전지를 다시 측량하였는데 오직 부중에 그런 사람 보기가 어려웠다. 대개 장량이 어려운 것이 아니라 육등이 일정치 않고 오형이 각기 달라서 형태에 따라 생산량을 헤아리고 등급을 좇아 양식을 매겨야 하는데, 법이 갖추어 있는데도 고각에 묶어두고 임시로 익히니 그릇됨이 진실로 많다.[181]

---

181 「量田要旨序」, 『洛下生集』冊14 文漪堂集, "九數之旨, 莫易曉於方田, 丈量亦莫易措於我國之田疇也. 蓋中國制田九等, 亦有圓斜・環弧・鼓梭・牛角・蛇形・五角・六角, 四不等等, 諸形量法不一, 以至計步爲畝, 計畝抽稅, 務盡停當, 法至密也. 我國所謂田制六等, 疎於九等, 五形略於諸形, 一字五結闊於二百四十步, 所以左杖右籌, 當場攘袂, 便無疑難也. 當宁庚辰, 命各道州郡, 改量田地, 獨府中難其人. 蓋丈量之非難, 六等不齊, 五形各殊, 隨形得積, 逐等紐

이 글은 「양전요지서量田要旨序」의 내용으로, 1820년에 지은 것이다. '양전量田'은 세금을 부과하기 위해 토지를 측정하는 것을 말한다. 이학규는 이 글에서 우리나라와 중국의 토지측량법을 비교하여 당시 토지측량의 문제점을 나타냈다. 우리나라의 육등제六等制는 중국의 구등제九等制보다 거칠고, 오형五形은 제형諸形보다 간략하며, 일자오결一字五結이라는 것은 이백사십보二百四十步보다 소활하다고 하였다. 이는 우리나라와 중국의 제도의 차이점을 대비시켜 우리나라 양전의 문제점을 지적한 것이다. 이러한 제도에서는 양전에 측량하는 사람의 주관이 개입될 소지가 높기 때문에, 양전의 공정성이 시비거리가 될 여지가 있다. 그래서 경진년에 전지를 다시 재도록 하였는데도 일할 사람을 찾기가 어렵고, 제도가 알맞지 않아 어려움이 많은 실정이라고 말하였다.

일찍이 정약용도 『목민심서牧民心書』에서 양전의 문제를 주로 다루고 있는바, 까다롭고 복잡한 양전을 객관적으로 수행하기 위한 방안을 꼼꼼히 제시한 바 있다.[182] 이학규 또한 이러한 문제점을 파악하고 이에 대한 개선책으로 토지 면적을 측량하는 방법에 대해 저술을 남기려 했음을 밝혔다. 이로써 본다면 실생활에 이로운 학문을 하고자 하는 이학규의 실학적 사고를 엿볼 수 있다. 이는 유배지에서도 일련의 사회문제를 좌시하지 않고, 제도적 문제점을 지적하고 비판적 안목을 제시하는 지식인으로서의 면모를 드러낸 것이라 할 수 있다.

粮, 成法俱在, 束之高閣, 臨時取習, 紕繆良多."

182 송재소, 「'목민심서'를 통해 본 지방행정의 개혁」, 『한국한문학의 사상적 지평』, 돌베개, 2005, 209면 참조.

이학규는 사회적 문제에 대한 관심 뿐 아니라 실생활에 긴요한 음식의 금기사항에 관한 책을 짓기도 하였다.

> 꺼려야할 음식은 몰라서도 안 되지만, 또한 모두 알 필요가 없는 것은 무엇 때문인가? 지금 강가와 바닷가에 사는 백성들은 한번 산골에 들어가면 박새를 맛좋은 채소로 여기고, 독버섯을 꽃이 떨어진 것으로 여긴다. 산골에 사는 사람들이 한번 강가와 바닷가에 이르면 세발 달린 자라와 외발집게 달린 게가 모두 사람을 해치는 것임을 알지 못하니, 이것이 꺼려야할 음식에 대해 몰라서는 안 되는 이유이다. 바지락조개는 신 맛을 꺼려하지만, 반찬을 만드는 사람은 식초가 아니면 조개를 열 수 없다. 감은 술을 싫어하나 손님 맞는 자리에서는 감을 술안주로 한다. 이것으로 인해 병에 걸리거나 일찍 죽었다는 말은 듣지 못했으니, 이것이 꺼려야 할 음식을 모두 알 필요가 없는 이유이다.[183]

이 글은 「식기보서食忌譜序」의 일부이다. 이학규는 금기해야할 음식에 대해서 몰라서는 안되며, 또한 모두 알 필요도 없다고 하였다. 그리고 그 이유에 대해 설명하였다. 산골에 사는 사람과 강가나 바닷가에 사는 사람은 그 주변 환경이 다르므로, 자연히 음식 문화도 다를 수밖에 없다. 그러므로 바닷가에 사는 사람이 산골에 가면 독버섯을 꽃이 떨어진 것으로 여겨 먹게 되는 위험에 빠지게 된다. 또한

183 「食忌譜序」, 『洛下生集』冊11 匏花屋集, "食忌, 不可不知, 亦不必盡知, 何也. 今夫江海之民, 一入山峒, 認藜蘆爲嘉蔬, 眡毒蕈以天花. 山峒之人, 一至江海, 不識三足之鼈, 獨螯之蟹, 俱能殺人, 此食忌之不可不知者也. 蛤蜊忌酸, 而膳人非醯不設蛤. 柹子惡釀, 而賓席用柹下酒. 未聞因此而致疾夭閼, 此食忌之不必盡知者也."

산골에 사는 사람이 바닷가에 가면 세발 달린 자라와 외발집게가 달린 게가 사람을 해치는 것인지도 모르고 먹게 되는 위험에 빠지게 된다. 이러한 경우가 금기되는 음식을 몰라서는 안 되는 이유에 해당한다. 하지만 바지락조개는 신 맛을 싫어해도 식초로 조개를 열 수 있고, 감은 술을 꺼려해도 술안주로 삼을 수 있으니, 꺼려야 할 음식을 모두 알 필요가 없는 이유라고도 하였다.

이어서 『주례周禮』에 나온 요리하는 사람이 해야 할 일에 대해 매일매일 쓰는 것이어도 제대로 살피지 않아 탈이 날까 걱정하기 때문이라고 하였다. 또한 어떤 사람이 지나친 나머지 약재를 새 나무 궤짝에 넣었다가 다시 없애버린 경우와 사람들의 만류를 무릅쓰고 막걸리와 두부를 같이 먹다가 배가 터져 죽은 경우를 언급하여, 지나친 것과 미치지 못한 서로 상반된 경우의 예를 들어 설명하였다. 이와 같이 이학규는 금기해야 할 음식에 관해 몰라서는 안 되는 경우와 다 알 필요는 없는 경우를 자세하게 설명함으로써 양자를 모두 살펴야 할 것으로 보았다.

> 접때 내가 지은 『식기보食忌譜』 1책은 『본초本草』 및 여러 의방에 실린 것에서 열에 일곱 여덟은 버리고, 시골 농부나 마을노파가 목격하고 외워둔 것에서 다섯 중에 서넛을 취한 것이다. 어째서인가? 여러 책에 실린 것은 다만 사물의 성질이 서로 미워하고 서로 싫어하는 것을 논한 것이라, 앞에서 말한 모두 알 필요는 없는 것이 진실로 많기 때문이다. 저 시골 농부와 마을노파는 오직 먹을 수 있는 것과 위험한 독이 있는 것을 많이 보았으니, 이른바 몰라서는 안 될 것들이 적지 않기 때문이다. 기미의 오르내림을 살핀 것과, 기혈의 보함에 적합한 것에 이르러서는 여기에서 논하지 않았으니, 모두 전서全書에 있는 것이다.[184]

여기에서 이학규가 저술했다고 밝힌 『식기보食忌譜』는 현재 전하지 않는다. 하지만 서문의 내용으로 미루어보건대 실생활의 유용한 면에 초점을 둔 실용적 저술로 짐작된다. 저자는 『본초강목』과 여러 의학서적에 실린 내용 뿐 아니라, 시골 농부와 마을노파에게서 얻어들은 체험적인 내용을 더하여 긴요한 내용들만 엄선하여 기록하였다. 곧 서적에 실려 있는 지식 중에서 불필요한 것을 제외한 객관적 자료와 다년간의 경험에서 우러나온 생생한 체험에서 비롯된 정보를 결합한 실용서를 저술한 것이다. 이는 다름아닌 저자의 실사구시實事求是적 태도에서 기인한 것으로, 사람들의 실생활에 유용한 학문을 추구한 사실을 알 수 있다.

이학규는 실용적 성격을 지닌 저술 이외에 수학에도 관심을 두어 관련 저술을 남겼다.

> 기사년 여름, 인수옥에서 병으로 누워 있었는데 송정松庭 주세걸朱世傑의 산법영육筭法盈朒을 우연히 얻어 보았다. 1칙에서 다음과 같이 말하였다. "가령 사람들이 봄놀이 할 때에 가지고 간 술이 얼마인지는 모른다고 하자. 약속하였으되, 안개를 만나면 첨주일배하고, 꽃을 보게 되면 3두 4승을 마시기로 하였다. 지금 안개를 만나고 꽃을 본 것이 함께 각 네 차례였는데, 그 술이 모두 마셔졌다고 하면, 원래 가지고 간 술은 얼마나 되겠는가? 답하기를, 3두 1승 8합 7작반이다." …… 갑술년 봄에 이웃 사람인 박신朴紳과 함께 거듭 말하다가

---

184 「食忌譜序」, 『洛下生集』冊11 匏花屋集, "向余撰食忌譜一冊, 若其本草及諸醫方所載, 十去其七八, 其出於田畯里嫗目擊而口誦者, 五取其三四. 何也. 諸書所載, 只論物性之相惡相反, 向所謂不必盡知者良多. 彼田畯里嫗, 惟見適閒之食, 急中之毒, 所謂不可不知者爲不少也. 至如審氣味之升降, 適榮衛之滋補, 玆不槩論, 爲咸有全書在."

우연히 미치게 되었는데, 문득 분명해져서 스스로 풀이하였다. 지금 제4차에 그 술이 떨어졌다고 했으니, 제4일의 원래 술은 반드시 3두 4승이다. 절반은 1두 7승이니 곧 제3일의 남은 술이다. 3두 4승을 더하면 5두 1승이 되니 곧 제3일의 원래 술이다. 절반은 2두 5승 5합이니 곧 제2일의 남은 술이 되고, 3두 4승을 더하면 5두 9승 5합이 되니 곧 제2일의 남은 술이다. 절반인 2두 9승 7합 5작은 곧 제1일의 남은 술이고, 3두 4승을 더하면 6두 3승 7합 5작이 되니 곧 제1일의 원래 술이다. 절반인 3두 1승 8합 7작반이 곧 최초의 원래 술의 양이다. 말엽에서 말미암아 근본으로 거슬러 올라가는 것은 마치 걸어서 계단을 올라가는 것과 같으니, 특히 송대의 산술은 법칙으로 삼을 만하다. 예전에 내가 『구수상九數詳』을 저술하였는데, 박군이 바야흐로 이 책에 종사하였다. 이 말을 듣고는 즐거워하더니 그 전말을 알고자 청하길래, 이와 같이 적는다.[185]

이 글은 「서구수상후書九數詳後」의 일부이다. 이학규는 1809년에 원대元代의 수학자인 주세걸朱世傑[186]의 저술을 우연히 얻어 보고 수

---

185 「書九數詳後」, 『洛下生集』冊11 菜花居集, "己巳夏, 枕痾因樹屋中, 偶得松庭朱世傑筭法盈朒. 一則其說曰, 假有人遊春攜酒, 不知其數. 約曰, 遇霧添酒一倍, 逢花飮三斗四升. 今遇霧逢花, 俱各四次, 其酒恰盡, 問元攜酒幾何. 畣曰, 三斗一升八合七勺半. …… 甲戌春, 與鄰人朴紳語次偶及之, 忽犂肰自解. 今云第四次其酒恰盡, 則第四日元酒必三斗四升. 折半得一斗七升, 卽第三日餘酒. 加三斗四升, 得五斗一升, 卽第三日元酒. 折半得二斗五升五合, 卽第二日餘酒, 加三斗四升, 得五斗九升五合, 卽第二日餘酒, 折半得二斗九升七合五勺, 卽第一日餘酒, 加三斗四升, 得六斗三升七合五勺, 卽第一日元酒, 折半得三斗一升八合七勺半, 卽最初元酒之數. 由末泝本, 如步拾級, 特宋術爲可法耳. 舊余著九數詳, 朴君方從事是書. 聽是說而樂之, 請識其顚末如此."

186 朱世傑(1249~1314) : 중국 원나라의 수학자. 자는 漢卿, 호는 松庭, 燕山 출생이다. 평생을 수학교육에 종사하였다. 算木을 사용하는 중국의 독자적 代數인 四元術의 대성자이다. 주요저서로는 『算學啓蒙』, 『四元玉鑑』이 있다.

학 풀이에 관해 기록하였다. 이후 1814년에 이웃에 사는 박신朴紳과 함께 논의를 하던 중 드디어 그 풀이과정이 분명하게 된 것이다. 처음에 있던 술의 양을 모르는 것으로 놓고, 전제조건을 둔 다음 풀이를 거듭하여 처음 술의 양을 맞추는 것이다. 마치 계단을 걸어 올라가는 것과 같은 송대의 산술 방식은 법칙으로 삼을 만하다고 하였다. 이학규가 이 글에서 저술했다고 밝힌 『구수상九數詳』은 현재 전하지 않는다. 이 책은 수학에 관한 관심에서 지어진 것으로 보이며, 다양한 분야에 걸친 이학규의 박학한 학문세계를 가늠케 한다.

이학규는 음운학音韻學에 관한 지식을 바탕으로 「성운설聲韻說」 두 편을 저술하였다. 그는 일찍이 포의의 신분으로 『규장전운』 편찬에 참여했을 정도로 성운聲韻에 관한 해박한 지식을 소유하고 있었다. 「성운설」에는 성운과 용운用韻에 관한 저자의 폭넓은 식견이 담겨 있다. 또한 성운과 용운에 관한 긴 분량의 내용을 각각 「성운설 일一」과 「성운설 이二」로 나누어 자세하게 설명한 것으로 볼 때, 이 분야에 관한 저자의 높은 학적 관심이 반영된 것으로 보인다. 「성운설 일」에서는 우선 성운에 어두운 우리나라의 풍속을 지적하고, 그 폐단을 네 가지로 나누어 설명하였다.

> 우리나라의 풍속은 오로지 문학을 숭상하면서도 유독 성운에 대해서는 대체로 많이 몽매하니, 그 폐단으로 네 가지가 있다. 학사 대부가 비록 옛 것을 능히 상고하되 음률에 익숙하지 못한 것이 첫 번째이고, 노래하는 무리들이 방언을 가지고 노랫가락을 만드는 것이 두 번째이고, 통역이 중국 음을 흉내 내기는 하나 박아하지 못한 것이 세 번째이고, 시골말은 방편적으로 입을 따라하여 문장어와는 무관한 것이 네 번째이다. 옛날에 우리 세종대왕이 언서를 지으심에 반절법을 지극히 상세히 밝혔으나, 평측에 대한 등위의 구별에는 미

> 칠 틈이 없었다. 그 후 드디어 부녀자와 하인배들이 마음대로 입으로 전하였으며, 문인이나 운사들은 깊이 연구하길 대수롭게 여기지 않고 쓸데없는 것으로 보았다. 지금 세상의 문림구족과 과거장의 노생들은 왕왕 려呂·여汝와 임任·림林을 동음으로 여기고, 리李·이爾와 류劉·유猶를 달리 읽는 것을 알지 못하였다. …… 이와 같은 것들은 이루 다 지적할 수가 없다. 내가 일찍이 그것이 그렇지 않음을 힘써 따졌는데, 저들이 스스로 옳다고 하며 그릇된 것을 고집한 것이 아니라 본래부터 자모字母의 특수함을 몰랐던 것이다.[187]

이학규는 우리나라 사람들에게서 나타나는 성운의 폐단에 대해 네 가지 면에서 지적하였다. 학사대부가 음률에 익숙하지 못한 것과 방언으로 노랫가락을 만드는 것, 그리고 통역관의 중국음이 박아하지 못한 것과 시골말이 문장어와 무관한 것이 그것이다. 저자의 이러한 지적은 과거 규장각에 드나들던 경험과 실제의 체험이 더해져서 나온 것으로 보인다. 그리고 이러한 폐단은 바로 「성운설」을 저술하게 된 직접적인 계기가 되었다.

저자는 일찍이 세종대왕이 언서諺書를 지어 반절법을 상세히 밝혔으나, 평측에 대한 등위의 구별에는 미칠 틈이 없었다고 하였다. 이후에 부녀자와 하인배들이 마음대로 입으로 전하고, 문인과 운사들

---

187 「聲韻說一」, 『洛下生集』冊11 菜花居集, "我東之俗, 專尙文學, 而獨於聲韻一道, 率多懵昧, 其弊有四. 學士大夫雖能稽古, 不嫺音律, 一也, 伶人歌工徒拾方言, 作爲腔調, 二也, 象譯依樣華音, 而不能博雅, 三也, 俚諢方便趁口, 而無關咳吐, 四也. 昔我世宗大王作爲諺書, 反切之瀴, 至詳明也, 而第於平仄之別, 未暇及焉. 其後遂爲婦孺輿儓之孟浪口授, 而文人韻士不屑深究, 屬之弁髦. 觀乎今世之文林舊族, 場屋老生, 往往呂汝任林, 認爲同音, 李爾劉猶, 莫知異讀. …… 諸如此類, 指不勝僂, 予嘗力辨其不肰, 非彼之自是, 遂非初未知字母之特殊也."

은 깊이 연구하길 대수롭게 여기지 않았다고 하여, 지금의 폐단이 발생하게 된 원인을 따졌다. 이때문에 지금 문림구족文林舊族과 과거장의 노생老生들이 려呂·여汝와 임任·림林을 동음으로 여기고, 리李·이爾와 류劉·유猶를 달리 읽는 것을 알지 못할 지경이라고 하였다. 이학규는 이상의 경우에 대해 다 지적할 수 없다고 하여 성운의 폐단에서 오는 문제점의 실상을 드러냈다.

이어서 반절법反切法에 대해 설명했다. 반절의 생성과 그 법칙에 대해 언급한 뒤, 반절에 대한 오해와 잘못된 사용법에 대해 지적했다. 반절법에 대하여 반절의 위 글자는 성聲을 나타내고 아래 글자는 운韻을 나타내는 것인데, 이러한 반절의 형식은 『삼국지三國志』나 『좌전左傳』에 이미 보인다고 했다. 통운법通韻法에서는 시대에 따른 음의 변화를 설명하였고, 협음설叶音說에 대해 『시경詩經』과 『역경易經』의 예를 들어 협음이 가능한 경우와 불가능한 경우에 대해 설명하였다. 그리고 예전에 『규장전운』 편찬에 종사할 때에 자신의 말한 마디에 협운을 넣고 빼기도 하였는데, 모두 합당한 것은 아니었다고 밝히기도 하였다.[188]

「성운설 이」에서는 용운법用韻法에 관한 논의가 이어진다.

> 용운의 법은 육경에서부터 시작되었는데, 요컨대 진한 이상의 책은 비록 시가가 아니더라도 왕왕 붓이 지나면 운을 이루게 되니, 후세에 본보기로 취하게 되었다. 옛 사람들은 성율聲律에 익숙하고 토해냄에 정밀하여 자연스러움을 기약하지 않아도 자연스러움이 있었

---

188 「聲韻說一」, 『洛下生集』冊11 菜花居集, "昔在正宗乙卯, 頒行奎章全韻, 予實從事于校讎之役. 當其增入叶韻之際, 間有由予一言存拔者, 自今追惟意, 其或有不盡停當者也."

다. 요즘 일찍이 고금 용운의 여러 법을 두루 살펴보니 일단에 그치지 않았다. …… 대저 만명 및 송대 사람은 시운에서 원대 사람은 사운에서 명대 사람은 곡운에서 대부분 표준을 삼아 쓸 수 없으니, 우리나라에 이르러서는 더욱 가르칠 수가 없다. 이에 고시에서 상성과 거성의 혼압混押과 과부科賦에서 비슷한 음을 취하는 것, 이것은 진실로 동문의 영역에서 반드시 없어야 할 것이다. 혹시 옛 것을 좋아하여 마음을 기울이는 자가 이것을 표준으로 하여 미루어 고금의 가시를 널리 살핀다면, 성운의 한 가지 도리에 이르러서는 의당 나의 말이 막연하지 않을 것이다.[189]

이 글에는 용운법用韻法이 육경六經에서 시작된 사실과 고인이 자연스럽게 용운한 경우를 언급하였다. 그리고 용운의 방법에 대해 기술하고 해당 용운법을 사용한 실제 예를 제시하였다. 저자는 두 글자로 양운兩韻을 이룬 경우를 비롯하여 모두 25가지 용운법의 사례를 제시해 놓았다. 이학규가 말한 용운의 형식은 신경준이 『여암유고旅菴遺稿』에서 언급한 시체詩體와도 유사한 면이 있으며, 이러한 용운 형식은 심미적인 운의 사용을 강조하는 작시作詩의 형식적 기교면에서 당시 유행하고 팽배했던 사실을 엿볼 수 있다.[190]

이학규는 글의 마지막에서 이 글을 표준으로 하여 고금의 시가를 널리 살핀다면 성운에 이르러 막연하지는 않을 것이라고 밝히고 있

189 「聲韻說二」, 『洛下生集』冊11 菜花居集, "用韻之灋, 肇自六經, 而要之秦漢以上之書, 雖非歌詩, 往往涉筆成韻, 爲後世取式者. 古之人嫺于聲律, 精于吐咳, 有不期朕而朕者矣. 間嘗歷攷古今用韻諸灋, 不止一端. …… 大抵晩唐及宋人之于詩韻, 元人之于詞韻, 明人之于曲韻, 多不可用爲標準, 而至于我東, 尤不可爲訓. 乃若古詩之混押上去, 科賦之取似收音, 是固同文之域所必無者. 倘有潛心好古者, 準此以推, 博攷古今歌詩, 至於聲韻一道, 當不河漢予言矣."

190 류화송, 「李學逵의 「聲韻說」 小考」, 『우리말글』34, 우리말글학회, 2005, 20면.

다. 곧 후세 사람들의 학문에 도움을 제공하기 위한 목적에서 이 글을 저술했음을 나타냈다. 「성운설」은 저자의 성운에 관한 학식과 체험을 바탕으로 반절법, 통운법, 협음설 및 용운법에 대해 여러 문헌을 참고하여 설명하고, 대중들의 성운에 대한 잘못된 인식과 사용에 대해 기술한 글이다. 곧 「성운설」은 성운에 대한 올바른 지식을 전달하려는 목적에서 저술된 것으로, 실생활에 유용한 학문을 하고자 하는 저자의 실학적 태도에서 비롯된 것임은 물론이다.

이학규의 실학적 사고는 천문 분야에까지 확대되어 「조석설潮汐說」과 「월식설月食說」을 지었다. 「조석설」에서는 조석현상과 조석간만의 차에 대해 논하였다. 조석현상에 대해서는 여러 학자의 설을 인용하여 설명했는데, 왕충王充의 『논형論衡』과 두숙몽竇叔蒙의 『해교지海嶠志』, 서명숙徐明叔의 『고려록高麗錄』, 주량공周亮工, 고염무顧炎武의 설을 각각 인용하였다.[191] 그리고 인용한 설에 대한 저자의 의견을 덧붙여놓았다. 이학규는 이상의 조석에 관한 논의 가운데 『논형』과 『해교지』의 두 설이 옳고, 서명숙의 지부지침론地浮地沈論은 근거가 없는 억견이라고 하였다.

조석설에 관한 논의는 예전부터 다양한 논의가 진행되어 왔다. 이익은 「조석변潮汐辨」에서 조석현상을 달과의 관련 속에서 해명하고자 하였는데, 이는 천체역학적인 원리에 입각해서 설명하고자 한 것이다.[192] 그는 조석의 운행은 달을 따라 진행한다고 보았다. 정약용은 천체역학적 설명을 통해 기존의 응월설應月說의 문제점을 지적하였다.[193] 이익과 정약용의 논의는 전통적인 음양오행설에서 벗어나

191 「潮汐說」, 『洛下生集』冊14 文漪堂集.

192 李瀷, 『星湖全集』II 卷四十三(『한국문집총간』199), 「潮汐辨」.

천체역학적 구조 속에서 조석을 해명하였다는 점에서 이전과 차별된다.[194]

이에 비해 이학규는 왕충과 두숙몽의 견해를 종합하여 조석의 성쇠를 응월설로 설명하고자 하였다. 또한 호남과 호서지역의 조후는 영우지역과 차이가 있다는 말을 듣고 직접 그곳을 방문하여 관찰하려 했다고도 하였다. 추론에 근거하지 않고 조석간만의 차를 직접 확인하고자 한데에서 실천적인 학문태도를 살필 수 있다. 다수의 서적을 종합적으로 참고하고 검토한 다음 정확하고 합당한 결론을 도출해내는 것은 이학규의 실증적 학문태도에서 기인한 것이다.

> 일식은 달이 해를 가리는 것이고, 월식은 지구가 달을 가리는 것이다. 장형張衡의 『영헌靈憲』에 말하기를 "해가 가는 길에 마주쳐서 빛이 늘 합치되지 않은 것은 지구에 가려지기 때문이다. 이것은 암허가 별에 달려있어 별이 달을 작게 하고 지나치면 식이 되는 것을 이른다."라고 하였다. 육문유陸文裕의 『금대기문金臺紀聞』에 이르기를, "해와 달은 지구와 크기가 같은데, 지구가 바로 해를 가리면 월식이 된다."라고 하였다. 만실萬實의 『월식변月食辨』에 말하기를, "황도는 평균 각 182도 반이 넘는데 달과 해와 부딪히는 곳에는 반드시 지구가 격리시키는 것이 된다. 보름 때에 달이 황도와 교차되는 지점을 지날 때는 해와 딱 들어맞아 지구가 햇빛을 가려서 월식이 된다."라고 하였다. 대개 달은 본래 빛이 없는데 해의 비춤을 받아 빛나게 된다. 보름달일 때 이르러 지구, 해가 일직선이 되어 달은 지구를 보지만 해는 보지 못하여 빛을 빌릴 수 없으니 이 때문에 빛이

---

193 丁若鏞, 『與猶堂全書』第一集詩文集第十一卷(『한국문집총간』281), 「海潮論一」.

194 구만옥, 「조선후기 조석설과 '東海無潮汐論'」, 『동방학지』 111, 연세대 국학연구원, 2001, 41~47 참조.

없는 것이다. …… 일찍이 고염무顧炎武의 『일지록日知錄』을 보니 이러한 논의가 매우 상세하게 저술된 것을 보았는데, 지금 다 기억하지 못하여 그 설을 간략하게 외운 것이 이와 같다."[195]

위에 인용한 글은 「월식설月食說」이다. 이 글은 저자가 기억하고 있었던 고염무의 『일지록日知錄』[196]에 실린 「월식月食」의 내용을 기록한 것이다.[197] 그리고 후한後漢의 천문학자인 장형張衡[198]이 지은 『영헌靈憲』과 명대明代 사람인 육문유陸文裕[199]의 『금대기문金臺紀聞』에 나와 있는 월식의 내용을 기록하였다. 또한 어떤 사람이 월식은 일몰 후에 나타나는데 아직 해가 지지 않았는데도 월식이 생기는

---

195 「月食說」, 『洛下生集』冊11 菜花居集, "日食, 月揜日也, 月食, 地揜月也. 按張衡靈憲曰, 當日之衝光常不合者, 蔽於地也. 是謂闇虛在星, 星微月過則食. 陸文裕金臺紀聞曰, 日月與地同大, 若地體正掩日輪上, 則月爲之食. 萬實月食辨曰, 凡黃道平分各一百八十二度半強, 對衝處必爲地所隔. 望時月行適當黃道交處, 與日正相對, 則地隔日光, 而月爲之食矣. 蓋月本無光, 借日之照以爲光曜. 至望日, 與地日爲一線, 月見地不見日, 不得借光, 是以無光也. …… 嘗見顧炎武日知錄, 著此論甚詳, 今不能盡記, 略誦其說如是云."

196 『日知錄』: 중국 명말청초의 사상가인 顧炎武(1613~1682)의 저서. 32권이며, 1695년에 간행되었다. 경학 · 사학 · 문학 · 정치 · 사회 · 지리 · 풍속 등 제 문제를 史論 형식으로 쓴 것이다. 청대 고증학의 학풍을 일으킨 저서로 알려져 있다.

197 고염무의 「月食」(『日知錄』권30)에 실려 있으며, 이학규가 인용한 부분과는 글자 출입을 보인다.

198 張衡(78~139) : 중국 後漢 때 문인 · 과학자. 자는 平子. 南陽 西鄂縣 출신. 詞賦에 능했다. 天文 · 曆算과 기계제작에도 능했고, 安帝 · 順帝 때에 大史令(國立天文臺長)이 되었으며, 혼천설과 혼천의에 관한 『渾天注』와 『靈憲』 등 천문서를 저술했다.

199 陸文裕(1477~1544) : 陸深. 중국 明代의 학자. 자는 子淵, 호는 儼山, 上海사람이다.

현상에 대해 물어보자, 그 사람이 본 것은 달이 아니라 달의 그림자를 본 것이라고 설명하기도 하였다. 글의 마지막 부분에서 이학규는 『일지록』의 논의가 매우 상세하며 이를 간략하게 외워서 기록했다고 밝혔다. 이는 이학규가 일찍이 고염무의 저작을 열독하였음을 보여주는 증거로서, 그의 저작과 학풍에 일정정도 영향을 받았음을 보여준다.

이상으로 이학규가 유배기간에 저술한 경제학 · 음운학 · 수학 · 자연과학 등의 다양한 분야에 걸친 저술을 살펴보았다. 이학규는 이상의 저술에서 학문의 실용성을 추구하면서 실증적인 학문태도로 접근했다. 유배 이전에 「삼서」를 통해 실학자로서의 면모를 드러냈다면, 유배 후반기에 지어진 여러 저술들은 보다 광범한 영역으로 실학적 사유가 확대되어 나타난 것을 확인할 수 있다. 이는 저술하기에 어려운 유배지의 환경에 대해 토로하던 전반기에 비해, 후반기에 접어들면서 점차 유배 생활에 적응하고 그 속에서 발견된 현실인식을 바탕으로 저술에 임할 수 있었던 것으로 보인다.

4. 자국사와 문물제도의 관심

이학규는 평소 자국의 역사와 문물제도에 깊은 관심을 견지하고 있었다. 유배 전반기 영남지역의 역사와 민간현실에 대한 관심은 유배 후반기에 접어들면서 자국의 역사와 문물제도에 대한 관심으로 확대되었다. 이는 1821년에 창작된 「해동악부海東樂府」를 통해 확인할 수 있다. 또한 1819년에는 123조목에 걸쳐 우리나라의 역사 · 지리·문물·제도·풍속 등을 고증한 필기류 저작인 「동사일지東事日知」를 저술하기도 하였다. 그리고 유배 전반기 김해지역의 민풍토속에 대한 관심은 이후에도 지속적으로 계승되어 1819년에 「금관기속시金官紀俗詩」를 짓기도 하였다. 각 저술의 내용을 알아보기에 앞서 이학규의 역사에 대한 인식을 먼저 살펴보기로 한다.

> 사례史例에는 세 가지가 있다. 첫째는 편년이고, 둘째는 입전이며, 셋째는 기사이다. …… 영우에는 본래 장서가가 없어서 사학은 정말 아무 것도 없다. 간혹 궁벽진 시골의 훈장들이 거칠게 기억하고 암송하는 것은 증선지曾先之의 『십구사략十九史略』과 강지江贄의 『통감절요通鑑節要』에서 벗어나지 않을 뿐이다. 간혹 예전에 십육국·남북조·송·요·금의 여러 역사를 말하면 진실로 놀라 눈을 동그랗게 뜨고 마치 삼가촌의 아녀자들이 처음 큰 거리를 본 듯이 하여 향하는 바는 의심하고 두려워하니, 어느 겨를에 면배우직面背紆直을 논하겠는가. 예전에 내가 김성유, 한제원 두세 사람을 따라서 우선루에서 조용히 지내며 저술하던 때에 우연히 청나라 사람 인화仁和 서무령徐武令의 『이십일사징二十一史徵』 1편을 보았는데, 서술이 제법 상세하고 의론이 매우 정확하여 글을 쓰던 여가에 대략 암송할 수 있었다. 지금까지 삼십 년간 빠뜨리고 잊어버린 것이 이미 반이 넘으나 오히려 그 큰 뜻을 바로잡아 이에 『사평십팔칙史評十八則』을 지어서 고을 사람 중에 학문에 뜻을 두고 묻기를 좋아하는 사람에게 주어서, 편년체 말고도 별도의 사례가 있고 역사에 21대의 기·전·표·지가 있음을 알게 하고자 하니, 글을 읽는 선비들은 알지 않으면 안 될 것이다.[200]

200 「二十一史評序」, 『洛下生集』冊16 秋樹根齋集, "史例有三, 編秊一也, 立傳二也, 紀事三也. …… 嶺右素無藏書家, 其於史學, 固蔑如也. 間有荒邨塾師粗解記誦者, 無過乎曾先之十九史略及江少微家塾通鑑而已. 間嘗語及乎十六國·

이 글에는 이학규의 역사 인식이 분명하게 드러난다. 또한 김해지역의 낙후한 사학史學 수준과 『사평십팔칙史評十八則』을 저술하게 된 경위가 나와 있다. 이학규가 저술했다고 밝힌 『사평십팔칙』이란 저작은 아직까지 현존 여부를 알 수 없다. 이학규는 김해지역 문사들이 학문하는데 도움을 주기 위한 의도로 지었다고 하였는데, 이는 저자가 사학을 학문의 중요한 분야로 인식하고 있음을 나타내는 것이다. 이때문에 글을 읽는 선비들이 몰라서는 안 된다고 하면서 그 중요성을 강조했던 것이다. 김성유金醒維와 한재렴韓在濂은 이학규와 유배 이전에 자주 교유했던 인물이다. 이학규는 유배 이전 서무령徐武令의 『이십일사징二十一史徵』을 보고 대략 암송했다고 했는데, 이는 그가 유배 이전부터 이미 역사에 깊은 관심을 지니고 있었음을 보여주는 단적인 예라 할 수 있다.

이학규가 1819년에 지은 「금관기속시金官紀俗詩」[201]는 7언절구로 되어 있는 59편 77수의 연작시이다. 이 연작시는 김해 지역의 풍속을 노래한 시로, 김해 지역의 환경과 당시 민중들의 생활 모습 등 김해의 모든 것을 소재로 삼아 지은 것이다. 당시 김해 지역의 실제 생활상을 소상하게 그리고 있어, 지역 민속지로서 가치를 지닌다. 기속시紀俗詩는 민풍토속을 채집하여 기록한다는 분명한 창작의식을

南北朝·宋·遼·金諸史, 誠瞠肰若三家邨姑之初見五劇三條, 所向皆疑惧, 何暇論面背紆直邪. 昔予從金醒維·韓霽園二三子, 結夏著書于藕船樓中, 偶見淸人仁和徐武令二十一史徵一篇, 叙述頗詳, 議論最正, 操觚之暇, 略能成誦. 今於三十秊間, 遺忘已過半, 而猶檃括其大意, 作史評十八則, 以詒邑人之志學而好問者, 使知夫編秊之外, 另有史例, 而史亦有二十一代之紀傳表志, 讀書之士, 不可不知者也."

201 「金官紀俗詩」, 『洛下生集』冊13 海榴菴集.

보여주며, 민간의 풍속과 민중의 생활상을 집중적으로 수용하여 다양한 양식으로 형상화한 한시를 말한다. 무엇보다 제재와 내용의 측면에서 세시풍속을 비롯한 민족 고유의 생활 풍속과 민간의 풍물, 인정세태 등 기층민의 현실적 삶의 현장을 중점적으로 다룬다.[202]

구지봉 왕기는 가을 연기에 싸늘한데	龜峯王氣冷秋煙
가락국 이름이 바닷가 마을에 남아 있네.	駕洛名存海上㜸
천육백 년 전의 옛 유물들 남았으니	千六百秊餘舊物
석성이 어찌 토성만큼 견고하겠는가.	石城那似土城堅[203]

이 시는 「금관기속시」의 첫째 수이다. 가락駕洛은 본래 수로국首露國의 이름으로, 김해부에서 남쪽 10리에 '가락촌'이 있다고 하였다. 또한 수로왕이 쌓은 토성이 아직도 남아 있는데, 언덕만큼 높으며 가래나 호미를 가지고 들어가지 못한다고 하였다.[204] 1구의 구지봉은 가야의 시조인 수로왕의 탄생설화가 서린 곳이다. 가을 연기에 둘러싸인 구지봉을 바라보며, 시인은 김해라는 공간의 역사적 배경을 떠올렸다. 가락의 이름을 한 마을과 유물이 남아 있어, 김해에는 아직까지 가락국駕洛國의 잔재가 남아 있다.

지금 시인이 유배에 처한 김해라는 공간은 낙후한 문화 수준과 적응하기 힘든 생활환경의 모습이다. 그러나 그곳은 동시에 수로왕의 탄강 설화가 서려 있는 역사적 공간이기도 한 것이다. 이학규는 시를

202 김명순, 「기속시의 성격과 조선후기의 양상」, 『동방한문학』 33, 동방한문학회, 2007 참조.

203 「金官紀俗詩」, 『洛下生集』冊13 海榴菴集.

204 「金官紀俗詩」, 『洛下生集』冊13 海榴菴集, "駕洛本首露國號, 今府南十里浦上, 有駕洛邨. 首露蒸土城, 猶有存者, 高如岡阜, 鍫钁不便入."

지어 수로왕의 탄강과 가락국 건국의 역사에 대해 상세하게 기록하였다. 구지봉에 하늘에서 자색 끈에 매달린 금합 6개가 내려와서 수로왕이 태어나고, 가락국을 건설하니 여섯 가야 중의 한 나라였다는 설화이다. 가락국의 수로왕과 구지봉에 관련된 설화는 이학규의 다른 시에서도 그 제재가 차용되었다.[205] 이처럼 구지봉의 설화는 시인이 시적 소재로 자주 차용하였는데, 이는 역사에 대한 관심이 창작 소재의 선택에도 영향을 주었음을 나타낸다.

또한 이학규는 김해지역의 풍속과 풍물을 「금관기속시」의 소재로 수용하였다. 다음 시는 김해 주변에 모기가 많은 사실을 소재로 삼아 지은 것이다.

죽도의 모기들 구름처럼 떼 지으니	竹島蚊兒陳似雲
불암의 무리들과 견줄만하네.	較來多少佛巖羣
상강 전에 뾰족한 주둥이 가시보다 날카로우니	霜前利喙銛於刺
중양절 떡장수 치마 속을 걱정케 하네.	愁殺重陽餠媼裙[206]

위의 시는 「금관기속시」의 스물다섯째 수이다. 시인은 시서詩序에서 모기와 관련된 두 가지 속담을 제시했다. 당시 속담에 "불암 모기는 죽도 모기와 혼인하지 않는다"는 말이 있는데, 불암 모기의 족속이 더 번성하다는 뜻이라고 하였다. 또 고을 속담에 "모기떼가 왔다 갈 때에는 중양절 떡장수의 속살을 문다."는 말이 있다고 하였다.[207]

---

205 「駕洛懷古」, 『洛下生集』冊3 因樹屋集 ; 「金州府城古迹十二首, 贈李躍沼」, 『洛下生集』冊7 因樹屋集.

206 「金官紀俗詩」, 『洛下生集』冊13 海榴菴集.

207 「金官紀俗詩」, 『洛下生集』冊13 海榴菴集, "俗謂佛巖蚊不與竹島求婚, 謂佛巖族類尤蕃也. 啓蟄卽發, 霜降乃止. 邑諺云, 蚊子臨去時, 咬卻重陽媼私."

곧 모기에 관련된 속담을 듣고 시의 소재로 차용한 것으로, 민간의 정서를 시 속에 녹여 시적 의경을 창신하고 있다. 일종의 향토정서를 표출하고 있는 셈이다. 김해는 바닷가에 위치한 지리적 특성과 온난한 기후 때문에 모기가 성행했다. 이학규 또한 유배지의 모기떼 때문에 괴로운 정황을 토로하기도 하였다.[208]

이학규는 당시 김해 지역에 성행했던 마작에 대한 시를 짓기도 했다.

만전을 한 번에 던지니 가장 사내답다고	萬錢一擲最男兒
수투를 배울 때는 일마다 기이하네.	手鬬諳時事事奇
부도한 대갓집도 집 벽만 우뚝하니	不道人家家壁立
요즘은 게다가 홀공이도 배웠다네.	邇來兼曉忽空伊[209]

「금관기속시」의 서른한 번째 수이다. 시인은 김해에서 성행하는 마작에 대해 우려 섞인 비판적 시선을 보내고 있다. 그는 당시의 상황에 대한 구체적인 내용을 시서詩序에 남겼다. 김해부에 마작이 성행했는데, 80개의 패를 써서 수투라고 한다. 또 투자骰子 3개를 만들어 쓰는데, 홀공이라고 하며 동쪽 왜나라에서 흘러온 것이라고 하였다. 여러 고을에서 한 번에 열 냥, 백 냥을 던지고 살림이 기울어 파산하는 집이 생겼는데, 고을 아전들이 포탈을 많이 하는 것도 대개 이 때문이라고 했다.[210] 마작 때문에 살림을 거덜내는 집이 생겨나

---

208 「答」, 『洛下生集』冊10 因樹屋集, "初昏以後, 爲飛蚊所苦, 搖手振脚, 無異風狂人體態. 聽官樓作閉門鼓角聲, 擂枕一臥, 任爾千萬蚊陳咬我至露肋, 我惟望此夜睡著耳."

209 「金官紀俗詩」, 『洛下生集』冊13 海榴菴集.

210 「金官紀俗詩」, 『洛下生集』冊13 海榴菴集, "府中盛行馬弔戲, 用八十葉曰手

고, 고을 아전들이 부정을 저지르게 되는 이유도 이 때문이라고 하여, 당시 김해지역의 병폐적 현상이 되었음을 지적했다. 이학규는 이와 같이 마작이 당시의 심각한 사회적 문제로 대두되자, 거듭 마작을 경계하는 글을 지었다.

> 사체四體를 수고롭게 하지 않고 갑자기 돈을 많이 버는 것은 비루한 사람이 항상 바라는 것이고, 남의 주머니를 뒤져도 남이 알아채지 못하는 것은 간사한 소인들이 희망하는 것이다. 이것이 마작이 생겨난 이유로, 지금 사람들은 그것을 좋아하여 죽음에 이르러도 돌아오지 않는다. …… 매양 돈을 많이 잃은 사람을 보면, 마치 소갈병에 걸린 사람이 목이 마르면 마를수록 더욱 물을 마시는 것과 같다. 오로지 나중에 공을 거둘 수 있고, 상자 속을 메울 수 있을 것으로 생각한다. 그러나 80장의 패는 뒤집어 섞여 있어 네 사람이 번갈아 뽑아서 본디 점칠 수가 없으니, 어찌 예전에는 돈을 잃었지만 이번에는 솜씨 있게 뽑을 수 있기를 바라겠는가? 처음에는 이웃을 속여 돈을 빌리고, 가짜 물건을 팔고 속여서 팔기도 한다. 이어서 자기 집의 물건을 가지고 몰래 빚을 갚기도 하고, 심지어는 남의 집에서 훔치는 데에 이른다. 한번 관아에 걸리면 당황하고 깨닫게 되는데, 부귀한 집안의 세족과 고관대작의 맏아들로 구속된 몸이 되어 세상에 모욕을 당한 사람들도 많았다.[211]

鬮. 又造三隻骰子, 名忽空伊, 自東倭流傳. 列邑一擲十百, 傾家破產, 府胥之多逋, 槩多由此."

211 「戒馬弔說」, 『洛下生集』冊11 匏花屋集, "不勞四體, 而驀有多錢, 鄙夫恒願. 括人囊篋, 而人不以訾, 奸細所希望. 此馬弔之所由起, 而今之人嗜之, 至死不返者也. …… 每見多失錢財者, 正如病渴之夫, 愈渴愈飮. 惟望收功於桑楡, 補缺於箱篋耳. 肰彼八十牌葉, 顚倒混雜, 四人迭拈, 本無乩卜, 安望乎向雖失利, 此擧巧湊得采耶. 其初則誑鄰里, 求假貸, 賣贋物, 售欺詐. 繼而挈自己家事, 潛自償還, 甚至偸及別人之家. 一爲官司所詗覺, 綺紈世族, 簪纓冑子, 身被徽纆,

이 글은 1812년에 지은 「계마조설戒馬弔說」의 일부이다. 이학규는 이 글에서 마작의 중독성을 지적하고, 마작에 빠진 사람들에 대해 신랄한 비판을 가했다. 한번 마작에 빠지게 되면 추위와 더위를 무릅쓰고 노름판에 나가는데, 씻지도 않아 머리가 헝클어지고 눈이 충혈될 때까지 있는다. 만약 돈을 조금 따게 되면 등불 비용과 밥값으로 나가고, 잃는 경우에는 집의 전 재산까지 날리게 된다고 하여, 마작으로 돈을 벌기 어려운 현실을 지적했다. 하지만 마작에 빠진 사람은 물을 마시면 마실수록 목이 마른 소갈증에 걸린 자와 같다고 하여 중독성이 심한 병폐를 드러냈다. 또한 마작하는 사람들은 돈을 잃었을 때의 속상함은 말하지 않고, 이겼을 때의 통쾌함만을 떠벌린다고 하였다. 그래서 부모형제가 야단을 치고 수령이 죄를 주고 심지어 친구들이 등을 돌려도 마작을 끊을 줄 모른다고 개탄하였다.

이 글은 당시 사회문제로 대두되었던 마작의 성행에 대해 비판을 가하고, 동시에 읽는 사람에게 경계심을 촉구하기 위해 지어진 것이다. 이는 자국문화와 풍속의 이면을 기록하는 것뿐만 아니라, 당시 사회문제의 폐해를 고발하고 비판하는 실학파 지식인의 면모를 드러내는 것이다.

이학규는 유배 전반기 영남지역의 역사를 소재로 한 「영남악부」를 저술한 데 이어, 유배 후반기에는 우리나라의 역사를 소재로 하여 「해동악부」를 저술하였다. 「영남악부」의 창작 연대가 1808년이니, 그 후로 13년 뒤인 1821년에 「해동악부」를 지은 것이다. 곧 유배 전반기에 비해 시인의 현실인식과 지적 역량이 더욱 무르익은 상황에서 「해동악부」가 창출된 것으로, 여기에는 이학규의 유배 만년의 역

爲世僇辱者, 亦衆矣."

사 인식과 학적 식견이 고스란히 녹아들어 있다. 이 때문에 「해동악부」에는 자주自註의 삽입을 이용한 사화에 대한 고증이 현저하게 증가한다. 「영남악부」에는 자주가 거의 눈에 띄지 않는 점을 감안할 때, 「해동악부」에서 보이는 자주를 통한 실증적 태도는 보다 정확하고 상세하게 역사에 접근하려는 저자의 인식의 변모를 보여준다. 곧 「영남악부」가 유배 초기 민중의 삶을 목도한 현실인식에 기반하여 창작되었다면, 「해동악부」는 이러한 현실인식의 토대 위에 저자의 학적 역량과 실증적 태도가 덧입혀진 저술이라 할 수 있다. 이는 유배 만년기에 이르러 이학규의 문학적 역량이 보다 완숙한 경지로 나아갔음을 보여준다.

「해동악부」는 모두 56수로 구성되어 있다. 작품 배열은 신라, 고구려, 백제, 고려, 조선의 시대 순으로 되어 있다.[212] 이학규의 영사악부를 주제별로 구분할 때 가장 많은 분량을 차지하는 것은 고려 후기의 폐정弊政에 관한 것이다. 의종毅宗 이후 무신난을 포함하여 이후의 거듭되는 왕정王政의 혼미昏迷와 간신들의 전횡에 대하여 날카로운 비판을 가한 것으로, 신랄한 풍자와 해학적 수법을 사용한 것이 상당수에 이른다. 「해동악부」에는 모두 19편이 여기에 해당된다. 이들 작품에는 탐관으로 상징되는 지배권력층의 부패에 대한 예리한 풍자가 주를 이루고 있으며, 혼주昏主의 무능과 이로 인한 폐정에 날카로운 비판적 견해를 가한 것이 그 다음을 차지한다.[213]

---

212 「海東樂府」의 내용 개관과 형식에 대해서는 기존에 다수의 연구 성과가 있으므로, 본고에서는 중복을 피하고자 언급하지 않는다.

213 백원철, 「낙하생 이학규의 시 연구」, 성균관대 박사학위논문, 1991, 160~162면.

누가 마를 심을 땅이라고 말했나	誰言種痲地
집을 짓고 가 기장을 심었네.	卜宅去種穄
신령한 돼지가 기슭에 누운 일 증험할 수 없고	靈豚臥麓事無徵
늙은 쥐가 밭에 내려오니 어느 해인가 탄식하네.	老鼠下田嗟何歲
동산조사는 일행의 무리이니	桐山祖師一行徒
스스로 말머리에서 지세를 본다고 말하네.	自言馬頭看地勢
36구로 집을 짓고 106운 타고났다 하여	三十六區百六期
글을 받들어 봉한 뒤에 그 누가 묻었나?	實封奉書其誰瘞
서경에서 옥장보법 비방으로 실연하고	西京玉帳演祕方
수호하여 법으로 전하기를 서로 번갈아 했네.	護神傳法相更遞
3년 동안 패수에서 전란이 일어나니	三秊煙火浿水營
전란의 근본은 세조가 만든 것이네.	亂本元自作帝世
아아!	嗚呼
전란의 근본은 세조가 만든 것이네.	亂本元自作帝世[214]

이 시는 고려시대 태조의 탄생설화와 함께 묘청의 난에 대한 내용으로 구성되어 있다. 시제인 '종제전種穄田'은 기장을 심은 밭이라는 뜻으로, 신라 시대 승려인 도선道詵이 고려 태조가 살고 있던 터를 가리켜 이른 말이다. 2구에는 우리나라 방언에 '제穄'과 '왕王'의 말이 서로 비슷하다는 내용의 자주가 달려 있다.[215] 당시에 기장의 속음俗音이 '이금尼今'으로, 임금을 가리키는 말인 '이금尼今'의 음과 동일하기 때문이다.[216] 3구와 4구에서는 풍수지리사상에 의해 태조의 조부

214 〈種穄田〉, 「海東樂府」, 『洛下生集』冊17 秋樹根齋集.

215 〈種穄田〉, 「海東樂府」, 『洛下生集』冊17 秋樹根齋集, "我國方言, 穄與王, 語相類."

216 『星湖僿說』 萬物門 「種穄」.

인 작제건作帝建이 터를 잡고 집을 지은 내용을 나타냈다. 3구에는 김관의金寬毅가 지은 『편년통록編年通錄』에 실려 있는 내용을 기록해 놓았다. 고려 태조의 조부인 작제건이 용녀龍女에게 장가들어 버드나무 지팡이와 돼지를 얻어 1년을 함께 살았는데 돼지가 우리에 들어가지 않자, '이 땅에 살 수가 없다면, 우리가 너 가는 곳을 따라가겠다.'라고 하였다. 다음날 아침에 돼지가 송악산 남쪽 기슭에 이르러 누웠다. 그래서 그 자리에 새 집을 지으니, 이곳이 바로 강충康忠이 살던 옛 터라는 내용이다.[217]

4구에는 연경궁延慶宮 자리는 늙은 쥐가 밭에 내려온 형상이라고 한다는 내용을 자주로 달아 놓았다.[218] 7구에서는 민지閔漬의 『편년編年』에 실린 내용을 기록해 놓았다. 태조의 나이 17세 때에 도선이 다시 찾아와 만나기를 청하더니, '족하가 106운을 타고 천하 명당에 태어났으니, 3년만 있으면 천하 창생이 그대에 의해 크게 구제될 것이다'라고 했다는 내용이다.[219]

5구에서 8구까지는 도선道詵의 풍수도참설에 관한 내용이다. 세조는 검은 기장[穄]을 심을 밭에 어찌 삼[麻]을 갈려 하냐는 도선의 말을 따라 터를 잡고 집을 지어 태조를 낳았다. 도선은 세조와 같이 곡령鵠嶺에 올라가서 산수의 맥을 살피고는 "이 지맥이 백두산의 수

---

217 〈種穄田〉, 「海東樂府」, 『洛下生集』冊17 秋樹根齋集, "金寬毅編年通錄, 太祖祖作帝建, 娶龍女, 請得楊杖與豚, 居一年. 豚不入牢, 乃語豚曰, 若此地不可居, 吾將隨汝所之. 詰朝豚至松嶽南麓而臥. 遂營新第, 卽康忠舊居也."

218 〈種穄田〉, 「海東樂府」, 『洛下生集』冊17 秋樹根齋集, "俗謂延慶宮基, 爲老鼠下田形."

219 〈種穄田〉, 「海東樂府」, 『洛下生集』冊17 秋樹根齋集, "閔漬編年, 太祖年十七, 道詵復至, 請見曰, 足下應百六之運, 生於天府名墟, 三季蒼生, 待君弘濟云."

水의 모체母體로부터 목木의 줄기가 와서 마두명당馬頭明堂으로 떨어졌으며, 군은 또 수명水命이니 마땅히 수의 대수大數에 따라서 집을 짓되 6에 6을 곱한 36구區로 지으면 천지의 대수에 부응하여 내년에는 반드시 성자聖子를 낳을 것이니, 의당 왕건王建이라고 이름해야 한다."고 하였다. 그리고 글을 써서 굳게 봉하고 겉에 쓰기를, '삼가 받들어 쓰고 백배한 뒤에 이 글을 장래에 삼한을 통합할 임금 대원군자족하大院君子足下에게 바칩니다.'라고 하였다. 세조는 그 말을 따라서 집을 짓고 살았는데 그 달에 부인이 임신하여 태조를 낳았다.

이학규는 이상의 고려 초기의 풍수도참 사상이 고려 중기 묘청의 난으로 이어진 것으로 보았다. 그렇기 때문에 이러한 전란의 근본이 세조로부터 비롯된 것으로 본 것이다. 묘청이 등장한 고려 인종대는 고려사회가 내우외환으로 어려움을 겪던 시기였다. 묘청이 주장한 서경천도 운동은 풍수와 도참사상을 바탕으로 한 수도 이전 운동이었다. 풍수도참은 통일신라 말기를 거쳐 고려 일대를 풍미한 사상인데 불교 못지않게 고려왕조에 끼친 영향 또한 대단하였다.

이학규는 고려왕조가 풍수도참설을 수호한 데에서 전란이 발생하였다고 비판하면서, 그 근원은 태조의 부친인 세조로부터 비롯되었다고 하였다. 곧 고려왕조의 그릇된 사상적 경향이 그 이후에도 지속적으로 영향을 미쳐 국난의 발생을 야기한 것으로 파악하여 비판의 목소리를 내고 있는 것이다. 이학규는 「해동악부」에서 사화史話와 원시原詩를 통해 역사적 사실을 나타내고, 여러 문헌에 실린 사료를 고증하여 자주自註에 표기함으로써 보다 정확하고 풍부한 내용을 담고자 했다.

실수하지 마라 莫錯過
얼굴에 요사한 기운 있으면 모두 문인이라네. 面有妖氣皆文人
용서하지 마라 莫饒恕
찔러도 피가 나지 않으면 모두 문신이라네. 搯不出血皆文臣
문신이 지금 또 죄를 뉘우치지 않으니 文臣今亦悔禍否
오동나무로 모조리 쳐서 호숫가에 보내버렸네. 一梧盡打歸湖漘
호수 물가는 맑고도 잔물결 이는데 湖之漘淸且淪
이 무리들의 몸 바침 응당 나루까지 통했다네. 此輩致身須通津
그대는 보지 못했나! 君不見
두 개의 솥 안에 든 시체가 물밑으로 돌아가니 兩釜鼎屍歸水底
조정 또한 곤원사의 연못에 있는 것을. 朝廷又在坤元瀹[220]

이 시는 〈조정침朝廷沈〉이란 제목으로 실려 있다. 원시原詩 앞에는 사화史話가 달려 있어 시의 내용에 대해 전반적인 이해를 돕는 역할을 한다. 이 시는 고려 의종 24년(1170)에 정중부가 중심이 되어 일어난 무인들의 난을 소재로 삼아 지은 것이다. 의종은 개성 동쪽에 연복정延福亭을 지어 기이한 꽃과 나무를 사방으로 심고 연못을 만들어 밤낮으로 배를 띄워 놀았는데, 백성들의 고통을 돌보지 않고 무신들을 홀대하였다. 의종 24년 8월, 의종이 연복정에서 문신들과 놀다가 보현원에 행차하자, 정중부鄭仲夫, 이고李高, 이의방李義方 등이 주모하여 문관과 대소신료, 환관을 몰살하였다. 이때 그 시체를 연못에 버렸는데, 세상에서 그 일을 '조정침朝廷沈'이라 불렀다. 조정이 침몰했다는 의미로 당시 사건을 빗대어 풍자한 말이다.

원시原詩의 내용은 3단 구성으로 이루어져 있다. 우선 원시의 1,

220 〈朝廷沈〉, 「海東樂府」, 『洛下生集』冊17 秋樹根齋集.

2구는 북송北宋의 고사를 인용한 것이다. 류서劉恕는 북송 신종神宗 때 왕안석王安石의 급진적인 개혁에 반대하는 당파인 구법당舊法黨에 속해 있었다. 이때 류서는 반대하는 신법당新法黨의 사람을 만나면 얼굴에 노한 빛을 띠고는, "이 사람의 입에서 요사한 말이 나오고, 얼굴에 요사한 기운을 띠고 있다"라고 하였다.[221] 이 내용은 『송명신언행록宋名臣言行錄』에 나오는 것으로, 이학규는 여기에 실린 고사를 보고 고려 의종 때의 상황과 결부시켜 시를 지은 것이다. 이어서 3, 4구는 명나라 말기의 고사를 인용한 것이다. 명나라 말기 조주총병潮州總兵 류월정劉月亭은 항상 몹시 분해하며 말하기를, "명말 사람이 가장 가죽이 두껍다. 찌르면 한 방울의 피도 안 나올 것이니, 군친에게 조금의 정도 없다."라고 하였다.[222] 이 고사는 『위숙자집魏叔子集』에 실린 내용을 인용한 것이다.

5구에서 11구까지의 내용은 고려 의종 때 무신의 난을 시로 옮긴 것이다. 11구의 '곤원윤坤元奫'은 곤원사坤元寺의 북쪽 연못을 가리킨다. 의종이 거제로 도망가자, 이의민李義旼 등이 곤원사 북쪽 못가에서 시해하고 시체를 요로 싸서 두 개의 가마솥 안에 넣어서 못 속으로 던졌다. 이때 헤엄을 잘 치는 중이 있어서 가마솥은 가져가고 시체는 버리니, 시체가 물가로 떠 내려와 여러 날이 되었으나 까마귀와 솔개도 감히 건드리지 못하였다고 한다.

이학규는 앞에서 북송과 명말의 상황을 인용한 다음, 이어서 고려

---

221 〈朝廷沈〉, 「海東樂府」, 『洛下生集』冊17 秋樹根齋集, "宋名臣言行錄, 劉恕字道原, 歷詆荊公之學, 士子有談新經者, 道原怒形于色曰, 此人口出妖言, 面帶妖氣."

222 〈朝廷沈〉, 「海東樂府」, 『洛下生集』冊17 秋樹根齋集, "魏叔子集, 明末潮州總兵劉月亭, 常切齒言曰, 明末人最是皮厚. 掐之無一點血出, 故于君親一毫無情."

말의 상황을 언급함으로써 세 나라의 유사한 정치적 상황에 초점을 맞추어 시를 지었다. 곧 이상의 세 가지 정치적 상황을 함께 연결지어 위정자와 권력자들의 부조리함에 대해 비판의 시선을 보내고 있는 것이다.

이학규가 1819년에 저술한 「동사일지東事日知」는 모두 123조목으로, 우리나라의 역사 · 지리 · 문물 · 제도 · 풍속 등을 고증한 저작이다. 「동사일지」의 서술방식은 각 조목마다 내용을 뒷받침하는 국내외 문헌을 참고하여 기술한 뒤, 작자의 비평적 견해를 덧붙이는 형식으로 되어 있다. 이러한 형식은 단순한 독서기의 성격을 넘어서는 것으로, 일종의 차기체箚記體 필기筆記의 성격을 지니는 것으로 파악된다.[223]

「동사일지」는 고염무의 『일지록』에서 일련의 영향관계를 유추해 볼 수 있다. 이는 제목의 유사성 뿐 아니라, 「동사일지」에 『일지록』의 내용이 자주 인용되기 때문이다.[224] '동사일지'라는 명칭은 '동인東人의 인사人事를 날마다 기록한다'라는 의미로 생각되는데, 평소에 독서하거나 견문한 것에서 그때마다 적어둔 것들이 모여 이루어진 것

---

223 진재교 교수는 「19세기 箚記體 筆記의 글쓰기 양상」(『한국한문학연구』제36집, 한국한문학회, 2005)에서 차기체 필기는 18 · 19세기에 나온 필기와 총서류에서 볼 수 있는 글쓰기 전략의 하나로, 단순한 독서기의 성격을 넘어선다고 하였다. 그리고 차기체 글쓰기의 성격은 각 조목의 내용과 비평적 덧글에서 선명하게 드러나며, 비평적 덧글에서 보여주는 박학한 지식과 풍부한 식견은 작자의 독서체험 및 객관적 안목과 가문학적 지적 전통을 보여주는 것이라고도 하였다.

224 임형택 선생은 『洛下生全集』 解題(아세아문화사영인본, 1985)에서 "顧炎武의 『日知錄』을 염두에 두어 『동사일지』라고 書名을 붙인 것으로 생각된다."라고 하였다.

으로 보인다.

「동사일지」에는 〈삼한강역三韓疆域〉에서 〈격전희擊錢戲〉에 이르기까지 역사·지리·풍속·문물·제도에 관한 다양한 내용이 수록되어 있다. 이학규는 해당 내용에 관해 중국과 우리나라의 역대 문헌을 종횡으로 이용하여 실증적인 학문태도로 저술에 임하였다. 「동사일지」를 통해 평소 저자의 관심 범위에 속하는 학문 분야와 저자의 학문하는 태도, 그리고 그의 박학한 식견과 더불어 저술에 참고한 다양한 독서 목록까지 살펴볼 수 있다. 유배 후반기에 지어진 「동사일지」에는 저자인 이학규의 방대한 지적 세계와 독서체험이 투영되어 있다. 필기류의 특성상 저자의 독서체험과 학식이 무르익은 만년에 지어지는 경우가 대부분인 것을 볼 때, 「동사일지」 또한 이러한 시점에서 산출된 것이라 할 수 있다.

「동사일지」의 저술 특징은 대략 세 가지 측면으로 살펴볼 수 있다.

첫째, 자국의 역사와 지리에 대한 주체적 인식이다. 이학규는 자국의 역사·지리에 대해 주체적 입장을 견지하고 있으며, 그에 따라 소신 있는 견해를 제시하였다. 또한 역사·지리에 관한 조목이 전체 구성에서 가장 앞부분에 위치하고 편폭 또한 다른 조목에 비해 긴 편인 점을 감안할 때, 저자가 다른 항목에 비해 중요하게 여긴 정도를 짐작할 수 있다. 이학규는 일찍이 역사에 대해서 '독서지사讀書之士'가 몰라서는 안 된다고 거듭 강조하기도 하여, 역사를 학문의 한 부분으로 인정하고 매우 중요하게 여겼다.[225]

---

225 「二十一史評序」, 『洛下生集』冊16 秋樹根齋集, "今於三十年間, 遺忘已過半, 而猶檃括其大意. 作史評十八則, 以詒邑人之志學而好問者, 使知夫編年之外, 另有史例, 而史亦有二十一代之紀傳表志, 讀書之士, 不可不知者也."

아래에 인용한 글은 〈사군四郡〉의 일부이다.

> 사군四郡은 낙랑 · 임둔 · 현토 · 진번이 이것이다. 『전한서前漢書』에는 '한무제 원봉 2년에 제남의 태수 공손수를 보내 우거를 토벌하고 그 땅을 나누어 사군을 만들어 낙랑의 군치는 조선현이었고, 임둔의 군치는 동이현이었고, 현토의 군치는 옥저성이었고, 진번의 군치는 삽현군이었다.'고 한다. …… 생각해보건대 요동을 잃은 것이 당나라 태종문황 이후에 있었던 일이니 지금의 봉황성은 곧 옛날 안시성이다. 과거엔 모두 조선에 속해있었기 때문에 진번이 분명히 요동에 있었다는 것은 의심할 것이 없다. 또한 낙랑을 지금의 경주라 하는데, 구암 한백겸의 「삼한변」에 변론이 매우 상세하여 한번 살펴보면 알 수 있다.[226]

사군四郡은 서기전 108년 한무제漢武帝가 위만조선을 치고 그 땅에 세운 낙랑 · 임둔 · 현도 · 진번의 네 군을 말하는데, 훗날 고구려에 병합되어 없어졌다. 사군은 보통 한사군漢四郡이라 칭하기도 한다. 일찍이 사군에 대해서는 설치 당초의 위치 및 강역疆域에 대한 자세한 기록이 없어 학자들 사이에서 논란의 대상이 되어 왔다. 이학규는 이 글에서 중국과 우리나라의 역사 기록을 상고하고, 개인적 견해를 덧붙여 사군의 위치를 고증하고 있다. 위의 인용한 부분에서 보이듯 『전한서』에 나온 부분을 상고하고, 이어서 한백겸의 『동국지리지』에

---

226 〈四郡〉, 「東事日知」, 『洛下生集』冊20, "四郡樂浪 · 臨屯 · 玄菟 · 眞番是也. 前漢書漢武帝元封二年, 遣濟南太守公孫遂, 討右渠, 分其地, 爲四郡, 樂浪郡治朝鮮縣, 臨屯郡治東暆縣, 玄菟郡治沃沮城, 眞番郡治霅縣郡. …… 按遼東之失, 在唐文皇以後, 今之鳳凰城, 卽古安市城, 古皆属朝鮮, 眞番之必在遼東無疑矣. 又或以樂浪爲今慶州, 韓久菴三韓辨, 辨之甚詳, 一按可知也."

실린 「삼한변」과 유득공의 「이십일도회고시」의 주석을 상고하여 그 지리적 위치를 고증하고 있는 것이다.

한백겸은 「삼한변」에서 조선현은 지금의 평양이고, 동이현은 지금의 강릉이며, 옥저성은 지금의 함경도로 모두 근거가 있어서 속일 수 없다고 하였다. 또한 삽현군은 비록 그 소재를 알 수 없으나, 진번은 또한 반드시 현토 서북쪽 땅에 위치해 있어 현토와 함께 합쳐진 것이라고 하였다. 유득공은 낙랑의 군치는 평양성이었고, 임둔의 군치는 동이현이었으니 지금의 강원도 강릉부이고, 현토는 동옥조성을 다스렸으니 지금의 함경도 함흥부이며, 진번군은 삽현을 다스렸는데 요동에 있다고 하였다. 사군의 위치에 관한 문제는 이익의 글 「조선사군朝鮮四郡」에서도 보인다.[227] 이익은 한나라가 조선 땅을 빼앗아 사군을 만들었으니, 사군은 본디 우리나라에 속한 것이라고 하여 자국의 강역에 대한 역사인식을 드러냈다.

둘째, 여러 문물제도에 대한 고증적·분석적 접근이다. 문물제도의 범주에 속하는 조목은 전체 분량 중 가장 많은 비중을 차지한다. 이학규는 우리나라의 다양한 문물제도에 대해 관심을 갖고 세세한 부분까지 고증하고 있는바, 국내외 자료를 종횡으로 이용하여 그 의미와 기원을 고증하고 있는 점에서 미루어 볼 때 저자의 광범위한 식견과 독서 폭을 짐작하게 한다. 일상의 소소한 부분까지도 치밀하게 파고들어가 여러 문물제도의 의미와 기원을 고증하면서, 국내외 역대자료를 종횡으로 이용하여 분석하였다.

이와 같이 사물을 대하는 시각과 태도가 고증적·분석적 접근방식으로 이루어져 있는데, 이는 바로 이학규의 실증적 학문태도를 반영

227 李瀷, 『星湖僿說』제3권 天地門, 「朝鮮四郡」.

하는 것이다. 「동사일지」에는 '언제 시작되었는지 알 수 없다.[不知始於何時]'라는 구절이 여러 조목에 반복되어 나타나는데, 이는 바로 저자의 지적 탐구욕이 표출된 표현으로 보인다. 이학규는 김해에 유배되어 내려간 뒤에 자신의 지적 탐구에 대한 갈증을 해소할 길이 없어 항상 답답한 심정을 호소한 바 있다.

> 지금 문묘의 정전을 대성전이라 한다. 살펴보건대, 『송사』 휘종 숭녕 3년에 벽옹에 전명을 하사하였는데 '대성'이라 하였다.[228]

이 글은 〈대성전大成殿〉에 실려 있는데, 26글자로 이루어진 짧은 편폭의 글이다. '벽옹辟廱'은 '벽옹辟雍'이라 하기도 하는데, 주周나라 때 설립한 태학으로 후한 이후의 왕조에서도 이를 두어 향음주례鄕飮酒禮·대사례大射禮 등을 거행하고 제사를 지냈던 곳이다. 이 글에서는 일상에서 보아왔던 대성전의 명칭 문제까지도 지적 호기심의 영역에 포함시켜 고증하는 학문태도를 살필 수 있다. 이와 같이 일상에서 소소하게 마주치는 것들까지도 치밀하게 따져보고 확인하는 태도는 「동사일지」 전반에 걸쳐 나타나는 특징이라 할 수 있다.

> 임금의 수레 앞뒤에서 북치고 피리 부는 사람을 조라치[照羅赤]라 하는데, 선전관청의 하인이다. 『고려사』 신우전에 "우리 태조가 말 앞에서 나팔을 불게 하니, 도성 사람들이 나팔 소리를 듣고 모두 기뻐하였다. 우가 영비 및 최영과 함께 팔각전에 있었는데, 최영이 나가려고 하지 않았다. 취라치[吹螺赤]인 송안이 담에 올라 나팔을 불자, 군사들이 일시에 담을 무너뜨리고 뜰로 모여들었다."고 하였다.

---

228 〈大成殿〉, 「東事日知」, 『洛下生集』冊20, "今聖廟正殿曰大成殿. 桉宋史徽宗崇寧三年, 賜辟廱殿名曰大成."

생각건대, '조라照羅'와 '취라吹螺'의 소리가 서로 비슷하여 지금 이름이 된 것이다.[229]

이 글은 〈조라치照羅赤〉이다. 조라치[照羅赤]는 선전관의 하인으로 취라吹螺와 군악을 관장하는 사람을 말한다. 저자는 조라치의 명칭의 유래에 대해 고증하면서, 『고려사』 신우전辛禑傳에 나와 있는 내용을 인용하여 이해를 도왔다. 저자는 취라치[吹螺赤]인 송안이 나팔을 불었다는 대목에 주목하여, '조라照羅'와 '취라吹螺'의 소리가 서로 비슷하여 지금 이름이 된 것이라고 하였다. 박지원朴趾源은 조라치에 대해서 우리나라에서 삼청三廳의 하인을 조라치[照羅赤]라 하니, 아마 고려 때의 옛 말인 듯하다고 하였다. 그리고 그때는 외올畏兀의 말을 많이 배웠으니 조라치도 역시 몽고말이었을 것이라고 하였다.[230] 그런데 조라치에 관한 내용은 이가환의 저술인 『정헌쇄록貞軒瑣錄』에도 수록되어 있다.

오늘날 선전관청에 조라치[燭剌赤]라는 직제가 있는데, 이 또한 원나라 때의 제도이다. 『원사』 「백관지」에 "의란국의 액정이 조라치를 거느린다."고 나와 있는데, "촉燭"은 곧 "조照"이다. 지금 우리 풍속에서 혼례에 쓰이는 '나촉剌燭'을 '나조剌照'라 하니, 그 증거로

---

229 〈照羅赤〉, 「東事日知」, 『洛下生集』冊20, "大駕前後皷吹手曰照羅赤, 隸宣傳官廳. 高麗史辛禑傳, 我太祖於馬前吹螺, 都人聞螺聲皆喜. 禑與寧妃及崔瑩在八角殿, 瑩不肯出. 吹螺赤宋安登墻吹螺, 諸軍毁垣闌入于庭. 意者, 照羅與吹螺聲相近, 仍爲今名耳."

230 朴趾源, 『燕巖集』卷之十四○別集 『熱河日記』 「口外異聞」 〈照羅赤〉, "蒙古譯言必闍赤者, 書生也, 八合識者, 師傅也. 我國內三廳下隷, 號照羅赤, 此當因襲高麗之舊. 麗世多習畏兀語, 照羅赤者, 必蒙語也."

삼을 수 있다.[231]

이 글은 이가환의 저술인 『정헌쇄록』이다.[232] 「동사일지」에서는 조라치의 명칭의 유래에 대해 고증한 반면, 『정헌쇄록』에서는 조라치라는 제도에 관해 기록하였다. 『정헌쇄록』은 저자가 오랜 기간 관심 깊은 소재나 의심나는 사안, 때로는 일시적 궁금증에 늘 시선을 고정하고, 독서체험 · 견문 · 직접체험 등의 다양한 경로를 통해 이를 해결한 후 자유롭게 기록한 잡기이다.[233] 이러한 견해로 본다면, 이가환의 저작인 『정헌쇄록』과 이학규의 저작인 「동사일지」는 우리나라의 역사와 지리, 풍속 등 다양한 분야에 걸쳐 고금의 역대자료를 이용하여 고증하고 있다는 점에서 그 성격이 매우 유사하다. 실제로 두 저작을 비교해 보면, 제목이 동일한 조목도 발견되고 유사한 내용의 조목도 보인다. 다만 『정헌쇄록』에는 각 조목의 제목명이 달려있지 않은 점, 여항인 및 역사적 인물에 대한 내용적 특징을 보이는 점이 「동사일지」와의 차이점이라 할 수 있다.

셋째, 민간풍속에 대한 관심과 기록화이다. 이학규는 현실에서 보이는 서민생활과 민간풍속에 지속적인 관심을 갖고 그것에 관한 내용을 기록으로 남겼다. 이는 이학규가 겪어야 했던 유배생활과 무관하지 않다. 유배지역에서 서민들과 가까이에서 접촉하고 함께 생활

---

231 李家煥, 『貞軒瑣錄』, "今宣傳官廳, 有燭剌赤, 此亦元制也. 元史百官志儀鸞局掖庭領燭剌赤, 燭卽照也. 今俗呼婚禮所用剌燭, 爲剌照, 可驗." (번역은 『민족문학사연구』제30호(404~405면, 2006)에 실린 것을 따랐다.)

232 이가환의 『貞軒瑣錄』은 민족문학사연구소에서 역주한 바 있으며, 『민족문학사연구』제30호(2006)와 제31호(2006)에 실려 있다.

233 정은진, 「이가환의 『정헌쇄록』해제」, 『민족문학사연구』제31호, 민족문학사학회, 2006, 463면.

하면서 그들의 정감어린 모습을 포착하고 그러한 것들을 자신의 학적 세계로 수용하여 기록화하였다. 평소 서민생활과 민간풍속에 대한 저자의 관심이 「동사일지」에도 그대로 반영되어 나타난 것이다. 여기에는 설날에 세배하는 풍속과 단오에 그네 뛰는 풍속, 망건과 윷놀이에 이르기까지 다양한 민간풍속에 관련한 내용이 포함되어 있다.

> 유동劉侗의 『제경경물략帝京景物略』에 보면 정월 초하룻날 집안의 어른에게 어린사람이 반드시 절을 하였고, 친척이나 친구 사이는 돈을 주고 서로 절했는데 이것을 배년拜年이라 한다. 지금 풍속에 세배하는 법은 여기에서 나온 것으로 생각된다.[234]

이 글은 〈정월세배正月歲拜〉이다. 저자는 정월 초하룻날 행하는 세배에 관심을 갖고, 그 기원에 대해 기록하였다. 이 글에는 명나라 때 저작인 『제경경물략帝京景物略』의 내용을 참고하여 세배의 기원에 대해 고증하였다. 『제경경물략』은 명나라 때 유동劉侗과 우혁정于奕正이 공동으로 편찬한 저술이다. 모두 8권으로 되어 있으며, 당시 북경의 경물에 대해 기록한 일종의 중국 세시기에 해당한다. 이 글에서 보는 바와 같이 이학규는 일상의 소소한 부분까지 놓치지 않고 학적 범주에 편입시켜 세밀하게 고증하는 학문태도를 지니고 있었음을 알 수 있다. 또한 중국 세시기인 『제경경물략』의 내용을 인용하여 고증하고 있어 이학규의 다양한 분야에 걸친 광범한 독서범주를 가늠케 한다.

---

234 〈正月歲拜〉, 「東事日知」, 『洛下生集』冊20, "劉侗帝京景物略, 正月元朝, 家長少畢拜, 姻友投箋互拜, 曰拜年. 今俗歲拜之法, 想本于此."

Ⅳ. 해배 이후의 삶과 시문 창작

이학규는 유배된 지 24년이 지난 1824년 4월에 해배解配가 결정되었다. 그는 유배지의 억압된 공간에서 벗어나 고향에 돌아온 이후 다양한 문인들과 교유하였다. 정약용의 자제들을 비롯하여, 신위와 그의 아들, 그리고 유배 이후 소식이 끊겼던 한재렴의 아들을 만나 시문을 주고받으며 문학적 교유의 폭을 넓혀 나갔다. 또한 추사 김정희를 비롯한 서울의 유수한 문인들과도 시문수창을 하였다. 곧 해배된 이후에는 유배시기에 비해 주로 시문 수창과 차운 등 교유를 통한 시문 창작이 집중적으로 나타났다.

이학규는 유배지에서 해배된 이후에도 서울에 정착하지 못한 채 김해지역을 왕래하면서 만년을 보냈다. 이때에 그곳의 지역문사와 시문을 주고받았으며, 노년의 회한과 심사를 시문에 담아내기도 하였다. 해배 이후에 지은 시문은 『낙하생집』 책18과 책19에 실려 있다. 책18에는 고불고시집觚不觚詩集(1824), 백문창화집白門唱和集(1824), 각시재재집卻是齋再集(1829~1830), 국반재집菊半齋集(1833), 습유拾遺가 수록되어 있고, 책19에는 각시재집卻是齋集(1824~1827)이 수록되어 있다.

1. 해배 이후의 삶과 문학적 교유의 확대

1) 해배 이후 그의 처지

이학규가 유배형의 굴레에서 벗어나는 순간은 유배된 지 24년이 지나서야 찾아왔다. 그는 1823년 8월에 정계停啓되었으나 석방되지 않았다가, 1824년 4월에 마침내 해배解配가 결정되었다. 그의 나이 55세 되던 해였다.

> 의금부에서 인천 유학 이재종이 그의 아버지 이학규를 정배에서 풀어주기를 빈 것과 청주의 유학 신명록이 그 아버지 신여권을 정배에서 풀어줄 것을 빈 일로 인하여 복계하기를, "대계가 이미 정지되었으니 사유하여 석방함이 합당합니다."하니 그대로 따랐다.[235]

이 글은 『순조실록』 24년 4월 8일조의 내용이다. 이학규의 맏아들인 이재종李在種이 의금부에 소청함에 따라 해배가 결정되었음을 알 수 있다. 이학규와 같은 해에 유배를 갔던 정약용이 1818년에 해배된 것에 비하면, 이학규의 유배기간은 전례를 찾아볼 수 없을 정도의 긴 시간이었다.

해배가 결정되고 오랜만에 고향 땅을 밟은 이학규는 당시의 소감에 대해 다음과 같이 고백하였다.

> 저는 지난 봄 은혜를 입어 고향에 돌아와 선영에 절하였습니다. 남쪽으로 내려갈 때를 생각해보니, 연로한 어머니는 문을 반쯤 열고 눈물을 흘리셨고, 아내와 자식들은 서로 마주보며 오래도록 통곡했

235 『純祖實錄』 24년(1824) 4월 8일.

> 습니다. 이때에 오직 아득하게 무덤만 있을 뿐이니, 사람이 목석이 아닌지라 간장이 얼마나 남았겠습니까? 작은 집은 담장도 없는데, 어린 손자는 한참을 찬찬히 보다가 절을 하고, 생면부지의 며느리는 눈물 머금고 목이 메어 안부를 물었습니다. 이에 다음 날 크게 토하고 나서, 겨우 떨치고 일어나 한양에 들어갔습니다. 청니방에 있던 옛집은 궁하여 잡초우거진 터가 되었고, 손수 심었던 나무들은 높게 자랐거나 그루터기가 되었습니다. 친인척과 옛 친구, 문하의 서리와 하인에 미쳐서는 10여 명을 제외하면 모두 귀신의 명부에 떨어졌습니다. 담장이 잇닿은 이웃집들은 면목이 크게 변하여 노새의 먼지와 말똥은 다만 사람의 뜻을 어지럽게 하였습니다.[236]

이 글은 김면운金勉運에게 답한 편지글의 일부이다. 유배지에서 지낸 24년 동안 한시도 잊지 못했던 가족들과 고향이었다. 꿈에서조차 간절하게 바랐던 자유의 몸이 되어 돌아온 고향의 모습은 더 이상 그가 기억하고 있던 예전의 모습이 아니었다. 자신이 유배되어 남쪽으로 내려갈 때 눈물 흘리며 배웅했던 모친과 부인은 이제 고인이 되어 무덤만 덩그러니 남아 있다. 이학규는 유배지에서 모친과 부인이 세상을 떠났다는 소식을 접할 수 있었다. 그러나 자신의 눈으로 직접 그들의 무덤을 확인했을 때의 심정은 사람의 간장이 녹아 없어질 정도의 깊은 슬픔이었다. 집안의 가장이 부재했던 집안 형편은 영락해질 대로 영락해져서 담장도 없는 작은 집만 남아 있다. 또한 해

236 「畣金勉運書」, 『洛下生集』冊19○洛下生藁[下] 卻是齋集, "僕去春蒙恩宥, 歸省先壟. 憶下南時老親闖門涕泣, 妻孥相向長慟. 此時惟漠然抔土, 人非木石, 肝腸餘幾. 斗屋無牆壁, 稚孫熟視良久乃拜, 子婦面生, 猶含涕嗚咽, 問起居. 乃經日大吐下, 甫抖擻入漢師. 故家在靑泥坊, 鞠爲蕪墟, 所手種木植, 或喬或枿. 姻親故舊逮門下胥隷, 除十許人外, 悉落鬼簿. 連牆比屋, 面目一變, 驢灰馬通, 徒亂人意."

배되어 돌아온 자신을 맞아주는 것은 생전 처음으로 할아버지를 만나게 되어 낯설어하는 어린 손자와 생면부지의 며느리가 있을 뿐이다.

유배 이전 단란한 가족을 영위했던 모친과 아내 대신 낯선 가족의 모습에서 이학규는 다시 한 번 고독감을 절감했다. 변한 것은 자신의 가족 뿐만이 아니었다. 청니방靑泥坊에 있던 옛집은 폐허로 변해버렸고, 예전에 교유했던 사람 가운데 세상을 뜨지 않은 사람은 겨우 10여 명 정도에 불과하다고 하였다. 담장을 나란히 했던 이웃집도 예전과는 많이 달라져서 보는 사람의 마음을 심란하게 만들었다. 과거의 기억 속에 존재하던 고향의 모습과 이학규가 맞닥뜨린 현실의 모습 사이에는 24년간의 세월의 공백이 자리한다. 이처럼 모든 것이 너무나 달라져버린 현실 앞에서 이학규의 고독감과 단절감은 증폭되었다.

저물녘 빛 벌레소리에서 먼저 알 수 있고	暮色先從蟲語知
텅 빈방에 등잔불 마음이 더디구나.	虛齋燈火意遲遲
주적회향[237]의 일 따르고자 하니	追將酒滴灰香事
벌 소리에 화답하여 국화 그림자 시 짓노라.	細和蜂聲菊影詩[238]

이 시는 1824년 가을에 지어진 것으로, 해배되어 돌아온 지 얼마 되지 않았을 때이다. 가을날 저녁 무렵 방 안에 혼자 있으면서 시작詩作을 하는 이학규의 모습이 그려진다. 1구의 벌레 우는 소리에서

---

237 酒滴灰香 : 陸魯望의 시에 '술 따르니 재 향기는 지난해와 같구나[酒滴灰香似去年]'라는 구절이 있다. 또한 朱子의 편지에 "술을 마시매 재[灰]가 있다."는 말이 있는데, 여기에서 재는 찌꺼기라는 뜻이다. 陸放翁이 말한 "당나라 사람은 赤酒의 찌꺼기를 좋아했다."고 한 것과 육방옹의 시 구절은 모두 이것을 가리킨 것이다.

238 「次崔增李仁田(德種)秋夕感裏」, 『洛下生集』冊18○洛下生藁[上] 白門倡和集.

저녁이 된 것을 알 수 있다고 하여 시인이 방 안에서 홀로 지낸 시간이 상당히 경과했음을 알 수 있다. 텅 빈 방에서 타는 등잔불은 이학규의 마음처럼 더디고 더디다. 이러한 때에 그가 할 수 있는 일은 무엇인가. 마음에 맞는 시를 짓는 일일 것이다. 이에 이학규는 국영시菊影詩를 짓는다고 하였다.[239] 술과 시작詩作을 통해 내면의 깊은 시름을 달래려는 이학규의 모습이 드러난다.

굽은 골짝에 해 지고 부슬비 내리는데	回谿日落雨霏霰
비 지나고 구름 비끼니 어둠에 잠기네.	雨過雲橫暝色淹
이곳은 모름지기 잠자리야 편안하지만	是處也須安枕簟
이 몸은 수염 무성한 늙은이라네.	此生贏得老髭髯
달빛이 솔 그림자 흔드니 난간에 일렁이고	月篩松影全搖檻
바람맞은 차 연기 처마에 도로 드는구나.	風抑茶煙倒入櫚
타향에서 더위 먹은 일 많았기에	爲是異鄕饒飮暍
해마다 이 저녁엔 병으로 시름한다네.	每秊今夕病懨懨[240]

위에 인용한 시는 해배 이후 이학규가 벗인 신위에게 부친 것이다. 이 시는 한 연이 바뀔 때마다 시상의 전환이 이루어진다. 곧 수련에서 경景을 읊은 뒤 함련에서는 정情을 읊고, 다시 경련에서 경景을 읊은 뒤 미련에서 정情을 읊는 방식이다. 수련에서는 비 내린 뒤 어둠이 내린 정경을 표현했다. 함련은 이학규가 신위에게 자신의 처지와 근황에 대해 말한 내용이다. 거처는 편안하게 지낼 만하지만,

---

239 신익철은 「茶山과 다산학단의 菊影詩 창작과 그 의미」(『한국실학연구』16, 한국실학학회, 2008)에서 이학규의 菊影詩를 언급한 바 있다. 이학규의 菊影詩 창작에 대해서는 제2부 II. 이학규의 화훼 취미와 菊影詩 창작 참조.

240 「小晴夜奉寄申紫霞, 兼柬權米山」, 『洛下生集』冊18○洛下生藁[上] 拾遺.

이제는 나이 들어 수염이 무성해져 버렸다고 하여 자신의 노년의 처지에 대해 한탄하고 있다. 경련에서는 다시 주위 풍경으로 시상이 전환된다. 밤이 되어 내린 달빛에 소나무 그림자가 난간에 일렁이고, 차 연기는 처마 밑에 맴돈다. 달빛 뿌리는 밤에 홀로 차를 끓이는 시인의 소박한 정경이 표현되었다.

미련에서는 다시 자신의 지금 신세에 대해 벗에게 토로하고 있다. 오랜 유배생활 동안 익숙하지 않은 환경 속에서 지내면서 시인은 더위 병을 얻게 되었다. 그리고 그 병은 없어지지 않아, 해마다 이즈음엔 병이 도져 고생하는 정황을 상대방에게 알리고 있는 것이다. 이 시는 이학규가 해배 이후 지난 세월을 한탄하고, 병으로 고생하는 노년의 처지에 대해 상대방에게 곡진한 심정으로 말하고 있는 작품이다.

해배 이후 이학규는 선영이 있는 인천 소래산 아래의 교사僑舍에서 친분 있던 사람들과 해후를 하였다.[241] 하지만 평천교사平泉僑舍에서의 생활은 오래 지속되지 않았다. 꿈에서조차 그리워하던 고향 집에 돌아온 이후 달라진 고향의 모습과 변해버린 사람들에 괴리감을 느끼던 이학규는 결국 다시 남쪽으로 발길을 돌렸다. 이학규가 다시 김해로 내려간 때는 해배된 바로 그해 가을이었다.[242] 해배된 때가 4월이었으니, 반년 남짓 만에 다시 유배지인 김해를 찾아간 것이다.

---

241 洛下生集冊十八○洛下生藁[上] 白門倡和集「平泉僑舍, 同李石扇金秋山拈韵, 賦得崔木翁菊欄故墟」; 洛下生集冊十八○洛下生藁[上] 白門倡和集「早秋夕平泉僑舍, 同柳公佩 玉鳴, 李希吉, 金稺問, 族弟寬逵, 座間拈韵共賦」; 洛下生集冊十九○洛下生藁[下] 郤是齋集「暮晴, 李石扇, 柳晚埜, 金秋山, 小集平泉僑舍, 席間拈韵共賦」

242「重九日同鄭宅升使君從西林寺步至霧龜菴」,『洛下生集』冊19○洛下生藁[下] 郤是齋集.

그리고는 생애 마지막까지 한 곳에 정착하지 못한 채 남쪽 지역을 왕래하면서 만년을 보냈다.

신위는 이와 같은 이학규의 사정에 대해 "사는 형편이 쓸쓸하여 아직도 천리 김해 소금 굽는 땅을 왕래하니, 이것이 어찌 다만 낯익은 곳이라서 그렇겠는가."라고 말한 바 있다.[243] 가까운 거리에서 이학규의 김해행을 지켜본 신위의 이와 같은 발언은 해배 이후 이학규의 안타까운 형편을 잘 나타낸다.

단풍잎 국화꽃 아래 홀로 누각에 기댔는데	病葉寒花獨倚樓
황혼에 조용히 노 저어 남주에 들렀네.	黃昏柔櫓過藍洲
풀벌레는 산창의 밤에 함께 울어대고	草蟲同語山窗夕
벼논의 게는 멀리 택국의 가을이 생각나네.	稻蟹遙憐澤國秋
상락주는 새로 빚어 초하룻날 마셨건만	桑落新醅聊朔飮
정처없이 떠도는 행색 다시 남쪽으로 발길 돌리네.	蓬飄行色又南輈
인생의 오랜 헤어짐 원래 정해진 바 없으니	人生契闊元無定
몇 번이나 골짝에 내린 배를 맞이할는지.	能幾重迎下峽舟[244]

이 시는 정약용이 이학규의 방문 뒤에 지은 것이다. 오랜 만에 만난 정약용과 이학규는 새로 빚은 술을 주고받으며 그동안의 회포를 풀었다. 그러나 반가움도 잠시, 이학규는 다시 남쪽 지역을 향해 길을 떠났다. 여기에서 정약용이 말한 남쪽으로 내려가는 나그네는 다

---

243 申緯, 『警修堂全藁』冊18 北禪院續藁五, 「醒叟之北歸也, 雖寓居忠峽, 而生事蕭然, 尙往來千里金官煑鹽之地, 是奚但爲桑宿而然也. 近有人誦其與詩僧昊淨譚禪之作, 詞氣傑然, 尙有不隨年而衰, 不以貧而餒者, 甚可敬也. 卽次原韻爲二詩, 亦要醒叟之知余近狀, 尙不廢吟哦也.」

244 丁若鏞, 「九月二日惺叟至」, 『與猶堂全書』第一集詩文集第六卷○詩集 松坡酬酢.

름 아닌 이학규를 가리킨다. 정약용은 마치 쑥대가 나부끼듯 정처 없이 떠도는 이학규의 외로운 처지에 대해 안타까운 연민의 시선을 보내고 있다. 곧 해배된 이후에도 고향에 정착하지 못하고 형편이 곤궁하여 김해로 내려가는 이학규의 처지에 대해 정약용은 시를 지어 위로했다.

해배 이후에도 이학규는 지속적으로 남쪽 지역을 왕래하면서 그곳의 승경을 유람하고 지역문사들과 시문을 주고받았다.[245]

조수 빠지니 고기잡이배 얕은 갯벌에 멈췄고	潮落漁舟閣淺泥
끊어진 노을 푸른 빛 해가 서쪽으로 기우네.	斷霞靑綠日頹西
외로운 돛단배 아늑한 하늘에 이어져 움식이시 않는네	孤帆不動黏天遠
초승달은 물 아래 잠겼다가 은미하게 생겨나네.	新月微生蘸水低
반짝이는 등불들 외딴 섬으로 돌아오고	的皪數燈歸別嶼
단란한 외로운 나무 둑이 평평함을 알 수 있네.	團圞獨樹認平隄
갈매기 한 소리 성산포 너머 들리는데	一聲海鶴星山外
황혼에 깃들 곳이 없는 것인지를 생각하네.	想到昏黃未有栖[246]

이 시는 이학규가 다시 김해지역에 내려갔을 때 지은 것으로, 저녁무렵에 바라본 풍경을 노래한 것이다. 조수가 빠진 갯벌에는 고기잡이배가 멈춰 있는데, 그 위 하늘을 바라보니 노을이 지고 해는 서쪽

245 이학규가 해배 이후 김해지역 주변을 유람한 사실은 여러 시문에서 발견된다. 洛下生集冊十九○洛下生藁[下] 却是齋集, 「春朝同鄭宅升使君, 登西山興府菴」; 洛下生集冊十九○洛下生藁[下] 却是齋集, 「南湖舟中, 戲贈趙奎昇使君」; 洛下生集冊十八○洛下生藁[上] 却是齋再集, 「舟行, 自江倉浦至鳴旨島」.

246 「沙隄晚眺」, 『洛下生集』冊18○洛下生藁[上] 却是齋再集.

으로 기운다. 외로운 돛단배는 움직이지 않고, 해가 진 하늘에 초승달이 가만히 떠오른다. 이때 반짝거리는 등불의 배가 외딴 섬으로 돌아오고, 외롭게 서있는 나무에 둑이 평평한 것을 알 수 있다. 수련에서 경련까지의 내용은 시인의 눈에 들어온 풍경이다. 이상의 시는 붓으로 옮겨 한 폭의 그림으로 그려도 손색이 없을 만큼, 회화적 묘사가 뛰어나다.

이상의 내용이 시각적 이미지를 나타낸 것이라면, 미련에서는 청각적 이미지가 차용되었다. 갈매기의 울음소리가 들리자 시인은 울음소리의 이유를 깃들 곳이 없는 것에서 찾고 있다. 이는 황혼녘에 울음 지으며 날아가는 갈매기를 보고 만년에 정착하지 못한 채 이곳저곳을 떠돌아다니는 자신의 외로운 처지가 감정 이입된 때문이다.

이학규는 1831년에 충청도 충주로 이주한 뒤 그곳에서 일생을 마쳤다.[247]

일도 없고 말도 없이 안석에 기대 있으니	無事無言只據梧
이내 몸은 잠부로 불려도 어울린다네.	此身端合號潛夫
기러기 종의 성급한 소리에 겹옷을 바라고	雁奴聲急尙衣裌
좁쌀 밥 더디 먹으니 사발에 가득하다.	魚子飯遲須滿盂
울타리 틈으로 객의 얼굴 먼저 알 수 있고	籬缺先知來客面
나무 우거져도 먼 이웃의 부르는 소리 오히려 들리네.	樹深猶聽隔隣呼
그윽한 회포는 모두 쟁촉 사이에 맡기니	幽懷一任閒掙觸
낙엽 떨어진 시골집엔 떠들썩한 까마귀만 있구나.	黃葉郵莊有噪烏[248]

247 충주에서 그곳의 지역문사와 교유한 시문에는 洛下生集冊十八○洛下生藁[上] 菊半齋集, 「忠州牧趙景潤, 求賦一詩, 自叙近事, 贈之」가 있다.

248 「暮秋書褱」, 『洛下生集』冊18○洛下生藁[上] 菊半齋集.

이 시는 1833년에 지은 것으로, 이때는 이학규가 충주로 옮겨 살던 시기이다. 이 시기 이후부터 몰년까지의 작품은 아직 발견되지 않고 있어, 현재 전하는 문집 가운데 『국반재집菊半齋集』은 가장 후대의 것이라 할 수 있다. 이 시는 늦가을에 자신의 처지를 묘사하고 회포를 읊은 것이다. 수련에서는 일도 안하고 말도 하지 않은 채 안석에 기대어 지내는 시인의 모습을 나타냈다. 이학규는 그러한 자신에 대해 잠부潛夫로 불려도 적합할 것이라고 하였다. 난세를 만나 강직한 지조 때문에 은거하면서 지낸 후한 때 왕부王符의 모습에 현재 자신의 처지를 비유한 것으로 보인다.

함련에서는 계절적 변화를 알게 하는 경물을 표현하였다. 떼 지어 날아가는 기러기 소리는 계절의 변화를 알려주니 겹옷을 꺼내 입게 되고, 좁쌀로 지은 밥을 더디게 먹는다. '어자반魚子飯'은 『임하필기』에서 햇 좁쌀을 쪄서 만든 밥이라고 하였다.[249] 『물명류해』에서는 '어자반魚子飯'에 대해 서속반黍粟飯이라 하였다.[250] 경련에는 시인의 은거하는 거처를 표현하였다. 이지러진 울타리와 우거진 나무는 시인이 거처하는 곳이 세상 사람들과 거리를 둔 곳에 위치해 있음을 알 수 있게 한다. 시인과 세상 사람들의 공간적 거리는 곧 세상을 향한 시인의 마음의 거리와 일치한다.

미련에서는 시인의 그윽한 회포를 드러냈다. 낙엽들 떨어진 시골집에는 사람들의 모습은 보이지 않고, 시끄럽게 울어대는 까마귀만

---

249 『林下筆記』卷29 春明逸史 「黃孀故事」, "正廟尙於行在所, 命膳夫進魚子飯鱉裙湯海菜羹, 膳夫不解其名. 請于碩齋尹公, 則曰海菜卽甘藿也. 魚子似是粟米, 而鱉裙湯則不知也. 又請于錦大李公家煥, 則曰黃孀故事云, 新粟煮成魚子飯, 東瓜煎出鱉裙湯, 魚子卽新粟之謂, 而鱉裙乃東瓜之稱也."

250 〈魚子飯〉, 「器用部書畵部飮食部」, 『物名類解』.

보인다. 세상과의 화합이 거부된 채 쓸쓸하게 노년을 지내는 동안, 시인의 가슴 속에는 끝없는 회한의 상념이 생겨난다. 이 시는 세상과 동떨어진 시인의 사회적 고립감과 정서적 고독감이 극도로 형상화된 작품으로, 삶의 끝자락조차 평온하지 못했던 이학규의 만년을 돌아보게 한다.

이학규의 구체적인 삶의 행적에 대해서는 행장이나 제문이 남아있지 않아, 그의 문집에 실린 시문을 통해 당시의 사정을 살펴야 한다. 이학규의 노년의 생활은 해배 이후 교유가 활발했던 신위가 지은 시문에서 그 단면을 엿볼 수 있다. 특히 이학규가 세상을 떠난 뒤에 신위가 지은 애도시에는 이학규의 일생이 오롯이 기록되어 있다.

2수

객지의 쓸쓸함 유배지라 더욱 심하고	客地悽惶甚謫鄉
친한 벗 그대로인데 멀리 떨어져 있다네.[251]	親朋依舊隔參商
김해 땅으로 발걸음 멈추지 못하고	未收蹤跡金官國
평생토록 분수 지킨 생애 헛되이 저버렸구나.	虛負平生泌水章
가와 목 두 아들에게 편안함 물려주고	稼牧以安遺二子
집안에 낙도 없이 홀로 마쳤다네.	室家無樂了單牀
지난번 한번 만남이 천고가 되었으니	向來一面仍千古
언제나 옥 같은 시인을 생각한다네.	每憶吟身玉立長

3수

그대와 다산은 일대의 재사이니	君與茶山一代才

251 參商 : 두 별의 이름으로, 參星은 서쪽에 있고 商星은 동쪽에 있어 하나가 나오면 하나는 넘어가 영원히 서로 보지 못한다 하여 흔히 멀리 헤어져 있는 사람에게 비유한다.

시품을 논한다면 구양수와 매요신이라네.　若論風品似歐梅
비가는 끝내 궁달과 무관했고　悲歌畢竟無窮達
위체는 별재에 의탁할 만하였다네.　僞體堪憑有別裁
유배 풀려 서해에서 반갑게 만났더니　西海賜環靑眼在
충주에서 큰 강으로 부음이 전해왔네.　忠州傳計大江來
나도 쇠하여 다시 이 사람 애통해하니　吾衰更爲斯人慟
누가 황종과 와부의 울림[252] 분별하리오.　誰辨黃鍾瓦缶雷[253]

이 시는 신위가 이학규의 죽음을 애도하며 지은 시로, 인용한 부분은 전체 3수 가운데 둘째 수와 셋째 수이다. 신위는 오랜 기간 벗이었던 이학규에 대해 누구보다 잘 알고 있었다. 그렇기 때문에 이 시는 신위가 쓴 이학규의 삶에 대한 기록이자, 시로 쓴 행장이라 할 수 있다.

첫째 수에서는 정약용과 이학규가 함께 유배형에 처해진 사실을 말하였다. 이어서 이아와 모시학에 정밀했던 이학규의 학문 성향을 표현했다. 둘째 수에서는 이학규가 해배된 이후에도 정착하지 못하고, 김해지역을 왕래하는 쓸쓸한 노년에 대해 말하였다. 그리고 집안에 낙이 없이 두 아들을 남겨둔 채 홀로 세상을 떠난 사실을 나타냈다. 셋째 수에서는 정약용과 이학규의 시품에 대해 각각 구양수와 매요신에 비유하였다. 송나라 때 시로써 교분을 나누었던 구양수와 매요신에 두 사람을 비유함으로써, 유배시기부터 빈번한 시문수창과 저술왕래를 통한 교유를 잘 나타냈다. 그리고 해배되어 서해에서 기

252 黃鍾瓦缶雷 : 屈原의 『楚辭』〈卜居〉에 "황종이 버림받고 질그릇 우레처럼 울리니, 참소하는 사람은 높고 왕성하게 되고 선비는 이름이 없네[黃鍾毁棄瓦釜雷鳴 讒人高張 賢士無名]."라고 하였다.

253 申緯, 「哀李醒叟 三首」, 『警修堂全藳』冊23 祝聖初藳.

뺀 해후를 하였으나, 충주에서 부음 소식을 들었다고 하여 그곳에서 생을 마감했음을 나타냈다.

마지막으로 신위는 깊은 우정을 나누었던 벗을 떠나보낸 슬픔에 대해 표현했다. 신위는 어떤 행장과 묘지명에 비해도 손색이 없을 만큼, 이학규의 생애를 간결하면서도 정확하게 나타냈다. 이는 두 사람이 오랜 시간 교유하면서 상대의 성품과 내면의 심사, 그리고 그의 문학과 학문 성향에 대해 올바르게 파악하고 있었기에 가능한 것이다. 그리고 진정에 기반한 두 사람의 깊은 우정을 보여주는 것이기도 하다.

2) 다산茶山과 그 자제들과의 교유

유배지에서 돌아온 이후 이학규는 여러 문인들과 활발하게 시문을 주고받았다. 그의 교유관계를 살펴보면, 대체로 유배 이전에는 남인계 문사와 한재렴과의 교유가 주를 이루었다. 유배기에 접어들면 한재렴과의 교유는 끊어지고, 유배지의 지역민들과 정약용, 이명규과의 교유가 주를 이루었다. 특히 정약용과의 지속적인 시문과 저술 왕래를 통해 현실 인식이 감발되어 창작으로까지 이어졌다. 해배된 이후에는 신위와 잦은 교유가 이루어졌다. 특히 이 시기에는 정약용과 신위, 한재렴의 자제들과도 시문수창이 이루어져 이전 시기에 비해 교유의 폭이 확대되고 심화된 점을 특징으로 꼽을 수 있다.

이학규와 정약용은 신유사옥으로 동시에 국토의 최남단에 유배되었다. 이학규의 집안과 정약용의 집안은 대대로 혼인을 맺는 등 세교世交가 있었고, 이학규는 여덟 살 연상인 정약용을 '척장戚丈'이라 부르는 등 같은 남인계 문인으로서 동류의식을 지니고 있었다.[254] 두 사람의 교유는 유배 이전에는 잘 보이지 않다가, 유배 이후에 본격적인 교유가 나타난다.[255] 이학규와 정약용의 교유는 두 사람이 각각 김해와 강진으로 유배된 뒤에 활발하게 전개되었다. 두 사람은 유배지에서 서로의 시문과 저술을 주고받기도 하였으며, 서신왕래를 통해 유배객으로써 느끼는 동병상련의 슬픔을 위로하기도 하였다. 유배지에서 두 사람의 시문수창이 이루어진 사실은 정약용이 직접 그의 문집에서 밝힌 바 있다.[256]

이학규와 정약용은 동 시기에 유배되어 서로의 고충을 위로하였고, 해배된 이후에도 변함없는 교유를 이어갔다.

두릉 협구에 비구름 걷히니	斗陵峽口雨雲收
푸른 물 어둑하여 흐르지 않는 듯.	碧水沈沈似不流
강가에 쌓인 돌 무쇠 빛 흐려지고	積石緣江渾鐵色
뭇 산에 해 뜨자 뱃머리에 닿았네.	亂山出日當舡頭
두견이 한번 울자 어딘지 알 수 없고	子鳺一吷不知處
금봉의 수많은 봉우리 마주하니 시름겹네.	金鳳數尖相對愁
생각건대 초옹은 깊은 나무그늘 안에서	想見苕翁深樾裏

254 「答丁參議若鏞書」, 『洛下生集』冊15 文漪堂集, "某頓首言. 四月初, 得從兄書, 兼致戚丈訊疏及穉箕昆弟書. 數十年來, 再奉手滋, 積瘁之餘, 菁華不耗, 且眷念周緻, 慰譬甚至."

255 이학규와 정약용의 교유에 관해서는 백원철, 「낙하생과 다산의 동인적 결속과 실학사상의 전개」, 『공주사대논문집』 26, 1988 참조.

256 丁若鏞, 『與猶堂全書』第一集詩文集第五卷○詩集, 「寄惺叟三十韻」, "惺叟在金官, 和余詩甚多, 如云江滄農歌十章, 和余耽津農歌之類也. …… 讀之悽惋, 爲寄長句, 因憶辛酉春. 余謫長鬐, 惺叟謫綾州, 我爲嶺而彼湖也. 其年冬, 余徙耽津, 惺叟徙金官, 湖嶺換局也."

아침마다 술 거르고 배 멈추길 기다리겠지. 連朝漉酒候維舟[257]

이 시는 이학규가 해배된 이후에 정약용을 만나러 두미斗尾로 향하는 배 안에서 지은 것이다. 수련과 함련에서는 두릉의 경치에 대해 묘사하였다. 비구름 물러나자 어두컴컴하여 마치 흐르지 않는 것 같은 푸른 물이 모습을 드러낸다. 해가 뜨자 수많은 산봉우리의 그림자는 이학규가 타고 있는 뱃머리에 닿는다. 뭇 산들에 둘러싸인 협구의 모습을 사실적으로 표현한 부분이다. 마지막 미련에서 이학규는 자신을 기다리고 있을 정약용의 모습을 상상했다.

두 사람은 같은 시기에 유배를 갔으나, 해배는 정약용이 이학규보다 6년 먼저 이루어졌다. 그래서 정약용은 자신의 거처에서 이학규와의 재회를 기다리고 있는 것이다. 짙푸른 나무그늘 아래에서 이학규에게 대접할 술을 아침마다 거르고 지나가는 배가 멈추길 바라는 정약용의 모습에서 상대를 향한 애틋한 그리움이 느껴진다. 두 사람은 함께 유배되어 장기간의 유배생활을 보내면서 서로의 고충에 대해 누구보다 잘 알고 있을 것이다. 오랜 유배생활을 끝내고 돌아오는 이학규를 기다리는 정약용의 정겹고 따뜻한 모습에서 두 사람 사이의 친밀감을 짐작할 수 있다.

이학규가 해배 이후 정약용에게 보낸 시를 한 수 더 살펴보기로 한다.

헤어짐 아쉬워 오래도록 작은 정자에 기대니 惜別支離倚短亭
늘어진 버들가지 성긴 틈으로 아득히 물가 보이누나. 垂楊踈處見遙汀
저물녘 떠가는 배는 머무는 듯 보이고 征帆向夕看如駐

257 「斗尾舟中」, 『洛下生集』冊19 ○洛下生藁[下]䣘是齋集.

술기운 서늘함 맞으니 도리어 깨어나네.	殘酒迎凉坐郤醒
서신 오가면 모름지기 기러기 오는 계절이니	書遞動須賓雁節
시정으로 정히 『종어경種魚經』을 읽어야 하리.	詩情定讀種魚經
예전 기약 손꼽아봄에 새 봄날이니	前期屈指新春日
물푸레나무 여울가의 풀 푸를 때라네.	梣木灘頭草始靑[258]

이 시는 이학규가 정약용의 시에 차운해서 지은 것으로, 두 사람이 이별한 뒤에 상대를 그리워하는 마음이 잘 드러나 있다. 수련과 함련에서는 헤어짐이 아쉬워 차마 쉽게 발걸음을 떼지 못하는 시인의 모습이 그려져 있다. 늘어진 버들 사이로 보이는 물가는 아마도 정약용이 거처하는 곳일 것이다. 저녁 무렵 떠가는 배가 머무르는 듯 보인다는 표현은 좀 더 상대의 곁에 머무르고 싶은 시인의 심사를 대변해주는 듯하다. 경련과 미련에서는 다음에 만날 기약을 손꼽아 헤아려보는 시인의 모습이 표현되었다. 기러기 오는 계절은 가을이다. 시인은 헤어진 뒤 돌아가서 편지를 보내면 가을이 될 것이니 시정詩情으로 『종어경種魚經』을 읽어야 할 것으로 생각하였다. 『종어경』은 명대 사람인 황성증黃省曾이 지은 것으로, 『양어경養魚經』으로 불리기도 한다. 이학규는 새봄에 다시 정약용과 만날 것을 손꼽아 기다린다고 하였다.

이 시는 전편에 흐르는 상대방을 향한 시인의 애정과 그리움 가득한 마음을 느낄 수 있는 작품이다. 이 시의 아래에는 정약용이 보낸 시가 부기되어 있다.[259] 이학규의 문집에는 시의 창작 연도가 나와

---

258 「次韻洌水翁初秋江上贈別」, 『洛下生集』冊18 〇洛下生藁[上]菊半齋集.

259 丁若鏞, 『與猶堂全書』第一集詩文集 第六卷〇詩集 松坡酬酢, 「送惺叟還山」, "山客思歸倚水亭, 綠楊紅蓼滿迴汀. 蒸雲縱似圍難解, 殘暑今如醉欲醒. 老約恐

있지 않지만, 정약용의 문집인『여유당전서與猶堂全書』에는 임진년(1832) 가을로 되어 있어 창작 시기를 알 수 있다. 이학규는 1831년 충주忠州 근처로 거처를 옮겼는데, 정약용은 서울의 오랜 벗들과 떨어져 외로운 삶을 보내는 그에 대해 염려하는 심경을 나타냈다.

이상에서 살핀 바와 같이 이학규와 정약용은 유배지에서는 저술 왕래와 시문수창을 통해 현실인식을 공유하였고, 해배 이후에도 지속적인 만남을 통해 시문을 주고받았다. 다음 시는 이학규의 문집에서 정약용에게 부친 시 가운데 가장 마지막으로 보이는 시이다.

궁궁이풀 새로 푸른데 새벽 추위 더해지니	蘼蕪新綠曉寒添
산 빛은 공중에 둥둥 멀리 잠기고자 하네.	山色浮空迥欲霑
무수한 꽃잎 떨어져 바람에 흩어지고	萬點落花風散亂
뻐꾸기 소리에 부슬부슬 비만 내리네.	一聲布穀雨廉纖
병석의 정회는 실을 더하여 맺는 것과 흡사하고	病情偶似絲增結
시 생각은 붓끝이 닳아져도 다름이 없네.	詩思渾如筆退尖
강 가득 붉은빛을 바라보는 것 기쁘니	郤喜滿江紅裏望
두릉 남쪽의 봄물 맑은 주렴에 비치누나.	斗南春水暎淸簾[260]

이 시는 이학규가 병석에 누워있으면서 두릉에 거처하고 있는 정약용을 그리워하는 마음으로 지은 것이다. 이학규는 유배시기에 정약용과 저술을 주고받으면서 현실주의 문학에 감발되기도 하였고, 해배된 이후에는 마음을 터놓고 의지하며 시문을 주고받는 사이였다. 곧 두 사람은 상대방을 진심으로 걱정하고 위로하며 마음에서 우

成題鯽誓, 詩裝聊帶換鵝經. 那堪別後孤栖處, 依舊攢峯對眼靑."

260 「寄斗陵」, 『洛下生集』冊18○洛下生藁[上] 菊半齋集.

러난 교유를 했던 것이다.

이상에서 살핀 바와 같이 이학규와 정약용, 두 사람은 유배지에서 해배된 이후에도 지속적인 만남과 시문왕래를 통해 교분을 이어갔다. 이학규는 유배지에서 정약용의 맏아들인 정학연丁學淵과도 시문을 주고받았다.[261] 정학연은 김해와 강진에 유배되어 있는 이학규와 정약용 사이에서 두 사람의 시문을 전달해주는 역할을 하였다.[262] 특히 그는 일찍부터 이학규에게 시의 품평을 부탁하기도 하고, 자신의 편서인 『오가시적구五家詩摘句』에 이학규의 시 5수를 뽑아 싣기도 하는 등, 이학규의 시적 자질을 높게 평가했다.[263] 이학규는 해배 이후에도 정학연과 지속적인 시문수창을 하였으며, 나아가 정학유丁學游를 비롯하여 정학연의 맏아들인 정대림丁大林과도 시문을 주고받는 인연으로 확대되었다.

강촌에 비온 뒤 기운이 찌는 듯하니	江邨雨後氣猶蒸
잠시 옷깃 풀고 앉으니 두렵기 그지없네.	小坐披衣恐不勝
잎새 하나 흔들리다 바람이 비로소 진정되고	一葉獨搖風始定

---

261 이학규와 정학연의 유배지에서의 교유는 「酬丁穉箕見示春日雜題」(『洛下生集』冊4 因樹屋集)와 「次韻丁穉箕春日過伯津山樓留贈之作」(『洛下生集』冊4 因樹屋集) 등의 시문에 보인다.

262 이러한 정황은 다음 글에 보인다. 「己庚紀事詩序」, 『洛下生集』冊8 因樹屋集, "己巳歲, 丁籜翁在金陵之茶山草菴, 是歲大旱, 餓莩相續, 流民塞路. 乃著田間紀事詩六篇, 付其胤君學箕, 學箕以示余從兄伯津. 伯津寄余書曰, 籜翁今之詞伯也. 詩有風人之旨, 老杜垂老, 無家之後, 無此作也. 仍以其詩付余. …… 詩以諷詠之, 序以詳述之. 始作于己巳季冬, 斷手于庚午孟春, 命之曰己庚紀事, 以寄伯津. 令轉示于學箕, 以達于籜翁, 亦如前日籜翁之詩之委曲示余者矣."

263 정학연의 『五家詩摘句』에 관해서는 김영진, 「버클리대 아사미문고 소장 『五家詩摘句』」(『고전과 해석』 창간호, 고전문학한문학연구학회, 2006) 참고.

수만 마리 매미 서로 연주하니 해가 조금 떠오르네. 萬蟬交奏日微昇
서첨은 시렁에 묶어 두었으니 누될 것이 없고 書籤束閣無爲累
이웃 마을에 찾아 구했으나 하지 못하였네. 鄰社追尋亦未能
백병산에 초승달 비추는 밤 생각하니 想殺白屛微月夜
창 가득 귀뚜라미 소리에 잠을 자도 몽롱하네. 滿囱蛩語睡瞢騰[264]

이 시는 이학규가 정학연에게 부친 것으로, 1833년에 지은 것이다. 이 시의 아래에는 정학연이 차운한 시 두 수가 부기되어 있다.[265] 수련에서는 무더운 날씨에 괴로워하는 시인의 모습을 묘사했다. 강촌에 비가 내리니 습도가 높아져서, 옷깃을 풀어 봐도 찜통 같은 더위가 가시지 않는다. 함련에서는 바람조차 시원하게 불지 않는 무더위 속에서 아침부터 매미 수만 마리가 울어대는 정경을 묘사하였다. 더운 여름날의 전형적인 풍경이다. 미련의 백병산白屛山은 양평에 위치한 산으로, 정약용의 생가 근처에 있다. 시인은 창가에 가득한 귀뚜라미 울음소리에 잠을 설치는 바람에 몽롱하다고 하여, 낮과 밤의 미물에 시달리는 이중고를 나타냈다. 자신의 소소한 일상을 시로 지어서 정학연에게 보일 만큼 두 사람은 격의 없이 지내는 사이였다. 같은 해에 지은 시를 한 수 더 살펴보기로 본다.

대자리의 물결무늬 가을처럼 맑은데 水紋簟子淨似秋
기나긴 날 말없이 낮은 누대에 기대어 있네. 長日無言凭短樓
반쪽 부채만한 미풍에 새 연뿌리 흔들리고 半扇微風新藕動

264 「苦熱, 示酉山」, 『洛下生集』 冊18 〇洛下生藁[上] 菊半齋集.

265 정학연이 차운한 시는 「洛下先生舟向京師, 獨坐凉夕, 卻憶客遊, 次先生苦熱韻」과 「七夕後二日, 天晴有凉意, 閉門無客, 曬書物, 憶洛下先生, 又用前韻」이다.

주렴 같은 성근 비에 어지러운 매미소리 그쳤네.　一簾踈雨亂蟬休
술은 만사를 잊게 하니 반색을 하고　酒能破除須靑眼
시는 맑고 신령하지 않으니 백발이 부끄럽도다.　詩未空靈媿白頭
조그만 정자에 돌아오니 이틀은 묵어야 하나　歸到笠亭應信宿
도리어 남은 원고 들고 떠가는 배 따르네.　郤將殘藁伴行舟[266]

이 시는 비 내리는 서쪽 지당에서 지은 것이다. 수련에서는 여러 날 동안 말도 없이 작은 누대에 있는 이학규의 모습을 나타냈다. 함련에서는 비가 오는 모습을 표현하였다. 바람 불어와 연뿌리 흔들리고, 시끄러운 매미 소리가 그칠 만큼 비가 주룩주룩 내린다. 수련에서는 정적인 시인의 모습을 묘사했다면, 함련에서는 동적인 자연의 모습을 표현하여 대조를 이룬다. 경련에서는 술은 반가운 눈빛으로 대하고, 시 짓기는 백발이 부끄럽다고 하여 이학규의 자조 섞인 목소리를 담아냈다. 미련에서는 예정된 기간의 숙박도 채우지 않은 채, 남은 원고를 가지고 떠가는 배 따르는 시인의 절박한 심경이 나타난다. 이 시는 비 내리는 지당에서 여전히 시 짓기에 고민하는 시인의 고독과 번민이 묻어나는 작품이다.

이 시의 아래에는 이학규의 시에 화답하여 정약용과 정학연, 정학유, 정대림이 지은 시가 차례대로 부기되어 있다. 이학규는 화답하여 받은 각각의 시에 지은 사람의 이름을 함께 명시해 놓았다. 아래에 정학연, 정학유, 정대림의 시를 차례대로 인용해 본다.

〈정학연丁學淵 호 유산號酉山〉

매미 소리 나그네 향해 서로 재촉하는 듯　蟬聲向客似相催

266「西塘雨中」,『洛下生集』冊18○洛下生藁[上] 菊半齋集.

한 줄기 가랑비에 이웃 정원에선 또 술잔을 든다네. 一霎隣園且引杯
갑작스런 더위 점점 더해져 구름같은 나무 짙푸르니 驟熱轉添雲木暗
곱게 개인 것은 단지 물풀 꽃 피었기 때문이네. 嫩晴端爲水花開
목계에 두개의 노를 저어 부러 더디게 출발하니 鶩溪雙槳依遲發
벽사의 외로운 등불 이틀 밤 묵으러 오네. 甓社孤燈信宿來
지난날 생각하자니 흰머리가 절반인데 疇昔商量分華半
이 정은 늙어가매 끝내 쇠하였구나. 此情垂老竟摧頹[267]

〈정학유丁學游 호 운포號耘逋〉

홍로주에 벽옥과 紅露酒兼碧玉瓜
문 앞 지나며 서로 불러 서쪽 집에 이르네. 過門相喚到西家
매미 소리 시원하여 홰나무를 떠나지 않고 蟬吟爽不離槐樹
빗방울 가끔 뿌리니 연꽃이 젖는구나. 雨點稀猶溼藕花
일 년을 통틀어 보니 온통 삭막한데 通計一秊渾索莫
비로소 알겠네, 오늘 밤 번화함 적은 것을. 始知今夕小繁華
난간머리 모여 앉아 서늘함 두루 맞으며 欄頭合坐迎凉遍
앞뜰에 햇발이 비끼기를 기다리네. 且待前墀日脚斜[268]

〈정대림丁大林 유산윤자酉山胤子〉

푸른 오동 붉은 여뀌는 초가을이니 碧梧紅蓼屬新秋
서늘한 바람 끌어당겨 작은 누대에 들여오네. 句引凉風入小樓
진첩[269]을 다시 대하니 드물게 탑본할 만한데 晉帖復臨稀可搨
당시를 부질없이 읊다가 이내 그만두네. 唐詩謾讀倦仍休
갑자기 시골 나그네 만났는데 오히려 반겨주니[270] 乍逢郿客還靑眼

---

267 「和洛下西塘雨中」, 『洛下生集』冊18〇洛下生藁[上] 菊牛齋集.

268 「和洛下西塘雨中」, 『洛下生集』冊18〇洛下生藁[上] 菊牛齋集.

269 晉帖 : 진나라 때 명필 王羲之 등의 書跡이나, 또는 摹本, 刻帖 등을 이른다.

도리어 사옹이 백발된 것을 탄식하네. 郤歎詞翁已白頭
부드러운 순채, 살찐 농어[271] 절기 맞추느라 바쁘니 蓴滑鱸肥忙趁節
창랑에 함께 배 타고 갈 방도 없어라. 滄浪無計去同舟[272]

이상의 시는 이학규가 보낸 시에 정학연과 정학유, 정대림이 각각 화답하여 보낸 것이다. 정대림은 정학연의 맏아들인데, 이학규의 시에 차운하여 화답시를 지었다. 이와 같이 정약용을 비롯한 3대가 함께 시를 지어 보낸 것으로 보아, 그들 집안과 이학규 사이의 오랜 유대감을 짐작할 수 있다. 정학유와 관련해서는 이보다 앞선 일화가 보인다. 예전에 전씨全氏 성을 가진 동자가 두릉에 이르렀는데, 소매에서 부채 하나를 꺼내어 정학포丁學圃에게는 나비를 그려줄 것을 구하고, 아울러 이학규에게는 시를 써줄 것과 정약용에게는 해서를 써줄 것을 요청한 적이 있었다. 학포가 먼저 나비 한 마리를 그리고, 이학규는 학질에 걸려 기력이 쇠약하여 병을 무릅쓰고 절구 두 수를 지었으며, 정약용도 흔연히 붓을 잡아 써주었던 일이 있었다.[273] 여

---

270 靑眼 : 반가워하는 눈빛을 말한다. 晉나라 竹林七賢의 한 사람인 阮籍은 예교에 얽매인 속된 선비가 찾아오면 白眼을 뜨고, 맑은 高士가 찾아오면 靑眼을 뜨고 대했다고 한다(『晉書』卷49 「阮籍列傳」).

271 晉나라 때 문인 張翰이 일찍이 洛陽에 들어가 東曹掾으로 있다가, 어느 날 갑자기 가을바람이 일어나는 것을 보고는 고향인 江東 吳中 줄나물[菰菜]과 순채국[蓴羹]과 농어회[鱸鱠]를 생각하면서 "인생은 자기 뜻에 맞게 사는 것이 귀중하거늘, 어찌 수천 리 타관에서 벼슬하여 명작을 구할 수 있겠는가[人生貴得適志 何能羈宦數千里 以要名爵乎]"라고 하였다(『晉書』卷92 「文苑列傳 張翰」).

272 「次韻洛下先生西塘雨中」, 『洛下生集』冊18○洛下生藁[上] 菊半齋集.

273 「有全姓童子賃舟至斗陵, 褏呈一扇, 乞丁學圃畵蛺蝶, 並乞鄙詩及籜翁細楷書, 合成三絶. 學圃先畵一蝶, 余方瘧發委頓, 力疾呼二絶句, 籜翁亦命磨墨, 忻肰

기서 정학포는 정학유의 초명이다. 이상에서 살핀 바와 같이 이학규는 정약용을 비롯하여 그 아들과 손자 대에 이르기까지 시문을 주고받으면서 거리 없는 교유를 하였으며, 이들 사이에는 누구보다 친밀하고 긴밀한 유대관계가 형성되어 있음을 알 수 있다.

3) 자하紫霞와 여러 문사들과의 교유

이학규가 해배 이후에 가장 가깝게 교유한 사람으로 자하紫霞 신위申緯(1769~1845)를 꼽을 수 있다.[274] 물론 두 사람의 교유는 유배 기간에도 간혹 있었지만, 본격적이고 활발한 교유는 이학규가 해배된 이후에 이루어졌다. 두 사람의 만남이 처음 시작된 시기는 분명하지 않다. 이학규의 문집에서 신위와 주고받은 시는 유배 후반기인 1818년에 처음으로 보인다. 이 시에서 이학규는 송석원에서의 일을 추억하고 있는 것으로 보아 두 사람은 그곳의 시사詩社에 함께 참여했던 것으로 보인다.[275] 그러나 이학규가 해배된 이후 두 사람은 잦은 만남과 시문수창을 통해 누구보다 깊은 우정을 나누었다. 이는 신위가 이학규에 대해 처음에는 정약용과 합치되었다가 나중에는 자신과 합치되었다는 언급을 통해 확인할 수 있다.

援筆書之」, 『洛下生集』冊18〇洛下生藁[上] 白門倡和集.

274 이학규와 신위의 교유에 대해서는 백원철 선생의 「낙하생과 자하의 문학적 교환」(『한문교육연구』제1호, 한문교육학회, 1986) 참조.

275 「申漢叟參議, 求余詩甚勤, 作此寄示」, 『洛下生集』冊12 海榴菴集, "歸意日蕭索, 南鄕春又回. 近聞苕霅客, 三絶廣文才. 歲月炎洲晩, 風流粉署開. 西園好松石, 應憶待人來."

숲속의 송석원 잘 있는지	好在山園松石邊
새봄 낙동강 배 거슬러 올라가네.	新春去躡洛東船
다시 찾은 바닷가 나그네 지난일 얘기하니	重來海客談前事
등잔불 밝힌 향교의 옛 인연이라네.	燈火香橋是舊緣
강변에 사니 장기瘴氣는 아직 야윈 모습에 남았는데	尙餘瘦骨瘴江邊
좋은 일은 거듭 한강 배에 오른 것이네.	好事重登洌水船
사흘병마 시달리느라 만남이 어긋나	三日魈魔差會意
만향각 위에서 예전 인연 나눴다네.	蔓香閣上證前緣[276]

이 시는 이학규가 해배 이후 처음으로 신위에게 보낸 것이다. 해배된 해인 1824년에 지은 것으로, 신위의 시에 차운하여 지은 것이다. 이학규는 해배된 이후 곧장 정약용을 만나기 위해 그의 거처를 방문하였다. 그러나 사흘 동안 병마에 시달리느라 둘의 만남은 성사되지 못하고 그만 돌아와야 했다. 미련의 만향각蔓香閣은 정학연의 정자 이름이다. 이로 미루어 이학규는 정약용을 만나지 못하고 그 대신 정학연을 만나 담소를 나누고 돌아온 것으로 보인다. 이 시 아래에는 신위가 보내 시가 부기되어 있는데, 이학규가 정약용을 찾아갔으나 만나지 못하고 돌아오게 된 정황이 자세하게 기록되어 있다.[277]

생각은 눈 덮인 향교 가에 있으니	思在香橋淺雪邊
못 가에서 붓 놀리니 배가는 듯.	臨池縱筆似行船

---

276 「次韻申紫霞侍郎見寄」, 『洛下生集』冊18〇洛下生藁[上] 白門倡和集.

277 「李醒叟學逵 賜環北歸, 買舟上斗尾訪籜翁, 瘧發回棹, 戱簡絶句」, 『警修堂全藁』冊十一, "金官爲客老天邊, 快踏京江上水船. 瘧鬼猜人多事在, 底慳冷澹籜翁緣."

벗은 수척해진 내가 가여워 故人自是憐銷瘦
시 지어 보내어 그 연유 물어오네. 飯顆詩來問底緣

쇠한 백발은 병든 몸에 침노하고 衰髮侵尋病瘺邊
번거로운 마음에 배 만한 뿌리 바랄게 없네.[278] 煩襟無望藕如船
어찌하면 화려한 정자에 올라 何由畫壁旗亭去
한번 취해 묵은 인연 나눌 수 있을는지. 一醉當墟證宿緣[279]

앞의 시에 이어서 이학규가 신위의 시에 차운한 시이다. 이 시 역시 1824년에 창작된 것으로, 이학규의 해배 이후에 누구보다 두 사람의 교유가 활발했던 정황을 짐작할 수 있다. 신위는 이학규의 근황에 대해 매우 걱정스런 마음으로 시를 지어 보냈다. 신위는 이학규에게 장기간의 유배객의 신세로 세상 끝에 막혀 있다가 돌아오니, 송석원 옛 일도 아는 사람이 없다고 하였다. 오랜 객지생활에서 돌아와 너무나 변한 세상사에 힘들어할 친구를 염려해주는 벗의 마음씀씀이가 나타난다. 그래도 잊을 수 없는 한 가지 심정은 명륜당에서의 옛 추억이라고 하였다. 신위는 두 사람 사이의 행복했던 과거를 반추하면서 이학규를 위로하고자 하였다.

이학규 또한 신위가 파리해진 자신을 걱정해주는 마음을 시에 나타냈다. 그리고 오랜 유배생활로 몸은 병들고 마음도 번거로워 바라는 것은 화려한 정자에 올라 회포를 푸는 것이라 하였다. 이 시는

---

278 韓愈의 시 「古意」에 "태화봉 꼭대기의 옥정에 자란 연은, 꽃이 피면 열 길이요 뿌리는 배만 한데, 차갑긴 눈서리 같고 달기는 꿀 같아서, 한 조각 입에 넣으면 고질병이 낫는다네[太華峯頭玉井蓮 開花十丈藕如船 冷比雪霜甘比蜜 一片入口沈痾痊]."라고 하였다.

279 「再次申紫霞又步前韵見寄」, 『洛下生集』冊18〇洛下生藁[上] 白門倡和集.

해배 이후 이학규가 자신의 처지를 드러내고, 자신의 안위를 걱정하는 벗에게 고마운 마음을 나타낸 것이다.

약간 취함에 유유히 상쾌한 소리 들리고　　小醉悠肰爽籟邊
안개 숲 그림 몇 폭은 큰 술잔 들게 하네.　　煙林數幅佐觥船
몹시 어여쁜 두 아들 삼절을 갖추었으니　　絶憐二妙俱三絶
나이 잊고 의탁해도 인연할 수 없구나.　　擬託忘季未有緣[280]

이 시는 이학규가 신위의 시에 차운해서 지은 것이다. 신위는 이학규에게 시 여덟 수를 부쳤는데, 그때 자신의 시와 함께 두 아들인 신명준申命準과 신명연申命衍이 손수 그린 연림소경煙林小景과 시를 한 수씩 보내왔다. 이학규는 신위의 두 아들에 대해 맏아들인 신명준의 나이는 19세이고, 신명연의 나이는 16세라고 기록해놓았다. 또한 세 사람이 부쳐 보낸 시와 신위의 두 아들이 그린 그림을 본 후의 감상을 시로 지어 남겼다. 이학규는 신위의 두 아들이 그린 그림에 대해 술잔을 들게 할 만큼 정취가 있는 것으로 평하였다. 그리고 그들이 시서화詩書畫의 삼절三絶을 갖추었다고 하면서 높은 평가를 해 주었다. 다음에 신위의 시 한 수와 두 아들이 보낸 시를 차례대로 인용해 본다.

〈신한수申漢叟〉

초승달 행랑에 스며들어 초에 금 긋는데　　郤月廊深刻燭邊
문홍이 다투어 꿰뚫으니 미가의 배[281]로구나.　　文虹爭貫米家船

---

280 「申紫霞又步前韵共八章, 其胤君命準, 命衍並手寫煙林小景, 亦各步其韵見寄」, 『洛下生集』冊18〇洛下生藁[上] 白門倡和集.

삼십년 전 글방[282]으로 거슬러 올라가면 溯前三十季槐市
태잠의 한묵연은 아직도 그대로라네. 猶是苔岑翰墨緣

〈신소하申小霞 명준命準〉

집집마다 술 따르니 경사로운 날이라 酌酒家家慶日邊
선생께서 영남에서 배타고 지금 막 돌아왔네. 先生初返嶺南船
소자의 그림 솜씨 몹시 부끄러운데 深慚小子丹青筆
안개와 구름 짝 맺으니 일단의 인연이라네. 能結煙雲一段緣

〈신애춘申藹春 명연命衍〉

묘전과 묘막에는 게 잡는 등불 있고 墓田丙舍蟹燈邊
모진 풍파 다 겪고 배를 매어 놓았네. 閱盡風波穩繫船
푸른 종이로 시를 요청하니 다행이라 하겠으나 藍本邀詩雖有幸
현정에 술 싣고 만날 인연이 아직 없구려. 玄亭載酒尙無緣[283]

신위는 이 시에서 뜻을 같이 한 벗의 한묵연은 그대로라고 하여, 이학규와의 오랜 우정을 표현하였다. 신명준은 이학규가 유배지에서 막 돌아온 사실과 자신이 그린 그림에 대해 겸양의 표시를 하였다.

281 米家船 : 北宋의 서화가인 米芾이 항상 배에다 書畫를 싣고서 강호를 유람했던 고사가 전하는데, 宋나라 黃庭堅의 「對贈米元章」에 "창강에 밤새도록 무지개가 달을 꿰니, 정녕코 미가의 서화 실은 배로세[滄江盡夜虹貫月 定是米家書畫船]"라는 표현이 있다.

282 槐市 : 太學을 가리킨다. 장안성 동편 街道에는 양쪽으로 홰나무를 줄지어 심어 놓았는데, 諸生들이 朔望 때마다 여기에서 토산품과 서책 등을 매매하고 서로 예의를 담론하였으므로, 전하여 태학의 별칭으로 쓰이게 되었다.

283 「申紫霞又步前韵共八章, 其胤君命準, 命衍並手寫煙林小景, 亦各步其韵見寄」, 『洛下生集』冊18〇洛下生藁[上] 白門倡和集.

중국 강남의 선비들이 신위 부자의 그림을 보고는 이들 부자를 각각 대하大霞와 소하小霞로 일컬은 적도 있을 정도로, 그림에 실력이 있었던 듯하다. 그리고 신위 또한 평소 아들의 그림 솜씨가 뛰어나다는 소리를 들으면 매우 좋아했던 것으로 알려져 있다.[284] 신명연 또한 이학규의 고된 유배 뒤에 찾아온 해배 사실에 대해 표현했다.

신위의 아들인 신명준과 신명연은 소실인 조씨趙氏부인의 소생이다. 신위는 특히 장남인 신명준을 아껴서 아들에 대한 애정을 드러내는 작품을 많이 지었다. 위의 시는 삼부자三父子가 나란히 이학규에게 시를 지어 보냄으로써, 그의 해배를 함께 기뻐함과 동시에 깊은 우정을 드러낸 것으로 보인다. 곧 해배 이후 이학규와 신위의 교유는 신위의 아들 대에까지 확대되어 이루어졌다.

이학규와 신위의 교유는 이학규가 세상을 뜨기 전까지 지속되었다.

재조는 강광록[285]이요	才調江光祿
관한은 정광문[286]이네.	官寒鄭廣文
집안에서 손님 사절할 것 생각하고	門闌思卻掃

---

284 이현일, 「紫霞詩 硏究」, 성균관대 박사학위논문, 2006, 75~76면.

285 江光祿 : 중국 남조 梁나라의 문학가인 江淹을 가리킨다. 자는 文通이다. 어릴 때부터 文名을 날렸으며 관직은 금자광록대부에 이르렀고 예릉백에 봉해졌다. 여러 사람의 풍격을 잘 모방해서 擬古詩를 많이 썼다. 저서로는 『江文通集』이 있다.

286 鄭廣文 : 唐나라의 鄭虔을 가리킨다. 廣文館博士를 지냈으므로 광문이라 호하였다. 정건은 특히 寒貧하기로 유명했는데, 杜甫가 일찍이 그에게 장난삼아 지어준 「戲簡鄭廣文」에 "재주 명성은 삼십 년을 날렸으되, 빈객은 추워도 앉을 방석이 없네[才名三十年 坐客寒無氈]"라고 하였다.

한잔 술에 벗을 떠난 처지 서글퍼하네. 杯酒惜離羣
물은 넓은데 더위 남아 있고 水濶猶殘暑
하늘은 긴데 구름이 엷구나. 天長已細雲
밤이면 종이 가득 글 쓰는데 夜來書滿紙
회포가 날마다 분분하네. 懷緖日紛紛[287]

이 시는 이학규가 신위를 생각하며 지은 시이다. 여기에서 이학규는 신위를 강광록江光祿과 정광문鄭廣文에 비견하였다. 강광록은 중국 남조시대 시인인 강엄江淹을 가리키며, 정광문은 중국 당나라 때 광문관박사廣文館博士를 지낸 정건鄭虔을 가리킨다. 곧 신위를 강광록과 정광문에 비유하여, 그의 재주와 인품을 높게 평가하였다. 함련에서는 시인은 자신의 서글픈 신세를 표현하였다. 미련에서는 종이 가득 글을 지어도 회포는 날로 분분해지는 시인의 심사를 묘사하였다. 이 시는 이학규가 오랜 벗인 신위를 칭송하고, 아울러 자신의 거처하는 정황을 벗에게 알려 마음의 위안으로 삼고자 한 것으로 보인다.

이학규가 해배 이후에 교유한 인물에는 당시 서울의 유수한 문인들이 포함되어 있다. 이들과의 교유는 해배 이전에는 잘 보이지 않던 것으로, 이학규가 서울로 돌아온 이후에 새로운 사람들과의 만남을 통해 교유 범위가 확장되었음을 알 수 있다.

평천에 가랑비 황혼녘에 날리는데 平泉小雨颺黃昏
동쪽을 바라보니 추사의 동산임을 알겠네. 東望心知秋史園
안개구름 품평하다보니 온통 눈앞을 지나가고 品定煙雲渾過眼
샘물은 터서 인도하며 저절로 근원을 찾아가네. 疏分川澤自窮源

287 「寄申漢叟侍郎」, 『洛下生集』冊19〇洛下生藁[下] 卻是齋集.

서늘한 기운 이미 청릉에 들어와 곧은데	新凉已入靑綾直
좋은 시구에 응당 옥주 휘두르며 논하였네.	佳句應揮玉麈論
공의는 지금 철안을 녹여 없앴으니	公議卽今銷鐵案
늘그막에 현묘한 말 듣고 다스려야하네.	暮季料理聽玄言[288]

이 시는 이학규가 해배되어 돌아온 지 얼마 안 되어 추사秋史 김정희金正喜(1786~1856)를 방문하고, 그의 시를 보여준데 대한 사례의 표시로 지은 것이다. 수련과 함련에서는 시인이 비 내리는 황혼 무렵에 김정희의 거처를 찾아가는 모습을 형용하였다. 경련은 김정희의 모습을 묘사한 것이고, 미련에서는 그의 시구를 인용하여 나타냈다. 7구의 뒤에 김정희의 시구가 자주로 달려 있다.[289] 이학규의 문집에서 보이는 김정희와의 시문수창은 위의 시가 유일하다. 두 사람의 교유가 언제 비롯되었는지는 불분명하나 이학규가 해배된 뒤에 바로 김정희를 방문한 것에서 미루어 볼 때 두 사람의 교유는 이전부터 있었을 것으로 짐작된다.

두 사람의 교유를 살펴볼 수 있는 단초로 이학규의 화론畵論에 관한 글이 있어 주목된다. 앞에서 이학규의 박학한 지식체계를 살펴보았는데, 그는 회화에 대해서도 일정한 식견을 지니고 있었다.[290] 이학규는 유배지에서 알게 된 동자童子의 산수도山水圖와 서화권書畵卷에 써준 글에서 산수화山水畵와 묵죽墨竹에 대한 해박한 식견을 들려주었다. 이 글은 단순한 그림 감상평에서 나아가 회화에 관한 전문적

---

288 「金秋史元春(正喜)直閣見示春朝見褎之作, 作此爲謝」, 『洛下生集』冊18〇洛下生藁[上] 白門倡和集.

289 "金詩, 有已識天葩元不染, 誰知鐵案本無情之句."

290 이학규의 畵論에 대해서는 제2부 V. 이학규의 서화 인식과 감평 참조.

지식을 동원하여 설명하고 있다. 소품의 산수화 여러 폭을 보내준 데 대한 글에서는 산수 그림은 당나라 때에 시작되었으며, 그 후 곽희郭熙, 왕흡王洽, 예찬倪瓚, 황공망黃公望 등이 때로는 청록으로 때로는 엷은 붉은 빛과 남색을 사용하여 맑고 깨끗하게 그리기도 하고, 먹을 뿌려서 산수를 그리기도 했다고 하였다.[291]

또한 동자의 서화권 뒤에 제題한 글에서는 왕녹대王麓臺[292]와 왕석곡王石谷[293]의 말을 인용하여 당송인唐宋人의 묵죽墨竹과 용필用筆에 대해 상세하게 들려주었다.[294] 그런데 이학규가 여기에서 언급한 왕녹대와 왕석곡의 말은 『국조화징록國朝畫徵錄』에 수록된 내용을 인용한 것이다.[295] 왕녹대와 왕석곡은 왕시민王時敏 · 왕감王鑑과 함께 이른바 '사왕四王'이라 불리는 청대 정통파 산수화가이다.[296] 주지하다시피 『국조화징록』은 청나라 산수화가 장경張庚(1685~1760)이 지은 화가들의 전기집으로 김정희가 탐독한 것으로 알려진 서적이다. 곧 이학규 역시 『국조화징록』을 열람했던 것으로 보이며, 이상의 글에서 포착되는 화론에 관한 전문적 식견은 당대의 석학인 김정희와 교유하기에도 부족함이 없었을 것이다.

---

291 「童子鄭寧甲意園山水圖序」, 『洛下生集』冊16 秋樹根齋集.

292 王麓臺 : 청나라 太倉人으로 이름은 原祁, 자는 茂京, 호는 麓臺이며, 煙客 王時敏의 손자이다. 康熙 진사로서 벼슬은 호부 시랑에 이르렀으며, 그 산수화는 意境이 高曠하여 그의 祖 및 王鑑 · 王翬와 더불어 四王이라 칭해졌다.

293 王石谷 : 청나라 常熟人으로 이름은 翬, 자는 石谷, 별호는 耕煙이다. 산수화를 잘 그려 清初 四王의 한 명으로 불렸으며, 惲壽平과 齊名하여 세상에서 王惲이라 칭했다.

294 「題童子鄭寧甲書畫卷後」, 『洛下生集』冊15 文漪堂集.

295 이학규가 인용한 부분은 『國朝畫徵錄』과 약간의 글자출입을 보인다.

296 James Cahill 저, 조선미 역, 『중국회화사』, 열화당, 2002.

이학규는 김정희의 동생인 금미琴糜 김상희金相喜(1794~1861)와도 교유가 있었다.

봄이 가매 날리는 꽃 사방에 가득하니	送盡飛花滿四隣
이 풍류도 되려 또 한 번의 봄이로세.	風流猶是一番春
물결 넘치는 북리는 화사한 빛인데	浪添北里鉛華色
부끄러울손 동양에 파리하게 병든 몸.	深媿東陽瘦病身
자고나니 옷이 술 방울에 적셔 있는데	睡後衣衫渾酒滴
앉아서 주렴 걷으니 향진이 아득하다.	坐來簾幕謾香塵
짐짓 알겠으니 정서가 무단히 심난한 것은	故知情緒無端甚
세상 인연 끊은 상문이 부러워서라네.	羨爾桑門了世人[297]

이 시는 이학규가 김상희의 시에 차운하여 지은 것이다. 수련에서는 봄꽃이 떨어져 사방에 가득한 풍경을 묘사했다. 함련에서 아름다운 봄빛은 시인의 병들고 파리한 몸을 더욱 부끄럽게 만든다. 경련과 미련에서는 세상과 쉽사리 조응하지 못하는 시인의 고독한 심사가 드러난다. 쇠약한 몸으로 술에 의지해 보아도 시인의 울울한 마음은 쉽사리 가라앉지 않는다. 때문에 시인의 정서는 끝도 없이 심난해지는 것이다. 해배된 이후 서울생활에 적응하지 못하고, 계속 유배지를 비롯한 여러 지역을 떠돌아다녀야 했던 이학규의 고단한 심정이 드러난다.

이학규가 해배 이후 교유한 인물로 우촌雨村 남상교南尙敎(1783~1866)를 꼽을 수 있다.

---

297 「次韻金相喜上舍西園送春, 伯津, 金弼善裕憲席卽口號」, 『洛下生集』冊19〇 洛下生藁[下] 卻是齋集.

강가 달은 그윽하게 지세를 에워쌌고 江月幽居面勢圍
뭇 산은 휘감아 모여 사립문에 솟았네. 亂山回合出荊扉
밤나무 대추나무 두루 심으니 봄빛이 저물어도 偏栽栭棗春光晩
도리어 곁의 방죽엔 밤빛이 희미하네. 卻傍陂池夜色微
서사가 조용히 마을에 통용되고 書史從容通里落
말소리 맑고 부드러우니 경기가 가깝구나. 語音淸輭近京畿
강 위엔 지척으로 물안개 드넓으니 上江咫尺煙波闊
그대 기다려 배를 띄워 낚시터 방문하리. 待爾揚舲訪釣磯[298]

이 시는 이학규가 남상교를 방문하기 위해 빙고나루를 건너면서 지은 것이다.[299] 수련과 함련은 나루 주변의 저녁 풍경을 표현하였다. 강에 비친 달빛은 주위를 고요히 감싸고, 강 주변에는 여러 산이 휘감아 모여 있다. 밤나무와 대추나루를 두루 심어 방죽엔 저녁 빛이 희미하다고 하였다. 저녁 무렵의 풍경을 회화적으로 묘사하여 선명한 심상을 불러일으킨다. 경련에서 시인은 서사書史의 통용과 부드러운 서울 말씨에 경기에 가까이 왔음을 느낀다. 유배지인 김해에서 오랜 시간 지내면서 알아듣기 힘든 사투리와 서책의 빈곤함을 토로했었던 이학규였기에, 이러한 분위기는 드디어 경기에 왔다는 것을 피부로 느끼게 해주는 요인이 되었던 것이다. 미련에서는 남상교와 함께 배를 타고 낚시터에 가고 싶은 시인의 바람을 드러냈다. 회화적으로 묘사된 풍경과 아울러 남상교를 만나러 가는 시인의 반가운 마음이 잘 반영된 작품이라 할 수 있다.

---

298 「渡氷庫津, 却寄南雨邨進士」, 『洛下生集』冊19○洛下生藁[下] 卻是齋集.
299 이외에 이학규가 우촌에게 보낸 시로 「驟雨部寄南雨邨」(『洛下生集』冊18○洛下生藁[上] 拾遺)이 있다.

이상에서 이학규의 해배 이후의 교유양상에 대해 살펴보았다. 해배 이후 교유양상의 특징은 두 가지 측면에서 살필 수 있다. 첫째는 기존에 교유하던 문인들의 자제들에까지 문학적 교유가 확대되어 나타나는 점이고, 둘째는 예전에 교유가 보이지 않던 문인들과 새로운 만남으로 확대된다는 점이다. 이를 통해 이학규의 다양한 인물들과의 교유 양상을 살필 수 있으며, 그의 만년의 행적에 대해서도 짐작할 수 있다.

2. 해배 이후의 문학 세계

이학규는 유배지에서 풀려난 이후에도 서울에 정착하지 못한 채, 유배지인 김해지역을 비롯한 남쪽 지방을 계속 왕래하면서 보냈다. 그러는 동안 지역 문사들과 시문을 주고받기도 하였고, 지역의 승경을 시 속에 담아내기도 하였다. 이러한 시문에는 유배지에 대한 회고의 감정이 드러난다. 이학규는 해배되어 서울에 돌아왔지만, 유배지역의 사람들은 그들의 삶을 지속적으로 영위하고 있었다. 유배지의 현실을 다시 접했을 때 이학규는 현실 인식을 바탕으로 지역민의 생활상을 시문 속에 투영시켰다.

이학규는 남쪽 지역을 왕래하면서 그곳의 승경과 풍광을 소재로 삼아 시를 지었다.

누각 위 석양빛 아래로 멀리 바라보니	樓上斜陽極望低
영남의 관문 밖에 평평한 두둑 가득하네.	嶺南關外漫平畦
강가에 해 비치니 천 길 울타리	江光日射千尋壁

나뭇잎에 가을 생기니 십 리 언덕. 林葉秋生十里隄
촉석루와 지금도 갑을 다투니 矗石至今爭甲乙
망호당 예부터 동서에 으뜸이라. 望湖從古擅東西
누각 오르니 절로 인간세상 떠나온 듯 登樓自有離人感
반드시 당시 헤어지려 한 것은 아니라네. 未必當時爲解攜[300]

위의 시는 이학규가 영남루嶺南樓를 방문한 뒤에 지은 것이다. 영남루는 진주의 촉석루矗石樓, 평양의 부벽루浮碧樓와 함께 조선시대 3대 누각 중의 하나로, 주변경관이 뛰어나 수많은 문인들의 창작 소재가 되었던 곳이다. 이유원李裕元은 『임하필기林下筆記』에서 영남루에 대해 밀양부密陽府의 객관客館 동쪽에 있는데 곧 옛날 영남사嶺南寺의 작은 누각이라고 하였다. 그 뒤 황폐해졌다가 공민왕 을사년(1365)에 지군사知郡事 김주金湊가 옛 규모대로 다시 창건하고 그대로 절 이름을 따라 영남루라 했다고 기록하였다.[301] 수련과 함련은 석양이 질 무렵 영남루에 올라 바라본 풍경을 묘사한 것이다. 경련에서는 영남루의 명성에 대해 말하였다. 이학규는 자주自註에서 영남루와 촉석루는 그 웅장하고 화려함과 상쾌하게 트인 것이 서로 갑을이 되니 끝내 정론이 없다고 하였다.[302]

또한 망호당望湖堂에 대해 왕사의王思義의 『삼재도회三才圖會』에서 참고한 내용을 자주自註로 기록해 놓았다. 이학규는 자주에서 "영남루는 경상도 밀양부의 관소 동쪽 산허리에 있는데, 성곽을 끼고 만들

---

300 「嶺南樓」, 『洛下生集』冊19〇洛下生藁[下] 卻是齋集.
301 李裕元, 『林下筆記』 제13권 文獻指掌編 「嶺南樓」.
302 「嶺南樓」, 『洛下生集』冊19〇洛下生藁[下] 卻是齋集, "嶺左之嶺南樓, 嶺右之矗石樓, 其宏麗爽豁, 互相甲乙, 迄無定論."

어졌으며 삼면이 널찍하게 트여 있다. 아래로는 긴 강이 있고 강 너머로는 넓은 들판이 있으며, 들판에는 밤나무 숲이 있어 푸른빛이 시야에 가득하다. 동쪽에는 망호당이 있고 서쪽에는 임경헌臨鏡軒이 있는데, 모두 몹시 시원하다."라고 하여 『삼재도회』의 내용을 나타냈다. 그리고 지금 누각의 동쪽에는 능파각淩波閣이 있는데, 생각하건대 옛날의 망호당이라고도 하였다.[303]

『삼재도회』는 왕기王圻 · 왕사의王思義 부자가 편찬한 것으로, 천문 · 지리 · 인물 · 조수 · 초목 등의 전 분야를 망라하여 106권의 방대한 분량에 담아낸 일종의 도설 백과사전이다. 1607년에 간행된 『삼재도회』는 『해내기관海內奇觀』(1609), 『명산도名山圖』(1633), 『태평산수도太平山水圖』(1648)와 함께 4대 산수판화집으로 일컬어진다.[304] 이 시에는 영남루의 아름다운 주변 풍경을 감상하여 묘사하는 데에 그치지 않고, 문헌을 이용하여 주변의 지세까지 아울러 고증하려는 시인의 실증적 자세가 나타난다. 해배 이후에도 이학규의 실증적 학문 태도가 여전히 이어짐을 알 수 있다.

가는 보리 빗질한 듯 가지런하고	細麥齊梳髮
성근 매화는 구슬 놀이 반복하네.	踈梅復弄珠
관창의 아전은 척문을 보내고	尺文倉吏送
마을 노인은 전결을 알리네.	田結里翁輸

303 「嶺南樓」, 『洛下生集』冊19○洛下生藁[下] 卻是齋集, "案王思義三才圖會, 嶺南樓, 在慶尙道密陽府舘東山腰, 倚郭而搆, 三面敞豁. 下有長江, 江外有大埜, 埜有栗林, 蒼翠極目. 東有望湖堂, 西有臨鏡軒, 皆極洒落. 今樓東, 有淩波閣, 想卽古之望湖也."

304 박정애, 「17~18세기 중국 山水版畵의 형성과 그 영향」, 『정신문화연구』제31권 제4호, 한국정신문화연구원, 2008, 133~134면.

떡판으로 권모를 문지르고	餠板挼權母
술통에 밀고를 거른다네.	糟牀壓密姑
반평생 이와 같으면 족하니	半生如是足
이 외에 정녕 다른 무엇이 있으리.	此外定何須[305]

이 시는 유배시기부터 교유가 있었던 향인鄕人인 허경첨許景詹에게 지어준 것이다. 이 시는 1830년에 지어진 것으로, 이 시가 실려 있는 『각시재재집卻是齋再集』에는 이학규가 다시 김해로 내려와 우거하던 때에 지은 작품들이 수록되어 있다. 수련에서는 김해지역의 계절적 풍경을 표현하였다. 이학규는 시의 자주에서 농주弄珠[306]는 세속에서 매화꽃이 아직 피지 않은 것을 이르는 말이라고 하였다. 또한 세속에서 하얀 인절미를 권모權母라 한다고도 하였으며, 『강국포집姜菊圃集』에 보인다고 하였다.[307] 함련과 경련에서는 김해지역 사람들의 생활상을 묘사하였다. 3구의 척문尺文에 대해서는 민가에서 관창에 환곡을 갚는데, 창서倉胥가 종이쪽에 환곡 갚을 사람의 이름과 월일을 써서 주는 것이라고 하였다.[308] 4구의 전결田結에 대해서는 전세田稅는

---

305 「俳體戱贈花亭許景詹」, 『洛下生集』冊18〇洛下生藁[上] 卻是齋再集.

306 당나라 시인 王適의 시 「江濱梅」에 "알지 못하는 새에 찾아온 이른 봄빛, 아마도 구슬 갖고 노니는 사람인 듯[不知春色早 疑是弄珠人]"이라는 표현이 있다. 弄珠人은 계란만한 구슬을 차고 있었다는 전설 속의 神女로, 매화를 가리키는 시어이다. 周代의 鄭交甫가 초나라 漢皐의 누대 아래에서 江妃 2녀를 만나 그들이 차고 있는 荊鷄의 알 크기 만한 구슬을 달라고 요청하자 구슬을 풀어 주고 떠났는데, 얼마 가지 않아서 다시 확인해 보니 구슬도 사라지고 神女도 온데 간데 없더라는 이야기가 전한다(『文選』 卷4 張衡 南都賦 註).

307 「俳體戱贈花亭許景詹」, 『洛下生集』冊18〇洛下生藁[上] 卻是齋再集, "俗以梅蘂未吐, 謂之弄珠, 俗以白餈所, 謂之權母."; "權母 : 權母, 見姜菊圃集."

100두斗당 1결結인데, 결자結字는 『관자管子』에 보인다고 자주를 달아놓았다.[309] 6구의 밀고密姑에 대해서는 영남 사람들이 술을 일컬어 양고陽姑에서 나왔다고 하였으며, 방언에 밀[小麥]을 밀[密]로 여기기 때문이라고도 하였다.[310] 미련에서는 이러한 삶을 희구하는 시인의 모습을 표현했다. 소박한 시골생활을 영위하면서 남은 생을 살고 싶어 하는 시인의 자조 섞인 바람이다.

이학규는 이 시에서 아전과 마을 노인, 그리고 떡 만들고 술 거르는 지방민들의 활기차고 생동적인 모습을 사실적으로 표현한 뒤, 시의 상세한 내용에 대해 자주自註를 달아 기록해 놓았다. 자주에 실린 내용은 시의 원문보다 분량이 길다. 자주의 내용은 영남지방의 방언을 비롯하여 세속의 풍습에 대한 것이다. 곧 이학규는 자주를 통해 시를 읽는 사람들의 이해를 돕는 한편 기록으로 남겨 후세에 전하고자 한 것이다.

이학규는 김해지역 사람들의 생활상을 목도한 뒤, 현실인식에 기반하여 날카로운 비판의 시선을 보내기도 하였다. 물론 유배시기와 비교하면 분량 면에서 차이가 있으나, 유배기에 각성된 현실 인식이 해배 이후에도 지속되었음을 의미한다.

보리 물결 바람과 햇빛에 출렁거리고　　麥浪漾風日

---

308 「俳體戲贈花亭許景詹」, 『洛下生集』冊18〇洛下生藁[上] 却是齋再集, "尺文 : 民家納糴官倉, 倉胥以紙片書納糴人姓名月日以給, 名曰尺文."

309 「俳體戲贈花亭許景詹」, 『洛下生集』冊18〇洛下生藁[上] 却是齋再集, "田結 : 田稅百斗當一結, 結字, 見管子."

310 「俳體戲贈花亭許景詹」, 『洛下生集』冊18〇洛下生藁[上] 却是齋再集, "密姑 : 嶺表人, 謂酒曰, 出陽姑. 方言, 以小麥爲密故云."

볏모는 삐죽하여 물을 찌르는 때라네.	秧鍼刺水時
농가는 잠시 절로 한가하여	田家稍自暇
지팡이 끌고 앞 언덕에 나가보네.	曳杖出前陂
관리[311]는 어찌나 자주 오는지	皁蓋何來數
돈 흩어질 것 의심하지 않네.	靑錢散不疑
한가로운 관리는 뻐꾹새 같아	閒官如布穀
다만 묵은 밭 갈 것을 권한다네.	只是勸耕菑[312]

이 시는 이학규가 김해지역 농가의 생활상을 목도하고, 그곳의 부패한 관리의 실상을 고발한 것이다. 수련은 농촌의 풍경과 계절적 배경에 대해 묘사하였다. 함련에서는 농사일의 망중한에 언덕에 오르는 농부의 모습을 나타냈다. 경련에서 농부는 관리의 행차를 발견하고, 또 돈이 나갈 일을 걱정하였다. 미련에서 관리는 묵은 밭 갈라고 권하는 뻐꾹새에 비유되었다. 여기에서 관리와 농부는 전형적인 수탈자와 피수탈자의 관계이다. 농사철에 바쁜 농부의 모습과 돈만 걷으러 다니는 한가로운 관리의 모습은 서로 대조를 이룬다. 이를 통해 농부의 고달픈 현실과 관리의 부정함이 선명하게 드러나게 된다. 이학규가 이 시를 지은 의도 또한 여기에 있다.

오늘 날씨 맑다 흐려	今日晴復陰
빗줄기 한 자락 가볍게 뿌렸구나.	雨脚來輕颸
모판에 잘 자랐네, 부지런히 모를 쪄서	新秧寓寓稞

311 皁蓋 : 검정 비단으로 만든 수레 위에 치는 일산으로, 지방 관원의 행차를 말한다. 『後漢書』 輿服志에, "中二千石 · 二千石은 모두 검정색 일산에다 붉은 두 표기 차림을 한다."고 하였다.

312 「閒官」, 『洛下生集』冊19〇洛下生藁[下] 卻是齋集.

못짐 지고서 앞들로 나갈 적에,	馱向前陂時
예쁘고 예쁜 새각시도	娟娟新嫁娘
시누이 올케 손을 잡고,	姊妹相携持
모심기엔 법도도 정연하니	揷秧亦有法
남정네는 앞을 서고 아낙네 뒤를 따라,	男前而女隨
남정네 소리는 귓가에 요란만 한데	男歌徒亂耳
아낙네 소리는 가락이 새로워라.	女歌多新詞
새 노래 네댓 가락	新詞四五闋
차례로 듣자하니,	次第請聞之
소리를 뽑아 올릴 젠 바람 안은 부들 같고	稍揚若風絮
감돌아 자지러질 젠 가는 연기 풀리듯,	轉細如煙絲
저렇듯 애달프니 원한이 서렸구나	若是乎怨思
구곡간장 서린 원한 그 누구 때문인가.	怨思將爲誰
(중략)	
이야기 듣자 하니 주흘산 고갯마루	曾聞主紇嶺
서쪽의 상상봉 하늘까지 닿아서,	上峯天西陬
구름도 쉬어 넘고	雲亦一半休
바람도 쉬어 넘고,	風亦一半休
보라매 해동청도	豪鷹海靑鳥
고갯마루 쳐다보고 후유 한숨 쉬는데,	仰視應復愁
이내 몸 태어나길 연약한 아녀자라	儂是弱脚女
발걸음 한 발짝도 동구 밖을 나가지 못했건만,	步履只甌窶
임 계신 곳 어디인지 소식 듣는 그날로	聞知所歡在
저 높은 고갯마루 평평한 길처럼,	峻嶺卽平疇
천걸음도 만걸음도 단숨에 뛰어올라	千步不一喙
상상두 고갯마루 나는 듯이 넘어가리.	飛越上上頭[313]

313 「秧歌五章」, 『洛下生集』冊19○洛下生藁[下] 俖是齋集.

이 시는 「앙가오장秧歌五章」의 일부이다. 민요의 일종인 '모심기노래'를 소재로 삼아 시화한 것이다. 이학규는 유배시기에 「산유화山有花」를 비롯하여 다수의 민요취향 한시를 창작한 바 있다. 해배 이후 김해지역을 다시 찾았을 때 그곳에서 들은 민요를 듣고 다시금 시로 옮긴 것이다.

이 시는 모두 6단락으로 구성되어 있다. 서장에 해당하는 부분이 앞에 나오고, 뒤이어서 민요의 내용에 해당하는 부분이 1장부터 5장으로 되어 있다. 위에 인용한 부분은 서장과 4장이다. 1장에서 5장의 내용은 서로 연결되어 있지 않다. 1장과 2장이 이어진 내용이고, 3장과 4장, 5장은 각각 시의 내용이 다르다.

서장에서는 시인이 모내기하는 정경을 목도하고 모심기노래를 들은 뒤 생겨나는 심회를 표출하였다. 같은 모심기노래를 들어도 남자들 노래는 귓가에 요란하기만 하고 여자들 노래는 새롭다고 하여, 뒤이어 나올 시의 내용이 여자들의 삶에 관한 것임을 예고한다. 시인은 모심기노래에 대해 원한이 서린 듯 애달프다고 하여, 그들의 삶의 애환에 대해 귀 기울이는 모습을 보여준다.

1장과 2장에서는 시집살이의 고달픈 생활과 함께 친정나들이를 가는 기쁨을 나타냈다. 3장에서는 내용이 바뀌어 작은 아씨가 남자를 들였다는 비난에 대한 내용이 나온다. 위에 인용한 4장에서는 남녀 간의 헤어진 정과 연약한 아녀자로 태어났지만 임 계신 곳을 알기만 하면 단숨에 찾아가겠다는 굳은 의지를 나타낸다. 그리고 뒤이은 5장에서는 임을 향한 변치 않은 정을 말하였다. 위의 작품을 통해 이학규가 해배 이후에도 현실 인식을 줄곧 견지하였음을 알 수 있으며, 민간 현실에 주목하여 시의 소재로 채택하는 유배기의 문학적 동인이 지속되었음을 알 수 있다.

이학규는 유배지에서 풀려났으나 고향에 정착하지 못하고 다시 김해지역을 왕래하면서 만년을 보냈다. 이는 유배지였던 김해지역에 대한 애정에서 비롯되었다기보다, 고향에 머물러있지 못하게 된 현실적 처지에서 비롯된 것이다. 어느 한 곳에 머물지 못한 채 이곳저곳을 떠돌아다녀야 했던 이유는 장기간의 유배에서 비롯된 사회적 고립감에서 기인한 것이다. 때문에 이학규는 만년에도 평안한 삶을 보내지 못한 채, 오갈 곳 없는 나그네 신세로 인생을 마감해야 했다. 자신의 모습만큼이나 변해 버린 고향에 적응하지 못하고, 다시 유배지역을 왕래하게 된 이학규의 심사는 그의 시문에 잘 반영되어 있다. 인생의 끝자락에서 삶의 무상성을 깨닫기도 하고, 때론 지난 삶을 반추하고 회한의 상념에 젖어들기도 하였다.

산관에 까마귀 울고 서리 맞은 나무 비었는데	山舘鴉嘸霜樹空
시냇가 울타리에 거친 바람이 불어오네.	傍谿籬落有踈風
이른 시간에 서쪽 마루 아래 취해 누우니	早來醉卧西軒下
몸에 국화 향기 남았으니 벌 그림자 속이네.	身在菊香蜂影中
서쪽 창에 달빛 들어와 평상 절반이 비었고	西窓月入半牀空
꿈에서 깨니 굽이진 시냇가에 낙엽지는 바람이네.	夢覺迴溪落木風
여섯 폭의 솜이불과 세 잔의 술	六幅絮衾三醆酒
그윽한 회포 다만 닫힌 문 속에 있구나.	幽懷只在閉門中[314]

이 시는 이학규가 김해지역 사람인 허경첨許景瞻에게 부친 것이다. 산속의 집에는 까마귀 울음소리 들리고, 시냇가에는 거친 바람이 불어온다. 함련에서 집에 돌아온 시인의 몸에 국화의 잔향이 있다고 하

314 「九日寄題許景瞻艸堂」, 『洛下生集』冊19○洛下生藁[下] 䣱是齋集.

여, 계절이 가을임을 짐작케 한다. 경련에서는 시간이 경과하여 저녁이 되고 꿈에서 깨어난 시인의 모습을 나타냈다. 미련에서는 시인의 고독감이 형상화되어 있다. 지금 시인의 방에는 여섯 폭의 솜이불과 세 잔의 술이 함께할 뿐이다. 그 속에서 시인은 그윽한 회포가 생겨난다고 하였다.

이 시는 쓸쓸하고 외로운 정서로 일관되어 있다. 산 까마귀와 서리 내린 나무, 빈 평상과 낙엽 지는 바람은 모두 시인의 울적한 심사를 대변해주는 것들이다. 고향에 정착하지 못하고 이곳저곳을 돌아다녀야 했던 시인의 고립감은 닫힌 문 안에서 더욱 증폭되어 나타난다.

이학규의 고립된 정서는 삶의 무상함을 깨달은 자조적인 모습으로 전이되어 나타난다.

나그네 신세 구르는 쑥과 같아 항상 슬프니	旅泊常悲類轉蓬
요사이 세상살이 모두 헛일이 되었네.	頃來人事總成空
명성에서 벗어난 몸에 풍상은 모질고	風霜震剝浮名外
온갖 비방 속에 한 해 농사도 그만일세.	年景消沈積毀中
맨다리에 도롱이 맨 새 낚시꾼 벗과	赤脚荷蓑新釣侶
흰머리에 새참 먹는 옛 늙은 농부라네.	白頭含餔舊田翁
숲의 집 적막하여 새벽 종소리 끊겼는데	林齋閴寂晨鍾斷
일어나 등잔불 앞에서 벌레소리 몰래 듣노라.	起向燈前聽暗虫[315]

이 시의 수련에서는 시인 자신의 서글픈 신세에 대한 한탄이 담겨 있다. 이학규는 자신의 떠돌아다니는 나그네 신세를 굴러다니는 쑥

315 「霜夜不寐感懷」, 『洛下生集』冊19○洛下生藁[下] 卻是齋集.

에 비유하였다. 이러한 정황에서 인간세상의 모든 일은 시인에겐 아무 의미 없는 부질없는 것일 뿐이다. 함련에는 풍상의 시간과 비방 속에 세월을 보내버린 자신의 힘든 과거를 반추해보고 있다. 모두가 잠든 밤에 시인은 홀로 깨어 지난날을 돌이켜보고 있다. 다른 사람을 원망해보고, 신세한탄을 해보아도 현실은 달라지지 않는다. 지금 시인의 곁에는 낚시꾼 벗과 백발의 늙은 농부가 있다. 헛된 명예를 바라지 않고 자신의 남은 인생을 이들처럼 안분자족하는 삶을 영위하려는 시인의 바람이 엿보인다.

미련에서는 기나긴 밤이 지나고 새벽이 찾아옴을 알려 시간의 경과를 나타냈다. 새벽이 되어 잠에서 깨어난 벌레들의 울음소리에 귀 기울이는 시인의 모습에서 시의 내용은 끝이 난다. 이 시는 시인이 한탄 섞인 자조와 원망의 마음으로 밤을 지새우며 자신의 지난 인생을 반추해보는 정서로 일관된다. 하지만 시인의 이러한 정서는 더 이상 분노로 발전되지 않고, 삶의 무상성을 깨닫는 자조적인 모습으로 나타났다.

이학규는 해배 이후 집에 돌아온 자신에 대해 고향에 돌아와 슬프게 읊조리는 정령학丁令鶴과 웃는 벽이 있어 글을 쓰지 못한 육사룡陸士龍에 비유한 바 있다. 그러면서 만년의 먹고 입는 일은 모두 미리 정해져 있으므로, 다만 밭 사이에서 시골 농부를 배운다고 하기도 하였다.[316] 이러한 언급은 농촌에서 삶의 진정한 의미를 발견하고 성찰을 통해 남은 인생을 순리대로 살아가려는 의지의 표명이다. 서울이 아닌 농촌 생활에서 삶의 진정한 가치를 발견하고, 그속에서 남은 인생을 추구하려는 모습은 다음 시에도 나타난다.

---

316 「還家後紀事」, 『洛下生集』冊19○洛下生藁[下] 卻是齋集.

호숫가 마을 오월에 비가 빗겨 내리는데	湖郵五月雨斜斜
지팡이 짚고 둑에 임해 얕은 모래를 밟는다.	笻杖臨隄蹋淺沙
은붕어 회 다 먹을 만큼 술이 있고	有酒盡行銀鯽膾
석류꽃 피지 않은 집이 없구나.	無家不放石榴花
거미줄 일렁이니 한가한 시름과 어우러지고	虫絲蕩漾閒愁做
제비소리 지리하여 졸음을 더하누나.	燕語支離睡惠加
삼십년 전 경세제민 하던 나그네는	三十年前經濟客
밭이랑 따라 남은 생애 보내고자 하노라.	擬從田畝送生涯[317]

위의 시는 해배 이후 다시 김해지역에 내려갔을 때 그곳의 강촌에서 지은 것으로 보인다. 여름날 강촌의 모래사장을 거닐면서, 시인의 눈에 비친 풍경을 묘사하고 이때 일어난 감흥을 시로 읊었다. 수련에서는 비 내리는 모래사장을 지팡이 짚고 거니는 시인의 모습을 묘사하였다. 함련과 경련에서는 강가 주변의 풍경을 나타냈다. 강촌에서의 술안주로는 싱싱한 회가 자주 올라온다. 이러한 술안주를 다 먹을 만큼 많은 술이 있어 입을 즐겁게 하고, 집집마다 석류꽃이 피어 있어 눈을 즐겁게 한다. 경련의 거미줄과 제비소리는 시골 마을의 한가로운 풍경을 더해준다.

미련에서는 시상이 전환되어 나타난다. 다시 돌아온 김해의 강촌 풍경을 대한 이학규는 자신의 인생에 대해 반추해본다. 비록 지금은 여기저기 떠도는 나그네 신세지만, 삼십년 전에는 자신도 경세제민을 꿈꾸던 포부 있는 젊은이였다. 그런데 지금은 궁벽진 시골에 내려와 남은 인생을 보내고 있는 것이다. 여기에는 젊은 시절의 꿈을 펼쳐보지 못한 회한의 정서와 여생을 한가롭게 보내고자 하는 안분자

---

317 「仲夏郵居」, 『洛下生集』冊19○洛下生藁[下] 卻是齋集.

족의 정서가 복합적으로 나타난다.

서늘한 바람에 사립문 흔들리는 소리 어렴풋이 들려 稍聞凉吹撼柴門
늦은 밤에 옷 걸치고 짧은 마루에 앉아보네. 後夜披衣坐短軒
높은 잎에 이슬 기울자 낮은 잎 흔들리고 高葉露傾低葉動
작은 별에 구름 갈마드니 큰 별이 흐려지네. 小星雲遞大星昏
위생에 좋은 약도 어리석음을 비로소 깨닫고 衛生始覺刀圭拙
제물에 서책도 번거로움을 깊이 알았도다. 齊物深知簡冊繁
이제부터 마소馬牛로 불려도 나는 좋으니 從此馬牛呼我好
모름지기 걱정 없이 산 속에서 늙어가리. 政須無慮老邱樊[318]

이 시는 시인이 가을날 새벽 홀로 깨어나 인생에 대한 감회를 읊은 것이다. 앞에서 인용한 시와 비교할때 내용과 구성이 유사함을 알 수 있다. 수련에서는 가을바람에 흔들리는 사립문 소리에 잠이 깨어 방에서 나와 마루에 앉아보는 시인의 모습을 표현했다. 함련에서는 그러한 시인의 눈에 비친 마루 앞 풍경에 대한 묘사이다. 경련에서 시인은 세상살이에 대한 미련을 모두 내려놓은 듯한 모습을 보인다. 인생의 이치 앞에서는 약물과 서적 따위는 쓸모없고 번거롭기 만한 존재임을 깨닫게 된다. 미련에서는 시인의 확고한 신념이 드러난다. 복잡한 세상사에 얽매이지 않고 시골에서 한가롭게 여생을 보낼 것이라는 시인의 단언이다. 유배시절 궁벽한 시골의 낙후한 문화적 수준에 한숨짓던 유배객은 해배 이후 다시 그곳으로 돌아와 예전에 느끼지 못한 삶의 가치를 찾아 여생을 보낼 결심을 하는 것이다.

318 「秋曉獨覺」, 『洛下生集』冊19〇洛下生藁[下] 卻是齋集.

V. 맺음말

일찍이 허균許筠은 「성수시화惺叟詩話」에서 다음과 같이 말한 바 있다.

> 근대의 관각시에서는 이아계가 으뜸이다. 그의 시가 초년부터 당을 법 받았으며 늘그막에 평해에 귀양 가서 비로소 심오한 경지에 이르렀다. 고제봉의 시 또한 벼슬을 내놓고 한거하는 가운데 크게 진보된 것을 볼 수 있었으니, 이에 문장이란 부귀영화에 달린 것이 아니라 험난과 고초를 겪고 강산의 도움을 얻은 후에라야 묘경에 들 수 있음을 알 수 있다. 어찌 두 공만 그러하랴. 고인이 모두 이러하니 유주로 좌천됐던 유자후나 영외로 귀양 갔던 소동파에서도 이를 볼 수 있는 것이다.[319]

허균은 이 글에서 국내 문인 이산해李山海와 고경명高敬命의 시가 유배로 한거하게 된 이후에 진일보하게 되었음을 밝히고, 이는 두 사

---

319 許筠, 『惺所覆瓿藁』 卷之二十五 說部四 「惺叟詩話」 〈經歷險難得江山之助然後文章可以入妙〉, "近代館閣, 李鵝溪爲最, 其詩初年法唐, 晩謫平海, 始造其極, 而高霽峯詩, 亦於閑廢中, 方覺大進, 乃知文章不在富貴榮耀, 而經歷險難, 得江山之助, 然後可以入妙. 豈獨二公, 古人皆然, 如子厚柳州, 坡公嶺外, 可見已."

람만 그런 것이 아니라 중국의 문인인 유종원柳宗元과 소식蘇軾의 경우에도 그러하다고 하였다. 이상의 언급을 통해 유배 생활은 창작활동의 시간적 여유가 늘어나고, 새로운 환경의 체험과 인식의 전환 등 긍정적인 요인을 제공하여 문학이 한층 진일보하게 되는 계기가 될 수 있음을 알 수 있다.

이학규는 일찍이 남인가의 전도유망한 문인으로 주목받고 정조에게 문학적 자질을 인정받아 규장각에 출입하는 등 문명을 널리 알렸다. 그러나 19세기의 시작을 알리는 신유옥사로 인해 그의 인생은 180도 뒤바뀌게 되었다. 본인의 의지와는 상관없이 정쟁에 휘말려 남쪽 땅에 유배된 이학규는 그곳에서 24년간의 오랜 세월을 보내야 했다. 문학사에서 이름이 알려진 인물 가운데 이보다 긴 유배생활을 했던 경우를 찾기 어려울 정도이다. 더구나 이학규는 유배형의 원인이 자신과 직접적인 연관이 없는 무고한 경우였으므로, 그 억울한 심정은 더욱 배가되었을 것이다. 그러나 그는 유배지에서 절망과 비탄 속에 잠겨 있지 않았다. 유배지역에서 백성들의 치열한 삶의 현장을 직접 목도하게 되었고, 여기에서 계발된 현실 인식을 바탕으로 눈부신 현실주의 문학의 성취를 이루었다.

이학규의 문학은 현장성과 즉흥성에 그 특징이 있다. 그의 문학세계는 유배지인 김해의 현실 속에서 이루어졌으며, 그의 문학에는 당대 김해지역의 모든 것이 생생하게 담겨 있다. 비록 정약용의 날카로운 현실주의 문학의 중심부에까지는 파고들지 못했으나, 이학규는 그 대신 백성들의 생활에서 우러나온 일상적 소재와 정감의 폭을 넓혔다. 곧 사회 현실의 핵심을 비판적으로 파고드는 대신에 유배지에서 생활하는 백성들의 삶과 목소리를 더욱 다양하게 포착하고 진솔하게 담아낸 것이다. 특히 이학규는 민중의 생활을 내면으로부터 이해하고 그들의 생활 속에서 우러나온 진솔한 정감을 다채롭게 포착하여 한시로 길어 올림으로써 독자의 심금을 울리는 특장을 보여준다. 이 점은 정약용의 한시가 담아내지 못했던 큰 성취이자 진전된 면이라 할 수 있다.

이학규는 젊은 시절 대부분의 시간을 유배지에서 민중과 함께 생활했다. 그리고 그는 일상적 고통의 삶 속에서 남다른 안목과 체험의 깊이를 통해 새로운 시적 감수성을 드러내보였다. 김해의 유배공간에서 민중의 삶과 정감, 그리고 그곳의 향토정서를 문학으로 포착하여 유배의 고통을 승화시킴으로써 유배문학의 새로운 성과를 나타냈다. 무엇보다 이학규는 김해라는 공간과 그곳 민중의 일상을 스스로 일치시킴으로써 체화시켜 나갔다. 그리고 이러한 일상적 삶 속에서 지역민들의 실생활에서 우러나온 참다운 정감과 감수성을 포착하여 한시에 녹여냈다. 이는 조선후기 현실주의 시문학을 계승하여 보다 진전된 면모로 발전시켰다는 점에서 그 문학사적 의의를 찾을 수 있다.

제2부

근기남인 실학파 문인의 위상과 면모

Ⅰ. 실학파 지식인의 물명에 대한 관심과 『물명류해物名類解』

물명류物名類는 물보류物譜類라고도 하는데, 이전에 나온 유서類書들이 정치나 제도·경학들을 망라하는 백과사전적인 성격을 갖는다면 물명류 저술은 주로 실생활과 관련된 물명에 관해 풀이한 것을 그 특징으로 한다.[320] 여기에서 유서는 백과전서식百科全書式 자료회집資料匯集의 특성을 지니는 것으로, 한 시대의 지식 형성에 기초가 되며 기타 한학 기초학의 여러 저술들과 긴밀한 관계에 있다. 조선후기에 유서가 발달하는 것과 동시에 한자분류어휘집이 발달한 것은 그러한 사실을 잘 말해준다.[321]

---

320 홍윤표 선생은 「유희의 『물명고』」(『어문연구』108, 한국어문교육연구회, 2000)에서 類書의 역사적 변천과정에 대해 다음과 같이 논하였다. 첫째는 한자 및 중국어에 대한 유서로, 16세기에 간행되기 시작하여 20세기 초까지 계속되었다. 둘째는 經書에 대한 유서로, 주로 17세기에 간행되었으나 19세기 말까지 重刊되기도 하였다. 셋째는 譯學관계의 유서로, 17세기 말부터 18세기까지 전성을 이루어 간행되었다. 넷째는 物名에 대한 유서로, 18세기부터 19세기 말까지 편찬되었다.

321 심경호 선생은 「한국 類書의 종류와 발달」(『민족문화연구』47, 고려대 민족문화연구소, 2007)에서 類書를 百科全書式 資料匯集의 특성을 지니는 것으로 보아, 사물의 장실과 기원을 검색하는 공구서[文獻用語辭典]만 類書로 간

조선 후기에 집중적으로 창출된 다수의 물명류 저작과 이학규가 편차한 『물명류해』 사이에는 일정정도 차이점을 보인다. 예를 들면 정약용의 『청관물명고』나 이철환의 『물보』 등은 한자 어휘 사전의 성격에 가까운 것으로 보인다.[322] 『청관물명고』와 『물보』가 물명 어휘를 의미별 상관관계에 따라 분류하고 나열하는 데에 그쳤다면, 『물명류해』는 물명에 관한 어휘를 일정한 기준에 따라 나누고 해당 어휘에 대한 출전과 용례까지 상세하게 고증하여 밝혀 놓았다. 이러한 점으로 미루어 볼 때 『물명류해』는 백과전서적 성격을 지닌 물명어휘집으로 보아야 할 것이다.

1. 조선후기 실학적 학풍과 물명류 저술

18세기 중엽부터 19세기 초에 걸친 기간 동안 물명류 저작들이 다량으로 쏟아져 나왔다. 이러한 물명류 저작의 출현은 조선시대 중·후반에 접어들면서 일어나기 시작한 실학과 그 시기를 같이하고 있어, 물명류 저작과 실학사상이 밀접한 관계에 있음은 일찍이 논의된

주하고, 한자어휘집은 類書의 범주에 넣지 않았다.

322 김동준 선생은 「소론계 학자들의 자국어문 연구활동과 양상」(『민족문학사연구』, 민족문학사학회, 2007)에서 조선후기 지식인들이 언어·문자에 접근하는 방식에는 계파별로 적지 않은 차이가 있다고 하였다. 즉 소론계의 국어담론은 음운학과 문자학 분야에 집중되었고, 남인계는 언어자료 정리분야인 어휘 사용문제에 집중하였으며, 노론계는 사물의 인식방법과 관련한 언어관에 집중하여 저술이 이루어졌다고 하였다. 이학규와 이철환, 정약용은 모두 남인계에 속하는 문인이며, 이들이 물명어휘집을 저술한 것 또한 이러한 계파별 분류에 따른 지적 바탕에서 기인한 것으로 보인다.

바 있다.[323] 이 시기에 편찬된 주요 물명류 저작에는 이만영李晩永(1748~?)이 편찬한 『재물보才物譜』와 정약용丁若鏞(1762~1836)이 편찬한 『청관물명고靑館物名攷』, 이철환李嚞煥(1722~1779)과 그의 아들인 이재위李載威(1745~1826)가 편찬한 『물보物譜』, 유희柳僖(1773~1837)가 편찬한 『물명고物名攷』 등이 있는데, 그 체제와 내용면에서 다소간의 차이점을 보인다.[324]

『재물보』는 이만영이 1798년에 엮은 물명어휘집으로, 천지인天地人의 삼재三才와 만물萬物의 옛 이름 및 별명別名 등을 모아서 춘하추동春夏秋冬의 4집集으로 나누어 수록하였다. 각각의 물명 어휘에 한글과 한자로 주석을 달아 설명하였으며, 역대 제도와 문물에 관련된 내용도 실려 있다. 『재물보』를 확대하여 편찬한 것으로 보이는 『광재물보廣才物譜』는 물명류 가운데 규모가 가장 방대하여 백과사전에 가까운 성격을 지닌다. 이 책의 편찬자와 편찬 연대는 정확하지 않으나, 『재물보』에 기초하여 엮은 것이므로 19세기 무렵에 편찬된 것으로 추정된다. 『광재물보』는 모두 35부部 1000여 개의 류類로 나누어 방대한 어휘를 수록하고 있으며, 각각의 한자 어휘마다 한글과 한자로 설명을 붙여 놓았다.

---

323 이가원, 「物譜와 실학사상」, 『인문과학』5, 연세대 문과대학, 1960 참조.

324 이러한 물명류 저작 이외에 만물을 시로 제작한 경우도 있다. 李應禧(1579~1651)는 〈萬物篇〉이라는 280수의 연작시를 제작하여, 인간세상의 만물을 시에 담아내었다. 만물을 25類로 분류하고, 그 아래에 다시 280종의 사물을 배열하여 각각의 사물에 대해 오언율시를 지었다. 이와 같이 세상 만물을 유형별로 모아 제작한 연작형 영물시인 〈萬物篇〉은 한시사에서 유례를 찾기 힘든 독특한 경우라 할 수 있다(이종묵, 「이응희가 시로 쓴 백과사전 〈萬物篇〉에 대하여」, 『국문학연구』16, 국문학회, 2007).

정약용이 편찬한 『청관물명고』는 모두 1,509항목의 물명 어휘가 수록되어 있으며, 한자 물명에 대해 한글로 알기 쉽게 풀이한 어휘집이다. 이 저작은 물명 어휘의 전거가 되는 문헌을 제시하지 않고, 다만 한자 물명을 상관관계에 따라 분류한 뒤 해당 물명에 대한 한글 이름을 제시해 놓았다. 실생활에 이용하려는 실용서의 목적으로 편찬한 것으로 보인다.

『물보』는 1770년경 이철환에 의해 초고가 이루어지고 1802년 그의 아들인 이재위가 체계화한 물명어휘집으로, 모두 1,029개의 물명 어휘로 이루어져 있다. 이 저작은 각각의 물명 어휘에 대해 별도의 설명을 하지 않고, 한자로 된 물명 어휘를 의미별 상관관계에 따라 일정한 기준의 부류로 나누어 제시하였다.

유희의 『물명고』는 만물의 명칭을 종류별로 모은 뒤, 해당 물명 어휘에 대해 한글과 한자로 설명을 붙인 물명어휘집이다. 이 저작은 물명에 대해 유정류有情類·무정류無情類·부동류不動類·부정류不靜類의 4개 부류로 나눈 다음, 그 아래에 다시 11개의 부류로 세분하여 모두 1,660항목의 방대한 물명 어휘를 수록하였다.[325]

이상의 저작들 이외에 『시경詩經』에 나오는 물명 어휘를 편찬한 저작도 있다. 정학유丁學游의 『시명다식詩名多識』은 『시경』에 등장하는 생물을 모두 8항목으로 나눈 다음 해당 물명을 표기하고 설명을 하였는데, 모두 326항목의 물명을 고증한 내용이 실려 있다.[326]

---

325 이 시기의 물명어휘집에 관한 연구는 주로 어휘의 표기법이나 음운론적 관점에서 분석한 국어사적 측면과 어휘 분류 방법이나 체계에 대한 사전적 측면에서의 검토가 이루어졌다. 각각의 물명류 저작에 관한 연구는 이미 선행연구에서 다수 논의된 바 있으므로, 여기에서는 간략하게 언급하기로 한다.

'물명物名'에 대한 관심은 18세기로 접어들어 명물도수名物度數의 학문이 발전하게 되면서 점차 그 관심도가 높아진 것으로 보인다. 물론 이전 시기에 물명에 대한 관심이 전무했다고는 할 수 없으나, 기존 성리학에서 소홀하게 여긴 것과는 다르게 조선후기의 문인들 사이에서는 구체적인 물사物事에 대한 관심이 매우 지대하였다. 명물도수의 학문은 사물과 제도에 관한 학문을 일컫는다. 명물도수의 학문에서 가장 기초가 되는 것이 사물의 정확한 이름을 규명하는 것이다.[327] 이러한 사실은 실학사상에서 이용후생의 정신과 맥을 같이 하는 것으로, 실학파 지식인들이 현실에 주목하기 시작하면서 실생활과 관련된 물명 어휘에 관심을 가진 것으로 보인다. 당시 문인들이 물명에 대해 관심을 가졌던 데에는 일찍이 공자가 『시경』을 읽어야 하는 당위성을 말하면서, '새와 짐승, 풀과 나무의 이름을 많이 알게 한다[多識於鳥獸草木之名]'[328]라고 한 데에서 그 이유의 일부를 찾을 수 있다.

이러한 내용은 『물보』의 서문에서도 확인된다. 이재위는 『물보』

---

326 물명류 저작은 이외에도 편자미상의 『物名攷』(영남대 소장)와 편자미상의 『詩經物名』(단국대 소장)이 있다. 『物名攷』는 사물 전반에 걸친 물명을 天文類, 地理類를 비롯한 20개의 類로 나눈 다음, 해당 물명을 표기하고 한글로 주석을 달아 놓았다. 『詩經物名』은 『시경』 편명의 순서대로 물명을 기록하고, 해당 물명에 대해 한글로 주석을 달아놓은 저작이다.

327 김채식 선생은 이규경의 박물학에 대해 명물의 정체를 밝히는 데서 시작되었다고 하였으며, 이규경은 조수초목에 대해 아는 것이 실용에 통하는 것임을 확고히 인식하고 있었다고 하였다(김채식, 「이규경의 『오주연문장전산고』 연구」, 성균관대 박사학위논문, 2008, 42면).

328 『論語』, 「陽貨」, "子曰, 小子何莫學夫詩. 詩可以興, 可以觀, 可以群, 可以怨, 邇之事父, 遠之事君, 多識於鳥獸草木之名."

의 서문에서 공자의 이 말을 끌어다가 조수초목의 이름을 많이 알아야 함을 밝혀 놓았다.[329] 『물보』의 발문跋文을 쓴 이기경李基慶(1756~1819)도 물명이 비록 이학理學에 직접적인 관련은 없지만, 물명을 모르면 이치를 알 수 없기에 이것부터 공부를 해야 한다고 말하였다.[330] 이와 같이 조선 후기에 쏟아진 물명류 저작의 출현은 당시 사회에 만연한 실학사상과 맞물려서, 문인들이 현실 속의 실생활과 관련된 물명에 대해 깊은 관심을 견지한 데에서 창출된 것임을 짐작할 수 있다.

2. 이학규의 실학적 면모와 『물명류해』

이학규의 문집에 실린 글을 살펴보면, 광범위한 분야에 걸쳐 박학한 학문세계를 형성하고 있음을 알 수 있다. 이러한 사실은 아래 글에서도 확인된다.

> 公이 博學多識ᄒᆞ야 凡山川・道里・風土・地理・天文・星曆・律呂・筭數・醫藥・草木・禽獸等 名物度數를 無不博究通曉ᄒᆞ고 詩詞文章이 尤精邃簡潔ᄒᆞ야…… 所著有名物考・廣詩則・嶺南樂府・因樹漫筆・文漪堂稿・洛下集等書ᄒᆞ니라.[331]

329 李載威, 『物譜』, 「物譜序」, "子曰, 多識於鳥獸草木之名, 蓋物名亦在所講也."
330 李基慶, 『物譜』, 「物譜跋」, "物之名也, 無所關於明理之學, 而不知名無以知其理, 知其理然後可以反乎."
331 張志淵, 『逸士遺事』, 「李學逵」, 321~322면.

위에 인용한 글은 장지연의 『일사유사逸士遺事』가운데 「이학규」조의 일부분이다. 이 글에서 장지연은 이학규에 대해 논하면서, 산천과 도리·풍토와 지리에서부터 초목과 금수에 이르기까지 명물도수名物度數에 박학다식하였음을 밝히고 있다. 그리고 이학규의 저서로 『명물고名物考』·『광시칙廣詩則』 등이 있다고 하였는데, 여기에서 언급한 『명물고』가 『물명류해』와 동일한 것인지는 확실하지 않다. 그러나 『일사유사』에서 이학규를 여항인으로 잘못 소개하고 있는 점과 『인수옥집因樹屋集』을 『인수만필因樹漫筆』로, 『문의당집文漪堂集』을 『문의당고文漪堂稿』로 기록한 점으로 미루어, 『명물고』가 『물명류해』의 오기誤記일 가능성도 배제할 수 없다.

이학규의 가학적 연원을 소급하여 보면, 성호 이익(1681~1763)에까지 거슬러 올라간다. 조선후기의 실학을 언급할 때 성호가星湖家는 경세치용학파의 본산으로 일컬어지고 있다. 성호의 학문세계는 경학중심의 질곡을 벗어나 일생동안 학문의 자유를 실천하여 각 방면에 걸쳐 탐구하여 그 결과 방대한 저작을 남기게 되었다. 성호의 대표적 저술의 하나로 『성호사설星湖僿說』을 꼽을 수 있다. 『성호사설』은 천하만물에 대한 것은 물론 고금의 일과 중국과 서양제국西洋諸國에 대한 다방면에 걸친 견해를 집대성한 것으로, 천지문天地門·만물문萬物門·인사문人事門·경사문經史門·시문문詩文門 등으로 분류하여 3,057항목에 걸쳐 논술한 저작이다. 이와 같은 성호의 백과전서적 박학주의는 성호 이후에 다산의 수많은 저술과 이학규의 저술 등에서 그 학맥이 이어지고 있음을 확인할 수 있다.

성호의 학문은 가학으로서 아들 이맹휴李孟休, 조카인 이병휴李秉休·이용휴李用休·이만휴李萬休, 손자인 이구환李九煥, 종손인 이철환李嚞煥·이삼환李森煥·이중환李重煥·이가환李家煥에게 전승되었다.

그중에서 특히 이맹휴는 예학에, 이병휴 · 이구환 · 이철환 · 이삼환은 경학에, 이용휴는 문학과 역학에, 이중환은 인문지리에, 이가환은 서학에 밝았던 것으로 알려져 있다.[332] 이중에서 이용휴(1708~1782)는 이학규의 외조부가 되며, 이가환(1742~1801)은 외숙부가 된다. 곧 이용휴와 이가환을 비롯한 성호학파의 문인들이 이용휴의 집에서 생장한 이학규의 학문 형성에 일정한 영향을 미쳤을 것으로 짐작된다.[333]

또한 이학규는 외가의 장서를 열독했던 것으로 보인다.[334] 당시 이용휴의 집에는 장서가 풍부하여 그 소문이 널리 퍼져 있었는데, 일찍이 통원通園 유만주兪晩柱(1755~1788)는 "혜환은 장서가 제법 풍부한데, 모두 기문이책奇文異冊으로 평범한 것은 한 질도 없다."[335]라고

---

332 이우성 선생은 『近畿實學淵源諸賢集』(성균관대 대동문화연구원, 2002) 해제에서 성호는 繼往開來의 역사적 처지에서 門弟子姪들의 群英이 활짝 꽃을 피웠다고 하면서, 이루 다 헤아릴 수 없는 濟濟多士들이 성호의 문정에서 나와 혁혁하게 일세를 照耀하였다고 하였다.

333 여기서 주목할 점은 이가환의 저작 가운데 하나인 『貞軒瑣錄』이 이학규의 저작인 『東事日知』와 비교할 때 그 체제와 내용 면에서 매우 유사한 성격을 보인다는 것이다. 『정헌쇄록』은 이가환의 해박한 지식과 정밀하고 전문적인 식견을 잘 보여주는 예의 하나로, 역사 · 풍속 · 시문 · 서화 등 학술 문화의 다양한 방면에 걸쳐 자신의 견해를 雜記한 형태로 써 놓은 책이다. 이러한 견해로 본다면, 이가환의 『정헌쇄록』과 이학규의 『동사일지』는 우리나라의 역사와 지리, 풍속 등 다양한 분야에 걸쳐 고금의 역대자료를 이용하여 고증하고 있다는 점에서 그 성격이 매우 유사하다. 실제로 두 저작을 비교해 보면, 제목이 동일한 조목도 발견되고 유사한 내용도 간취된다.

334 이학규는 유배지역의 문화적 척박함과 낙후성에 대해 자주 언급하였는데, 김해지역의 장서가 매우 부족하여 전날의 만권루를 그리워하게 되었다는 내용이 그의 글에서 산견된다.

335 兪晩柱, 『欽英』 (奎章閣資料叢書 文學編 제5권, 1997, 121면), 제17책 甲辰

언급한 바 있다.[336] 광범위한 학문 세계를 형성하고 고증적 학문태도를 견지하기 위해서는 방대한 장서가 필수적 요소가 된다.[337] 요컨대 이학규의 작품에서 발견되는 광범한 독서 폭과 박학한 지식의 원천에는 외가의 집에서 생장하면서 수학한 영향이 컸음을 짐작할 수 있는데, 외가의 장서는 이학규가 지식을 습득할 수 있었던 창구 역할을 한 것이다.

이상에서 살펴보건대, 이학규의 학문세계를 형성하는 데에 이용휴와 이가환을 비롯한 가학의 영향이 지대했음을 알 수가 있다. 이는 바로 이학규가 실학적 면모를 보이는 저술을 할 수 있었던 내적 동인으로 작용하였다. 곧 성호학의 가학적 전통과 외가의 장서를 열람하며 광범위한 지식세계를 구축하고 고증학적 학문태도를 견지했던 이학규는 실학적 학풍을 보여주는 다수의 글을 남길 수 있었던 것이다.

이학규의 실학적 면모는 경세적 측면보다는 일상사에서 찾은 현실주의적 측면이 강하다. 그의 실학적 면모는 일상과 주위에 대한 세심한 시선에 생활주변에서 얻은 실체험이 더해져 가능했던 것이다. 즉, 일상에서 주변 사물을 예리하게 관찰하는 태도와 실생활에서 얻게 된 경험을 토대로 현실적 안목을 신장시켰으며, 이것이 그의 실학적 인식과 면모로 나타났던 것이다. 이러한 면모를 엿볼 수 있는 글을 살펴보면 다음과 같다.

(1784)年 正月 13日조(박준호(1999), 145면에서 재인용).

336 김영진 선생은 「朝鮮後期의 明淸小品 수용과 小品文의 전개 양상」(고려대 박사학위논문, 2003)에서 혜환 이용휴의 경우 많은 奇書들을 소장했다고 하였으며, 혜환이 소장했던 明人 文集 목록과 열람이 확인되는 도서 목록을 수록해 놓았다.

337 강명관, 『조선시대 문학예술의 생성 공간』, 소명출판, 1999, 271면 참조.

이학규는 「전론錢論」[338]에서 사람들의 사치풍조에 대해 구체적으로 논하였는데, 이는 당시 저자가 직접 목도했던 사실을 기술한 것으로 보인다. 이학규는 이 글에서 당시 사회적으로 사치풍조가 만연하였음을 꼬집고는, 지위고하를 막론하고 사치스런 생활을 영위하다 보니 물가는 더욱 폭등하고 소비는 더욱 많아져서 돈이 귀하게 되었다는 지적을 하였다.

또한 이학규는 『식기보食忌譜』라는 저술을 지은 뒤에, 「식기보서食忌譜序」[339]라는 서문을 지어 남겼다. 그러나 여기에서 이학규가 저술하였다고 밝힌 『식기보』의 현존여부는 알 수 없다. 이 책은 그 서문의 내용으로 미루어 보건대, 본초本草와 의방醫方에 실린 내용 뿐 아니라 민간에서 얻어 들은 체험적인 내용들을 많이 수록한 알지 않아서는 안 될 내용들만 엄선하여 기록한 책으로 보인다. 이학규가 언급한 바에 의하면, 여러 책에 실린 것 가운데 10에 7~8은 버리고 농부나 마을노파가 목격하여 외운 것 5가운데 3~4를 취하여 저술하였다고 밝혔다. 이는 곧 실사구시적 시각에서 나온 것으로, 자신이 직접 목도하고 경험한 객관적 사실을 위주로 하여 민의 실생활에 유용한 학문을 하였던 것이다.

이학규는 이외에도 「백각설百刻說」[340]에서 시각법時刻法에 관해 설명하였으며, 「서구수상후書九數詳後」[341]에서는 수학에 대한 관심으로 『구수상九數詳』을 지었다고 밝히기도 하였다. 이 글에서는 직접 산법

---

338 李學逵, 『洛下生全集』 中卷, 「錢論」, 430면.

339 李學逵, 『洛下生全集』 中卷, 「食忌譜序」, 113면.

340 李學逵, 『洛下生全集』 中卷, 「百刻說」, 173면.

341 李學逵, 『洛下生全集』 中卷, 「書九數詳後」, 170면.

을 적용하여 문제를 풀어 보이고 있는데, 사람들이 봄놀이 할 때에 가지고 간 술을 예로 들어 설명하고 있어 읽는 이로 하여금 이해하기 쉽도록 하였다.

이학규는 사회문제에 대한 관심뿐 아니라, 자연과학에도 관심을 기울여 「조석설潮汐說」[342]과 「월식설月食說」[343]을 저술하였다. 「월식설月食說」에서는 후한의 천문학자인 장형張衡이 지은 『영헌靈憲』과 명나라 사람인 육문유陸文裕의 「금대기문金臺紀聞」에 나와 있는 월식의 내용을 기술하였다. 이 글에서 이학규는 스스로 고염무의 저작인 『일지록日知錄』을 보았다고 하고 있어, 일찍이 고염무의 저작을 열독하였음이 확인된다.

『동사일지』[344]는 이학규가 유배지인 김해에서 저술한 것으로, 모두 123조목에 걸쳐 우리나라의 역사 · 지리 · 문물 · 제도 · 풍속 등을 고증한 저작이다. 『동사일지』에는 저자인 이학규의 방대한 지적 세계와 독서체험이 고스란히 녹아들어 있으며, 그의 실학적 사고까지 꿰뚫어 볼 수 있는 저작으로 보인다.

이상에서 살펴본 저술은 이학규가 유배기간 틈틈이 저술한 자연과학 · 수학 · 농학 · 경제학 등에 관한 저작으로, 비록 그 규모와 체계를 다 갖추지는 못했다 하더라도 성호학파의 축소판적인 성격을 띤다고 할 수 있다. 이학규의 문집에서 산견되는 여러 논설류의 글들은 저자의 실학적 면모를 살피기에 충분하며, 이러한 실학파 지식인으로서의 지적 역량은 곧 『물명류해』를 저술할 수 있었던 내적

---

342 李學逵, 『洛下生全集』 中卷, 「潮汐說」, 420면.

343 李學逵, 『洛下生全集』 中卷, 「月食說」, 169면.

344 李學逵, 『洛下生全集』 下卷, 「東事日知」, 471면.

동인으로 작용하였다.

3. 『물명류해』의 체제와 그 특징

『물명류해』는 천지만물의 물명을 유형별로 분류하여 목록화한 물명어휘집이다. 사물의 이름과 성질을 나타내는 한자 어휘들을 의미상의 상관관계에 따라 분류하고 간략한 풀이를 붙인 유서類書로, 물명에 대한 한자 어휘 분류사전의 성격을 가진다. 『물명류해』가 편찬된 시기는 언제인지 분명하지 않다. 또한 이학규의 문집에도 『물명류해』에 관한 언급은 잘 발견되지 않는다. 다만 이학규의 저작들을 살펴볼 때 남아 있는 글들이 유배 이후에 지어진 것들이 대부분이고, 『물명류해』에서 보이는 당시 풍속에 관련된 구체적이고 세밀한 기록으로 보아 이학규가 김해로 유배된 이후에 저술한 것으로 짐작된다.[345]

1) 체제

『물명류해』는 모두 1책 24장이다. 표지에는 책명이 '물명류해 단物名類解 單'으로 명기되어 있다. 첫 장에 '물명류해物名類解 권지일卷之一'이라 되어 있고, 바로 이어서 본문의 내용이 시작된다. 권수를 표기한 아랫부분에 '낙하洛下 이학규李學逵 편차編次', '고금진사古今進士 노덕규盧德奎 증보增補'[346]라 하여 편자를 명시해 놓았다. 『물명류해』

345 『平昌李氏細譜』(평창이씨대종회, 2005)에 있는 이학규의 연표를 보면 1814년 이후에 長篇古詩와 實證的 성격의 文이 많이 지어졌다고 되어 있다.

에는 서문이나 발문이 없고, 다만 물명에 관한 내용이 책 전체를 구성하는 형식을 보인다.

『물명류해』의 표지와 첫 장을 아래에 보인다.

【그림 1】『물명류해』 표지

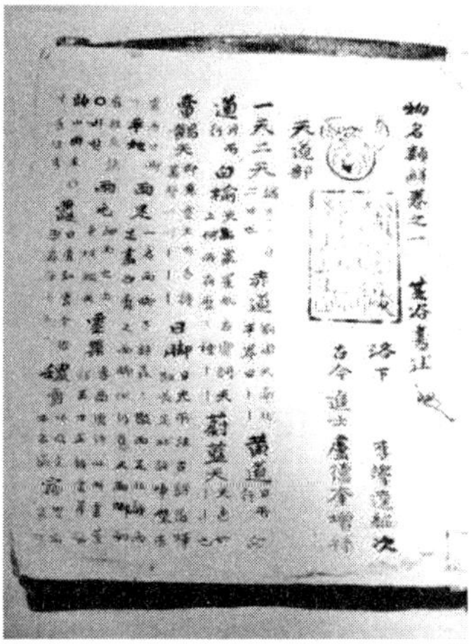

【그림 2】『물명류해』 첫 장

『물명류해』의 분류체계를 살펴보면, 천지만물에 관련된 물명을 11개의 부류部類로 나눈 다음 각각의 부류 아래에 해당되는 물명을 표기하고, 다시 그 물명에 대한 설명을 붙인 형태로 되어 있다. 물명의

346 盧德奎(1803~1869)의 字는 美兼, 號는 古今堂, 본관은 光州이다. 경상도 夏山(昌寧)에서 태어났으며, 문집으로 『古今堂集』(4권 3책)이 있다. 12세에 진사가 되었는데, 박학하여 많은 저술을 하는 등 慶尙左道의 이름 있는 유림으로 활동하였다. 이학규와 노덕규가 직접 교유했는지의 여부는 문집을 살펴본 결과 잘 확인되지 않는다. 다만 노덕규가 거주했던 곳과 이학규가 유배를 갔던 곳이 김해라는 동일한 공간이고, 『물명류해』의 증보작업을 노덕규가 했던 사실로 미루어 전혀 무관한 사이는 아닌 것으로 짐작된다. 두 사람의 교유와 영향관계에 대해서는 추후의 연구 성과를 기다린다.

전체 항목 수는 모두 590항목으로, 천지만물과 인사에 관련된 물명이 총망라되어 있다. 이상의 물명을 나열한 다음에는 장을 달리하여 제국諸國의 지리적 위치와 풍속에 관한 내용이 나오고, 이어서 천문天文과 중국 역대제왕의 삼원갑자三元甲子에 대해 기록해 놓았다. 제국의 위치와 풍속에 관한 부분은 국명을 표시한 다음 그 나라에 관한 사실을 기록하였는데, 모두 15개국이다. 이 가운데 일본日本과 여진女眞은 국명만 명시되어 있을 뿐 별도의 설명은 달려 있지 않다. 제국에 대한 설명에 이어서 장을 달리하여 천문에 관한 내용이 기록되어 있다. 우선 태을구성太乙九星에 대해 설명하고, 천문 분야를 동분東分과 중원분中原分으로 나누어 기록하였는데, 그 아래에 다시 소항목으로 나누어 설명하였다. 마지막으로 역대제왕기년삼원갑자歷代帝王紀年三元甲子에 대한 내용이 나오는데, 한무제漢武帝부터 건륭십년乾隆十年 동안의 삼원갑자에 대해 기록하였다.

이상에서 설명한 『물명류해』의 체제를 간략하게 표로 제시하면 아래와 같다.

〈표 1〉『물명류해』 체제

『물명류해』	
천도부天道部	38항
지도부地道部	122항
금석부金石部	11항
수부獸部	29항
금부禽部	35항
비충주충부飛虫走虫部	50항
어부魚部	29항
인사류人事類	61항
기용부器用部 · 서화부書畵部 · 음식부飮食部	215항

고려국高麗國 · 소류구국小琉球國 · 일본日本 · 여진女眞 · 삼불제국三佛齊國 · 교지국交趾國 · 진랍국眞臘國 · 섬라국暹羅國 · 발니국浡泥國 · 소문답랄국蘇門答剌國 · 회골국回鶻國 · 산마아한檄馬兒罕 · 화주火州 · 흉노달단국匈奴韃靼國 · 곤륜층기국崑崙層期國	
태을구성太乙九星	
동분東分	진辰 · 묘卯 · 인寅 · 축丑 · 자子 · 해亥 · 술戌 · 유酉 · 신申 · 미未 · 오午 · 사巳
중원분中原分	묘필일궁기주昴畢一宮冀州 · 익진이궁형주翼軫二宮荊州 · 여허위삼궁청주女虛危三宮靑州 · 항저사궁서주亢氐四宮徐州 · 구령오궁예주鉤鈐五宮豫州 · 정귀육궁옹주井鬼六宮雍州 · 삼칠궁량주參七宮梁州 · 저팔궁연주氐八宮兗州 · 우구궁양주牛九宮楊州 · 사강궁교주巳絳宮交州 · 삼신명당곤익주參申明堂坤益州 · 미성도未成都 · 기인옥당건유주箕寅玉堂乾幽州 · 해위분亥衛分 · 자제분子齊分 · 축오월분丑吳越分
역대제왕기년삼원갑자歷代帝王紀年三元甲子	

『물명류해』의 체제는 다른 물명류 저작들과 분명한 차이점을 보인다. 대부분의 물명류 저작들은 천지만물의 물명을 부部와 류類로 분류한 뒤, 각 부류에 속하는 물명 어휘를 기록하는 일정한 체제를 지닌다. 이에 비해 『물명류해』는 물명을 부류로 나누어 기록한 다음, 여기에 덧붙여 제국諸國의 지리적 위치와 풍속, 그리고 천문天文에 관한 내용을 기록하고 있기 때문이다. 이러한 체제상의 특성은 곧 편자編者의 역사와 천문에 관한 폭넓은 관심, 그리고 그에 수반한 광범한 지식이 반영된 결과로 보여진다.

이학규는 『물명류해』에서 수백 개에 달하는 물명을 의미별로 분류하고, 각 물명 어휘에 대해 주석을 달아 알기 쉽게 풀이하였다. 『물명류해』는 다른 물명류 저작들과 비교해서 체제면에서도 차이점을 보이지만, 특히 물명 어휘를 풀이한 부분에서 그 특성을 찾을 수 있다. 우선 성호학파 가문의 일원으로 이학규와 왕래가 있었던 이철환과 정약용의 물명류 저작과 비교해 보면 그 특성이 잘 드러난다. 이철환의 『물보』나 정약용의 『청관물명고』는 한자로 표기된 물명 어휘의 뜻을 한글로 풀이한데 그친 반면, 『물명류해』는 각 물명 어휘에 대해서 고금의 여러 문헌을 이용하여 상세하게 설명하였다. 곧 『물보』와 『청관물명고』가 순수어휘사전 성격의 물명어휘집이라면, 『물명류해』는 백과전서적 성격을 띤 물명어휘집이라 할 수 있다.

『물명류해』에서 물명 어휘를 설명하는 방식은 대개 9가지 경우로 분류할 수 있다. 그 유형과 일례를 제시하면 아래와 같다.

① 한자로 물명의 뜻을 풀이한 경우

一天二天 ····· 猶言一日二日也.

② 한자로 물명의 뜻을 풀이하고 구체적 사례를 제시한 경우

雪骨風 ········ 冬日南風. 宋詩南風作--.

③ 한자로 구체적 전거를 들어 풀이하고 한글 음을 표기한 경우

嘉徘 ············ 팔월가외. 新羅之俗, 八月十五日謂之嘉徘節.

④ 한자로 물명을 풀이하고 물명의 출전을 나타낸 경우

孛纜 ············ 바름. 高麗人爲風爲--. 見徐凝記.

⑤ 한글로 물명을 풀이하고 오류를 지적하여 나타낸 경우

宿 ·············· 별□□자리. 音壽. 今俗誤認爲星, 非也. (□는 잘 보이지 않는 글자임)

⑥ 한글로 물명을 표기하고 한자로 물명을 풀이한 경우

稷雪 ············ 싸락눈. 本名霰.

⑦ 한글로 물명을 표기한 경우

燧石 ············ 부쇠돌.

⑧ 속명俗名을 표기한 경우

曼陀羅 ········ 一名山茶. 俗名冬栢. ○동빅.

⑨ 이명異名을 표기한 경우

海松子 ········ 一名五粒松. 一名五鬣松. 今俗呼稱栢子. ○잣.

위에서 보는 바와 같이, 『물명류해』는 물명의 뜻을 이해하기 쉽도록 풀이하고 아울러 그 기원과 출전까지 알 수 있도록 다양한 방법을 동원하여 설명하였음을 확인할 수 있다. 한자로만 물명의 뜻을 풀이한 경우는 물론, 한글로 물명을 표기한 경우도 있다. 또 한자로 물명의 뜻을 풀이하고, 그 구체적 사례를 들어 보이는 경우와 한자로 구체적 전거를 들어 풀이하고, 한글 음을 덧붙여 표기한 경우도 있다. 또한 물명을 풀이하고 나서 그 물명의 출전이나 기원을 나타내거나, 금속今俗의 오류를 지적하여 나타낸 경우, 그리고 속명俗名이나 이명異名을 표기한 경우도 있다. 이와 같은 다각적인 설명 방식은 보는 사람들의 명확한 이해를 돕고 일반 서민들도 알기 쉽도록 지식을 전달하는 실용서로서의 기능을 보여주는 것이라 할 수 있다.

이상에서 살펴본 바와 같이 『물명류해』는 비록 다른 물명류 저작에 비해 수록된 물명 어휘 수는 적으나, 고금의 문헌을 종횡으로 이용하고 다양한 설명 방식을 통해 상세하고 치밀하게 물명을 고증하였음을 확인할 수 있다.

2) 『물명류해』의 특징

『물명류해』는 주위 사물에 대한 물명을 비롯하여 천문 지리에 관련된 내용까지 포함하여 수록한 물명어휘집이다. 대체로 물명류 저작은 편자의 지적 호기심을 충족하기 위해 만든 것이거나, 혹은 후세에게 보여 교육이나 실생활에 이용하려는 목적으로 엮어진 것이다. 그러므로 편자는 물명에 대한 지식기반을 구축하는 데에 물명집 편찬의 중점을 두었을 것임은 당연하다. 앞에서 살펴보았듯이 『물명류해』는 여타의 물명류 저작과는 상이한 분류체계를 보이는 점이 체제상의 특징으로 꼽을 수 있었다. 여기에서는 『물명류해』의 내용상 특징에 대해 살펴보고자 한다.

① 다양한 문헌을 이용한 물명 고증

이학규는 『물명류해』에서 단순하게 물명 어휘의 뜻을 기록하는 데에 그치지 않고, 고금의 다양한 문헌을 이용하여 해당 어휘의 기원이나 출전을 찾고 그 일례를 제시하는 방식으로 물명을 풀이하였다. 이러한 『물명류해』의 특성을 살펴보기 위해, 동 시기의 저작인 『물보』와 『청관물명고』를 비교해서 제시하면 아래와 같다.

『물보物譜』 ························ 白菘 – ᄇᆡᆨᄎᆡ.[347]
『청관물명고靑舘物名攷』 ······ 白菘 – 배차.[348]
『물명류해物名類解』 ············ 白菜 – ᄇᆡᆨᄎᆡ. ○本名菘菜. ○東坡詩, 白菘如羔豚, 冒土出熊掌.[349]

위에 인용한 물명은 '백채白菜', 곧 배추이다. 제시한 바와 같이 『물보』와 『청관물명고』에서는 '백숭白菘'에 대한 설명으로 한글로 'ᄇᆡᆨᄎᆡ'와 '배차'라고만 기록하여 분류하였을 뿐, 자세한 설명은 달려 있지 않다. 이에 반해 『물명류해』는 '백채'의 뜻을 한글로 표기하고 나서, 본명을 별도의 한자로 표기하였다. 그리고나서 소동파蘇東坡의 시에서 '백채'가 사용된 예를 기록하고 있어, 앞의 두 물명집에 비해

347 李嘉煥, 『物譜』 上篇 · 天生萬物, 「草木部」, 〈白菘〉
348 丁若鏞, 『靑舘物名攷』, 「野艸類」, 〈白菘〉
349 李學逵, 『物名類解』, 「地道部」, 〈白菜〉

더욱 풍부하고 자세한 설명이 이루어졌음을 확인할 수 있다.

水梭花 ………… 佛語以魚爲ーーー. 歐陽公詩, 買來玉尺如何短, 鑄出銀梭直是圓. ○莊子以爲波臣.[350]

위에 인용한 물명은 '수사화水梭花'이다. 수사화는 절에서 물고기를 이르는 말로, 물고기가 물속을 오가는 것이 마치 베틀의 날 사이로 왔다 갔다 하는 북과 같다는 뜻에서 부르는 말이다. 수사화라는 물명에 대해 우선 불가佛家에서 물고기를 이르는 것이라 풀이한 다음, 이러한 물명이 사용된 용례를 구양공의 시를 인용하여 예증하는 방법을 취하고 있다. 그리고 『장자莊子』에서는 '파신波臣'이라 한다고 기록하여 물명의 이칭을 설명하고 있어, 물명에 관한 단순한 뜻풀이에서 벗어나 다양한 문헌을 이용하여 보는 사람으로 하여금 이해하기 쉽도록 풀이하였음을 알 수 있다.

樑上君子 ……… 도적놈. ○賊也. 又曰, 綠林豪客. 李泌詩, 春雨蕭蕭江上村, 綠林豪客夜相聞. 出陳寔史.[351]

위에 인용한 '양상군자樑上君子'는 도적을 지칭하는 말이다. 한글로 '도적놈'이라는 뜻을 기록한 다음, 한자로 물명에 대한 풀이를 하였다. 한자로는 '적賊', 또는 '녹림호객綠林豪客'이라 하는데, 이러한 물명이 사용된 경우를 이필李泌의 시를 들어 예증하였다. 또한 '양상군자'의 출전으로 진식陳寔의 고사가 있음을 나타내었다. 진식의 고사는

---

350 李學逵, 『物名類解』, 「魚部」, 〈水梭花〉

351 李學逵, 『物名類解』, 「人事類」, 〈樑上君子〉

『후한서後漢書』·「진식전陳寔傳」에 실려 있다. '녹림호객'은 도둑의 이칭으로, 왕망王莽 때에 왕광王匡·왕봉王鳳 등 무뢰배 수백 명이 산에 숨어 강도를 일삼았으므로 그들의 별명을 녹림綠林이라 붙인 데서 유래한 말이다. 이와 같이 해당 물명 어휘가 사용된 문헌을 찾아 그 부분을 인용해서 기록하고, 그 물명의 출전도 아울러 기록하는 입체적인 설명 방식은 『물명류해』의 특징으로 꼽을 수 있을 것이다.

이학규는 『물명류해』에서 고금의 다양한 문헌을 활용하여 다각적인 방면에서 물명을 고증하였다. 『물명류해』에 인용된 문헌을 표로 제시하면 아래와 같다.

〈표 2〉『물명류해』 인용 문헌

『물명류해』 인용 문헌	
시문 詩文	杜詩·李商隱詩·正詩·東坡詩·宋(人)詩·柳宗元詩·王勃「采蓮詞」·唐詩註·左氏「蜀都賦」·元稹詩·古詞·王士禎詩·韓偓詩·唐駱賓王「螢火賦」·李白詩·韓致光詩·范成大詩·牧齋詩·張志和詩·歐陽公詩·李泌詩·樂天詩·唐詩·張孟陽詩·王右丞詩
서명 書名	『南史』·『鶴林玉露』·『譯語』·『高麗史』·『說苑』·『大戴禮』·『列子』·『莊子』·『太平淸話』·『爾雅』·『漢史』·『漢書』·『北史』·『東人詩話』·『雪霏錄』·『續文獻通考』

위에서 보이는 바와 같이, 이학규는 두보杜甫와 이상은李商隱, 소동파蘇東坡의 시를 비롯하여 유종원柳宗元, 범성대范成大, 왕사정王士禎 등 여러 시인의 시에서 물명 어휘가 사용된 전거를 찾았다. 또한 『학림옥로鶴林玉露』, 『고려사高麗史』, 『이아爾雅』, 『설원說苑』, 『대대례大戴禮』, 『태평청화太平淸話』, 『동인시화東人詩話』, 『설비록雪霏錄』, 『속문헌통고續文獻通考』 등 고금의 다양한 전적을 이용하여 물명 어휘를 고증하였음을 확인할 수 있다.

여기에서 『설원說苑』은 전한前漢 때 유향劉向이 편찬한 일화집이며,

『태평청화太平淸話』는 명나라 때 진계유陳繼儒가 고금의 일을 잡기해 놓은 책이다. 『대대례大戴禮』는 전한시대 대덕戴德이 공자의 72제자의 예설禮說을 모아 엮은 책으로, 『예기』 214편을 85편으로 정리한 것인데 지금 39편만이 전해진다. 『설비록雪霏錄』은 『비설록霏雪錄』의 오기인 듯한데, 『비설록』은 명나라 때 유적劉積이 지은 것으로 시의詩義를 변석하고 구문舊聞을 기술하고 있으며, 몽환夢幻과 회해詼諧 등을 기록한 책이다.

이상에서 살펴본 바와 같이 『물명류해』는 물명 어휘에 대해 단순히 그 뜻만을 나타내지 않고 해당 물명이 사용된 용례를 제시하였으며, 아울러 그 물명의 이칭과 출전까지도 기록해 놓았다. 이학규는 『물명류해』에서 물명을 고증하기 위해 고금의 여러 문인들의 시와 전적을 종횡으로 이용하여 다각적인 방식으로 설명을 시도했다. 이는 박학한 식견과 축적된 지식이 없이는 불가능한 것으로, 편자의 학문적 역량을 잘 드러내는 것이라 할 수 있다.

② 현실의 풍습을 반영한 물명 고찰

이학규는 유배지인 김해에서 24년간 지내면서 다수의 현실주의적 한시와 실학적 성격의 글들을 저술하였다. 한 편의 저작이 창출되는 데에는 작가의 지적 역량과 더불어 현실 주변의 외적 환경도 일정정도 영향을 미치게 된다. 이학규는 유배생활을 통해 서민들의 삶과 현실을 직접 목도하는 계기가 되었고, 거기에서 받은 감흥을 다수의 작품으로 남겼다. 이러한 현실 인식은 『물명류해』에도 일정정도 반영된 것으로 보이는데, 물명 어휘를 풀이하면서 당시 세속의 풍습을 반영하고 있기 때문이다. 이러한 태도는 고금의 문헌 자료와 아울러 세속의 풍습을 자료적 가치로 인정하고 담아낸 결과라 할 수 있겠다.

이학규는 물명 어휘를 설명하면서 당시 세간에서 전해지는 풍습을 자료적 가치로 인정하여 물명을 설명하기 위한 방법으로 활용했다. 아래에 해당 경우를 제시해 본다.

가) 東京狗 …… 동경ㄱ]. ○我國慶州府, 多産短尾狗. 今俗見短尾狗直呼曰, 東京. 蓋慶州部新□之東京也.[352]

나) 毒龍 ………… 강칙이. ○今俗謂毒龍去處秋亦春. 盖–– 所過禾稼皆殘, 故曰, 秋亦春. 又唐詩, 毒龍潛處水偏淸.[353]

다) 側室 ………… 妾也. 今俗謂之小家. ○첩. 出漢史.[354]

첫 번째 인용한 물명은 '동경구東京狗'이다. 먼저 '동경구'를 한글로 표기하고, 한자로 풀이를 하였다. 우리나라 경주부에 꼬리가 짧은 개가 많이 나는데, 지금 세속에서는 이 개를 가리켜 '동경東京'이라 한다고 하였다. 그리고 경주부가 옛 신라의 동경이었던 데서 그 이름이 유래된 것임을 밝혔다. 세종 후기의 문헌인 『동국어록東國語錄』에도 '꼬리가 짧거나 없는 개를 동경구라고 한다'고 되어 있으며, 『성호사설』에도 꼬리가 짧은 개를 동갱이[東京狗]라고 불렀다고 하여 신라의 풍속이라 기록하였다.[355]

두 번째 인용한 물명은 '독룡毒龍'이다. '독룡'은 한글로 '강칙이'라

352 李學逵, 『物名類解』, 「獸部」, 〈東京狗〉

353 李學逵, 『物名類解』, 「禽部」, 〈毒龍〉

354 李學逵, 『物名類解』, 「人事類」, 〈側室〉

355 李瀷, 『星湖僿說』 제15권, 「人事門 · 羅俗」

고 하는데, 세속에서 독룡이 지나가는 곳은 가을이 봄처럼 된다고 일컬음을 기록하였다. 이러한 이유는 독룡이 지나가면 곡식이 해를 입기 때문에 가을이 봄처럼 된다고 하는 것이다. 그리고 '독룡'이 나오는 당시唐詩 한 구절을 일례로 들어놓았다. '독룡'은 생김새가 소와 흡사한데 바람과 비를 잘 몰고 다녀서 그것이 지나가는 곳에는 온갖 곡식이 해를 입고 남는 것이 없게 되므로, 가을이 되어도 거두어들일 곡식이 없다는 뜻이다. 불가佛家에서는 '독룡'을 욕심에 비유하기도 한다.

세 번째 인용한 물명은 '측실側室'이다. 여기에서는 '측실'의 뜻을 한자로 풀이한 다음, 세속에서 '소가小家'라 부르는 것이라고 하였다. 이어서 한글로 뜻을 나타낸 다음, 어휘의 출전을 기록하였다.

이상에서 『물명류해』에서 물명 어휘를 설명하는 방법으로, 당시 세속에서 전해지는 말을 기록한 예를 살펴보았다. 이러한 경우는 대개 '금속견今俗見' 혹은 '금속위今俗謂'라는 어구 다음에 그 내용을 기록하는 형식을 취하고 있다. 이는 문헌 속에서만 물명을 설명하는 전거를 찾는 것이 아니라, 당시 현실 속에서 그 용례를 찾아 기록하고 있어 세속에서 전해지는 풍습도 자료적 가치로 인정하고 담아내려는 편자의 의식을 엿볼 수 있다. 여기에서 기록된 내용은 당시의 세속을 엿볼 수 있는 문화사적 가치도 함께 지닌다.

③ 천문지리에 대한 관심의 표출

『물명류해』는 물명에 관한 어휘를 의미별로 분류하고 난 다음, 15개국의 지리적 위치와 문화적 특징, 그리고 천문 분야에 대해 다시 상세하게 기록하였다. 그런데 이 부분은 앞 장에서 물명 어휘를 분류한 체제와 상이하여 별도로 기록된 것으로 보여지는데, 편자가 의도적으로 배치한 것인지 아니면 미완성된 부분인지의 여부는 확실하지 않다.

제국諸國에 대한 부분은 고려국高麗國에서 시작하여 곤륜층기국崑崙層期國까지 15개국의 지리적 위치와 연혁, 그리고 각 나라의 풍속과 문화적 특징에 대해 기록하였다. 삼불제국三佛齊國은 현재 수마트라 동남부에 있었던 나라이며, 교지국交趾國은 베트남 북부에 있었던 나라이다. 진랍국眞臘國은 지금의 캄보디아에 해당하고, 섬라국暹羅國은 태국, 발니국浡泥國은 보르네오 지역에 있었던 나라이다. 또한 소문답랄국蘇門答剌國은 인도네시아의 수마트라 섬에, 회골국回鶻國은 위구르 지역에 있었던 나라이고, 산마아한撒馬兒罕은 우즈베키스탄의 사마르칸트, 화주火州는 투루판, 흉노달단국匈奴韃靼國은 몽고이다. 곤륜층기국崑崙層期國은 중국 남해南海에 있는 나라들의 범칭으로, 중국의 광동성에서부터 인도네시아, 말레이시아 등지까지를 포함한다.

삼불제국三佛齊國은 7세기부터 11세기까지 수마트라의 팔렘방을 중심으로 있었던 나라이다. 샤일렌드라 왕조가 지배하였는데, 당나라에서는 실리불서室利佛逝, 송나라에서는 삼불제三佛齊라 불렀다. 섬라국暹羅國은 샴(Siam)의 취음取音으로 지금의 태국을 가리킨다. 화주火州는 투루판[吐魯番]을 가리키는데, 우루무치[烏魯木齊]에서 약 180㎞ 동남쪽 사막 가운데에 위치한 오아시스 도시이다. 이곳은 7~8월 한낮의 기온이 42℃ 이상으로 매우 무덥기 때문에 화주라고 불린다.

소류구국小琉球國은 동남쪽에서 가까운 나라로 기록되어 있다. 그리고 그 나라의 여자들은 모두 모시띠로 머리를 얽어맸으며, 남자들은 깃털로 관을 만들고 구슬로 장식한다고 하였다. 또한 부인들은 비단무늬의 백포白布로 모자를 만들고 잡털로 옷을 만든다고 하여, 각 나라의 문화적 특징을 잘 드러내어 기록하였다.[356] 교지국交趾國은 일명 '교지交趾', 또는 '안남安南'이라고도 하는데, 그 나라 사람들은 성품이 간교하고, 또한 중국 책 읽는 것을 좋아하여 사람들이 그대로 도습했다고 하였다. 한漢나라 때 군현제도를 세우고 자사刺史를 두어 중국의 문화를 펴서 뒷날 오대五代 말기에 절도사節度使 오창문吳昌文의 시기에 와서야 성황을 이루었다.[357]

태을구성太乙九星은 두중斗中의 구성九星을 가리키는 것으로, 추樞·선璇·기璣·권權·옥형玉衡·개양開陽·요광搖光·현과玄戈·초요招搖가 그것이다. 이학규는 태을구성에 대해 설명하고 난 다음, 다시 천체를 동분東分과 중원분中原分으로 나누어 기록하였다. 여기에서 동분은 우리나라에 해당하는 분야로, 다시 진辰·묘卯·인寅·축丑·자子·해亥·술戌·유酉·신申·미未·오午·사巳로 나누고 각 분야에 해당되는 지명을 상세하게 기록해 놓았다. 아래에 진辰과 술戌을 제시해 본다.

> 진(辰) – 각수(角宿) 12도, 고부·홍덕·정읍·태인·김제·금구·전주·담양·임실·옥천·진안. ○항수(亢宿) 9도, 남원·운

---

356 李學逵, 『物名類解』, 「小琉球國」, "國近東南. 深目長鼻, 頻類婦人, 男子去髭鬚. 女人以黑黯手爲龍蛇紋, 皆紵繩纏髮, 男以羽毛爲冠粧珠玉, 婦人以白羅紋爲帽, 雜毛爲衣."

357 李學逵, 『物名類解』, 「交趾國」, "一名交趾, 又名安南. 其人性奸狡, 剪髮洗足, 窅目仰啄. 好讀中國書, 故其人皆蹈襲, 其風然後相噬叛, 自中國治爲郡縣, 立交州刺史, 後漢復叛馬援平之, 至五代末節度使吳昌文, 始僭爾王号. 其後皆稱王歷代, 皆是異姓簒奪. 東接欽廉茶盧, 南接占城蘇茂, 北接邕管, 東南皆大海交趾國."

봉 · 용담 · 장수 · 함양 · 금산 · 무주 · 보령이 여기에 있는 듯하다.[358]

술(戌) - 규수(奎宿) 16도, 태안 · 서산 · 해미 · 결성 · 당진 · 홍천 · 면천 · 덕산 · 아산 · 대흥 · 평택 · 신창 · 예산 · 온양 · 직산. ○누수(婁宿)12도, 천안 · 연기 · 전의 · 문의 · 회인 · 옥천 · 회덕 · 보은 · 영동 · 청산 · 황간.[359]

태양이 지나가는 길인 황도黃道를 12등분하면, 진辰의 방향에는 28수 가운데 각수角宿와 항수亢宿가 들어 있다. 각수와 항수는 동방칠수東方七宿에 속하는 별로, 우리나라의 전라도와 중국의 정鄭나라가 있던 연주兗州지역이 여기에 해당된다. 각수는 12도를 맡아 다스리는데, 우리나라의 지역에 배당하면 전라북도 정읍시의 고부부터 전라북도 진안에 해당된다.[360] 항수는 9도를 맡아 다스리며 우리나라 지역에 배당하면, 전라북도 남원부터 충청남도 보령이 해당된다.[361]

술戌의 방향에는 서방칠수西方七宿에 속하는 규수奎宿와 누수婁宿가 있다. 이 분야에는 우리나라의 충청도 지역과 중국의 노魯나라가 있던 서주徐州지역이 해당된다. 규수는 16도를 맡아 다스린다. 여기

---

358 李學逵, 『物名類解』, 「東分」, "辰 - 角十二度, 古阜 · 興德 · 井邑 · 泰仁 · 金堤 · 金溝 · 全州 · 潭陽 · 任實 · 玉泉 · 鎭安. ○亢九度, 南原 · 雲峰 · 龍潭 · 長水 · 咸陽 · 錦山 · 茂州 · 保寧似在此."

359 李學逵, 『物名類解』, 「東分」, "戌-奎十六度, 泰安 · 瑞山 · 海美 · 結城 · 唐津 · 洪川 · 沔川 · 德山 · 牙山 · 大興 · 平澤 · 新昌 · 禮山 · 溫陽 · 稷山. ○婁十二度, 天安 · 延岐 · 全義 · 文義 · 懷仁 · 沃川 · 懷德 · 報恩 · 永同 · 青山 · 黃澗."

360 李純之, 『天文類抄』, "角二星十二度, 對奎, 天秤宮, 辰地, 鄭之分."

361 李純之, 『天文類抄』, "亢四星九度, 對婁, 天秤宮, 辰地, 鄭之分."

에 해당되는 우리나라 지역은 충청남도 태안에서 충청남도 직산이다.[362] 누수는 12도를 맡아 다스리며, 우리나라 지역에는 충청남도 천안에서 충청북도 황간이 해당된다.[363]

중원분中原分은 중국의 여러 지역에 대해 각 천문 분야에 해당하는 별자리를 따져서 기록한 것이다. 모두 13개 지역으로 구분되었는데, 묘필일궁기주昴畢一宮冀州·익진이궁형주翼軫二宮荊州·여허위삼궁청주女虛危三宮青州·항저사궁서주亢氐四宮徐州·구령오궁예주鉤鈴五宮豫州·정귀육궁옹주井鬼六宮雍州·삼칠궁양주參七宮梁州·저팔궁연주氐八宮兗州·우구궁양주牛九宮楊州·사강궁교주巳絳宮交州·삼신명당곤익주參申明堂坤益州·미성도未成都·기인옥당건유주箕寅玉堂乾幽州이다. 묘필일궁기주昴畢一宮冀州는 『서경書經』·「우공禹貢」과 『주례周禮』에서 모두 하내河內의 지역이라고 하였으며, 순임금이 설치한 12목牧의 하나라고 하였다. 묘성昴星과 필성畢星은 대양大梁의 자리로 기주冀州의 분야이고, 저성氐星은 수성壽星의 자리로 연주兗州의 분야라는 것이다. 이러한 천문 분야에 관해서는 『서경』의 「우공」편과 『주례』, 『춘추원명포春秋元命包』, 『천문지天文志』 등의 문헌을 참고하여 각 분야에 해당하는 중국 지역을 기록하였다.

역대제왕기년삼원갑자歷代帝王紀年三元甲子는 '한무제원수육년상원갑자세입제일기漢武帝元狩六年上元甲子歲入第一紀'부터 '건륭십년중원갑자세입제이기乾隆十年中元甲子歲入第二紀'까지의 삼원갑자를 따져 기록한 것이다.

이상에서 살펴본 바와 같이 물명 어휘와 별도로 구성되어 있는 천

362 李純之, 『天文類抄』, "奎十六星十六度, 對角, 白羊宮, 戌地, 魯之分."
363 李純之, 『天文類抄』, "婁三星十二度, 對亢, 白羊宮, 戌地, 魯之分."

문 분야에 대한 기록은 편자의 관심 정도를 반영하는 것으로 볼 수 있다. 이학규는 「조석설」과 「월식설」을 비롯하여 천문에 관련된 저술을 남기기도 하였는바, 『물명류해』에서 보이는 천문에 대한 기록은 그의 축적된 지적 역량을 가늠케 하는 부분이다.

4. 결어

18세기 이후 새로운 서적의 유통과 이로 인한 지식 정보의 확대, 그리고 민중의 삶과 현실 문제를 중시하는 실학적 사유는 '물명'에 대한 관심을 고조시켰다. 이러한 물명의 관심과 저술은 다양한 물명류 저작을 산생시켰다. 물명에 대한 관심과 물명류 저작의 출현은 조선후기에 나타난 실학과 그 시기를 같이하고 있으며, 물명류 저작의 주요한 저작자들 역시 실학파 지식인이라는 점에서 물명류 저작과 실학사상은 밀접한 관계를 지니고 있다. 실학파 지식인들은 무엇보다 현실에 주목하여 실생활과 관련된 물명의 어휘에 관심을 가졌거니와, 이 물명류 어휘를 저술로 나타낸 것은 이용후생과 그 맥을 같이 하는 것이다.

이전 시기에도 물명에 대한 관심이 있었지만 조선후기 실학파 지식인들이 물사物事에 구체적인 관심을 보인 것과는 사뭇 달랐다. 이와 같이 조선 후기에 쏟아진 물명류 저작은 당시 실학적 사유의 학술적 전환 중의 하나였으며, 실학파 지식인들이 실제 생활과 관련된 물명에 깊은 관심을 견지한 데서 창출된 것임을 짐작할 수 있다.

이학규가 편차한 『물명류해』는 물명에 관한 어휘집이다. 『물명류해』는 동 시기에 출현한 다른 물명류 저작과 비교했을 때 그 체제와 내용면에서 뚜렷한 차이점을 보인다. 동 시기의 물명류 저작들이 물명에 관련된 어휘를 단순 분류·나열하는 데에 그쳤다면, 『물명류해』에서는 물명 어휘를 유형별로 분류한 다음 각 물명의 기원과 출전에 대해 자세하게 고증한 데에서 그 특성을 꼽을 수 있다. 곧 편자의 물명에 관한 지식을 총동원하여 읽는 사람으로 하여금 이해하기 쉽고 명확하게 알 수 있도록 구성한 점이 다른 물명어휘집과의 차이점이자 특징이다. 『물명류해』에서 보이는 이러한 특성은 바로 이학규의 지적 역량과 실학파 지식인으로서의 면모를 드러내는 부분이기도 하다. 또한 『물명류해』는 물명에 관한 어휘를 분류하고 난 다음, 별도로 제국의 문화적 특징과 천문 분야에 대한 기록을 덧붙여 놓았다.

『물명류해』는 그동안 현실주의적 한시로 주목을 받아온 이학규의 실학적 면모와 지적 역량을 새롭게 인식할 수 있는 저작이다. 이학규는 근기남인 실학파의 마지막 세대로 평가받았음에도 불구하고, 지금까지 그의 실학적 면모를 구체적으로 고찰한 경우는 드물다. 따라서 이학규의 『물명류해』를 통해 실학파 지식인으로서의 또 다른 성취를 확인할 수 있다.

Ⅱ. 이학규의 화훼 취미와 국영시菊影詩 창작

18세기에 접어들면 원림과 정원을 꾸며 갖가지 진기한 화훼와 수목을 심는 원예에 대한 관심이 서울의 문인을 중심으로 확산되어 나타났다. 이 시기에 저술된 화훼 관련 저술은 당시의 문화 현상을 대변해준다. 유박柳璞은 자신의 화훼 재배 체험을 『화암수록花菴隨錄』이라는 저술에 고스란히 남겼고, 이옥李鈺의 『백운필白雲筆』에도 화훼의 종류와 재배와 관련된 내용이 수록되어 있다.

특히 당시 화훼 재배에서 주목을 받은 것은 국화다.[364] 국화는 사군자의 하나로 예로부터 문인들의 시문 소재로 애용되었으며, 당시의 원예 재배 붐을 타고 국화 재배가 널리 성행되기도 하였다. 정약용丁若鏞도 유배 이전 자신의 거처인 명례방에 국화 화분을 종류별로 18개나 갖춰놓고 감상한 것으로 알려져 있다. 또한 심능숙沈能淑은 국화를 몹시 애호한 나머지 국화를 찬양하여 「국서菊序」를 저술하였고, 국화 품종 가운데 하나인 백운타白雲朶를 매우 좋아하여 이에 대한 글을 별도로 남기기도 하였다. 이상에서 언급한 저술들은 그 시기

---

364 정민, 「18,19세기 문인 지식인층의 원예 취미」, 『18세기 조선 지식인의 발견』, 휴머니스트, 2007.

나 종류는 다르지만 모두 화훼를 애호한 문인들의 지적 경향이 발현된 것이다.

이학규는 현실 속의 다양한 사물을 시문의 소재로 삼아 그 대상을 세밀하게 그려냈다. 주위에서 흔히 접할 수 있는 것들에서부터 유배지에서 생전 처음 목도한 것들에 이르기까지 그의 시문은 삼라만상의 모든 것을 대상으로 한다. 그 속에는 화훼를 소재로 삼은 시문도 포함되어 있는데, 그중에서도 특히 국화를 소재로 한 시문이 상당한 분량을 차지한다. 특정 대상에 대한 시문 창작은 해당 사물에 대한 관심이 없이는 불가능하다. 이학규의 국화에 대한 관심과 애호는 국화그림자[菊影]을 즐기고 시를 창작하는 행위로 확대되어 나타났다.

기왕에 알려진 바와 같이 국영시菊影詩 창작은 중국 명대 문인인 원굉도袁宏道에서 비롯되었으며, 이를 본받아 우리나라의 여러 문인들도 국영시를 창작한 것으로 알려져 있다. 이학규가 원굉도의 국영시를 접했다는 기록은 분명하게 나타나지 않는다. 다만 당시에 원굉도의 문집이 문인들 사이에서 널리 읽힌 점과 이학규와 긴밀하게 교유했던 다산과 그의 자제들이 국영시를 창작한 점 등을 살펴볼 때 이학규의 국영시 창작은 당시의 문화적 현상과도 일정한 관련을 지니는 것으로 파악된다.

1. 화훼 취미와 '병양甁養'의 방식

18세기 이후 급속도로 확산된 원예 현상으로 인해 화훼에 대해 벽癖을 지닌 문인들이 생겨났고, 이러한 화훼에 대한 벽癖은 전문적인 내용의 저술로 이어져 나타났다. 이학규의 경우를 살펴보면 화훼에 대한 관심이 전문적인 저술로까지 이어지지는 않은 것으로 보인다. 이는 이학규의 화훼 취미가 벽癖의 수준에까지 이르지 않은 것으로 볼 수 있겠으나, 유배라는 특수한 상황에 오랜 기간 있었던 것도 그 요인 중 하나로 꼽을 수 있다. 유배지의 공간적 제약 속에서 여타의 문인들처럼 원림을 조성하거나 화분을 이용한 화훼 재배는 여러 가지 형편상 어려웠을 것이다. 특히 이학규는 유배지에서도 자주 거처를 옮겨 다닌 정황이 포착되며, 거처하는 곳 또한 매우 좁고 열악한 환경의 수준이었다. 이와 같은 주거지의 불안정한 상황은 화훼 재배에 어려움을 주었다.

이러한 유배지의 현실 속에서 이학규는 자신의 화훼 취미를 실현할 수 있는 방법으로 화병을 이용하여 꽃을 감상하는 '병양瓶養'의 방식을 택하였다. 그의 시문을 살펴보면 실제로 꽃을 꽂은 화병을 책상 위에 두고 감상하는 모습이 자주 발견된다. 유배기간 중에도 거주하는 곳 근처에서 배꽃을 가져와 병에 꽂아 놓고 그 운치를 즐겼으며,[365] 동네 사람들과 함께 그곳의 이름난 화원에 꽃을 감상하러 가기도 하였다.[366] 곧 이학규는 유배지의 궁핍한 생활 속에서 경사의 문인들과 같이 화훼 취미를 적극적으로 실현하지는 못했지만, 나름의 방식으로 화훼를 완상하며 소박하게나마 흥취를 즐기고자 했던 것이다. 이러한 이학규의 화훼 감상은 중국 명대 문인인 원굉도의 경우와 유사한 측면이 있다. 원굉도는 일찍이 자신의 거처가 저습하고

365「瓶養梨花」,『洛下生集』冊四 因樹屋集.

366「申氏園, 同崔仁瞻, 金悅卿, 尹而俊, 金素精, 賞茶井緋桃」,『洛下生集』冊十一 匏花屋集 ;「同金素精申氏園賞花」,『洛下生集』冊十二 菜花居集.

좁아 옮겨 다니는 것이 일정치 않아서, 부득이 담병膽瓶에 꽃을 꽂아 놓고 감상하였다.[367]

이학규의 화훼 취미와 완상태도가 나타난 시문을 살펴보기로 한다.

시월의 영남 국화	十月嶺南菊
서리 안개 속에 꽃을 피었네.	開花霜霧中
창 사이로 가을빛 맞이하니	牕間得秋色
병 속에는 외로운 떨기 피었다네.	瓶裏發孤叢
끊임없이 책방에 들여오니	脈脈臨書幌
휘늘어져 가는 바람 그리워하는 듯.	依依戀細風
차디찬 밤에 물을 부어주니	夜寒添注水
성긴 그림자 텅빈 책상을 반이나 차지했구려.	疎影半牀空[368]

이 시는 이학규가 유배된 지 21년째 되는 1821년에 지은 것이다. 서리 안개 속에 꽃송이를 피운 국화를 병에 꽂아 놓은 다음, 물을 부어주며 정성스럽게 기르고 완상하는 모습이 나타난다. 시제詩題에 나타나있듯이 화병을 이용하여 국화를 감상하는 '병양瓶養'의 재배 방식을 엿볼 수 있다. 경사의 유수한 문인들이 대규모 원림園林을 조성하고, 갖가지 화분을 이용하여 화훼 재배를 했던 상황과는 사뭇 다른 점을 알 수 있다. 이학규의 화훼 취미가 발현된 시문은 대체로 유배 후반기에 집중적으로 나타난다. 이는 유배 전반기에 내면의 고독하고 불우한 심사를 토로한 시문이 다수 포착되던 것과 달리, 유배

---

367 원굉도 저, 심경호·박용만·유동환 역주, 『역주 원중랑집』5, 소명출판, 2004, 380면 참조.

368 「瓶養菊花權處一拈韻共賦」, 『洛下生集』冊十六 秋樹根齋集.

후반기에 접어들어 유배공간의 사물을 미적인 대상으로 인식하는 시문이 포착되는 사실과도 무관하지 않다.[369]

이학규는 주변 일상의 사물을 시문의 소재로 적극 받아들여 창작에 임하였다. 유배지에 거처하게 된 이후에는 새롭게 목도하고 경험하는 그곳의 다양한 사물에 대해 노래하고 기록해두었다. 소소한 미물일지라도 면밀하게 관찰하고, 세밀한 부분까지 사실적으로 표현해내는 것은 이학규의 시문이 지닌 특장 가운데 하나이다. 이러한 시문에서는 사물의 겉모습을 그려내는 것 뿐 아니라, 사물에 자신의 내면 심사를 투영시켜 담아내기도 하였다.[370] 그리고 이학규의 사물에 대한 지적 탐구는 물명에 대한 저작인 『물명류해』로 이어져 나타나기도 하였다.

이학규의 사물에 대한 진지한 탐구 자세는 화훼 관련 시에서도 엿볼 수 있다. 화병에 꽂힌 꽃을 싱싱하게 오래도록 유지하기 위해서는 적합한 관리가 필요하다. 이학규는 단순하게 화병에 꽂힌 꽃가지를 완상하는 데에서 그치지 않고, 화훼 재배와 관련된 여러 문헌을 참고하여 직접 실생활에 적용했다. 그리고 화훼 재배와 관련된 전문 지식을 이용하여 화병 속의 꽃을 기르고, 그러한 사실에 대해서 시문에 기록해두었다.

막고야산 선인의[371] 빙설 같은 자태 　　姑射仙人冰雪姿

---

369 이학규의 유배 전반기와 후반기의 시문 창작 경향에 대해서는 정은주, 「낙하생 이학규 문학의 변모 양상 연구」, 성균관대 박사학위논문, 2011 참조.

370 이학규의 영물시에 관해서는 이국진, 「이학규 영물시 연구」, 『대동한문학』 29, 대동한문학회, 2008 참조.

371 『莊子』 「逍遙遊」에 “막고야산에 신인이 사는데, 살결은 얼음이나 눈빛 같고,

올 때는 마치 이른 봄철과 같다네.	來時恰與早春期
매서운 추위 좋아하여 온천물로 목욕하니	峭寒自愛湯泉浴
곧 천향天香이 옥 같은 살결 끌어당겼구나.	便有天香惹玉肌
숲 아래 이르면 좋은 때 있으니	到來林下有佳期
물총새 대숲 너머 가지에서 재잘거리네.	翠羽嘈嘈竹外枝
이로부터 화노花奴는 갈고羯鼓[372]를 멈추리니	從此花奴休羯鼓
신령의 공덕 석정지石亭脂에 실어 보내네.	神功輸與石亭脂
달 위 구름 계단에서 술 한 잔 부으니	月地雲階酹一罇
옥노玉奴[373]는 진실로 동혼을 저버리지 않았다네.	玉奴眞不負東昏
병 속은[374] 절로 신선이 사는 곳이니	壺中自是神仙窟
비로소 그윽한 향기 반혼향返魂香[375] 얻었음을 알겠네.	始信幽香得返魂[376]

얌전한 자태는 처녀 같으며, 오곡은 먹지 않고 바람과 이슬을 마시며, 구름을 타고 나는 용을 몰아서 사해의 밖에 노닌다[藐姑射之山, 有神人焉, 肌膚若冰雪, 淖約若處子, 不食五穀, 吸風飮露, 乘雲氣, 御飛龍, 而遊乎四海之外]" 라고 하였다.

372 羯鼓 : 상고 때 羯族의 악기로서 북의 일종이다. 唐 玄宗이 갈고를 좋아하여 內庭의 난간에 앉아 갈고를 칠 때 뜰 밑에는 버들꽃과 살구꽃이 금방 벌어지고 있었는데, 현종이 그것을 가리키며 웃으면서 宮人에게 말하기를 "이 한 가지 일은 나를 조물주라 불러야 하지 않겠느냐." 하였다는 데서 갈고를 쳐 꽃이 피길 재촉하였다는 고사가 생겼다.

373 玉奴 : 옥노는 南齋 東昏侯의 妃 潘氏의 小子이다. 그녀에게 혹하여 나라가 망했으나 그녀는 순절했다.

374 壺公이란 신선이 저잣거리에서 약을 팔고 있었는데, 모두 그저 평범한 사람인 줄로만 알고 있었다. 하루는 費長房이란 사람이 호공이 천정에 걸어 둔 호로 속으로 들어가는 것을 보고는 비범한 인물인 줄 알고 매일같이 정성껏 그를 시봉하였다. 하루는 호공이 그를 데리고 호로 속으로 들어갔는데, 호로 속은 완전히 별천지로 해와 달이 있고 仙宮이 있었다 한다.『神仙傳 壺公』

375 返魂香 : 죽은 사람의 영혼을 불러들인다는 향료의 이름이다. 漢 武帝가 이

위에 인용한 시는 이학규가 조매早梅 두 가지를 얻어다가 화병에 기른 내용을 나타낸 것이다. 모두 칠언절구 세 수로 구성되어 있다. 첫째 수에서는 매화의 자태를 막고야산藐姑射山에 사는 선인仙人에 비유하여 표현하고, 추위에도 꽃을 피우는 매화의 특성을 나타냈다. 둘째 수의 '석정지石亭脂'에는 별도의 자주自註를 달아놓았는데, 유황의 가품佳品을 『본초』에서는 석정지라 한다고 하였다.[377] 마지막 수에서는 매화의 향기를 죽은 사람의 영혼을 불러들인다는 반혼향返魂香에 비유하여 표현하였다. 시제詩題에도 나타나 있듯이 이학규는 꽃이 무성하게 핀 매화가지 곁에 산대나무 몇 가지를 둔 다음, 그 가운데에 소작小雀을 길렀다고 하였다. 이 시는 병 속에서 꽃핀 매화를 대상으로 삼아 여러 고사를 이용하여 절묘하게 은유한 작품이라 하겠다. 그리고 여기에는 고통과 절망으로 몸부림치던 유배생활 속에서 잠시나마 한아한 정취를 즐기고자 하는 소외된 지식인의 모습이 드러난다.

위의 시를 통해 보면 이학규는 당시 유황을 이용한 화훼 재배에 대한 식견을 견지하고 있었음을 알 수 있다. 이는 다음에 살펴볼 시에서 더욱 구체적인 양상으로 나타난다. 이학규는 어떤 사람으로부터 매화 기르는 방법을 듣고 그대로 시도해본 다음, 그것을 시로 지어 기록하였다.

미 죽은 李夫人을 몹시 그리워한 나머지, 方士로 하여금 반혼향을 만들게 하여 이 부인의 넋을 다시 만나 보았다는 고사에서 온 말이다.

376 「正月十八日, 從杜谷朴生得早梅二枝, 取硫黃滾湯瓶, 養數日, 花盛開, 傍置山竹數莖, 養兩小雀其中, 詩以紀之」, 『洛下生集』冊十六 秋樹根齋集.

377 "硫黃有佳品, 本艸謂之石亭脂."

영외의 수령 모씨가 겨울에 매화를 기르는 방법을 우연히 열람하고 말하기를, "백자로 만든 병에 맹탕으로 끓인 물을 채우고, 유황 한 덩이를 가루로 빻아 끓는 물에 섞는다. 이에 매화나무 가지를 병 속에 꽂고 황랍을 녹여 병 입구를 막아 공기가 새지 못하게 하면 열흘도 안 되어 꽃이 핀다."라고 하였다. 방법을 살펴 시험 삼아 해보았더니 참으로 그러하여 칠언절구 네 장을 지어 기록하였다. 달성 사람인 추생봉래가 나를 위하여 그 말을 해주었기에 그 운에 화답하여 봉래에게 보내주었다.[378]

위에 인용한 글은 시의 앞부분에 기록된 소서小序의 내용이다. 여기에는 이학규가 겨울철에 매화 기르는 방법에 대해 알게 된 경위와 그 방법이 상세하게 기록되어 있다. 그리고 자신이 알게 된 내용을 다시 칠언절구 네 수로 기록하였음을 밝혀두었다. 아래에 시 전체를 인용해 본다.

절인 고기와 맑은 소금 운치가 많지 않으니	醃豕晶鹽韻未多
봄소식 홀로 타라에 있게 하였네.	獨敎春信在陀羅
자앵 입구에 한 조각 밀랍 향 나니	蠟香一片甆罌口
어찌 꼭 늙은 탁타橐駝[379]에게 재배시키리오.	培養何須老橐駝
누에똥으로 계수나무 꽃 북돋으려 하지 않았고	未擬蠶砂壅桂葩

378 「瓶梅四絶句」, 『洛下生集』冊十六 秋樹根齋集, "嶺外某守宰, 於冬日偶閱養梅方云, 白甆瓶盛百沸湯水, 硫黃一塊作末滾和. 仍挿梅枝瓶中, 以黃蠟鎔塞瓶口, 令勿洩氣, 不旬日爛開. 按法試之, 良肰, 作七絶四章紀之. 達城秋生鳳來, 爲余道之, 乃和其韻, 以詒鳳來."

379 橐駝 : 郭橐駝는 唐나라 때 나무를 잘 심어 가꾸던 사람의 호칭이므로, 그에게 국화를 배양하게 한다는 의미인 듯하다.

잘못하여 진사향으로 참외만 해되게 했네. 錯將眞麝損甜瓜
어찌 한 잔의 아황수와 같겠는가 何如一勺鵝黃水
평상 앞에 스스로 연한 싹을 길러보네. 自向牀前養嫩芽

괴이해라, 꽃소식이 누런 명주이불에 스며드는데 怪來香信透黃紬
봄은 병 속에 있으니 경계 다시 아득하네. 春在壺中境更幽
꿈에 바다와 산의 천만 그루 나무를 두루 다녔는데 夢遍海山千萬樹
아침 해에 푸른 깃털이 가지 끝에 걸려 있구나. 綠毛初日掛梢頭

관아의 북소리 처음 들리니 첫 번째 치는 소리라 衙鼓初聞第一撾
종이창에 은은한 엷은 노을 희끗거리네. 紙牕微辨暈輕霞
몹시 어여뻐라! 오경 밤 탕파湯婆[380]의 배에서 絶憐五夜湯婆腹
여선女仙 악록화를 배출해내니. 捧出仙人蕚綠華[381]

위의 시는 모두 칠언절구 네 수로 이루어져 있다. 첫째 수의 '타라陀羅'에 대해서는 '산다山茶'의 일명이라는 자주自註가 달려 있다. '산다'는 곧 동백나무를 가리키는 것으로, 봄에 개화하는 동백꽃을 보고 봄소식을 알게 된다고 하였다. 둘째 수에서는 화훼 재배에 대한 이학규의 전문적인 식견이 드러나 있다. 먼저 식물에게 어떤 성분이 이롭고 해로운지에 대해 오인했던 사실을 나타냈다. 그리고 아황수鵝黃水를 이용해 매화꽃 피우는 방법을 표현했다. 아황수는 유황 한 덩이를 가루로 빻아 끓는 물에 섞은 것을 말한다. 여기에 매화나무 가지를

380 湯婆 : 겨울밤에 온기를 취하기 위해 뜨거운 물을 담은 그릇을 말하는데, 옛날에 이것을 흔히 이불 속에 넣어서 온기를 취했다고 한다. 일명 脚婆라고도 한다.

381 「甁梅四絶句」, 『洛下生集』冊16 秋樹根齋集.

병 속에 꽂고 황랍을 녹여 병 입구를 막아 공기가 새지 못하게 하면 열흘도 안 되어 꽃이 핀다고 하였다.

그리고 이것과 관련된 화훼 재배와 관련된 지식에 대해 자주를 이용하여 기록하였다. 그 내용은 여러 문헌을 참고해서 인용했다. 계수나무 꽃은 누에똥으로 북돋아주면 꽃이 활짝 핀다는 내용에 대해서는 『십죽재화보十竹齋畵譜』[382]를 인용하여 기록하였다.[383] 그리고 『본초』를 참고하여, "사람이 진사향眞麝香을 띠고 동산을 지나가면 참외가 모두 열매를 맺지 않는다."는 것과,[384] "유황의 색깔은 처음으로 껍질을 뚫고 나오는 거위새끼와 같은 것이 좋다."라는 내용을 기록하였다.[385] 참외는 진사향을 꺼려서 열매를 맺지 않는다는 사실과 유황의 속성에 관한 내용이다. 이와 같은 내용은 모두 식물을 재배할 때 매우 유용한 정보들로, 저자의 화훼 재배에 대한 관심이 단순한 일회용 취미가 아닌 전문적인 식견을 지닌 것임을 나타낸 것이라 하겠다.

셋째 수에서는 겨울철에 핀 매화를 보고 봄이 병 속에 있다고 느낀 시인의 감상을 묘사했다. 3구와 4구에서는 소식蘇軾의 시에 나온 내용을 표현한 것이다. 그리고 여기에 자주를 삽입하여 상세한 내용을 알 수 있게 하였다. 일찍이 소동파가 매화를 노래하면서 "바다신선 꽃떨기 찾아 보낼 적에, 초록빛 작은 새 같은 꽃망울 달려 있네."

---

382 『十竹齋畵譜』: 중국 명나라 胡正言의 木板 畵譜. 畵譜와 果譜, 翎毛譜, 墨畵譜, 蘭譜, 竹譜, 梅譜, 石譜의 여덟 책으로 되어 있다. 난보 이외의 그림에는 題詩가 있으며, 난보와 죽보에는 초보적인 描法의 圖解가 있다. 그림은 거의 色刷로 되어 있다.

383 "十竹齋畵譜云, 木樨花以蠶砂壅之, 則花盛."

384 "本艸云, 人帶眞麝香, 過園中, 果瓜皆不實."

385 "本艸云, 硫黃色如鵝子, 初出殼者良."

라고 한 시를 인용하였다.[386]

넷째 수의 '악록화萼綠華'는 매화의 일종인 녹악매綠萼梅를 가리키는 것으로, 선녀인 악록화에 비유한 것이다. 녹악매는 그 꽃이 푸른 빛을 띤 흰색으로 특히 꽃받침이 푸르다는 특색을 가지고 있다. 이상의 시에 부기된 자주의 내용을 통해 읽는 사람에게 시의 의미를 보다 명확하게 전달하고, 아울러 실생활에 유용한 정보를 제공함을 알 수 있다. 그리고 다양한 문헌을 이용하여 화훼 재배와 관련된 전문적 식견을 드러냄으로써, 이학규의 화훼 재배에 관한 관심의 정도를 엿볼 수 있다.

이와 같이 화훼의 운치를 오래도록 즐기고자 하는 것은 다른 문인들의 예에서도 찾을 수 있다. 일찍이 이덕무李德懋는 밀랍으로 윤회매輪回梅를 만들어 감상하고 주변 사람들에게 나눠주기도 하였다. 그리고 그의 문집인 『청장관전서青莊館全書』 62권 「윤회매십전輪回梅十箋」에는 윤회매를 만드는 방법이 소상하게 기록되어 있다. 또한 이윤영李胤永은 문인들과의 모임에서 겨울밤이면 얼음덩이를 잘라내 그 속에 촛불을 밝혀놓고 매화를 비추어 감상하며 시를 지었다.[387] 이와 같이 계절에 구애받지 않고 매화의 운치를 오래도록 즐기고자 하는 것은 이학규의 경우와 동일선상에 있는 것으로 보아도 무방할 것이다.

이상의 시문에서 살펴본 결과, 이학규는 화훼를 기르고 완상하는 방법으로 주로 '병양'의 방식을 이용했음을 알 수 있다. 이는 오랜 기

---

386 "東坡咏梅詞云, 海山時過探芳叢, 倒掛綠毛幺鳳."

387 신익철, 「한겨울 매화를 탐하다」, 『한국학 그림과 만나다』, 태학사, 2011, 23~24면 참조.

간 유배지에서 불안정한 생활을 보내야 했던 개인적인 사유에서 비롯되었다. 그의 화훼에 관한 취미는 유배 이전에 거처했던 당호를 '병화재甁花齋'로 했던 것에서도 짐작되는 바이다.[388] 그런데 알려진 바와 같이 '병화재'는 명나라 때 문인인 원굉도의 서재 이름이기도 하다. 원굉도는 특별히 꽃을 좋아하여 자신의 서재 이름을 '병화재'라 짓고, 『병사甁史』라는 제목의 저술을 남기기도 했다. 그리고 『병사』에서는 병화甁花와 그 삽법에 대해 상세하게 논하기도 하였다. 이학규의 당호가 원굉도의 서재 이름과 동일한 사실을 단순한 우연의 일치로 볼 수도 있겠으나, 다음 장에서 살펴볼 국영시 창작으로 미루어 볼 때 전혀 무관한 것으로 넘길 수만은 없을 것이다.

2. 국화 애호와 국영시 창작

이학규의 시문에서 자주 발견되는 화훼의 종류로 국화를 꼽을 수 있다. 그의 거처 주변에는 늘 국화가 가까이에 있었던 듯한데, 국화를 소재로 삼아 지은 시문을 비롯하여 다른 시의 공간적 배경에도 국화의 모습을 쉽게 찾을 수 있다. 이는 물론 국화라는 꽃이 주위에서 흔하게 볼 수 있는 품종인데서 기인한 것도 있지만, 이학규가 특히 국화를 애호하는 경향을 지닌 것에서도 그 까닭을 찾을 수 있다.

국화는 주위에서 어렵지 않게 볼 수 있는 꽃으로, 생육조건이 다른

388 「韓露元墓誌銘」, 『洛下生集』冊19○洛下生藁[下]卻是齋集, "健陵癸丑歲, 萄林金醒維過余甁花齋中, 手白紗凉箑, 上題七言詩二聯. 詑余曰, 今世朴在先柳惠風以外, 而有能道此者乎. 今而後, 知珠玉在前之媿爾."

꽃에 비해 그다지 까다롭지 않은 것이 특징이다. 또한 생활공간 주변에서 손쉽게 구할 수 있고 오래도록 꽃이 피는 국화의 특성상, 고도의 노력과 기술을 필요로 하지 않아도 집안에서 손쉽게 감상하는 일이 가능했던 것이다. 정약용도 일찍이 국화를 애호했던 것으로 알려져 있다. 그는 국화가 여러 꽃 중에서 특히 뛰어난 점에 대해 네 가지 경우를 들어 설명하였다. 그 이유로는 늦게 피는 것이 하나이고, 오래도록 견디는 것이 하나이고, 향기로운 것이 하나이고, 고우면서도 화려하지 않고 깨끗하면서도 싸늘하지 않은 것이 하나라고 하여,[389] 국화가 지닌 화훼로서의 특장을 잘 드러냈다.

전통적으로 국화는 '은일隱逸'의 상징을 지닌 꽃으로, 오랜 시간 문인들에게 널리 사랑받았다. 도잠陶潛이 "동쪽 울타리 밑에서 국화를 따다가, 느긋하게 남쪽 산을 바라보네[採菊東籬下, 悠然見南山]." 라고 한 것이나, 강희안姜希顔이 『양화소록養花小錄』에서 국화를 사랑하는 이유로 은일자의 품격을 가지고 있기 때문이라 한 것은 모두 국화에 대한 문인들의 인식이 어떠했는가를 잘 보여준다. 이 때문에 국화는 시대를 불문하고 문인들의 시詩·서書·화畵의 소재로 널리 애호되었으며, 이러한 국화의 초상은 여러 문인들의 저술과 그림 등에서 어렵지 않게 찾을 수 있다.

이학규는 외조부인 이용휴李用休의 집에서 유복자로 태어나, 외가에서 유년 시절을 보냈다. 이학규가 생장한 고향집에는 당시 국화가 무성하게 피어 있었다. 이 때문에 국화는 이학규가 훗날 유배지에서

389 丁若鏞, 「菊影詩序」, 『與猶堂全書』 第一集詩文集第十三卷○文集 序, "菊於諸花之中, 其殊絶有四. 晩榮其一也, 耐久其一也, 芳其一也, 豔而不冶, 潔而不涼其一也"

고향을 떠올리게 하는 상징적 이미지로 차용되었다.

우리 집 오래도록 옛 다리 동쪽에 있어	我家多在古橋東
낙엽 지고 까마귀 우니 마을 골목 텅 비었네.	木落鴉啼郈巷空
벌 그림자 분분하고 아침 햇살 지나가니	蜂影紛紛過朝日
국화꽃 허물어진 담장에 가득 피었어라.	菊花開滿陁垣中[390]

이 시는 1803년에 지어진 것으로, 이학규가 유배 초기에 고향집을 그리워하면서 지은 것이다. 시제詩題가 '국화菊花'로 되어 있는데도 대상물인 국화에 대한 외적 묘사는 전혀 보이지 않는다. 그 대신 시의 전체적인 분위기는 고향집을 회상하는 유배객의 그리움의 정서만 짙게 배어난다. 아마도 유배지에 피어 있는 국화를 보고 예전 고향집에 만발했던 국화를 떠올린 것으로 보인다. 곧 국화는 이학규에게 고향집을 떠올리게 하는 매개체로 작용한 셈이다.[391]

이학규가 유년시절을 보낸 이용휴의 집은 정릉에 위치해 있었다. 이학규의 외숙부인 이가환李家煥의 시문에도 그곳에 피어 있던 국화의 모습을 찾을 수 있다.

오늘밤 정릉의 국화는	今夜貞陵菊
해마다 났던 향기보다 많다네.	多於歲歲香
주인이 거친 잡초를 매니	主人理荒穢

---

390 「菊花」, 『洛下生集』冊三 因樹屋集.

391 국화가 고향집을 떠올리게 하는 매개체로 작용하는 것은 다음 시에서도 나타난다. 「見菊志賦」, 『洛下生集』冊十九〇洛下生藁[下] 卻是齋集, "少時尠物役, 所見皆懽懷. 城西靑泥坊, 故屋淸溪隩. 季秋西風至, 菊英萋已開. 庭除夕陽滿, 索索莎雞飛."

밝은 달에 휘황한 빛이 발하는구나. 明月動輝光[392]

이 시에 나와 있는 정릉貞陵은 이학규의 외갓집이 있던 곳이다. 그곳에서 이학규는 유년시절을 보내며 외조부인 이용휴와 외숙인 이가환에게 가르침을 받으며 생장했다. 당시 이가환은 국화 재배에 관심이 많았으며, 실제로 직접 재배를 하기도 했던 것으로 보인다.[393] 또한 이가환은 자신의 저술에서 국화에 관한 여러 내용을 기록해 놓았는데, 이를 통해 보면 그가 우리나라 국화 품종에 대해 깊은 안목을 지니고 있었으며 명칭의 오류를 비롯하여 국화 품종의 유지에 관심이 깊었음을 알 수 있다.[394]

정약용 또한 유배 이전의 명례방明禮坊 집에 종류별로 18종의 국화 화분을 소유하고 있었다.[395] 이렇듯 당시 서울 지역을 중심으로 국화 재배에 대한 열기는 유행처럼 번져나갔다. 18세기 이후 문인들 사이에 급속도로 퍼져나간 국화 재배 현상은 이외에도 여러 문인들의 저술에서 확인된다.[396] 이학규도 1801년에 김해로 유배되기 이전에는

---

392 李家煥, 「擲下夜過同賦」, 『錦帶詩文鈔』[上] 近體詩.

393 李家煥, 「贈沈仲賓序」, 『錦帶詩文鈔』[下] 序, "沈君仲賓, 性澹泊, 無嗜好. 今歲夏, 余欲種菊, 或敎以求諸仲賓. 余殊不信, 蓋累告而後, 第問之."

394 李家煥, 『錦帶詩文鈔』, 『雜說』, 「菊」, "菊之甘者, 謂之甘菊, 入延生藥, 苦者, 謂之薏, 入治風藥, 種性逈別. 甘菊以俗呼江城黃者爲正俗, 而呼禁苑黃·蘇州黃等, 皆甘. 苦薏如黃鶴翎·燕京黃, 是也, 而小倭黃爲甚, 今直以小倭黃當甘菊. 用一嘗其味, 自當子. 然余幼時, 猶見以江城黃爲甘菊, 今不惟不知其爲甘菊, 亦絶無種者."

395 다산의 「竹欄花木記」(『與猶堂全書』 第一集詩文集 第十四卷○文集)에 이러한 사실이 나타나며, 국화에 대한 다산의 각별한 애정은 국화 전문서인 『菊譜』를 저술한 데에서도 살필 수 있다.

396 18세기 이후 여러 문인들의 국화 재배 현상에 대해서는 정민, 앞의 책, 205

서울의 유수한 문인들과 교유하면서 지냈으므로, 이러한 문화 현상을 자연스레 접했을 것으로 짐작된다. 그렇기 때문에 유배지에 핀 국화를 보고 예전에 고향에서 보았던 국화를 떠올리며 과거를 회상하는 상념에 젖어들었던 것이다.

앞장에서 이학규의 화훼 취미와 함께 화병을 이용하여 꽃을 감상하는 태도에 대해 살펴보았다. 그런데 이학규의 시문에서 자주 언급되는 국화의 경우 단순한 화훼 취미의 차원을 넘어 국화 그림자를 완상하여 국영시를 창작하는 수준으로 확대되어 나타났다. 그리고 이러한 시문에서 국화는 유배객으로서의 심상을 투영시킨 외물外物의 이미지로 나타나기도 한다.

국영시는 명대의 문인 원굉도에서 비롯된 것으로 알려져 있는데, 우리나라에서도 여러 문인들이 국영시를 창작한 사실이 확인된다. 우리나라 문인들 가운데 국영시 창작이 언제 누구부터 시작되었는지는 분명하지 않다. 다만 국영시 창작에 대한 기존의 견해는 국영시가 정약용과 다산학단의 시문에서만 보이는 것으로 알려졌다.[397] 그러나 국영시 창작은 정약용 이전에 이미 이루어졌을 가능성이 존재한다. 우선 앞선 시기의 허필許佖의 문집에 원굉도의 시를 차운한 예가 보이기 때문이다.[398] 허필은 이용휴를 비롯하여 강세황姜世晃과 친밀

~213면 참조.

397 신익철은 「茶山과 다산학단의 菊影詩 창작과 그 의미」(『한국실학연구』16, 한국실학학회, 2008, 130면)에서 국영시 창작이 다산과 다산학단에서만 보이고 다른 문사집단에서는 보이지 않는다고 하였다.

398 허필 저, 조남권 · 박동욱 옮김, 『허필 시전집』(소명출판, 2011), 「月下菊影次袁稽勳韻」, "人情皆愛畵, 世事摠非眞. 取作燈前燠, 分爲水底身. 空文晉甲子, 淸夢楚騷人. 風動知難定, 披離益有神"; 「次袁中郎甁花韻」, "白甁如膽小,

한 사이였으며, 원굉도의 서적을 많이 읽은 것으로 알려져 있다. 이를 통해 보면 정약용이 국영시를 짓기 이전에 이미 문인들 사이에서 원굉도의 국영시를 접하고 국영시 창작을 했을 것으로 짐작된다. 허필 이외에 박윤묵朴允默도 등불 아래 국화 그림자를 감상한 시를 지은 것이 있으며,[399] 심능숙沈能淑은 촛불을 들고 국화 그림자를 찾는다고 한 바 있다.[400] 이와 같이 조선 후기의 많은 문인들이 국화 그림자의 운치를 즐기고 시문을 지어 남겼는데, 이상에서 언급한 문인들 외에도 국영시를 지은 사례는 더 있을 것으로 보인다.

정약용은 유배 이전 죽란시사竹欄詩社에서 국영시 창작을 한 것으로 알려져 있다. 그리고 이러한 국영시 창작은 이후 그의 자제들에까지 확산되었다. 정약용의 국영시 창작은 1794년 무렵이다. 정약용의 두 아들인 정학연丁學淵과 정학유丁學游, 그리고 이들의 자제 외에 윤정기尹廷琦 등은 1851년 두릉斗陵에 모여 국영시 19수를 창작하였고, 이때 지은 시를 모아 '택상당첩宅相堂帖'이란 표제로 시첩을 만들었다. 정약용과 다산학단의 국영시에는 일정한 관점의 차이가 나타난다. 정약용은 국화 그림자菊影를 감상하는 행위에 대해서는 기록을 남기고 있지만, 국화 그림자의 자태를 노래한 국영시는 보이지 않는다. 정약용의 국영시는 국화 그림자가 빚어내는 환상적인 자태를 노래하기보다는 국화 그림자를 감상하는 행위 자체에 중점이 있다. 곧

挿以紅蓮花. 霎樹忌省青, 的對嫌詩家. 位置何須整, 放頓亦宜斜. 誰知陋巷貧, 不羨金谷奢. 改浸頻汲井, 護香罷煎茶. 牀頭謾作史, 人情戀物華."

399 朴允默, 『存齋集』 卷四, 「燈下玩菊」, "燈前叢菊影橫斜, 活畵玲瓏儘可佳. 堪笑淵明還沒趣, 當時不解夜看花."

400 강혜선, 『나 홀로 즐기는 삶』, 태학사, 2010, 325~326면.

정약용이 국화 그림자를 관찰하는 행위 그 자체에 관심을 기울였다면, 그의 자제들은 국영시를 창작하는 일에 관심을 기울였다.[401]

앞에서 언급하였듯이 정약용의 국영시 창작이 1794년 무렵이고, 이후 그의 자제들이 국영시를 창작한 시점은 1851년이다. 이학규의 국영시가 문집에서 보이는 시기는 1822년이므로, 시기를 따져볼 때 다산과 그 자제들 사이에 위치한다. 이학규가 국영시를 언제 어디에서 처음 접하게 되었는지는 분명하게 드러나지 않는다. 또한 그의 문집에서 원굉도의 국영시에 관한 언급도 확연하게 나타나지 않는다.[402] 다만 이학규가 정약용을 비롯하여 그의 자제들과 긴밀한 교유를 했던 사실과 원굉도의 글이 당시 문인들 사이에서 널리 읽혀진 점을 따져볼 때, 그 역시 국영시를 접했을 가능성이 높다.[403]

또한 앞에서 언급하였듯이 이학규의 유배 이전 당호인 '병화재'가 원굉도의 당호와 동일한 사실도 관련성을 지닌다. 이학규는 유배지에서 거처를 자주 옮겨 다녔는데, 거처하던 곳의 당호를 그곳에서 지은 시문의 권수제로 표기했다. 그의 여러 당호 가운데 '문의당文漪堂'이 있다. 이학규는 유배지에서 1820~1821년 사이에 지은 시문을 수록하고 '문의당집文漪堂集'이라 명명하였는데, 문집 책14~15에 실려 있다. 그런데 문의당이라는 이름은 원굉도가 자신의 집에 붙였던 당호이다. 원굉도는 자신의 집 이름에 대한 글인 「문의당기文漪堂記」를

---

401 신익철, 앞의 논문 참조.

402 이학규의 문집에서 원굉도와 관련된 시문은 「紀所見戲效袁石公」(『洛下生集』 冊十二 海榴菴集)이 보인다.

403 신익철은 앞의 논문에서 이학규의 국영시로 두 수를 언급하였는데, 문집을 살펴보면 그 외에도 여러 편이 있음을 알 수 있다.

짓기도 하였다. 물론 문의당이라는 집 이름은 여러 문인들에게 나타난다. 신위도 자신의 집 이름을 문의당이라 하였고, 왕세정王世貞의 감산원弇山園에도 문의당이 있었다. 이학규가 자신의 당호를 '문의당'이라 이름붙인 사유는 자세하게 상고할 수 없으나, 당호를 정하는 일에 개개인의 취향이 반영되는 점을 감안하면 원굉도와의 연관성을 유추할 수 있을 것이다.

다음으로 이학규의 국영시에 대해 살펴보기로 한다. 이학규의 국영시는 유배 후반기인 1822년에 집중적으로 나타난다.

한 칸짜리 글방 말만한데	一間書屋差斗大
국화 떨기가 반 칸, 사람이 반 칸이라네.	叢菊半間人半間
짐짓 국화 향해 촛불 밝히고 앉은 것은	故向菊前張燭坐
성긴 그림자 병풍 위에 생기는 것 보기 위해서라네.	爲看疎影上屛山

새벽이 가까워 달이 기울어짐 알겠고	向曉懸知月已斜
까마귀 까악까악 앞집을 날아가는구나.	數鴉啞啞過前家
침상에서 잠잔 뒤 천천히 속눈썹 문지르고	睡餘枕上徐捫睫
우선 창가에서 몇 떨기 꽃송이 분별한다네.	先辨牕間數點花[404]

이 시는 유배 만년인 1822년에 창작된 것이다. 이학규는 자신이 기르던 국화 화분을 글방 안으로 옮겨 놓고 감상하였다. 인용한 시를 살펴보면 병풍 위에 생긴 국화 그림자의 모습을 표현하기 보다는, 그러한 행위를 즐기는 시인의 모습에 초점이 맞추어져 있음을 알 수 있다. 첫째 수에서는 국화 그림자를 즐기려는 시인의 모습과 그 의도

404 「盆養叢菊, 秋晩移置書屋中」, 『洛下生集』冊十六 秋樹根齋集.

가 드러나 있다. 자그마한 글방에 국화 화분을 들여다 놓으니, 방 안에는 국화가 반 칸을 차지한다. 그리고 국화 화분 앞에 촛불을 켜니, 국화 그림자가 병풍 위에 아로새겨진다.

둘째 수에서도 시인 자신의 모습이 충실하게 그려진다. 밤중에 시작한 시인의 국화 그림자 감상은 다음날 새벽녘까지 이어진다. 그리고 잠에서 깬 뒤에 먼저 국화 떨기를 보게 된다고 하였다. 이 시는 국화 그림자를 시적 소재로 차용하면서도 정작 국화 그림자의 모습은 묘사되어 있지 않고, 다만 그것을 감상하는 시인의 모습과 상황에 대한 표현이 주를 이룬다. 이학규가 국화 그림자를 표현한 이러한 시문은 다산의 자제들이 남긴 국영시의 특성과 구별되는 점이기도 하다.[405]

한 그루 치자나무 두 개의 국화떨기	一樹山梔兩菊叢
등불 앞에 홀로 누우니 잠결이 흐릿하네.	燈前獨臥睡朦朦
늙은이 흡사 둥지에 잠든 참새 같으니	老夫恰似眠巢雀
몸은 책상에 있어도 숲 그림자 속이로구나.	身在一牀林影中[406]

이 시는 앞에 인용한 시와 같은 해에 지어진 것이다. 이번에는 국화 옆에 치자나무 한 그루를 옮겨 놓았다. 시에는 직접 국화 그림자에 관한 언급이 나타나 있지 않지만, 함련의 내용으로 볼 때 등불에 비친 국화와 치자나무의 자태를 완상하는 시인의 모습을 그려볼 수

405 이학규와 다산 및 다산학단이 창작한 국영시의 비교고찰은 신익철의 앞의 논문에서 이루어진 바 있으므로, 논의의 중복을 피하기 위해 본고에서는 언급하지 않기로 한다.

406 「菊傍移置山梔一樹戲題」, 『洛下生集』冊十六 秋樹根齋集.

있다. 등불에 비친 그림자는 실제 사물의 모습보다 과장되어 나타난다. 등불에 비친 국화와 치자나무 속에 둘러싸인 이학규는 그 곳에서 둥지 속의 참새와 같은 포근함을 느끼고 있다. 비록 현실의 육체는 작은 방안에 있지만 숲 그림자 안에 있는 듯 그림자가 빚어내는 환영에 둘러싸인 모습이다. 이 시는 국화 떨기와 치자나무가 빚어내는 그림자의 모습 대신, 그 행위를 감상하는 시인의 모습이 집중적으로 묘사되어 있는 점에서 앞의 시와 유사한 경향을 보인다.

다음 시에는 국화 그림자를 감상하는 이학규의 모습이 좀 더 구체적으로 나타난다.

등잔불 국화 남쪽이면 꽃 그림자 북쪽이오	燈在菊南花影北
등잔불 국화 서쪽이면 꽃 그림자 동쪽이라.	燈在菊西花影東
한 책상에서 책만 보고 두 항아리 술 마시며	一牀書裏兩壺酒
오로지 꽃 그림자 안을 들여보고자 함이네.	偏要看渠花影中[407]

이 시 역시 앞의 시와 마찬가지로 1822년에 창작된 것이다. 등잔불이 비추는 방향에 따라 국화 그림자의 방향도 바뀌어 나타난다. 국화 그림자를 감상하면서 등불의 방향을 이리저리 바꿔보는 이학규의 모습이 그려진다. 이 시는 등불에 비친 국화 그림자의 자태를 감상하면서 그 속에서 술 마시고 꽃 그림자에 취하는 시인의 모습을 나타냈다.

이상에서 살펴본 이학규의 국영시는 국화 그림자라는 사물의 본모습을 충실하게 표현하기보다는, 그 행위를 감상하고 즐기는 시인인 자신의 모습을 나타냈다는 점을 특징으로 들 수 있다. 이는 이학규가

407 「賦得燈前菊影」, 『洛下生集』冊十六 秋樹根齋集.

처한 상황과도 무관하지 않다. 이학규의 국영시가 집중적으로 창작된 시기는 유배 만년기이다. 동시기에 유배된 다산도 이미 해배되어 고향으로 돌아갔는데, 자신은 고향의 가족들과 이별한지 훌쩍 20년이 넘었다. 그리고 그 기간 동안에 모친과 부인, 자식들의 사별 소식을 머나먼 타향 땅에서 접해야 했다. 이러한 인생의 굴곡진 상황들이 국화 그림자의 환상적인 자태를 묘사하기보다는, 그 속에 자신의 고독한 심상을 투영시키는 모습으로 나타난 것이다. 앞에서 유배지에서 바라본 국화를 통해 고향집의 국화를 떠올리는 이학규의 모습을 포착한 바 있다.[408] 그렇다면 이상의 국영시에서 살펴본 국화의 이미지는 단순히 화훼의 이미지를 지닌 것뿐만 아니라, 고향으로 대변되는 그리움과 향수의 이미지를 지닌 것으로 이해해도 무방할 것이다.

이학규가 유배의 굴레에서 벗어난 것은 24년이 지난 1824년에야 이루어졌다. 그는 해배된 이후에도 국화 그림자의 운치를 계속해서 감상하였다. 이학규의 국화에 대한 애호는 해배된 이후에 거처했던 당호를 '국반재菊半齋'라 명명했던 사실에서도 드러난다. '국반재'를 글자 그대로 풀이하면 국화가 집의 절반을 차지하고 있다는 말이다. 이학규의 국화 애호가 해배 이후에도 지속적으로 이어지고 있음을 짐작할 수 있다.[409]

---

408 이학규의 시에서 발견되는 국화에 투영된 고향에 대한 그리움의 정서는 다음 시에서도 보인다. 「卽事感懷」, 『洛下生集』冊十六 秋樹根齋集, "幽懷忽不那, 偶坐古東阡. 小屋淸谿曲, 斜暉臥菊前. 可人無處所, 卽事似當季. 穉女嘵嘵意, 沈思獨泫肰."

409 해배된 이후에도 이학규가 국화를 가까이 했던 사실은 다음 시에도 보인다. 「菊半齋中秋日卽事」, 『洛下生集』冊十八〇洛下生藁[上] 菊半齋集, "菊英已似靑荳, 中秋乃爾炎蒸. 開簾正對禾壟, 蚱蜢跳上書棚."; 「九日寄題許景瞻艸堂」, 『洛下生集』冊19〇洛下生藁[下] 卻是齋集, "山舘鴉啝霜樹空, 傍谿籬落有踈風.

아침저녁 한가로운 서재에서 모전만 지키니　　蚤暮閒齋守一氈
늙은이 이로부터 편히 잘 수 있어 즐겁다네.　　老夫從此喜高眠
새로 풀칠한 밝은 창은 책 보기에 좋고　　新糊窓朗攤書好
오래 접힌 병풍 깊은 곳 안석에 기대어 있네.　　舊疊屛深隱几便
병의 국화 안배하여 꽃이 마주하고 등지며　　甁菊安排花向背
벽의 등불 요량하니 그림자 모서리에 치우치네.　　壁燈料理影方偏
정히 낙엽 떨어지고 기러기 돌아가는 밤에　　正當落木歸鴻夜
도리어 하장을 생각하매 한번 슬퍼하노라.　　卻想鰕庄一悵然[410]

이 시의 내용을 살펴보면, 이학규는 해배 이후에도 국화 그림자의 운치를 계속해서 즐겼음을 알 수 있다. 병에 꽂힌 국화를 보기 좋게 이리저리 안배해 놓고, 그 앞에 등불을 비추니 국화 그림자가 벽에 비추인다. 그리고 그것을 바라보노라니, 깊어가는 가을밤에 그리운 사람을 추억하게 된다. 곧 서실에서 한가로이 생활하며 국화 그림자를 완상하는 이학규의 모습이 드러난 시라고 하겠다.

이학규의 국영시는 정약용과 그 자제들의 국영시와 비교해볼 때 일정한 차이를 보인다. 정약용은 국화를 감상하는 행위 자체에 초점이 맞춰져 있고, 그의 자제들은 국화 그림자의 자태를 충실하게 묘사한 국영시를 창작하였다. 반면 이학규의 국영시는 국화 그림자의 운치를 즐기고, 거기에 유배객으로서의 내면의 심사를 투영시켰다는 점에서 다른 문인들과 구별점을 지닌다. 이는 국영시가 창작된 시기와 연관하여 생각해볼 수 있다. 곧 이학규의 국영시 창작은 유배 만

早來醉卧西軒下, 身在菊香蜂影中. 西窓月入半牀空, 夢覺迴溪落木風. 六幅絮衾三醆酒, 幽懷只在閉門中."

410 「歲暮, 洒掃書室, 整頓屛障, 夜分憶大谷山居」, 『洛下生集』冊十九○洛下生藁[下] 卻是齋集.

년기에 집중적으로 이루어졌다는 점에서 유배객으로서의 처지와 상황이 시문에 반영된 것으로 짐작된다.

3. 결어

18세기 이후 서울지역을 중심으로 문인들 사이에서는 원림을 조성하거나 화분을 이용한 원예가 성행하였다. 화훼는 오래 전부터 문인들이 즐겨 이용하던 시문의 소재 가운데 하나였는데, 당시에 성행한 원예 현상의 붐을 타고 화훼와 관련된 전문적 내용의 저술들이 쏟아져 나왔다.

이학규는 19세기 벽두에 발생한 신유옥사辛酉獄事로 24년간의 유배생활을 보냈다. 낯선 공간과 생면부지의 사람뿐인 유배지에서 이학규는 자신 나름의 화훼 취미를 발현하였다. 그러나 화훼를 재배할 수 있는 공간과 여타의 환경은 서울과 다를 수밖에 없었다. 그는 서울의 문인들처럼 원림을 조성하거나 화분을 이용하여 화훼를 재배하는 대신 '병양', 즉 병에 꽃을 꽂아놓고 완상하는 방식을 이용했다. 개인적 성향의 차이일 수도 있으나, 유배지의 불안정한 주거상황이라는 사실에서 그 이유를 찾을 수 있다. 그리고 병 속에 든 꽃을 완상하여 시를 짓는데 그치지 않고, 박물학적 관심으로 화훼 재배에 관련된 유용한 정보를 시문 속에 기록해두기도 하였다.

이학규의 시문에 자주 등장하는 화훼는 국화이다. 국화는 일상생활 속에서 쉽게 접할 수 있는 화훼이기도 하거니와, 여기에는 이학규의 개인적 취향이 결부되어 있다. 그는 병에다 국화를 꽂아 놓고 등잔불을 비춰 국화 그림자를 감상하여 국영시를 창작하였다. 이학규의 국영시는 국화 그림자가 등불에 비춰져 나타나는 환상적인 자태를 시화詩化하기 보다는, 국화 그림자를 감상하는 행위 자체를 나타내거나 자신의 내면을 국화에 투영시켜 시화하는 특징적 면모를 띤다. 이는 다산과 그의 자제들이 창작한 국영시와 차별되는 점이다. 곧 이학규의 국영시는 유배객의 처지라는 특수한 개인적 상황이 다른 문인들의 국영시와 대별되는 양상으로 나타나게 한 요인으로 볼 수 있다.

이학규는 오랜 기간을 유배지에서 지내면서 소외된 지식인으로서의 낙척한 삶을 보냈다. 그러나 그 속에서 유배 공간이 지닌 환경적 제약을 극복하여 나름대로의 화훼 취미를 통해 소박한 아취를 향유하고자 하였고, 문헌을 이용하여 화훼 재배에 필요한 유용한 정보를 시문 속에 담아냈다. 또한 자신이 애호하는 국화 그림자의 운치를 감상하고 내면의 울울한 심사를 투영시켜 표출하기도 하였다. 이상의 내용을 통해 유배지의 한 문인이 유배 공간 속에서 자신의 화훼 취미를 발현하는 방식을 고찰함과 동시에, 18~19세기에 나타난 문화 현상의 일면을 이해하는데 도움이 될 것으로 본다.

Ⅲ. 이학규와 한재렴의 문학적 교유 탐색

삼강오륜의 하나인 '붕우유신朋友有信'은 수직적 관계가 아닌 수평으로 설정된 관계이다. 붕우는 상하 존비가 있을 수 없는 평등의 관계이고, 부자간처럼 숙명으로 맺어지는 것이 아니라 자신이 선택하게 되며, 군신간처럼 그 사이에 엄격한 명분이 개재될 수도 없기 때문이다. 조선시대의 인간관계는 엄격히 신분에 의해 규제된 사회였다. 양반사회는 고질화된 당쟁 때문에 인간관계가 분열·구속되어 있었다.[411] 이에 일찍이 이익은 사회생활에 있어서 충효보다 장유長幼·붕우朋友 간의 윤리가 강구되어야 할 것으로 주장하였다.[412] 또한 박지원은 붕우를 '제2의 나[第二吾]', 또는 '주선인周旋人'이라 말하며 우도友道의 소중함을 말하였고, 벗에 대해 '같이 살지 않는 아내, 피를 나누지 않은 형제[不室而妻, 匪氣之弟]'라고 하면서 우정을 예찬했다.[413]

---

411 임형택, 「朴燕巖의 倫理意識과 友情論의 성격」, 『한국문학사의 시각』, 창비, 1984, 153~157면 참조.

412 李瀷, 『星湖先生全集』卷之四十五 雜著, 「論學制」.

413 朴趾源, 『燕巖集』卷之三 孔雀館文稿 「繪聲園集跋」, "古之言朋友者, 或稱第二吾, 或稱周旋人, 是故造字者, 羽借爲朋, 手又爲友, 言若鳥之兩羽而人之有兩手也."; 朴趾源, 『燕巖集』卷之八○別集 放璚閣外傳 「穢德先生傳」, "蟬橘子

조선 후기 문인들 사이에서 우정에 대한 담론이 활발하게 이루어진 이때, 참된 우정을 나눈 문인들이 존재한다. 본고에서 논의의 대상으로 삼은 이학규李學逵(1770~1835)와 한재렴韓在濂(1775~1818)이 바로 그들이다. 두 사람은 1793년에 처음 만남을 맺은 이후, 1801년 신유옥사에 연루되어 유배되기 전까지 누구보다 가깝게 지내면서 친교親交를 나누었다. 그들은 서로의 거처를 방문하고 시문을 주고받았으며, 서책 교환을 통해 학문적 공감대의 폭을 넓혀나갔다. 그리고 두 사람의 우정은 한재렴이 세상을 떠난 뒤에 그 아들에까지 이어져 나타났다. 이학규와 한재렴은 출신지역과 성장배경이 서로 다르다. 이학규는 성호 이익을 종장으로 하는 근기남인계열의 실학파 집안에서 생장하였고, 한재렴은 개성지역 출신으로 연암 박지원에게서 한학을 수학하였다. 이처럼 출신지와 성장배경이 다른 두 사람이지만 유배로 인해 교유가 단절되기까지 누구보다 친밀한 관계를 유지하면서 교유의 깊이를 더해갔다.

1. 이학규와 한재렴의 만남과 친교 양상

이학규와 한재렴의 첫 만남은 1793년에 이루어졌다. 두 사람의 교유 양상을 알아보기 전에, 먼저 이학규와 한재렴의 생애를 간략하게 언급하기로 한다.

有友曰穢德先生, 在宗本塔東, 日負里中糞, 以爲業, 里中皆稱嚴行首, 行首者, 役夫老者之稱也. 嚴其姓也, 子牧問乎蟬橘子曰, 昔者, 吾聞友於夫子曰, 不室而妻, 匪氣之弟, 友如此其重也."

이학규의 생애는 유배를 기점으로 유배이전 시기와 유배기, 유배 이후 시기로 대별할 수 있다. 유배이전 시기는 서울에 있는 외갓집인 혜환 이용휴의 집에서 생장하여 외숙부인 금대 이가환을 비롯한 남인계南人系 학자들과 교유를 하던 시절이다. 이 시기는 이학규가 1801년 신유옥사로 유배에 처해질 때까지 서울의 유수한 문인들과 교유하며 문학적, 학문적 소양을 쌓아가던 때였다. 또한 정조에게 문장으로 이름이 알려져 규장각에 출입하면서 『규장전운』 편찬사업에 참여하기도 하였다. 이학규와 한재렴의 교유 또한 이 시기에 이루어졌는데, 유배되기 이전인 8~9년의 기간 동안 집중적으로 이루어졌다.

한편 한재렴의 생애는 유배 이전인 송도기, 우화당기와 유배기, 유배 이후인 한양-송도기로 대별할 수 있다.[414] 그는 송도에 있던 시절에 부친인 한석호韓錫祜와 함께 연암협에 우거해있는 박지원을 찾아가 글을 배웠다.[415] 한재렴의 집안은 이후 한양으로 거처를 옮겨 생활하였는데, 이학규와의 만남은 이즈음에 이루어진 것으로 보인다.

이학규와 한재렴이 교유한 시기는 두 사람 모두 각자의 일생에서 가장 득의의 시절에 해당한다. 또한 두 사람은 당시 정조에게 문재文才를 인정받았던 장래가 촉망되는 신진 문인이었다. 그리고 공교롭게도 두 사람은 신유옥사에 연루되어 자신의 의지와 상관없이 타향에서 수년간의 유배생활을 보냈다.[416] 신유년 겨울, 한재렴은 이학규

---

414 김승룡, 「심원자 한재렴의 학문과 문학에 대하여」, 『동양한문학연구』 22, 동양한문학회, 2006, 81~82면.

415 박종채 저, 김윤조 역주, 『역주 과정록』, 태학사, 1997, 58~59면 참조.

416 『純祖實錄』 純祖1年 2月 14日, “大司諫申鳳朝疏, 略曰, 臣於鞫坐, 目見家

보다 먼저 유배에 처해졌다.[417] 한재렴은 전라도 순천으로 유배되었으며,[418] 이학규는 국토 남단인 경상도 김해로 유배지가 결정되었다.[419] 국토의 좌우로 나뉜 유배지에서 두 사람은 더 이상의 교유를 이어갈 수 없었다. 곧 유배 이전까지 빈번한 만남과 잦은 왕래를 통해 친교를 나누던 두 사람은 유배로 인한 공간의 단절과 함께 교유도 중단되었다.

煥·若鏞·承薰輩, 俱是戾氣所鍾, 濟以魔祟成習, 視桁楊如草芥, 就刑戮如樂地. 其端緒之已露者, 忍杖而不服, 私札之現捉者, 抵死而不吐, 古今天下, 寧有如許至凶絶悖之類乎? 臣聞渠之徒黨中最著者, 卽兒錫忠·兪理煥·李學逵·洪獻榮是已. 凡此諸賊, 俱爲三凶之傳法護神, 表裏和應, 聲勢相倚, 爲世指目. 請命王府, 拿鞫嚴訊. 批曰, 疏辭下鞫廳, 處之.";『純祖實錄』純祖1年 2月 23日, "大司諫睦萬中上疏辭職, 仍陳邪獄鋤治之方, 聲討李家煥·李承薰·丁若鏞兄弟·洪樂敏·李基讓·權哲身諸罪人, 繼言, 韓在濂者, 卽一松都賤人也, 以其習於邪術, 富於財貨, 煽動浮言, 誑誘蚩俗. 雖是幺麽之物, 不可置而不問."

417 「韓霽元墓誌銘」, 『洛下生集』冊19〇洛下生藁[下]郤是齋集, "辛酉冬, 余投嶺南, 嗣聞霽元先是投湖南矣."

418 김택영 저, 김승룡 편역, 『송도인물지』, 현대실학사, 2000, 114면; 「韓霽元墓誌銘」, 『洛下生集』冊19〇洛下生藁[下]郤是齋集, "辛酉歲, 爲媢嫉者搆誣, 禍且不測, 吏收及門, 擧家無人色. 霽元動止不少撓, 及簿對, 詞理明辨, 不可緇涅, 顧爲始誣者所持. 歲終, 編配湖南順天府."

419 『純祖實錄』純祖1年 11月 5日, "及夫嗣永就捕, 而情節益著, 邪黨之請來洋船, 爛漫參涉, 日夜佇企其出來矣, 聞異國船之漂舶東萊, 委往見之, 畫示十字, 乃是邪敎中相探之法, 而以此辨其眞贋. 至發於周漢之文蹟, 嗣永之凶書, 皆以東萊探船, 作一話本, 狼藉譸張, 轉相醞釀, 以知情不告結案, 幷正法. 巨濟府定配罪人李致薰·薪智島定配罪人丁若銓·長鬐縣定配罪人丁若鏞·綾州牧定配罪人李學逵·雲峯縣定配罪人申與權·罪人李寬基, 俱發鞫招, 竝更拿訊, 別無情犯之有如究覈, 命竝酌處, 配致薰于濟州牧, 若銓于羅州牧黑山島, 若鏞于康津縣, 學逵于金海府, 與權于固城縣, 寬基于長興府, 仍命撤罷推鞫. 三司交章請寢酌配之命, 不從."

이학규의 유배 이전 시문을 모아놓은 문집인 『춘성당집春星堂集』에는 한재렴과 교유하며 지은 시문이 상당한 분량을 차지한다. 그러나 문집의 일실 때문인지 한재렴의 문집에는 이학규와 교유한 흔적이 잘 드러나지 않는다.[420] 이 때문에 두 사람의 교유양상은 주로 이학규의 문집에 기대어 살펴볼 수밖에 없다. 그동안 한재렴에 관한 연구에서 이학규가 언급되지 않았던 이유는 한재렴의 문집에 두 사람의 교유관계를 나타내는 글이 분명하게 드러나지 않기 때문인 것으로 짐작된다.[421]

이학규와 한재렴이 처음 만나게 된 경위는 「한제원묘지명韓霽元墓誌銘」에 자세하게 나와 있다. 이 글은 한재렴이 세상을 뜨고 난 후 이학규가 지어준 묘지명이다. 이 장편의 묘지명에는 두 사람이 처음 만나게 된 경위와 정황을 비롯하여, 한재렴의 일대기에 관한 중요한 내용이 기술되어 있다.[422]

> 건륭 계축년에 도림 김성유가 병화재에 있는 나를 방문하였는데, 손에는 백사로 만든 부채를 들고 있었고 그 위에는 칠언시 두 연이 씌어 있었다. 나에게 자랑하며 말하기를, "지금 세상에 박재선과 유혜풍 이외에 이러한 시를 쓰는 사람이 있단 말인가. 지금 이후로 주옥이 앞에 있어 부끄럽다는 것을 알겠도다."라고 하였다. 급히 그 사람이 누군지 물었더니 한참이 지난 다음에 말하기를, "송경 사람인

420 한재렴의 문집인 『心遠子詩抄』와 『心遠子文抄』는 『西原家稿』(국립중앙도서관 소장, 6卷1冊)에 3卷과 4卷에 들어 있다.

421 안대회 교수는 「평양기생의 인생을 묘사한 小品書 『綠波雜記』 연구」(『한문학보』 14집, 우리한문학회, 2006)에서 저자인 韓在洛을 소개하면서 그의 친형인 한재렴과 이학규의 교유에 관해 간략하게 언급하였다.

422 「韓霽元墓誌銘」, 『洛下生集』冊19○洛下生藁[下]卻是齋集.

한재렴으로, 자는 제원입니다. 사귄 지 겨우 십 수 일이 되었는데 경예經禮와 고금의 시와 문을 상론한 것이 이미 두 차례였습니다."라고 하였다. 나는 그의 거처를 묻고는 마음으로 알고자 하여 아침마다 가서 문을 두드렸는데, 연소한 나이에도 풍채가 빼어나고 눈이 밝아서 잘 볼 수가 있었다.[423]

「한제원묘지명」의 첫 부분이다. 인용한 부분에는 이학규가 한재렴을 만남을 갖게 된 경위가 상세하게 묘사되어 있다. 두 사람의 만남에서 가교역할을 담당한 것은 김성유金醒維라는 인물이다. 그는 이학규보다 앞서 한재렴과 친분이 있던 사이였다. 그가 이학규에게 한재렴의 시를 소개시켜준 것이 계기가 되어 두 사람의 만남은 이루어졌다. 한재렴이 지은 시를 보고난 후, 이학규가 직접 그의 집을 방문하면서 본격적인 교유가 시작되었다. 인용한 글에서 살필 수 있듯이 이학규는 계열과 당파에 얽매이지 않고, 오직 한재렴의 뛰어난 시인으로서의 면모에 매료되어 교유하였음을 알 수 있다. 당시 이학규를 매료시킨 한재렴의 시적 자질은 시로써 송도3기奇에 꼽힐 만큼 세상에서 널리 인정을 받았다.

이학규의 문집에는 모두 3편의 묘지명이 실려 있는데, 「한제원묘지명」은 그중 한 편이다. 이 장문의 글에는 한재렴의 선대에서부터 그의 학문적 성향, 유배 전후의 생활 등등 한재렴의 일생을 살필 수 있는 다채로운 내용이 총망라되어 있다. 또한 한재렴이라는 문인의

423 「韓霽元墓誌銘」, 『洛下生集』冊19○洛下生藁[下]卻是齋集, "健陵癸丑歲, 蔔林金醒維過余瓶花齋中, 手白紗凉箋, 上題七言詩二聯. 詑余曰, 今世朴在先柳惠風以外, 而有能道此者乎. 今而後, 知珠玉在前之媿爾. 急問其爲誰, 故持久乃言曰, 松京人韓在濂, 字霽元, 定交財十數日, 商論經禮及古今詩若文已兩度矣. 余惟問其所止舍, 心識之, 朝日往叩門, 有妙年丰姿, 明矑善視瞻."

개인적인 일대기는 물론, 이학규와의 관계를 살필 수 있는 일화도 기술되어 있어, 두 사람의 관계를 살피는데 있어 빼놓을 수 없는 중요한 기록이다. 이 묘지명은 앞에서 살펴본 것처럼, 이학규가 한재렴을 처음 알게 된 일화를 장면 중심으로 서술함으로써 글의 입체적 구성을 더하고 있다. 이러한 장면 중심의 서술기법은 이학규의 다른 글, 특히 제문형식의 글에서 자주 사용되는 방식 가운데 하나이다. 대체로 이학규와 망자와의 관련된 일화를 중심으로 서술되는데, 이러한 서술방식은 두 사람의 관계를 생생하고 구체적으로 드러내는데 효과적이다.

한재렴의 생애를 살필 수 있는 글로는 이학규의 「한제원묘지명」 이외에도, 김헌기金憲基의 「제심원자한제원문祭心遠子韓霽園文」[424]과 김택영이 지은 『숭양기구전崧陽耆舊傳』에 실린 '한재렴韓在濂',[425] 그리고 이건창李建昌이 지은 「한심원자전韓心遠子傳」이[426] 있다. 그동안의 한재렴에 관한 연구에서는 김헌기의 제문과 김택영의 글이 주로 인용되어 논의된 바 있다. 반면 이학규의 묘지명은 기존의 논의에서 제외되어 있었다. 그러나 이 글은 두 사람의 교유관계뿐 아니라 한재렴에 관해 주요한 정보를 담고 있다. 예를 들어 한재렴이 처음에는 자호를 '담생澹生'으로 했다가 만년에 다시 '심원당心遠堂'으로 고쳐 불렀다는 사실은, 김헌기와 김택영의 글에서는 보이지 않는 부분이다.[427] 이러한 점에서 볼 때 「한제원묘지명」은 이학규와 한재렴의 관

424 金憲基, 「祭心遠子韓霽園文」, 『初庵先生文集』 卷九, 韓國歷代文集叢書 2619, 문집편찬위원회, 1999.

425 김택영 저, 김승룡 편역, 『송도인물지』, 현대실학사, 2000.

426 李建昌, 「韓心遠子傳」, 『明美堂集』卷十五, 한국문집총간 349.

427 「韓霽元墓誌銘」, 『洛下生集』冊19○洛下生藁[下]卻是齋集, "霽元之始與余遇,

계를 보여주는 글일 뿐만 아니라, 한재렴이라는 문인에 관한 중요한 기록인 셈이다.

이학규와 한재렴은 1793년에 처음으로 사귐을 맺은 이후, 신유사옥으로 유배되기 전까지 친교를 이어갔다. 당시 두 사람이 주고받은 시문은 이학규의 유배 이전 문집인 『춘성당집』에 실려 있다. 『춘성당집』에는 한재렴과 직접 주고받거나 그와 관련된 시문이 대부분을 차지하고 있어, 당시 두 사람이 상당히 절친한 관계였음을 짐작케 한다. 『춘성당집』에는 이학규가 한재렴과 주고받은 13제의 시문이 실려 있다. 아래에서 두 사람이 주고받은 시문의 구체적인 내용을 살펴보고, 그들의 친교양상을 들여다보기로 한다.

한 굽이 푸른 물을 끌어 사립문짝으로 들이니	拖藍一曲浸斜扉
썩은 나무에 서린 뿌리 낚시터에 삐죽 솟았네.	壞樹根蟠出釣磯
연잎은 이미 높으니 풍력이 시원하고	荷葉已高風力爽
싸락눈 흔적에 해오라기 날아오른다.	一痕乾雪鷺鶿飛
이곳은 바로 백양지와 흡사하지만	是中應似白洋池
다리 옆에 작은 배 한 척조차 없네.	只欠橋邊艓一枝
반 길 장대 깊이 안개 낀 물 흐르는데	消受半竿烟水活
온 하늘엔 장맛비 은실처럼 찬란하구나.	一天梅雨爛銀絲[428]

이 시는 이학규의 문집에서 한재렴과 주고받은 시문 가운데 맨 처음으로 확인되는 것이다. 시제詩題에 보이듯이, 이학규가 한재렴의 연못가에 위치한 정자를 방문한 다음에 지은 것으로 보인다. 「한제

自號澹生, 晩年復稱心遠堂云."

428 「霽園池亭」, 『洛下生集』冊1 春星堂集.

원묘지명」을 살펴보면, 병오년(1786)에 한재렴의 조부인 감찰공이 가족을 이끌고 한양으로 거처를 옮긴 다음 서책 수 만권을 마련하여 한재렴을 거처하게 했다고 한다.[429] 또한 『숭양기구전』에는 한재렴의 부친이 서울에 들어가 서쪽 성 밖에 거처하면서 못을 파고 연꽃을 심어 '우화당藕華堂'이라 명명했다는 기록이 보인다.[430] 당시 이학규가 방문했던 한재렴의 거처는 이곳을 가리키는 듯하다. 이학규는 이 시에서 정자 주위의 한적하고 미려한 풍광을 사실적인 필치로 그려냈다. 이학규가 한재렴의 거처를 방문한 이후로, 두 사람은 자주 왕래하면서 교유의 폭을 넓혀나갔다. 이학규의 유배 이전 시기 문집에 유독 한재렴의 이름이 빈번하게 노출되는 것 또한 이러한 사실을 증명하는 셈이다.

이학규는 일상에서 한재렴과 관련된 소소한 부분이라도 시문을 지어 남겼다. 이 가운데 이학규가 한재렴의 꿈을 꾸고 난 뒤에 지은 것이 있다. 시는 모두 두 수로 구성되어 있는데, 시 앞에 소서小序가 달려 있다. 먼저 소서의 내용을 살펴보기로 한다.

> 7월 16일 밤에 꿈을 꾸었다. 제원이 글 한 폭을 부쳤는데, 글자 획이 매우 섬세했다. 편지에 이르기를, "요즘 북성 안에 집을 빌려 살고 있습니다. 원우가 크고 높으며 붉은 담장이 둘러져있는데, 담장 너머 보이는 산 빛이 더욱 좋아할 만합니다."라고 하였다. 나는 유몽득의 시 '맑은 빛은 대문 밖의 개울 물빛이요, 가을 경치는 담장

429 「韓霽元墓誌銘」, 『洛下生集』冊19○洛下生藁[下]卻是齋集, "丙午歲, 監察公挈家移寓于漢師盤松坊里第, 貯書數万卷, 命霽元朝夕其中, 蕙畹公招延通闊賢士, 資其講習酒食之具無虛日, 帑藏粟布, 徧諸窮乏, 皆曲從霽元志也."

430 김택영 저, 김승룡 역, 『송도인물지』, 현대실학사, 2000, 114면.

너머 몇 점의 산이로다'라는 두 구를 베껴서 답장으로 보냈다. 18일 밤에 또 꿈을 꾸었다. 제원이 조각 편지를 부쳤는데 이르기를, "돈의문 안쪽으로 집을 옮겼는데, 집의 처마가 낮고 좁아서 몸을 구부려 다니고 있습니다. 다만 지세가 높고 넓어 편안히 지낸지 며칠 되었습니다."라고 하였다. 8월 13일 밤에 또 꿈을 꾸었다. 제원이 나를 데리고 서쪽으로 갔는데, 수 백리를 가다가 우연히 붉은색의 긴 다리를 만났다. 다리 위에는 정자가 날아갈 듯 있었는데, 붉은색 창문과 초록색 난간이 있고 시냇물이 둘러 비추이고 있었다. 내가 옥어 6, 7매를 얻어 힘을 써서 한번 두드렸더니 쟁그랑하고 종경 소리를 냈다. 제원이 말하기를, "삼대의 옛 종으로 하나의 경쇠에 관지가 있어 분별할 수 있는데, 자세히 살펴보니 모두 과두문자와 기자로 희미하고 흐릿하여 알아볼 수가 없습니다."라고 하였다. 제원이 또 손뼉을 치며 말하기를, "붉은 제기와 푸른 그릇은 모두 이런 부류입니다. 『고금악록』과 『이아』 주에 설명이 보이는데, 두 책에서 뽑아 보아도 모두 흐릿하여 자세하지 않습니다."라고 하였다. 일찍이 이것을 제원에게 말해주었더니, 제원이 "기이함을 좋아한 소치입니다."라고 하였다.[431]

이학규가 한재렴의 꿈을 꾼 날짜는 7월 16일과 18일, 8월 13일로

431 「紀夢二首, 寄霽園」, 『洛下生集』冊1 春星堂集, "七月十六夜夢. 霽園寄書一幅, 字畫甚細. 書云, 近日僦居, 北城之內, 院宇弘敞, 紅墻百遭, 墻頭山色, 尤可悅也. 余寫, 劉夢得詩淸光門外一渠水, 秋景墻頭數點山二句, 答之. 十八夜又夢, 霽園寄赫蹏云, 移家在敦義門內, 屋檐低小, 行步傴僂, 但地勢崇廣, 安居有日矣. 八月十三夜又夢. 霽園挈余西行, 行數百里, 遇赭色長橋. 橋上亭臺翼然, 紅窓綠檻, 暎帶溪港. 余得玉魚六七枚, 用力一敲, 鏗然作鍾磬聲. 霽園曰, 三代古鍾也, 其一磬也, 有欵識可辨, 諦視之, 皆蝌蚪奇字, 漫漶不可認. 霽園又鼓掌曰, 丹彝翠敦, 皆此類, 說見古今樂錄及爾雅註, 抽閱二書, 皆朦朧未詳. 嘗以此說告霽園, 霽園曰, 好奇之致."

모두 3일이다. 위에 인용한 소서에는 3일 동안 꾼 꿈의 내용이 소상하게 기록되어 있다. 7월 16일과 18일에 꾼 꿈은 한재렴이 보낸 편지의 내용이 주를 이룬다. 편지에는 한재렴의 새로 옮긴 거처에 관한 내용이 기록되어 있었다. 이때부터 한 달 가량의 시간이 지나 이학규는 다시 한재렴을 꿈속에서 만나게 된다. 8월 13일의 꿈 내용은 이학규가 한재렴을 직접 만나 붉은 색 다리 위의 정자를 찾아가는 장면이 그려져 있다. 이학규는 이상의 꿈을 꾸고 난 후 한재렴에게 자신이 꾼 꿈에 대해 말해주었다. 한재렴은 이학규의 꿈 내용을 듣고는 그가 기이함을 좋아한 때문이라고 말해주었다. 한재렴의 이와 같은 발언은 단지 꿈의 내용뿐 아니라, 그 당시 이학규의 학문적 관심사가 어디에 치우쳐있는지를 보여주는 것이다. 다음 장에서 언급할 두 사람의 서책 교환에도 나타나듯이, 이학규와 한재렴이 당시 열독하던 책의 종류가 이서異書와 기서奇書라는 점에서 그들의 학문적 취향을 짐작할 수 있다.

이학규는 꿈의 내용을 다시 시로 지어 나타냈다. 아래에 두 수를 연달아 인용해본다.

연꽃 피던 시절 청한을 꿈꾸었는데	藕花時節夢淸寒
금려의 편지가 오니 붓글씨 완전하네.	錦荔書來墨字完
스스로 말하길 집을 옮겨 성 안에 사는데	自說移家城裏住
수많은 점 같은 푸른 산 담장 너머 에워쌌구나.	碧山千點遶墻看

수국꽃 활짝 피어 달빛이 생겨나고	繡毬開盡月華生
기억하노니 누런 다리 꿈속에서 거닐었다네.	曾記黃橋夢裏行
초록 난간 둘러 있는 집의 아랫길	一帶綠欄堂下路
옥어 두드리니 작은 종경 소리 울리네.	玉魚敲作小球聲[432]

첫째 수는 7월 16일에 꾼 꿈의 내용을 시로 옮긴 것이고, 둘째 수는 8월 13일에 꾼 꿈의 내용을 시로 나타낸 것이다. 서문의 내용을 보지 않고 시만 따로 놓고 보면 현실과 꿈의 경계가 불분명하다. 곧 서문을 읽은 후에야 비로소 시의 내용을 보다 분명하고 자세하게 이해할 수 있다. 꿈은 현실이 반영되어 나타난 무의식의 산물이다. 이학규가 꾼 꿈의 내용을 통해, 당시 두 사람이 누구보다 친밀하게 교유한 사실과 그들의 학문적 관심사를 확인할 수 있다.

두 사람의 교유관계를 확인할 수 있는 시를 더 살펴보기로 한다.

동쪽 밭에 오디 익어 올빼미가 엿보고	東田葚熟鵋鵙窺
남쪽 고개 두견새 울음소리 더욱 구슬프네.	南嶺子規啼更悲
하루 종일 흰 꽃이 어지럽게 흩날리는데	盡日白花飛歷亂
소나무 사이로 이따금 푸른 버들가지 보이누나.	松間時出綠楊枝[433]

이 시는 초여름날 서원西園을 방문한 이학규가 한재렴과 함께 지은 것이다. 시 속에서 시인의 모습은 드러나 있지 않고, 다만 주위 풍경을 묘사하는 데에만 초점이 맞춰져 있다. 익은 오디를 노리는 올빼미의 모습과 구슬피 울어대는 두견새는 시의 청각적 이미지를 불러일으킨다. 또한 흩날리는 흰 빛깔의 꽃잎과 푸른 버들가지는 시각적 이미지를 환기시키는 작용을 한다. 3구의 '하루 종일[盡日]'이라는 시어를 통해, 시간의 경과와 함께 두 사람이 그곳에 얼마나 오래 머물러 있었는지를 짐작케 한다. 곧 이 시는 이학규와 한재렴이 함께 시간과 장소를 공유하던 순간을 포착하여, 객관적 경물의 모습을 생

432 「紀夢二首, 寄霽園」, 『洛下生集』冊1 春星堂集.

433 「首夏西園卽事同韓霽園作」, 『洛下生集』冊1 春星堂集.

생하게 그려낸 작품이라 하겠다.

비단 뱃줄 상아 돛대 여기저기 떠다니고	錦纜牙檣處處遊
어부의 노래 촌가의 피리소리 모두 풍류로구나.	漁歌邨笛盡風流
석정에는 요사이 지나가는 사람 없으니	石亭近日無人過
오직 꾀꼬리 소리만 나그네를 시름겹게 하네.	只有黃鸝喚客愁[434]

이학규는 한재렴과 함께 용산에 위치한 읍청루挹淸樓에 가기로 약속했으나 지키지 못했다. 그래서 그 대신 절구 한 수를 지어 약속을 지키지 못한 아쉬움을 달래고자 했다. 읍청루는 1777년에 지어진 정자로, 그곳에 오르면 용산과 마포 일대의 한강 풍경이 한눈에 들어오는 한강변의 명소였다. 국왕인 정조는 물론 다산을 비롯한 여러 문인들이 읍청루에 올라 시문을 짓거나, 혹은 그와 관련된 시문을 남긴바 있다. 이학규가 지은 위 시의 내용 역시 읍청루에서 바라본 한강 주변의 풍경을 묘사한 것이다. 한 폭의 수채화를 그려낸 듯 평화롭고 정겨운 풍경을 묘사한 앞의 두 구와 달리, 뒷부분에서는 그곳에 지나가는 사람이 없다고 하여 약속을 실행하지 못한 시인의 시름겨운 심사를 투영시켰다. 이학규와 한재렴 외에 '우당藕塘'이라는 사람도 읍청루에 함께 가기로 약속한 일행 중 한 명이다. '우당'이 누구인지 확실하지는 않으나, 한재렴의 형인 한재수韓在洙의 호가 '우당藕堂'이고, 동생인 한재락韓在洛의 호가 '우방藕舫', '우천藕泉'인 것으로 미루어볼 때 두 사람 가운데 한 명을 지칭하는 듯하다.

이상에서 살핀 바와 같이 이학규와 한재렴은 1793년에 사귐을 맺은 이후로 자주 왕래하면서 친교의 깊이를 더해갔다. 당시 누구보다

---

434 「約藕塘, 霽園遊龍山挹淸樓不果行戲柬一絶」, 『洛下生集』冊一 春星堂集.

가까운 사이였던 두 사람은 1801년에 발생한 신유옥사로 인해 단교斷交의 상황을 맞이했다. 이학규와 한재렴은 모두 무고하게 옥사에 연루된 것이었으나, 결국 이학규는 경상도 김해로 유배되고 한재렴은 전라도 순천으로 유배되었다. 그리고 유배지의 낯선 공간에서 이학규는 24년의 기간을, 한재렴은 5년의 기간을 보내야 했다. 이학규는 한재렴의 유배에 대해 시기하는 자들의 비방에서 비롯된 것으로 보고, 그의 언행은 조금도 올바르지 않음이 없다고 주장하였다.[435]

그렇게 두 사람은 각각 국토의 양쪽 끝에 떨어진 채 점점 서로에게 잊혀진 존재가 되어갔다. 두 사람의 교유가 단절된 이후, 이학규의 문집에서 한재렴의 이름이 다시 보이는 때는 1809년에 이르러서이다. 이때는 이학규가 유배 9년째에 접어드는 해로, 유배지에서 한재렴의 시문을 우연히 얻어 본 뒤에 자신의 소회를 시로 남긴 것이다. 당시 이학규가 유배지에서 본 한재렴의 시는 「산사기행십장山寺紀行十章」으로 문집 『서원가고西原家稿』에 실려 있다.

호수 위엔 외로운 돛대 떠가는데	湖上孤飄發
금원의 두 나무는 가을빛이라.	金源雙樹秋
고향 생각에 산꼭대기에 오르니	歸思凌絶頂
홀로 나아가 높은 누각에 기대어보네.	獨往倚高樓
해 떨어지면 절로 감회가 생겨나니	日落易成感
시 이루면 혼자서 수창하네.	詩成仍自酬

435 「韓霽元墓誌銘」, 『洛下生集』冊19○洛下生藁[下]卻是齋集, “辛酉歲, 爲娼嫉者構誣, 禍且不測, 吏收及門, 擧家無人色. 霽元動止不少撓, 及簿對, 詞理明辨, 不可緇涅, 顧爲始誣者所持.”

다만 저녁에는 차 끓이는데	秪應茶沸夕
비바람에 지난날 놀던 일 떠오르네.	風雨念前遊[436]

머나먼 유배지에서 옛 친구의 시문을 우연히 보게 된 이학규는 시 속에 애잔한 감회를 담아냈다. 이 시는 모두 오언절구의 네 수로 구성되어 있는데, 위에 인용한 부분은 셋째 수와 넷째 수이다. 셋째 수에는 이학규가 유배지에서 느끼는 외로움을 호수 위 외로운 돛대에 투영시켜 표현했다. 가고 싶어도 갈 수 없는 고향 생각에 홀로 산꼭대기에 올라 누각에 기댄 이학규의 모습에서 유배객의 고독감이 절절하게 묻어난다. 넷째 수에는 한재렴에 대한 그리움이 보다 구체적으로 드러난다. 한재렴과의 교유가 단절된 곳에서 홀로 시를 수창하며, 지난 시절을 회상하고 옛 친구를 그리워하는 이학규의 모습이 고스란히 나타난다. 유배 이전에는 늘 함께 시를 짓고 서로 수창하던 친구였으나, 지금은 절해고도의 유배 땅에 떨어져 만나지도 못한 채 그리운 그 시절만 떠올리고 있는 것이다.

그 이후에 이학규가 한재렴의 소식을 다시 접한 것은 유배 18년째에 접어드는 때였다. 1818년 여름에 송경 사람을 통해서 한재렴의 소식을 전해들을 수 있었다. 한재렴은 이학규보다 먼저 유배에서 풀려나 고향에 돌아간 뒤, 진사시제에서 등과에 합격하고 가세는 날로 기울어도 학문은 날로 진전하였다고 하였다. 그러나 뜻하지 않게 1818년 3월에 세상을 떠났다. 그리고 이학규는 해배된 이후에 돌아온 서울에서 한재렴의 아들인 한만식韓晩植을 우연히 만나 옛 친구에 관한 모든 소식을 들을 수 있었다.[437] 이때 한만식은 눈물을 흘리면

436 「偶得韓霽園山寺紀行十章」, 『洛下生集』冊四 因樹屋集.

서 부친의 사정에 대해 젊은 시절 친우였던 이학규에게 상세하게 말해주었다. 그리고 이학규는 다시 만날 수 없는 친구 대신 그의 아들에게 시문을 지어 주었다.

홍우당 앞 달빛 아래서	紅藕堂前蹋月時
개성의 소주 백 잔을 따랐었네.	中京露酒百鍾隨
지금에야 이십년 전의 뜻	而今二十秊前意
제원공의 옛 귀밑털 다시 보누나.	重見園公舊鬢眉[438]

이 시는 이학규가 한재렴의 아들인 한만식에게 지어준 것이다. 친구 아들의 얼굴을 마주 대하자, 자연스레 옛 친구의 모습을 떠올리게 되었다. 1구의 '홍우당紅藕堂'은 유배 이전 이학규와 한재렴이 함께 술을 마시고 노닐었던 둘만의 추억이 서린 장소이다.[439] 두 사람은 그곳에서 시문을 수창하고, 개성의 계당로桂糖露를 나누어 마시곤 했었다. 이후에도 이학규는 한만식과 지속적으로 시문을 주고받았다. 이학규는 부추와 파를 비롯하여 밭에서 재배하는 열두 가지 종류의 채소에 관한 시를 지어 한만식에게 주기도 하는 등,[440] 한재렴과 마찬가지로 그의 아들과도 시문을 주고받았다. 이와 같이 이학규와 한

---

437 「韓霽元墓誌銘」, 『洛下生集』冊19○洛下生藁[下]卻是齋集, "戊寅夏, 有松京人爲貿遷者, 具言霽元間掇科名, 中進士試第, 家益落學益進. 持束脩橫經問難者甚衆, 不意其以今年三月去世. 有一子晩植, 尙克持厥家矣. 甲申夏, 余亦蒙恩宥, 歸省先壟, 至漢師, 適與晩植遇, 晩植涕泣道霽元晩年事甚詳."

438 「韓晩植菊老, 餉中京桂糖露, 席間賦贈」, 『洛下生集』冊18○洛下生藁[上] 白門倡和集.

439 시의 1구에 "甲寅孟秋旣望夜, 余與韓霽園劇飮紅藕堂中."라는 주석이 있다.

440 「菜圃十二詠, 畣韓菊老」, 『洛下生集』冊18○洛下生藁[上] 白門倡和集.

재렴의 친교는 다음 세대에까지 이어졌음을 확인할 수 있다.

2. 이학규와 한재렴의 서책 교환과 그 영향

이학규와 한재렴은 십년 남짓한 기간 동안 서로의 거처를 방문하고 지속적으로 시문과 편지를 주고받으며 교유의 깊이를 더해갔다. 그리고 두 사람의 교유는 단순히 시문수창을 하는 단계에 머무르지 않고, 서책 교환을 통한 지적 교류의 영역으로 확대되었다.

> 이때 이후로 8, 9년간 심한 비바람과 추위와 더위, 그리고 먼 거리가 아니면 보지 못한 기이한 책들은 구하기를 기다리지 않고 서로 바꾸어 보았다. 저술한 시문이 득의하면 펼쳐서 보이고는 자랑삼아 읊었고, 그렇지 않으면 감추기도 했는데 반드시 번갈아 서로 몰래 가져다가 펴보고는 실없이 놀리며 웃곤 하였다.[441]

이학규와 한재렴은 처음 만남을 갖게 된 이후 빈번하게 왕래하면서 서책을 빌려 보고, 함께 시문을 수창하였다. 그리고 함께 보내는 시간이 쌓이면서 두 사람은 학문적 공감대를 형성해갔다. 위 글에서 이학규는 한재렴과의 교유에 관해 언급하면서, 그를 통해 수많은 서책을 제공받을 수 있었다고 말하였다. 실제로 당시 한재렴의 집안에는 상당한 양의 서책이 구비되어 있었던 것으로 보인다. 이러한 사실

441 「韓霽元墓誌銘」, 『洛下生集』冊19○洛下生藁[下]卻是齋集, "自是以後八九年間, 非甚風雨寒暑遠行, 則有所未見異書, 不待求而遞寄示之. 所著詩文, 得意則披示, 吟唱誇詡, 否則匿之, 必遞相攘竊而披露之, 以爲詼笑."

은 김택영의 『숭양기구전』을 통해서도 확인되는 바이다.

> 그(한재렴 - 필자주)의 할아버지는 무인武人으로 한 고을의 갑부였는데 수만 권의 책을 구입하여 집 서가에 꽂아놓고, "내 자손 가운데 반드시 문장에 능한 사람이 있을 것이다!"라고 말했다. 뒤에 그의 두 아들 한석우와 한석호가 모두 성균진사에 올랐는데, 한석호가 자못 시로써 알려졌다. 그가 한재렴을 낳았다.[442]

여기에서 김택영이 언급한 한재렴의 조부는 사헌부감찰을 지낸 한대훈韓大勳으로 당시 개성의 갑부로 소문이 나있던 인물이다. 위의 내용은 이학규의 증언을 통해서도 확인되는데, 한재렴의 조부인 감찰공은 한양의 반송방盤松坊으로 거처를 옮기고 서책 수 만권을 마련한 뒤 한재렴을 그곳에서 거처하게 하였다.[443] 곧 한재렴의 집에는 조부의 경제력을 바탕으로 당시 쉽게 구하기 어려운 진귀한 서책들이 다수 구비되어 있었으며, 한재렴과 가까운 사이였던 이학규는 별 어려움 없이 그것들을 빌려 보았을 것으로 짐작된다.

이학규의 유배 이전 저술로 『삼서蔘書』가 있다.[444] 『삼서』는 이학규가 유배되기 한해 전인 1800년에 저술한 인삼재배서이다. 이 책에는 서문이 실려 있지 않아 그 저술 동기나 배경을 파악하기 쉽지 않으나, 이학규가 인삼재배에 관심을 갖고 저술로까지 이어진 이면에

442 김택영 저, 김승룡 역, 『송도인물지』, 현대실학사, 2000, 113면.

443 「韓露元墓誌銘」, 『洛下生集』冊19〇洛下生藁[下]卻是齋集, "丙午歲, 監察公挈家移寓于漢師盤松坊里第, 貯書數万卷, 命露元朝夕其中, 蕙畹公招延通闊賢士, 資其講習酒食之具無虗日, 帑藏粟布, 徧諸窮乏, 皆曲從露元志也."

444 「蔘書」, 『洛下生集』冊2. 『蔘書』에 대해서는 제2부 IV. 「조선 후기 家蔘 재배와 『蔘書』」 참조.

는 한재렴과의 친분관계가 영향을 미쳤을 것으로 짐작된다. 당시 한재렴의 집안은 개성에 인삼밭을 소유하고 있었으며, 집안의 경제적 부의 근원이 인삼밭에서 나온 사실은 널리 알려진 사실이었다. 한재렴의 집안이 인삼밭을 소유하고 있었음은 신위의 글을 통해서도 확인된다.[445] 곧 이학규가 인삼재배에 관심을 기울이게 된 데에는 여러 요인이 있겠으나, 당시 밀접한 관계에 있던 한재렴을 통해 자연스레 영향을 받아 형성된 것으로 볼 수 있다.

앞에서 언급하였듯이 이학규가 한재렴을 통해 접한 서책의 종류는 주로 이서異書임을 알 수 있다. 두 사람의 서책 교류는 일방적 통행이 아닌, 서로 빌려주고 빌려보는 양방향으로 전개되었다. 이학규 역시 집안에 수많은 장서를 구비하고 있었으며, 또한 그의 외조부인 이용휴가 다량의 이서異書를 보유하고 있었음은 잘 알려진 사실이다. 이학규 이외에 정약용도 한재렴과 서책 교류가 있었다. 한재렴은 한양에 거처할 당시, 이가환, 유득공, 박제가, 신위 등과 교유한 것으로 알려져 있다. 한재렴이 정약용에게 서책을 구해줄 것을 부탁하기도 하고, 때로는 정약용이 한재렴에게 서책을 빌려보기도 했다.[446]

---

445 申緯, 『警修堂全藁』冊一 奏請行卷, 「韓希原進士草堂感舊」, "兵部橋邊紫翠低, 難忘易識此幽棲. 眼前馬鬣孤墳起, 手植人蔘五葉齊. 希原有蔘圃. 盤出孀閨留饌玉, 兒啼父客驗豊犀. 同行宿昔圓公約, 賞月吟風恨未携."

이현일은 「紫霞詩 硏究」(성균관대 박사학위논문, 2006, 181면)에서 이 시의 대상인 '韓希原'을 한재렴을 지칭하는 것으로 보았다. 그러나 '韓希原'은 한재렴이 아니라, 한재렴의 형인 '韓在洙'를 가리키는 것으로 보인다. 『西原家稿』 卷二에 '韓在洙'의 문집인 『藕堂雜抄』가 실려 있는데, 그 저자가 '西原韓在洙希原父'로 명시되어 있다.

446 丁若鏞, 「答韓霽園在濂」 『茶山詩文集』 第十九卷, "苦雨去華翰來, 鄙懷欣爽. 鏞近不向大酉齋校書, 却自在與猷堂鈔書, 如風磑水碓, 有粟亦磨, 無粟亦磨,

> 『소지집所知集』은 기편과 묘구가 많아 『청시별재淸詩別裁』와 비교해 보아도 진실로 맛이 있습니다. 그 속에 간·분·행·방·수 등 여러 편은 더욱 완상할 만하였습니다. 진실로 돌려드리지 않고 가지고 싶지만 책을 빌려보는 법은 가난한 사람이 부자에게 돈을 빌려오는 것과 같아 모름지기 신의를 잃지 말아야 앞날이 있는 것입니다. 그러므로 그런 생각을 끊어 버리고 조금의 손상도 없이 완벽하게 돌려드립니다.[447]

정약용이 한재렴에게 빌려보았다고 한 『소지집所知集』은 진의陳毅[448]가 엮은 책이다. 정약용이 되돌려주기 싫을 정도로 완상할 맛이 있다고 한 이 책은 이학규의 시문에도 인용된 바 있다.[449] 이학규의 글에는 책의 출처가 언급되어 있지 않으나, 시문이 지어진 때가 한재렴과 가장 교유가 활발한 시기라는 점을 따져볼 때, 이 책의 출처 역시 한재렴에게서 나왔을 것이라는 가능성에 무게를 실어준다. 정약용이 한재렴에게 빌린 서책의 내용에 대해 '기편奇篇'과 '묘구妙句'가 많다고 한 언급은 이학규가 한재렴에게 빌린 서책의 종류에 대해

何時不勞動. 但頭不帽腰不鞓, 差快活耳. 奎章全韻立來使, 另走人買來, 第初搨, 如西峰鐵笛, 不與監事者有舊, 不可得耳. 赤雅是南海鄺湛若所撰, 專記土司蠻獠之異俗怪事者. 兒子從人借觀, 故已奪而還之耳."

447 丁若鏞, 「答韓霽園」『茶山詩文集』第十九卷, "所知集果多奇篇妙句, 比之淸詩別裁, 洵有味矣. 其中竿盆行芳樹諸篇, 尤足賞玩也. 誠欲執留, 然借書之法, 如貧人從富人假貸, 須勿失信, 方有前程. 玆割情完璧耳."

448 陳毅(?~?): 자는 直方, 호는 古漁, 또는 古愚. 江南上元(今江蘇南京)人. 저서에 『古漁詩概』 6卷이 있다.

449 「紅梅舘褋事, 同韓霽園作」, 『洛下生集』冊1 春星堂集, "新雲澹白舊雲靑, 窓戶通凉酒氣醒. 長日亂籤隨手閱, 比篘詩又斷香銘. (篘兒, 高繼允, 明府靑衣, 高作比篘兒詩百首, 見陳古漁所知集.)"

'이서異書'라고 한 것과 동일한 층위에서 해석될 수 있다. 이상에서 살핀 바와 같이 이학규와 정약용은 한재렴을 통해 다양한 서책을 구해봤던 사실이 확인되며, 이는 당시 이들 간에 서책의 교류가 있었음을 증명하는 것이라 하겠다.

> 예전에 내가 김성유, 한제원 두 세 사람을 따라서 우선루에서 조용히 지내며 저술하던 때에 우연히 청나라 사람 인화 서무령의 「이십일사징二十一史徵」1편을 보았는데, 서술이 제법 상세하고 의론이 매우 정확하여 글을 쓰던 여가에 대략 암송할 수 있었다. 지금까지 삼십 년간 빠뜨리고 잊어버린 것이 이미 반이 넘으나, 오히려 그 큰 뜻을 바로잡아 이에 『사평십팔칙史評十八則』을 지어서 고을 사람 중에 학문에 뜻을 두고 묻기를 좋아하는 사람에게 주어, 편년체 말고도 별도의 사례가 있고 역사에 21대의 기 · 전 · 표 · 지가 있음을 알게 하고자 하니 글을 읽는 선비들은 알지 않으면 안 될 것이다.[450]

이 글은 이학규가 김해로 유배된 지 22년째 되는 해인 1822년에 지은 것이다. 규장각에 드나들면서 서울 중앙의 유수한 문인들과 교유하던 이학규에게 김해지역의 열악한 환경과 문화적 수준의 차이는 깊은 절망감으로 다가왔다. 그래서 그는 유배생활의 무료함을 달래는 한편, 김해지역 사람들을 위해 역사에 관련된 저술을 지었다. 위에 인용한 글은 이학규가 직접 저술했다고 밝힌 책의 서문이다. 이학

---

450 「二十一史評序」, 『洛下生集』冊16 秋樹根齋集, "昔予從金醒維, 韓霽園二三子, 結夏著書于藕船樓中, 偶見淸人仁和徐武令二十一史徵一篇, 叙述頗詳, 議論最正, 操觚之暇, 略能成誦. 今於三十季間, 遺忘已過半, 而猶檃括其大意. 作史評十八則, 以詒邑人之志學而好問者, 使知夫編季之外, 另有史例, 而史亦有二十一代之紀傳表志, 讀書之士, 不可不知者也."

규는 김해지역에 장서가가 없어서 사학에 있어서는 대단한 것이 없다고 하면서, 간혹 시골 훈장들이 거칠게 기억하고 암송하는 것은 증선지曾先之의 『십팔사략十九史略』과 강지江贄의 『통감절요通鑑節要』를 벗어나지 않는다고 탄식하였다.

인용문의 앞부분에는 이학규의 유배 이전 시절 학문하는 정경이 나타난다. 그때 이학규는 김성유金醒維, 한제원韓霽園과 함께 지내면서 청나라 사람 서분徐汾이 편찬한 『이십일사징二十一史徵』을 보고 암송했다고 하였다. 여기에서 김성유는 앞에서 언급하였듯이 이학규에게 처음으로 한재렴의 시문을 소개해준 인물이다. 인용문에는 『이십일사징』의 서책 한 권만 언급이 되었으나, 세 사람이 함께 지내면서 수많은 서적을 탐독했을 것이라는 추측은 어렵지 않게 할 수 있다.

이학규와 한재렴은 유배 이전까지 깊은 친분관계를 유지했다. 이는 한편으로 두 사람의 학문적 성향이 어느 정도 부합했기에 가능할 수 있었다. 그리고 오랜 기간의 문학적 교유와 서책 교환은 두 사람의 문학과 학문에도 일정한 영향을 미쳤다. 먼저 이학규의 글을 통해 한재렴의 학문적 성향을 살펴보기로 한다.

다리 근처 바람 숲에 여름 경치 고요한데	橋上風林夏景虛
나그네는 아직도 우전의 집에 머무르네.	行人猶在藕田居
짧은 도롱이엔 옛부터 도화우 향이 배어 있고	短簑舊裛桃花雨
해진 상자엔 처음 가져왔던 상저桑苧[451]의 글이 있네.	敝篋初携桑苧書
곧 찌는 듯한 무더위 오리니 수정만 찾게 되고	卽有炎蒸煩水玉
정히 크고 우뚝한 뜻 없이 충어蟲魚만 주석하네.	定無磊落注蟲魚

451 桑苧 : 당나라 때 隱士로 『茶經』을 지은 陸羽의 호가 桑苧翁으로, 곧 陸羽를 가리킨다.

검남의 늙은 육유 정령이 깃들어 있으니 釼南老陸精靈在
그대의 시로 말미암아 여러 번 나를 흥기시키네. 賴爾題詩數起余[452]

이 시는 이학규가 한재렴의 시인 「교거하일郊居夏日」에 차운하여 지은 것이다. 시의 전반부에서는 여름날 벗의 거처를 방문한 시인의 모습을 묘사했다. 후반부에서는 무더위를 피하고자 수정을 곁에 두고 사물의 이름에 주석을 내는 한재렴의 모습을 나타냈다. 충어蟲魚를 주석한다는 것은 곧 사물의 이름에 주석이나 다는 자잘한 학문을 하는 것을 의미한다. 이학규가 묘사한 한재렴의 모습은 그의 학문적 성향의 일면을 드러낸다. 이학규는 또한 한재렴을 중국 남송 때 시인인 육유陸游에 비유하면서, 그의 시재는 자신을 흥기시킨다고 하였다. 그리고 시의 마지막 구에 주석을 달아, 한재렴이 근래 지은 시는 육유의 시체를 많이 본받았는데 자못 공교하다는 평가를 하였다.[453] 당시 누구보다 가깝게 지내며 서로의 시문을 평가했던 문학적 동인이었기에, 한재렴에 대한 이학규의 평가는 신뢰할 만한 것으로 보인다.

대개 한제원의 학문은 경사를 꿰뚫었고 박학하면서도 매우 정밀하여, 의장의 제도와 자학의 원류에서 충어초목의 자잘한 것에 이르기까지 마음으로 궁구하여 이해되지 않은 것이 없었다. 시에 있어서는 소식을 말미암아 두보를 거슬러 올라갔고, 성정이 매우 뛰어난 것은 아득하여 서로 만날 수 없는 것과 같으니 또한 다른 사람이 미칠 바가 아니었다. 일찍이 고려의 역사를 뽑아 가려 『고려고도징高

452 「次韻霽園郊居夏日」, 『洛下生集』冊1 春星堂集.
453 「次韻霽園郊居夏日」, 『洛下生集』冊1 春星堂集, "霽園近詩多倣陸體頗工."

> 麗古都徵』 열네 편을 지었고, 복어의 옛 제도를 고거하여 『포경당존고抱經堂存藁』 네 편을 지었다.[454]

이 글은 이학규가 한재렴의 학문적 성향에 대해 평한 부분이다. 그는 한재렴의 학문에 대해 박학하면서도 정밀하여 의장儀章의 제도와 자학字學의 원류에서 충어초목에 이르기까지 모르는 것이 없었다고 하였다. 앞의 시에서 충어를 주석하는 한재렴의 모습과 동일하다. 또한 한재렴에 대해 시문도 묘연함이 뛰어나 다른 사람이 미칠 바가 아니었다고 말하고 있어, 그가 뛰어난 시인이자 학자였음을 짐작케 한다. 한재렴이 당대의 유수한 문인들과 수창하며 우열을 다툴 정도로 뛰어난 시재詩才를 지니고 있었음은 후대인의 평가에서도 알려진 사실이다. 이학규가 한재렴이 저술했다고 말한 『고려고도징高麗古都徵』은 고려의 수도였던 개성의 산천과 사적에 관련된 역사적 사실을 엮어 편찬한 것이다. 『포경당존고抱經堂存藁』는 현재 전하지 않아 그 상세한 내용은 알 수 없으나, 이학규의 언급으로 보아 복어服御제도에 관한 저술인 것으로 보인다. 이 두 편의 저술로 보건대 한재렴은 자국의 역사와 문물제도에 관심이 깊었던 것으로 보인다. 곧 평소에 관심을 두었던 분야를 고거하여 저술로 남긴 것이다.

위에서 이학규가 한재렴의 학문적 성향을 평한 부분은 곧 후대 사람이 이학규를 평가한 부분과 유사하다. 장지연張志淵은 『일사유사逸士遺事』에서 이학규에 대해 산천과 도리·풍토와 지리에서부터 초목

---

454 「韓靄元墓誌銘」, 『洛下生集』冊19〇洛下生藁[下]卻是齋集, "盖靄元之學, 貫穿經史, 博而克精, 儀章制度, 字學源流, 以至虫魚草木之微, 靡不究心䟽解. 於詩則由蘇遡杜, 至其情性之超詣, 卽之邈然, 若無可梯接, 又非他人所及也. 嘗採摭麗史, 著古都徵十四篇, 攷据服御古制, 著抱經堂存藁四篇."

과 금수에 이르기까지 명물도수名物度數에 박학다식한 인물로 평한 바 있다.[455] 두 사람의 학문성향은 그들의 저술에서도 유사한 점이 간취된다. 이학규 역시 자국의 역사와 문물제도, 풍습과 물명 등에 관심을 견지하여 『동사일지東事日知』와 『물명류해物名類解』 등의 저술을 남겼다.

이를 통해 볼 때, 이학규와 한재렴은 자국의 역사와 문물에 대한 깊은 관심, 그리고 학문의 고증적 태도에서 유사한 면모가 발견된다. 두 사람의 고증적인 학문 성향은 한재렴의 『고려고도징』과 이학규의 『동사일지』와 『물명류해』 등에 그대로 반영되어 나타났다. 처음에는 뛰어난 시재詩才로 교유를 맺었지만, 이처럼 학문 성향의 유사한 점 또한 두 사람이 오랜 시간 깊은 우정을 유지할 수 있었던 요인으로 볼 수 있다. 그리고 두 사람의 유사한 학문 성향은 오랜 기간의 교유와 서책 교류 등의 친밀한 관계에서 비롯된 것으로, 서로에게 문학적 자양분이 되며 학문의 깊이를 더해갔다.

3. 결어

이학규는 언젠가 한재렴에게 보낸 시에서 "후일 그에게 이것을 보여주어 내가 그를 그리워함이 또한 이러했음을 보여주고자 한다."고

455 張志淵, 『逸士遺事』, 「李學逵」, 321~322면, "公이 博學多識ᄒᆞ야 凡山川·道里·風土·地理·天文·星曆·律呂·筭數·醫藥·草木·禽獸等 名物度數ᄅᆞᆯ 無不博究通曉ᄒᆞ고 詩詞文章이 尤精邃簡潔ᄒᆞ야, …… 所著有名物考·廣詩則·嶺南樂府·因樹漫筆·文漪堂稿·洛下集等書ᄒᆞ니라."

고백한 바 있다.[456] 이러한 언급은 두 사람이 사회적 예속에 구속받지 않고 마음에서 우러나는 진정한 교유를 나누었음을 보여주는 것이라 하겠다.

이학규와 한재렴은 1793년 첫 만남을 가진 이후 1801년 신유옥사로 유배되기 이전까지 8~9년의 기간 동안 친교를 나누었다. 두 사람은 유배되기 이전까지 누구보다 두터운 친분을 유지했으며 문학적 공감대를 형성하고 있었다. 이학규가 한재렴보다 5년 연상이나, 두 사람은 서로 시문을 주고받으며 학문적 공감의 폭을 넓혀나갔다. 또한 이학규는 한재렴을 통해 그의 집안에 보유하고 있던 여러 서책을 제공받아 볼 수 있었다. 두 사람이 교유한 시기는 인생에서 가장 활동이 왕성한 젊은 시절이며 한편으로는 자신만의 문학관을 정립하고 구축해나가는 시기이기도 하다. 이 시기에서 십년 남짓한 기간 동안 누구보다 밀접하게 친분 관계를 유지했다는 사실은 서로의 문학과 학문적 성향에 일정한 영향을 미쳤을 것으로 보인다.

이학규와 한재렴은 인생의 궤적에도 유사한 면이 존재한다. 두 사람은 모두 정조 때 그 문재文才를 널리 인정받으면서 전도유망한 젊은 문인으로 주목을 받았다. 그리고 정조의 지우를 입어 규장각에 드나들면서 여러 서적을 찬정하였으며, 이로 인해 타인의 시기와 비방을 받아 결국 유배길에 올라야 했다. 두 사람이 국토 남단의 동서에 각각 유배되면서 그들의 교유는 단절되었다. 한재렴이 5년간의 유배에서 풀려나 고향에 돌아와 세상을 뜰 때까지, 이학규는 유배지에서

456 「秋日懷靄園 乙卯」, 『洛下生集』冊一 春星堂集, "紀甲寅孟秋古香館夜集時事, 欲尋便寄示, 靄園書及絶句, 尋亦至矣. 幷紀之, 他日以示靄園, 欲使知余之懷靄園也, 亦復如是已矣."

24년을 보내면서 옛 친구와 해후할 수 없었다. 그리고 이학규는 기나긴 유배생활에서 풀려나 돌아온 고향에서 한재렴의 아들을 만나 그가 오래전 세상을 떠났다는 사실과 그동안의 정황을 전해 들을 수 있었다. 이학규는 친구의 아들의 모습을 통해 오래전 한재렴과 함께 했던 시간을 추억했다. 그리고 유배로 인해 단절되었던 두 사람의 우정은 한재렴의 아들에게 이어져 지속되었다.

Ⅳ. 조선 후기 가삼家蔘 재배와 『삼서蔘書』

가삼家蔘 재배는 18세기를 전후하여 그 재배법이 개발된 이후 18세기 후반에 들어서면서 널리 보급되었다. 당시 활발하게 진행된 가삼 재배 현상은 가삼 재배법이 수록된 농서農書의 편찬으로 이어져 나타났다. 가삼 재배법이 수록된 가장 이른 시기의 저술로는 유득공柳得恭의 『고운당필기古芸堂筆記』가 있다. 그 이후 가삼 재배법을 보다 체계적으로 정리한 저술로는 서유구徐有榘의 『임원경제지林園經濟志』를 꼽을 수 있다. 유득공의 저술이 가삼 재배법에 관한 내용을 한 편의 글 속에 기록했다면, 서유구의 경우는 가삼 재배법을 보다 구체화시켜서 조목별로 분류하고 순차를 부여하여 체계적이고 종합적인 저술로 편찬한 데에 의미를 부여할 수 있다.

그런데 서유구의 저술보다 앞선 시기에 가삼 재배법을 체계화한 저술이 보이는데, 이학규李學逵의 『삼서蔘書』가 바로 그것이다.[457] 『삼서』는 이학규가 신유옥사로 유배되기 이전인 1800년에 편찬한 것이다. 『삼서』에는 모두 12조목에 걸쳐 가삼 재배법이 소개되어 있는데, 당시 가삼 재배와 관련된 지식과 정보가 총망라되어 있다. 이

457 李學逵, 『洛下生集』冊2, 「蔘書」.

책에는 이학규가 직접 체험하고 조사한 내용이 함께 수록되어 있으며, 아울러 그의 경세 사상도 담겨 있다. 『삼서』는 유배 이후 이학규의 본격적인 실학자적 기질이 발휘되기 이전의 단초를 살필 수 있는 중요한 저작이다.

지금까지 조선 후기의 가삼 재배와 농서에 관한 연구가 진행되는 동안 이학규의 『삼서』는 연구자의 시선에서 벗어나 있었다. 가삼 재배법을 수록한 여러 문인들의 농서를 소개하면서 『삼서』가 언급되지 않았던 점은 매우 의문으로 남는다. 그러나 『삼서』는 가장 이른 시기에 가삼 재배법을 종합적으로 정리하여 체계화한 저술이며, 가삼 재배와 관련된 중요한 정보를 담고 있어 조선 후기의 중요한 농서로 간주되어야 할 필요가 있다.

1. 가삼 재배법 정리와 농서農書 편찬

인삼人蔘은 예로부터 신비의 명약이라 불렸던 약용작물이다. 본래 '삼蔘' 또는 '삼蔘'이라고 하며, '신초神草'와 '지정地精'이라는 이명異名으로도 불렸다. 인삼은 국내외 상업계에서 가장 중요한 상품 가운데 하나였다. 인삼은 국내수요가 높았을 뿐만 아니라, 중국과 일본 등지로 수출하는 중요한 무역품이었다. 조선 중기까지는 모두 산에서 채취하는 자연삼이었는데, 일부 재배되었다 하더라도 그것은 전지田地에서의 재배가 아니라 산지山地에 양종養種하는 산양삼山養蔘이었다. 그러나 인삼에 대한 수요가 점차 증대하고 인삼 가격이 급등하게 되면서 산삼 대신 인공적인 재배과정을 거쳐 산출되는 가삼家蔘이 출현하게 되었다.

18세기 후반에 가삼이 널리 보급된 정황은 여러 문인들의 증언을 통해 확인할 수 있다. 이가환李家煥은 그의 저술에서 "근세에 가삼家蔘이 널리 쓰이고 있다"고 하여,[458] 당시 가삼이 널리 보급된 정황을 나타냈다. 또한 유득공柳得恭도 "해마다 약포藥舖에서 가삼을 많이 파는데, 영남 사람들이 재배한 것이다"라고 하였다.[459] 그러면서 약포에서 파는 가삼은 영남 사람들이 재배한 것인데, 그들은 인삼을 채소처럼 밭에다 기른다고 하였다. 그리고 가삼 재배로 인해 높은 이익을 올리자, 사람들이 소와 밭을 팔아 그 대신 삼을 재배한다고 했다. 이러한 현상은 고개를 넘어 충주에까지 미칠 정도로 성행했던 것으로 보인다. 이상의 언급을 통해 사회적으로 가삼 재배가 성행하였고, 가삼이 실생활에 널리 보급되었음을 짐작할 수 있다.

이와 같이 18세기를 전후하여 가삼이 출현하게 된 배경에 대해서는 다음에서 찾아볼 수 있다. 우선 경제적인 측면에서 무엇보다도 민간에서 인삼의 소비가 증대하면서 수요가 증가하였는데, 산삼의 채취만으로는 이러한 수요의 증가를 감당하지 못하게 된 점을 꼽을 수 있다. 인삼 수요의 증가는 자연스레 시장에서 삼가蔘價의 등귀를 가져왔다. 이러한 인삼 수요 증대와 삼가의 등귀가 가삼 재배를 출현시킨 주요한 배경이라 할 수 있다.

다음으로 대외무역의 측면에서 인삼의 대량 대외 수출이 계속되

---

458 李家煥, 『貞軒瑣錄』, 〈人蔘〉, "近世家蔘盛行."

459 柳得恭, 『古芸堂筆記』 卷三 「家蔘」, "比年藥舖, 多賣家蔘, 嶺南人所種也. 比山蔘性味稍緩, 而價減三分之二, 服藥者, 便之. …… 嶺南人則種之於田, 與菜無異, 盖亦土宜也. 利之所在, 人爭慕效, 賣牛賣田, 易蔘而種之, 往往致富饒, 此風過嶺, 而至于忠矣."

고, 수출로 빠져나가는 인삼이 증대되는 상황이 심화되면서 국내 인삼의 품귀현상이 더욱 심각해진 것을 꼽을 수 있다.[460] 인삼은 국내는 물론 주변국에까지 그 효능이 알려져서 예로부터 교역의 주요물품 가운데 하나였다. 17세기 말부터 18세기 초에 이르기까지는 대청인삼수출對淸人蔘輸出이 대규모로 전개되었다. 이후에는 대일인삼수출對日人蔘輸出이 성황을 이루어 국내산 인삼의 8~9할 정도가 일본으로 수출될 지경에 이르렀다. 18세기 무렵에 이르러 삼상蔘商들에 의한 대외인삼수출對外人蔘輸出이 점점 확대되었고, 자연스레 국내에서는 인삼품귀현상이 생겨났다. 그리고 이로 인해 삼가蔘價는 점점 등귀騰貴하게 되었다.[461]

가삼 재배법의 기원에 대해서는 분명치 않으나, 대략 18세기 초중반 이전에 개발되었을 것으로 추정된다.[462] 그리고 18세기 후반의 농서에 그 재배법이 수록된 것으로 보아, 이 시기에 이르러 가삼 재배법이 널리 보급되었던 것으로 보인다. 당시 가삼 재배법이 사람들 사이에 널리 통용되었던 정황은 여러 문인들의 농서에서 그 단서를 찾을 수 있다. 이 시기에 편찬된 농서에는 가삼에 대한 명확한 인식을 바탕으로 상세한 재배법이 기록되어 있다. 이는 가삼 재배 실상과 가삼의 사회적 요구 및 필요성이 농서에 반영되어 나타난 것이다.[463]

저술의 편찬시기 순으로 따져볼 때, 가장 처음으로 가삼 재배법이

---

460 염정섭, 「18세기 家蔘 재배법의 개발과 보급」, 『국사관논총』제102집, 국사편찬위원회, 2003, 157~160면 참조.

461 차수정, 「朝鮮後期 人蔘貿易의 展開過程 – 18세기초 蔘商의 成長과 그 영향을 中心으로」, 『북악사론』1, 북악사학회, 1989, 185~197면.

462 가삼 재배법의 개발 시기와 관련한 내용에 대해서는 염정섭, 앞의 2003 논문 참조.

463 이철성, 『조선후기 대청무역사 연구』, 국학자료원, 2000, 124~125면.

보이는 것은 유득공의 『고운당필기』이다. 『고운당필기』 권3에 수록되어 있는 「가삼家蔘」과 권6의 「종삼방種蔘方」에 가삼 재배와 관련된 내용이 실려 있다. 『고운당필기』의 권3과 권4에는 1792년에서 1793년 동안의 일들이 연대순으로 기록되어 있고, 권5와 권6에는 1793년에서 1801년까지의 일들이 기록되어 있다.[464] 그러므로 유득공이 가삼 재배법을 기술한 때는 1793년을 전후한 시기로 볼 수 있다. 「종삼방」에는 삼을 재배하는 방법에 대해 나와 있는데, 분에 심는 경우[盆種]와 밭에 심는 경우[田種]의 두 가지 경우로 기록되어 있다. 이어서 삼을 심고 기르는 방법인 '삼종법蔘種法'과 병든 삼을 치료하고 삼을 보호하는 '치삼법治蔘法'으로 나누어 수록되어 있다.

이후에 가삼 재배법이 수록된 농서로 서호수徐浩修의 『해동농서海東農書』를 들 수 있다. 『해동농서』에는 권3 초류草類 「가삼家蔘」과 권7 치약治藥 「인삼人蔘」에 가삼 재배 내용이 수록되어 있다. 이 책의 편찬 시기는 1798년으로 훗날 서호수의 아들인 서유구가 『임원경제지』를 편찬할 때 참고하여 인용하기도 하였다. 「가삼」에는 가삼 재배와 관련된 전반적인 내용이 나와 있으며, 「인삼」에는 인삼의 특성과 보존 방법 등이 기록되어 있다.

이상에서 언급한 유득공과 서호수의 경우는 가삼 재배법을 한 편의 글 속에 정리한 것이다. 그 이후에 가삼 재배법을 보다 체계적으로 분류하고 구체적으로 기록한 저작들이 나타난다. 이후의 저술에서는 가삼 재배법을 조목별로 분류하여 체계화했다는 점에서 이전 시기의 저술과 구분된다.

서영보徐榮輔의 문집인 『죽석관유집竹石館遺集』에 가삼 재배법이

---

464 오수경, 『雪岫外史 外二種』 '古芸堂筆記' 해제, 아세아문화사, 1986, 10면.

기록되어 있다. 『죽석관유집』 책7 외편의 「종삼보種蔘譜」에 실려 있는데, 모두 8조목으로 구성되어 있다. 각 조목의 명칭을 나타내 보면, '간종 제일칙揀種第一則' '택토 제이칙擇土第二則' '치지 제삼칙治地第三則' '시후 제사칙時候第四則' '하토 제오칙下土第五則' '간호 제육칙看護第六則' '수치 제칠칙收治第七則' '금기 제팔칙禁忌第八則'이다. 각각의 조목은 그 명칭 아래에 해당되는 가삼 재배법이 기록되어 있다.

성해응成海應의 문집인 『연경재전집硏經齋全集』에 가삼 재배법이 실려 있다. 『연경재전집』 외집 권54 초목류 「종삼보種蔘譜」와 외집 권54 초목류 「속종삼보續種蔘譜」는 가삼 재배에 관한 기록이고, 속집 책12 「삼의蔘議」에는 삼의 종류와 가삼 재배가 성행하는 당시의 상황 등이 기술되어 있다. 성해응의 「종삼보種蔘譜」는 모두 7조목으로 구성되어 있다. 각 조목의 명칭은 '간종 제일칙揀種第一則' '택토 제이칙擇土第二則' '치지 제삼칙治地第三則' '하토 제사칙下土第四則' '간호 제오칙看護第五則' '수치 제육칙收治第六則' '금기 제칠칙禁忌第七則'이다.

그런데 성해응의 「종삼보」는 앞에서 언급한 서영보의 저술과 비교할 때, '시후 제사칙時候第四則'이 누락되어 있는 점을 제외하고, 다른 조목의 명칭과 내용이 모두 동일하다. 이와 같이 서영보와 성해응이 동일한 가삼 재배 내용을 기록할 수 있었던 점은 다음의 두 가지로 해석할 수 있다. 첫 번째는 두 사람이 동일한 문헌을 참고·인용하여 편찬한 경우이고, 두 번째는 한 사람이 다른 사람의 저술을 참고하여 인용한 경우이다. 전자의 경우에는 두 사람 모두 참고 문헌을 명시하고 있지 않아, 어떤 문헌을 참고한 것인지 분명하지 않다.

성해응의 「속종삼보續種蔘譜」는 모두 9조목으로 구성되어 있다. 조목의 명칭은 '일 간종一揀種' '이 취토二取土' '삼 근종三根種' '사 장종四藏種' '오 간호五看護' '육 종예六種藝' '칠 치병七治病' '팔 치법八治法' '구금기九禁忌'이다. 앞의 저술인 「종삼보」와는 다른 내용이 기록되어 있다. 성해응의 「종삼보」와 「속종삼보」의 편찬 시기는 정확하지 않다. 그러나 성해응의 대부분의 저술이 그가 은퇴한 1815년에서 1826년 사이에 집중적으로 이루어졌으며, 외집도 이 시기에 저술된 것으로 볼 때,[465] 가삼 재배에 대한 저술 또한 이때에 이루어졌을 가능성이 높다.

지금까지 진행된 선행연구에서 가장 이른 시기에 가삼 재배법을 체계적으로 정리한 저술로 서유구의 『임원경제지』를 꼽아 왔다. 『임원경제지』는 1827년을 전후하여 초고 형태의 본이 완성되었고, 사환 시절 동안 내용이 보완되었으며 치사致仕를 즈음한 번계 시절 실증과 교정을 거쳐 1842년경 지금의 모습을 갖추게 된 것으로 보인다. 『임원경제지』는 16지志로 구성되어 있으며, 16지志 각각의 서문에 해당하는 인引이 있다.[466]

『임원경제지』에서 가삼 재배법에 대한 내용은 「관휴지灌畦志」 제4권 약류藥類 「인삼人蔘」에 수록되어 있다. 서유구는 『본초강목本草綱目』과 『해동농서海東農書』, 『종삼보種蔘譜』를 참고하여 가삼 재배법을 기록하였고, 인용한 부분에는 해당 참고 문헌을 명시해 놓았다. 이 가운데 『종삼보』에서 인용한 부분은 이학규의 『삼서』와 동일한 내용을 담고 있는데, 여기에 대해서는 다음 장에서 구체적으로 살펴보기로 한다. 『임원경제지』의 「인삼」은 모두 14조목으로 구성되어

465 성해응의 저술 시기에 대해서는 손혜리, 「研經齋 成海應 散文의 研究」, 성균관대 박사학위논문, 2004 참조.

466 조창록, 「楓石 徐有榘에 대한 한 研究 – '林園經濟'와 『樊溪詩稿』와의 관련을 중심으로」, 성균관대 박사학위논문, 2002, 74~85면.

있다. 각 조목의 명칭은 '명품名品' '토의土宜' '시후時候' '종예種藝' '논삼불이생論蔘不易生' '논삼불이장論蔘不易長' '호양護養' '의법醫法' '의기宜忌' '수채收採' '수장收藏' '수종收種' '장종藏種' '쇄언瑣言'이다. 인삼 재배에서 가장 중요한 토양 고르기부터 삼을 심고 가꾸는 방법과 인삼의 특성, 종자를 저장하는 방법에 이르기까지 가삼 재배와 관련된 구체적인 내용으로 구성되어 있다.

이상에서 살펴본 바와 같이, 가삼 재배법은 18세기를 전후한 시기에 개발되었고, 18세기 후반에 이르러 전국적으로 보급되었다. 그리고 가삼 재배의 성행을 반영하듯, 당시 문인들이 편찬한 농서에는 가삼 재배법이 수록되어 있다. 이학규의 『삼서』는 1800년의 저작이므로, 저술 시기만 놓고 따져보면 서호수와 서영보 사이에 위치한다. 이전 시기의 유득공과 서호수의 경우 가삼 재배법을 전체적으로 개괄하여 한 편의 저술로 남긴 것이라면, 이학규의 『삼서』는 가삼 재배법을 조목별로 분류하고 체계화시킨 다음 저자의 실증적 체험과 관찰기록이 더해진 종합적인 가삼 재배서라는 점에서 보다 진전된 면모를 보인다. 다음 장에서 『삼서』의 구체적인 내용과 특징에 대해 살펴보기로 한다.

2. 『삼서』의 저술 체계와 구체적 내용

『삼서』는 이학규가 1800년에 편찬한 저작이다. 이학규는 1801년의 신유옥사에 연루되어 유배되었는데, 『삼서』는 그가 유배되기 바로 한해 전에 저술한 것이다. 『삼서』에는 가삼 재배법이 조목별로 일목요연하게 정리되어 있으며, 저자가 직접 체험하거나 관찰 · 조사한 내용, 그리고 인삼교역에 관한 대외적 상황 등이 수록되어 있다. 특히 가삼 재배와 관련된 기술적인 문제 이외에 저자가 직접 견문 · 조사한 유용한 정보가 실려 있는 점은 다른 가삼 재배서에서는 찾아볼 수 없는 특징이다.

『삼서』는 모두 12조목으로 구성되어 있다. 전체적인 저술체계를 살펴보면, 인삼의 생태학적 특성을 먼저 고찰하고, 그 다음에 종자와 토양 고르기, 종자를 심고 기르는 방법과 저장 방법 그리고 의약적 처리와 수확에 관한 내용이 순차적으로 기록되어 있다.[467]

『삼서』의 조목별 명칭을 나타내면 아래와 같다.

『蔘書』	첫 번째 논의, 인삼은 쉽게 싹이 나지 않음[第一論, 蔘不易生]
	두 번째 논의, 인삼은 쉽게 자라지 않음[第二論, 蔘不易長]
	세 번째 논의, 종자 고르기[第三論, 取子]
	네 번째 논의, 토양 고르기[第四論, 取土]
	다섯 번째 논의, 종자 심기[第五論, 種子]
	여섯 번째 논의, 뿌리 심기[第六論, 種根]
	일곱 번째 논의, 보호하여 기르기[第七論, 護養]
	여덟 번째 논의, 겨울에 저장하기[第八論, 冬藏]
	아홉 번째 논의, 봄에 심기[第九論, 春種]
	열 번째 논의, 병을 고침[第十論, 醫治]
	열한 번째 논의, 수확하기[第十一論, 收採]
	열두 번째, 쇄어[第十二, 瑣語]

467 임형택 선생은 『蔘書』에 대해 인삼에 대한 최초의 해박한 저술로 특히 자신이 직접 실험 조사한 결과를 정리한 것이라는 점에서 귀중한 문헌적 가치를 지닌 것으로 평가하였다(「『낙하생전집』해제」, 아세아문화사, 1985, 21면).

각 조목의 내용은 이단 구성으로 되어 있다. 참고 문헌에서 가삼 재배와 관련된 내용을 인용한 다음, 그 아래에 해당 조목에 대한 저자의 견해와 관찰 조사한 사실 등을 기술하였다. 『삼서』에는 참고 문헌이 명시되어 있지 않아서, 어떤 책을 참고한 것인지 알기가 어렵다. 그런데 『삼서』의 참고 문헌을 밝혀줄 중요한 단서를 서유구의 『임원경제지』에서 찾을 수 있다. 『임원경제지』「인삼」은 『본초강목』, 『해동농서』, 『사성본초四聲本艸』, 『종삼보』에서 인용한 내용들로 이루어져 있는데, 인용한 글 아래에 해당 참고 문헌의 명칭을 표기해 놓았다. 이 가운데 참고 문헌의 명칭이 『종삼보』로 표기되어 있는 부분이 『삼서』에 실려 있는 내용과 일치한다. 이를 통해, 이학규는 『종삼보』를 참고하여 『삼서』를 편찬했음을 알 수 있다.

『삼서』에서 가삼 재배와 관련된 기술적인 내용은 대부분 『종삼보』에서 인용한 것이다. 그런데 『종삼보』는 그 편찬자와 편찬시기가 미상인 저작이다. 『종삼보』는 서유구가 정리한 「임원십육지인용서목」에도 "본조本朝"라는 주기注記가 되어 있어, 조선에서 편찬된 책임은 분명하다.[468] 또한 이규경李圭景도 『오주연문장전산고五洲衍文長箋散稿』에서 『종삼보』의 저자에 대해 "아동망명씨我東亡名氏"로 기록하고 있어 서유구의 발언에 무게를 실어 준다.[469]

『삼서』에 인용된 『종삼보』의 내용과 『임원경제지』에 인용된 내용은 약간의 글자출입을 제외하고는 거의 동일하나, 조목의 명칭과 내용의 배치에 있어서는 서로 상이하다. 곧 이학규와 서유구는 동일한

---

468 염정섭, 앞의 논문, 173면.

469 李圭景, 『五洲衍文長箋散稿』 人事篇 技藝類 醫藥, 「人葠詩文辨證說」, "我東亡名氏. 種蔘譜."

문헌을 참고·인용하면서도 조목의 명칭과 순차를 달리하였음이 확인된다. 예를 들면 『삼서』의 〈제십이第十二, 쇄어瑣語〉에 나오는 내용이 『임원경제지』에서는 〈쇄어瑣言〉와 〈의기宜忌〉에 나누어 수록되어 있다.

『삼서』의 구체적인 내용을 조목별로 살펴보기로 한다.

> [첫 번째 논의 - 인삼은 쉽게 싹이 나지 않음]
>
> 인삼은 신령한 풀로 본래 드문데다가, 아울러 씨가 늙으면 싹이 나지 않는다. 지금 인삼은 가을에 채집하는데 모두 씨가 익었을 때 붉은 열매를 바라보고서야 채집하므로, 받는 씨가 모두 너무 늙어서 싹이 나지 않는다. 사람의 채집을 거치지 않고 스스로 맺혔다가 스스로 떨어지는 것도 또한 반드시 너무 늙은 것이다. 약간 익어 쉽게 싹이 날 수 있는 것은 꼭 스스로 떨어지지 않지만, 이런 백 개의 씨앗 가운데 싹이 나는 것은 겨우 한 두 개일 뿐이다. 이것이 인삼이 쉽게 싹이 나지 않는 까닭이다.[470]

첫 번째 조목은 인삼의 쉽게 싹이 나지 않는 속성에 대한 것이다. 인삼은 본래 드물게 나는 작물이기도 하지만, 씨가 늙어도 싹이 나지 않는다고 하였다. 인삼은 가을에 씨를 받아 봄에 심는 작물이다. 붉은 열매를 보고나서 씨를 받으면 씨가 늙은 것이므로, 싹이 나지 않는다고 하였다. 또한 스스로 맺혔다가 저절로 떨어지는 씨도 너무 늙은 것이므로 안 된다고 하였다. 약간 익어서 쉽게 싹이 날 수 있는

470 〈第一論, 蔘不易生〉, 「蔘書」, 『洛下生集』冊2, "第一論, 蔘不易生. 蔘靈草, 本自罕有, 兼之子老則不生. 今蔘爲秋採, 皆於子熟之時, 望其紅實而採之. 故所取之, 皆過老不生, 其不經人採, 自結自落者, 亦必在過老之後, 其微熟易生者, 必不自落. 是百子而生者僅一二, 此蔘所以不易生也."

것도 백 개 가운데 한 두 개 정도만 싹이 난다고 하여, 인삼이 싹트기 어려운 속성을 지녔음을 설명하였다.

인삼의 씨를 채집하는 방법에 대해서는 세 번째 조목에 구체적으로 제시되어 있다. 곧 씨는 너무 어려도 싹이 나지 않고 너무 늙어도 싹이 나지 않으니, 반드시 6,7월 사이 약간 누렇게 변하는 때를 기다려 씨를 받으면 싹이 나지 않는 것이 없다고 하였다. 그리고 차라리 어릴지언정 늙어서는 안 되며, 초복 때를 기준으로 삼는다고 하였다.[471] 성해응도 「속종삼보」에서 씨가 너무 익어도 싹이 나지 않고, 안 익어도 싹이 나지 않는다고 지적하였다.[472]

이상의 내용은 『종삼보』에서 인용한 부분이다. 이 글의 바로 아랫부분에 이학규의 견해가 제시되어 있다.

> 인삼이 쉽게 싹트지 않음은 다만 산에서 나는 것을 말한 것으로, 집에서 심는다면 쉽게 싹트지 않을 수 없다. 그러나 싹이 터도 쉽게 소생하지 않고, 소생해도 또한 쉽게 자라지 않으니, 이것이 삼을 심을수록 값이 싸지지 않는 이유이다. 하물며 종자가 손상되어도 싹이 나지 않고, 토양이 나빠도 또한 싹이 나지 않는다. 이외에도 인삼을 해치는 방도는 갖가지로 하나가 아니므로, 씨앗 심고 병을 고치고 기르는 등의 방법을 아래에 상세하게 기록하였으니, 대강 논한 것이 아니다.[473]

---

471 〈第三論, 取子〉, 「蔘書」, 『洛下生集』冊2, "子過嫩不生, 過老亦不生. 必待六七月間微變黃時. 採取, 無不生矣. (寧嫩不可老, 以初伏時爲準.)"

472 〈一揀種〉, 『研經齋全集』 外集卷五十四 草木類 「續種蔘譜」, "過熟則不芽, 不熟則又不芽. 六七月方熟甚而莖葉黃, 卽熟候也. 子齊熟則固善, 不齊熟則隨丹而摘之, 若丹濃而黑則過二三年方芽."

473 〈第一論, 蔘不易生〉, 「蔘書」, 『洛下生集』冊2, "蔘不易生, 只就山生者言之, 若家種則無不易生. 然生不易活, 活亦不易長, 此蔘所以愈種不愈賤也. 况子壞則不生, 土惡

이학규는 인삼이 쉽게 싹이 나지 않는 속성에 대해 산에서 자라는 산삼山蔘의 경우라고 하였다. 그러면서 집에서 심는 가삼家蔘의 경우에는 그렇지 않다고 하여, 재배 방식의 차이에 따른 생육의 차이를 지적하였다. 인삼은 재배 환경과 방법을 어떻게 하느냐에 따라 재배상의 차이가 큰 작물이다. 곧 인삼은 일반 작물에는 없는 인삼 고유의 식물학적 및 재배 경영적 특성을 갖고 있어 재배에 많은 어려움이 따른다. 토양 중의 양분상태는 물론 토양의 수분상태와 통기성 등의 물리적 조건에 따라서도 큰 변이를 나타낸다. 따라서 인삼은 환경에 따른 변이가 큰 식물이라 할 수 있다.[474]

인삼은 다른 작물보다 전문적인 재배 방법이 요구되는 작물이다. 그만큼 재배가 어렵기 때문에, 삼을 심어도 수확하기가 어렵고 인삼 값이 싸지지 않는 것이라고 하였다. 이학규는 인삼을 재배할 때에 주의해야할 사항이 여러 가지라고 말하면서, 이 때문에 인삼 재배와 관련된 여러 방법을 상세하게 기록했다고 하였다. 이상의 언급을 통해 볼 때, 이학규는 인삼 재배에 대한 유익한 정보를 제공하여 재배 농가에 도움을 주려는 의도에서 『삼서』를 편찬했음을 알 수 있다.

인삼의 생태학적 속성을 파악하고 좋은 씨를 고른 다음에는, 인삼이 잘 자랄 수 있는 알맞은 토양을 선택해야 한다.

> 인삼은 더러운 것을 꺼리니 밭 사이의 비옥한 흙은 쓸 수 없고 산 속의 척박한 흙도 쓸 수 없다. 그러므로 반드시 깊은 산의 햇빛을 등진 곳의 수목이 빽빽하고 묵은 뿌리와 썩은 잎이 뒤섞여 거름을 기다릴 것 없이 스스로 비옥한 것을 골라야 한다. 그 색이 매우 검을

亦不生. 此外害蔘之道, 種種非一, 其種植醫治護養等法, 詳著于下, 玆不槩論."

474 조재성 외, 『인삼재배』, 선진문화사, 1998 참조.

수록 좋고 그 성질이 달라붙지 않을수록 좋으며 처리할 때는 고울수록 좋으니 또한 반드시 체로 쳐서 쓴다. 혹 상수리나무, 밤나무, 종가시나무, 떡갈나무 등의 잎을 가져다 햇볕에 말려 고운 가루로 만들어 섞으면 더욱 기묘하다(흙과 잎 가루를 2대 1로 하는 것을 기준으로 삼는다).[475]

네 번째 조목은 인삼 재배에 적합한 토양 고르기이다. 인삼 재배를 기록한 다른 농서들에서는 두 번째 조목으로 토양 고르기가 기록되어 있을 만큼, 인삼을 기르는데 있어 알맞은 토양의 선택은 매우 중요한 문제라 할 수 있다. 이학규도 인삼 재배의 이익은 오로지 좋은 토양에 달려있다고 하여, 그 중요성을 지적하기도 하였다.[476] 인삼을 재배할 때에는 분뇨를 시비한 밭 사이의 흙을 사용해서도 안 되고, 산 속의 척박한 흙을 사용해서도 안 된다. 즉 전답으로 이용하는 일반적인 토질의 토양을 이용하는 것은 좋지 않기 때문에 산속에서 구할 수 있는 부엽토를 이용하는 것이 유일한 방법이었다. 다만 깊은 산의 그늘진 곳에 수목이 빽빽하게 자라고 묵은 뿌리와 썩은 잎이 뒤섞여 있어 시비하지 않더라도 저절로 비옥한 토양을 선택하는 방법을 권장하였다.[477]

『해동농서』에도 가삼 재배에 적합한 토양으로, 북쪽에 있는 산골짜기의 검푸른 부엽토를 파내어 곱게 체로 쳐서 사용할 것을 권장하

475 〈第四論, 取土〉, 「蔘書」, 『洛下生集』冊2, "蔘忌汚穢, 田間肥土不可用, 山間瘠土又不可用, 必取深山背陽處, 樹木叢密, 陳根腐葉, 不待糞穢而自肥者, 其色欲深黑, 性欲不黏, 理欲極細, 又必篩過用之. 或取橡栗櫧槲等葉, 晒乾細末, 相和更妙. (以土二分葉末一分爲准.)"

476 〈第四論, 取土〉, 「蔘書」, 『洛下生集』冊2, "種蔘之利, 專在善土."

477 염정섭, 앞의 논문, 173~174면 참조.

였다.[478] 여러 농서에 기록된 인삼 재배에 적합한 토양에 대한 내용은 이상의 범주에서 크게 벗어나지 않는다. 이에 반해 이학규는 보다 구체적이고 현실적인 방안을 제시하고 있어 주목을 요한다.

> 좋은 흙을 고르는 것은 깊은 산을 필요로 하지 않고 이곳저곳 모두 있으니, 경성 부근에도 또한 많이 있다. …… 지금 우선 기내의 여러 곳을 말해 보면 도봉을 나와 수락산에 이르기까지가 좋고(양주에 속함) 경안에서 분원까지가 그 다음이고(광주에 속함) 관악이 또한 그 다음이다(과천에 속함). 이밖에도 오히려 경험한 것이 많으나 지금 다 기록하지 않으니 대체로 산삼이 출토된 곳의 흙은 모두 사용할 만하다.[479]

인삼 재배에 적합한 토양에는 반드시 깊은 산에 있는 부엽토가 필요하지 않고, 실생활 주변에서 구할 수 있다는 주장이다. 이학규는 인삼 재배에 알맞은 토양을 구할 수 있는 기내畿內 여러 곳의 지명을 구체적으로 제시해 놓았다. 경기도 양주에 속하는 도봉에서부터 수락산에 이르는 곳의 토양이 가장 좋고, 광주에 속하는 경안에서 분원에 이르는 곳이 그 다음이며, 과천에 속하는 관악이 또 그 다음이라고 하였다. 그리고 산삼이 출토된 곳의 토양은 인삼 재배에 사용할 만하다고 하였다. 이학규의 이러한 주장은 분명 다른 가삼 재배서에서는 볼 수 없는 것으로, 저자의 현실적 체험에서 비롯된 것이다. 이

478 徐浩修, 『海東農書』(正本), 아세아문화사, 1982, 322면, "掘取, 向陰山谷中, 腐葉黝土, 篩下細嫩."

479 〈第四論, 取土〉, 「蔘書」, 『洛下生集』冊2, "取善土, 不必深山, 處處皆有, 京城附近亦多有之. …… 今姑就畿內諸處言之, 出道峰及水落山者上也.(屬楊州) 慶安及分院者次之,(屬廣州) 冠岳又次之,(屬果川) 此外尙有多驗過者, 今不悉記, 大較山蔘所出, 其土悉可用也."

를 통해 현실과 밀착된 학문을 지향했던 이학규의 실학적 사고가 『삼서』에 그대로 녹아있음을 확인할 수 있다.

가삼 재배에 적합한 토양을 골라 씨를 심은 다음에는 삼이 잘 자랄 수 있는 환경을 조성해주어야 한다.

> 모든 인삼은 분에 심기와 땅에 심기를 막론하고 절대로 더러운 것을 싫어한다. 파종 후에는 가는 대나 삼 줄기를 취하여 울타리를 엮어 둘러 싸준다. 다시 가늘고 얇은 발을 엮어서 그 위에 가로로 펴서 뜨거운 햇볕이 내리쬐지 못하게 하고 비가 들어오지 않게 해주면 저절로 싹이 트고 자란다. 이것은 산에서 자라는 것이 그늘진 곳에 있기를 좋아하는 본성을 따른 것이다. 만약 오래도록 가물면 분에 심은 것과 땅에 심은 것을 막론하고 가장자리를 따라 도랑을 파서 맑은 물을 주는데 물기가 밖에서부터 젖어 들어가도록 해야지 위에서 뿌려주면 안 된다. 대개 위에서 뿌려주면 물기가 혹 절반에만 이르렀는데 그치므로, 물기가 머물러버린 곳은 습기가 스며들어 도리어 해가 된다.[480]

일곱 번째 조목은 삼을 보호하여 기르는 것이다. 좋은 씨앗과 알맞은 토양을 골라 삼을 심고 나면, 삼이 잘 자랄 수 있도록 보호해주고 환경을 조성해주어야 한다. 가삼의 재배 방식은 분에 심는 경우와 밭에 심는 경우, 두 가지가 있다. 그런데 이 두 가지의 경우 모두 삼은 더러운 것을 꺼리는 속성을 지니므로, 그에 알맞은 재배 환경은

---

480 〈第七論, 護養〉, 「蔘書」, 『洛下生集』冊2, "凡蔘無論盆種地種, 切忌汚穢. 種蒔後, 取細竹或麻稭, 編籬圍護. 又編細薄, 横布其上, 使烈陽不得曬, 暴雨不得注, 自然茁長. 此順其山生者, 喜占陰翳之本性, 若久旱, 則無論盆種地種, 沿邊掘壕, 澆以淸水, 令水氣自外潤透, 不得從上灌灑. 盖從上灌灑, 則水氣或至半截而止, 水氣所止, 濕爛侵損, 反能爲害."

필수적이다. 파종한 다음에는 울타리를 엮어 주위를 둘러싸고, 그 위에 가로로 펴준다. 이는 뜨거운 햇볕을 막아주고, 비를 막아주는 역할을 한다. 또한 날이 가물어 물을 줄 때에도 위에서 직접 뿌려주면 안 되고, 가장자리에 도랑을 파서 물기가 스며들도록 해야 삼이 잘 자랄 수 있다.

이상의 내용은 두 번째 조목과 연결되어 있다. 두 번째 조목은 인삼이 쉽게 자라지 않는 속성에 대한 내용이다. 대개 인삼은 물을 좋아하나 습한 것을 싫어하고 볕을 싫어하고 그늘을 좋아하는 성질을 지니고 있다. 그리고 반드시 그 흙이 비옥하고 두터워 물이 젖음과 빠짐을 서로 겸해야 하며 초목이 가리면서도 하늘의 빛이 새어 들어와 볕도 들고 그늘도 져야 자랄 수 있다. 옛말에 "3개의 가장귀에 5개의 잎, 볕을 등지고 그늘을 향한다. 나를 알고 싶으면 개오동나무와 옻나무를 만나볼 것이라"고 하니 바로 이것을 일컫는 것이라고 하였다.[481]

> 일찍이 광주의 여러 삼호를 보았는데, 뭉우리돌을 층층이 쌓아서 담을 쌓았다. 손이 닿으면 무너지는 것을 취하여 소리를 들으면 바로 알아차리게 되니 남이 훔쳐가는 일에 대비한 것이다. 그러나 훔쳐서 달아나다 담이 무너지면, 돌멩이가 흩어져서 삼을 해치는 것이 더욱 많지 않겠는가? 또한 울타리 밖에 긴 도랑을 파는 것은 깊게 파는 것이요 넓게 파는 것이 아니니, 바로 오랫동안 비가 내려도 넘

481 〈第二論, 蔘不易長〉, 「蔘書」, 『洛下生集』冊2, "蔘之生旣不易, 其長尤不易. 蓋蔘性好水而惡濕, 惡陽而喜陰, 縱使蔘子幸而得生, 若上値高燥, 下値卑濕, 或山坡兀兀, 烈日恒曝, 或巖石蔽虧, 永無陽光, 皆不得長. 必厥土肥厚, 潤滲相兼, 草木蒙密, 天光穿漏, 載陽載陰, 然後可以滋長. 古語曰, 三椏五葉, 背陽向陰, 欲知我者, 檟棒相尋. 正謂此也. 其生而得地者絶少, 此蔘所以不易長也.(寧高燥, 絶不可卑濕.)"

> 치지 않게 하고 오랜 가뭄에도 물기가 머무르게 하려는 것으로, 영양 공급이 유리한 까닭에서이다. …… 근래 영남의 삼호는 문단속을 특히 엄격하게 하는데, 밤에는 사람을 사서 딱따기를 치며 순시를 한다.[482]

이학규는 예전에 직접 보았던 삼호蔘戶에서 인삼을 보호하는 몇 가지 방법을 소개하였다. 광주의 삼호에서는 삼대로 엮은 발을 둘러싸는 대신, 뭉우리돌을 층층이 쌓아올려 주위에 담을 쌓아놓았다. 그 이유는 도둑이 들게 되면 쌓아올린 돌들이 무너져서 소리를 내므로, 다른 사람이 삼을 훔쳐가는 일에 대비한 것이라고 하였다. 그러나 이학규는 돌멩이가 무너지면 도둑을 잡는 이점보다 인삼을 해치게 되는 단점이 더욱 많다고 하여, 이러한 방법에 의문점을 표시했다. 또한 울타리 밖에 도랑을 파는 것은 그 깊이를 깊게 하는 것으로, 넓게 파는 것이 아니라고 하면서, 장마와 가뭄에 대비하고 영양을 공급하기 위한 것이라는 이유를 나타냈다.

또한 영남의 삼호에서는 문단속을 특히 엄격하게 하는데, 밤에는 사람을 사서 딱따기를 치고 순시를 하면서 인삼을 보호한다고 하였다. 인삼은 오랜 시간과 부단한 재배 노력이 요구되는 작물이므로, 가삼 재배 농가들은 삼을 보호하기 위한 다양한 방법들을 동원하고 있었다. 영남지방은 일찍부터 가삼 재배가 시작된 지역이며, 그곳에서 생산되는 삼은 '나삼羅蔘'이라고 하여 최상품으로 인정받았다. 가

482 〈第七論, 護養〉, 「蔘書」, 『洛下生集』冊2, "嘗見廣州諸蔘戶, 用卵石層纍爲墻. 取觸手則壞, 聞聲卽覺, 所以防偷也. 然偷逸墻壞, 石子迸散, 則損蔘不尤多乎. 又籬外掘長壕, 要深不要廣, 正使久雨不溢, 久旱留潤, 所以便於滋養也. …… 近時嶺南蔘戶, 扃鐍特嚴, 夜則雇人擊柝巡視."

삼 재배 농가에서 사람을 사서 밤에도 삼을 지키게 했다는 기록으로 보아, 당시 가삼을 훔쳐가는 일이 종종 발생했음을 알 수 있다.

『삼서』의 마지막 조목은 쇄어이다. 앞의 조목들에서 가삼 재배에 관한 기술적인 문제들을 기록했다면, 쇄어는 저자가 덧붙이는 말이다. 이학규는 쇄어에서 인삼의 특이한 속성과 삼품蔘品, 그리고 당시 인삼의 대외무역 상황에 대해 기술했다.

> 인삼은 혹 1~2년간 싹이 나지 않는 것이 있는데 결코 이미 잘못되었다고 생각하면 안 된다. 도리어 진액이 아래로 흘러내리면 뿌리가 충실해지니, 민간에서는 '삼이 잔다'라고 한다. 또한 뇌두 옆에 곁뿌리가 있으면 원래 뿌리는 잘라내어 약용에 쓰고, 다만 곁뿌리만 남겨서 심으면 1년 안에 곧 자라서 원래의 뿌리와 대등해지는데, 민간에서는 턱수염이라고 부른다. 구더기, 벌레와 쥐, 참새, 시체냄새, 볏짚을 싫어한다.[483]

충분한 발아조건과 발아기간이 지났는데도, 싹이 나지 않는 상태를 '인삼의 휴면休眠'이라고 한다. 휴면은 일시적인 생육정지 상태를 말한다. 그런데 휴면 현상은 인삼의 자연스러운 생리적인 속성이므로, 싹이 나지 않는다고 해서 포기하거나 버리면 안 된다. 그리고 인삼은 더러운 것을 꺼리는데, 구더기와 쥐, 참새와 시체냄새, 그리고 볏짚을 싫어하는 특성이 있다. 이상의 두 가지 인삼의 특성 또한 삼을 재배하는 사람이 몰라서는 안 될 것들이다. 이학규는 열두 번째

483 〈第十二, 瑣語〉, 「蔘書」, 『洛下生集』冊2, "蔘或有一二年不生芽者, 切不可認作已壞. 却是津液下行, 根柢充實, 俗呼蔘眠. 又有蘆頭傍生奼根者, 截取原根聽用, 只留奼根種之, 一年之內, 便能滋長, 與原根相等, 俗呼托鬚. 忌糞穢·蟲鼠·鳥雀·屍臭·稻草."

조목에서 인삼의 생태학적 특성을 비롯하여, 인삼 재배에 필요한 유용한 정보를 제공함으로써 가삼 재배에 실제적인 도움을 주고자 하였다.

이상으로 『삼서』의 구성 체계와 그 내용을 살펴보았다. 『삼서』는 각 조목마다 이단 구성으로 이루어져 있다. 『종삼보』를 참고하여 가삼 재배와 관련된 기술적인 문제를 먼저 기록하고, 그 아랫부분에 이학규 자신이 체험하거나 조사 관찰한 내용을 덧붙여 놓았다. 동 시기에 편찬된 농서들이 주로 참고 문헌을 인용하여 정리하거나, 편찬자의 견해가 잘 드러나지 않는 것과 비교하면, 『삼서』에는 편찬자의 실제 경험과 견해가 적극 반영되어 있어 가삼 재배에 보다 풍부하고 유용한 정보를 제공한다.

이와 같이 이학규는 참고 문헌에만 의존하지 않고 자신이 직접 관찰하고 조사하려는 저술 태도를 보이는데, 이는 주로 실학적 성격의 글에서 나타난다. 일찍이 그는 조석潮汐에 관한 글을 지으면서, 호남과 호서지역의 조후가 영우지역과 차이가 있다는 말을 듣고 직접 그곳을 방문하여 관찰하려고 한 적이 있었다.[484] 또한 백성들의 식생활에 도움을 주기 위해 「식기보食忌譜」를 지었는데, 이 책은 『본초강목』과 여러 의학서적에 실린 내용 뿐 아니라, 시골 농부와 마을노파에게서 얻어들은 체험적인 내용을 더하여 채록했다고 하였다.[485] 이를 통

484 「潮汐說」, 『洛下生集』冊14 文漪堂集, “西江之候, 一月五十八回, 阜江及嶺右之候, 一月恰爲六十回, 皆里之不可曉者也. 或曰, 湖南湖西潮候, 又與嶺右差異, 欲一訪問之, 未果也.”

485 「食忌譜序」, 『洛下生集』冊11 匏花屋集, “向余撰食忌譜一冊, 若其本草及諸醫方所載, 十去其七八, 其出於田畯里媼目擊而口誦者, 五取其三四. 何也. 諸書所載, 只論物性之相惡相反, 向所謂不必盡知者良多. 彼田畯里媼, 惟見適閒之食, 急中之毒, 所謂

해 볼 때, 『삼서』 또한 사람들의 실생활에 유용한 학문을 지향했던 이학규의 실학적 태도에서 산생된 것으로 보아야 할 것이다.

3. 『삼서』에 나타난 이학규의 실학적 면모

이학규는 1801년 신유옥사 때 정쟁에 휘말려 24년간의 유배생활을 보냈다. 『삼서』는 그가 김해로 유배되기 한 해 전인 1800년에 편찬한 저술이다. 당시 이학규는 『규장전운』 편찬사업에 참여하고 정조에게 문학적 재능을 인정받아 그 명성을 널리 떨치는 등 인생에서 득의의 시절을 보내고 있었다. 외갓집에서 생장한 이학규는 외조부인 이용휴와 외숙부인 이가환에게 학문적 가르침을 받으면서 실학적 사고의 기틀을 마련하였다.[486]

『삼서』는 이학규의 유배 이전 실학적 사고를 엿볼 수 있는 중요한 저작이다. 문집에 실려 있는 유배 이전에 지은 시문으로 『낙하생집』 책1의 춘성당집에 실린 시 77제와 책2의 「삼서」가 남아 있다. 시는 대체로 지인들과 주고받은 것으로, 개인적 흥취와 서정적 감흥을 읊

不可不知者爲不少也. 至如審氣味之升降, 適榮衛之滋補, 玆不槩論, 爲咸有全書在."

486 李家源 선생은 이학규에 대해 성호학파에서 이용휴를 이어 문학적 전통을 이어받은 것으로 파악하였다. "星湖의 모든 子姪 중에서 文學으로서는 惠寰 李用休가 으뜸이었으니, …… 그러나 그의 文學的 전통은 洛下 李學逵에 이르러서 더욱 빛났으니, 洛下는 곧 惠寰의 外孫으로서 才名이 일세를 경동시키던 秀才이다. …… 惠寰의 才脈은 아들 錦帶를 제외하고는 곧 外孫인 洛下에게로 흘러내렸던 것이다."(『李家源全集』 第9卷 韓國名人小傳, 정음사, 1986)

은 내용이 대부분이다. 주지하듯이, 이학규는 유배지에서 다수의 현실주의 한시를 창작하였으며, 근기남인계 실학파의 마지막 세대로 알려져 왔다. 그는 유배지에서 『영남악부』를 비롯한 다수의 기사시紀事詩를 창작하였고, 또한 『동사일지』와 『물명류해』를 비롯하여 다양한 분야에서의 실학적 글들을 남겼다.[487] 그러므로 『삼서』는 이학규의 실학적 면모를 살필 수 있는 가장 이른 시기의 저작인 셈이다.

이학규는 전문적인 인삼 재배서인 『삼서』를 편찬할 정도로, 당시 인삼 재배에 관심이 높았던 것으로 보인다. 그가 인삼 재배에 높은 관심을 갖게 된 데에는 물론 근기남인계 실학파의 가학을 이어받은 영향도 있겠지만, 보다 직접적인 이유로 한재렴韓在濂과의 교유를 들 수 있다. 이학규와 한재렴은 1793년 처음 만난 이후부터 신유옥사로 유배되기 전까지 누구보다 가깝고 친밀한 사이였다. 이학규가 유배 이전 지은 시에는 한재렴과 관련된 시가 대부분을 차지할 만큼, 두 사람은 당시 서책을 빌려보면서 학문적 관심사를 공유하는 등 서로에게 문학적 자양분과 같은 존재였다. 한재렴의 조부는 개성의 갑부였으며, 그의 집안은 개성에 인삼밭을 소유하고 있었다.

또한 이학규와 친분이 두터웠던 외숙부인 이가환은 1792년에 개성 유수로 부임한 적이 있으며, 그의 저술인 『정헌쇄록』에도 가삼 재배와 관련된 내용이 실려 있다. 이를 통해 볼 때, 이학규는 이가환과 한재렴과의 교유를 통해 자연스레 인삼 재배에 관심을 갖게 되었고, 이것이 그가 지닌 실학적 사고와 맞물려 『삼서』를 편찬하게 된 것으로 보인다.

---

487 이학규의 실학적 사고에 대해서는 제1부 Ⅲ. 유배 후반기의 시문 창작과 그 성과 참조.

이학규는 당시 가삼 재배하는 모습을 시로도 남겼는데, 『삼서』와 같은 해에 지은 것이다. 아래에 인용해 본다.

회안 일대는 촌락이 아름답고	淮安一帶好家邨
이부봉 푸르러 마치 문을 마주한 듯.	二婦峰青恰對門
객관 앞은 노원의 길 접해 있는데	客舘前臨蘆院道
때때로 남쪽 나그네 만나면 인삼 뿌리 준다네.	時逢南客贈蔘根
뭉우리돌로 담장 두르고 가시나무문 열려 있는데	卵石圍牆棘戶開
집집마다 흙을 날라 싹 위에 돌리네.	家家搬土上胎廻
버들 삘기 아직 터지지 않고 부들 싹은 짧은데	柳荑未坼蒲芽短
남몰래 서쪽 밭 향해 재 뿌리고 바라보네.	偸向西疇看播灰
동쪽 집은 진흙투성이라 풀싹이 솟았고	東家泥滑草芽穿
서쪽 집은 음침하고 추워 인삼이 잠만 자네.	西舍陰寒蔘向眠
누런 갈대로 발을 엮어 세 겹으로 덮고	黃蘆簾子三層屋
높은 터 독차지하니 제일 좋은 밭이로세.	占盡高墟上上田
쥐 이빨과 참새 뿔 모두 꺼릴 것 없으니	鼠牙雀角兩無嫌
다섯 잎에 세 가장귀 뾰족한 싹이 나오네.	五葉三椏發勾尖
어미 인삼 올해에도 붉은 이삭 지어내니	蔘母今年作紅穗
어린 인삼 내년에는 수염 잘 드리우겠네.	蔘兒明歲好垂髥
영외의 홍삼은 천하에 알려져	嶺外紅蔘天下聞
비단 명주 해마다 압록강 가를 건너네.	綾紬歲渡鴨江濆
올해 인삼은 별로라서 송도 상인 끊어지니	今年蔘惡都商絶
목화를 새로 지어 짧은 치마 만들었네.	吉貝新裁成短帬[488]

위의 시는 모두 칠언절구 5수로 구성되어 있다. 회안에서 인삼을 재배하는 정경을 사실적으로 묘사했다. 회안은 지금의 경기도 광주이다. 첫째 수에서는 회안의 지역적 특징을 나타냈다. 길가는 나그네에게 인삼 뿌리를 건넨다는 내용에서, 이 지역에 인삼 재배를 하는 농가가 많음을 알 수 있다. 둘째 수와 셋째 수, 넷째 수에서는 인삼 재배에 관해 표현한 것이다. 셋째 수에서 음침하고 추운 서쪽 집의 인삼은 잠만 잔다는 표현은 곧 인삼의 휴면현상을 나타낸 것이다. 갈대로 발을 엮어 세 겹으로 덮어준다는 것은 또한 인삼재배의 해가림 구조를 묘사한 것이다. 가삼 재배에 관한 내용을 시로 표현한 것이 흥미롭다. 넷째 수에서는 다섯 잎에 세 가장귀라고 하여 인삼의 싹이 자란 모습을 형용했다. 다섯째 수에서는 당시 인삼과 홍삼의 무역 상황을 나타냈다. 이 시는 대상물인 인삼에 대한 섬세한 관찰과 사실적 묘사가 돋보이며, 이를 통해 당시 가삼 재배가 널리 보급된 사회적 현상을 파악할 수 있다.[489]

이학규는 『삼서』에서 삼의 품질에 대해 논하였다.

> 근세에 가삼이 널리 쓰이고 있다. 그러나 의학을 하는 사람들은 "힘이 약해서 겨우 산삼의 절반 정도의 효능밖에 없다"고 한다. 또한 삼의 품질을 논하되 "나삼(경주에서 산출된 것)이 최상품이고, 강삼(강계에서 산출된 것)이 그 다음이고, 북삼(북도에서 산출된 것)이 최하품이다"라고 말하는데, 이는 모두 잘못된 것이다. 강삼과 북삼은 다 같이 폐사군에서 산출된 것이니 두 지방의 백성들이 뒤섞여

488 「淮安種葠詩 五首」, 『洛下生集』冊1 春星堂集.

489 인삼 재배를 소재로 한 시는 유배 이후에도 발견된다.(「種葠」, 『洛下生集』冊4 因樹屋集)

캐는데, 그 품질이 어떻게 다를 수 있겠는가? 다만 강계 백성들은 그 제조 방법을 잘 터득해서 황색으로 윤기가 돌며 견실한 데 비해서, 함경도 백성들은 캐는 대로 말리기 때문에 색깔이 어둡고 결이 무르다. 그런데 강삼이 황색으로 윤기가 돌며 견실한 까닭은 끓는 물에 넣어 삶아냈기 때문이다. 그리고 삶아낸 나머지 물은 자기들이 마시거나 혹은 율무쌀을 담가서 가루를 만들어 서울의 귀인들에게 선물로 바친다. 끓인 물에서 건져낸 삼은 작은 포대 속에 넣어서 마를 때까지 쥐어짜니, 이치로 따져보건대 정액이 이미 빠져나간 것이라 필시 북삼보다도 못할 것이다.[490]

이 부분은 열두 번째 조목인 〈쇄어瑣語〉에 실려 있는 내용이다. 먼저 근래 가삼이 성행하는 사회적 현상에 대해 말하였다. 그리고 사람들이 말하는 삼의 품질에 대해 반론을 제기했다. 사람들이 강삼江蔘과 북삼北蔘의 품질에 대해 차이를 둔 것에 대해, 다 같이 폐사군廢四郡에서 산출된 것이므로 품질에 차이를 둘 수 없다는 의견을 나타냈다. 이에 덧붙여 강삼이 윤기가 돌며 견실한 것은 끓는 물에 삶아냈기 때문이며, 이로써 본다면 그 효능은 북삼보다 못할 것이라고도 했다.

위 인용문의 바로 앞에는 '가삼설家蔘說'에 나오는 내용이라고 하여, 그 인용처가 명시되어 있다. '가삼설'이라는 제목의 글은 잘 발견되지 않는다. 그런데 동일한 내용이 이가환의 『정헌쇄록貞軒瑣錄』에

490 〈第十二, 瑣語〉, 「蔘書」, 『洛下生集』冊2, "近世家蔘盛行, 醫言, 力弱, 僅當山蔘之半. 又論蔘品曰, 羅蔘爲上(產慶州者), 江蔘次之(產江界者), 北蔘最下(產北道者), 此皆妄也. 江蔘與北蔘, 同出廢四郡, 兩地之民, 採者相錯, 品安得異. 特江民, 制造得法, 黃潤堅實, 北民, 隨採隨乾, 色黯理虛耳. 然江蔘所以黃潤堅實者, 以熱湯淪過. 取其汁自啜, 或以浸薏苡仁作屑, 以餽遺京貴. 旣淪之後, 納之小布帒中, 限乾捻造, 以理推之, 精液旣滲, 必反損於北蔘也."

실려 있음이 확인된다. 『정헌쇄록』은 이가환이 오랜 시간 관심 깊은 소재나 의심나는 사안, 때로는 일시적 궁금증에 시선을 고정하고 독서체험 · 견문 · 직접체험 등을 통해 기록한 잡기이다. 『정헌쇄록』의 저술 시기는 적어도 1794년 겨울 이후로 추정할 수 있는데, 정치적 여백이 있던 1795년 겨울에 저술되었을 가능성이 높다.[491] 위에 인용한 부분은 『정헌쇄록』의 〈인삼〉조에 들어 있다. 이가환은 1792년에 개성유수로 부임한 적이 있었다. 이러한 정황을 고려해보면, 이가환이 인삼의 주요 생산지인 개성에서 지내는 동안 인삼 재배에 대해 직접 목도한 사실을 기록했던 것으로 보인다.

삼의 품질에 대한 내용은 다음에도 이어진다.

> 지금은 다음의 삼품蔘品이 정론이다. 삼의 으뜸가는 것은 상당에서 산출되는 것으로 이른바 자단삼이라는 것이다. 비록 『본초강목』에 실려 있기는 하나 이는 헛이름일 뿐으로 지금은 없으며, 중국에서 통용되는 것은 조선삼이다. 두 번째 가는 것이 나삼인데, 곧 경주의 삼에서 캔 것으로 지금은 본국에서도 완전히 절종이 되어 구할 수가 없다. 세 번째 가는 것은 관동에서 산출된 것으로 세상에서 생삼이라 일컫는 것인데, 색깔은 희고 몸체도 깨끗하며 끓는 물에 넣고 짜낸 것이 아니지만 결이 약간 허하다. 곧 『본초』에서 이른바 백제삼이란 것이다. 네 번째로 치는 것은 강삼, 북삼 및 지금의 가삼을 들 수 있는데 우열을 따질 것이 없다. 최하질은 호삼이라 하는 것인데 연시에서 들여온 것이다. 색깔이 황색이고 결은 물러서 도무지 삼과 같지 않고, 복용을 해도 전혀 허열을 보호하는 등의 효능이 없다. 값이 싼 때문에 가난한 사람들이 찾긴 하지만 쓸 만한 것

---

491 정은진, 「이가환의 『정헌쇄록』 해제」, 『민족문학사연구』 31, 민족문학사학회, 2006, 463면 ; 475면.

이 못된다. 끝내 무슨 물건인지 알지 못하겠다. 이상은 '가삼설'에 나온다.[492]

앞부분에 이어서 세상에서 통용되는 삼품蔘品의 정론에 대해 논하였다. 첫 번째 품질의 삼은 중국 상당上黨에서 나는 자단삼紫團蔘인데, 이는 헛이름일 뿐이며 지금은 볼 수 없다. 두 번째는 경주에서 나는 나삼羅蔘이고, 세 번째는 관동에서 나는 것이며, 네 번째는 강삼江蔘, 북삼北蔘 및 지금의 가삼家蔘이라고 하였다. 그리고 최하질의 삼은 연시燕市에서 들여온 호삼胡蔘이라고 하여, 삼의 품질에 따른 등급의 차이를 정리해서 기록하였다. 이상의 내용은 앞에서 인용한 부분과 마찬가지로 '가삼설'에 실려 있는 내용이라고 하였다. 이 부분 역시 『정헌쇄록』의 〈인삼〉에 실려 있는 내용과 동일하다. 다만 앞부분의 "지금은 다음의 삼품이 정론이다[今正論蔘品於後]"와 뒷부분의 "끝내 무슨 물건인지 알지 못하겠다[竟不知爲何物也]"는 『정헌쇄록』에는 보이지 않는 부분이다. 이를 통해 볼 때, 이학규는 이가환의 '가삼설'을 참고하여 『삼서』를 저술한 사실이 확인된다.

그런데 이학규가 『정헌쇄록』에서 '가삼설'을 처음 접한 것인지는 의문이다. 우선 『정헌쇄록』에는 앞에 인용한 두 부분이 이어져 있으나, 이학규의 『삼서』에는 두 인용문 사이에 다른 내용이 삽입되어 있다. 두 인용문 사이에는 가대인家大人이 조의암趙蟻菴을 방문했을

492 〈第十二, 瑣語〉, 「蔘書」, 『洛下生集』冊2, "今正論蔘品於後. 第一, 產上黨所謂紫團蔘也. 然雖載本草, 只是空名, 今則無, 今中國所通用者, 皆朝鮮蔘也. 第二, 羅蔘卽慶州. 山採者, 今本國亦絶無, 不可得也. 第三, 產關東, 俗呼生蔘. 色白體淨, 以未經淪捻, 肌理差虛, 卽本草所謂百濟蔘也. 第四, 江蔘北蔘及今家蔘, 無優劣. 最下, 爲胡蔘, 從燕市來. 色黃體軟, 全不類蔘, 服之殊不能補而助虛熱. 以其價賤, 爲貧者所需, 然不可用. 竟不知爲何物也. 以上家蔘說."

당시의 인삼과 관련된 일화가 소개되어 있다.[493] 여기에서 '가대인'과 '선군先君'은 이가환의 부친인 이용휴를 지칭하는 듯한데, 유복자로 태어난 이학규의 언급으로 보기에는 무리가 있기 때문이다. 조의암은 안산15학사의 일원으로, 이용휴를 비롯하여 강세황, 유경종 등과 가까운 사이였던 '조중보趙重普'를 가리킨다.

이상의 내용을 종합해보면 이학규의 『삼서』에는 이가환이 쓴 것으로 추정되나, 『정헌쇄록』에 실려 있지 않은 다른 내용이 존재한다. 그러므로 이학규가 직접 보았던 '가삼설'은 『정헌쇄록』이 아닌 다른 저본에 실려 있는 글이었을 가능성도 배제할 수 없다.

『삼서』에는 당시의 인삼 교역을 반영한 내용이 수록되어 있어, 조선 후기의 대외무역상황을 알아보는데 도움이 된다.

> 또한 인삼을 재배하는 집은 해마다 큰 이익을 얻는다. 무릇 질병이 생기면 집안에서 인삼을 얻어 쓸 수 있으니, 이는 인삼 재배 계책이 더욱 가깝고 절실한 바이다. 요사이 중국에는 조선 삼이 통용되는데 역관이 연경에 보급한 것으로, 은을 대신해 삼을 이용하여 노자를 채운다. 오히려 연경의 상인에게 미혹되어 삼이 많아도 경시하고 아울러 빨리 팔라고 요구하면서 저들은 도리어 팔짱 끼고 좌시한 채 값이 낮아지면 바로 사버리니, 본국의 가종家種이 날이 갈수록 값이 싸져서 다시 이익을 얻을 수 없는 까닭이다.[494]

---

493 〈第十二, 瑣語〉, 「蔘書」, 『洛下生集』冊2, "家大人嘗訪執友蟻菴趙丈, 座上有草一盆. 趙丈舉似曰, 此爲何草. 先君曰, 蔘也. 趙丈曰, 子何以知之. 先君曰, 此草無甚奇異, 而護之珍重如是, 以是知之耳. 趙丈附掌. 先君仍問所從來, 趙丈曰, 慶州人, 困於蔘弊, 將以上徹明, 其爲家種, 求蠲免也, 其後卒無所聞."

494 〈第十二, 瑣語〉, 「蔘書」, 『洛下生集』冊2, "且種蔘家不止歲獲重利. 凡有疾病, 悉取家中而用之, 此計之, 尤近且切者也. 邇來中國, 通用朝鮮蔘, 象胥通燕, 用蔘代銀, 以充資斧, 旋爲燕商所誘, 輕示多蔘, 幷要速賣, 彼反袖手坐視, 價低便買, 所以本國家種

이학규는 가삼을 재배하는 농가가 해마다 높은 소득을 얻는다고 하여, 가삼 재배의 이점을 말하였다. 또한 질병이 생겼을 때 직접 인삼을 재배하면 바로 가져다 쓸 수 있다고 하면서, 이것이 인삼 재배 계책이 절실한 이유라고 하였다. 그런데 요사이 역관들이 연경의 상인에게 미혹되어 인삼을 제값에 팔지 못하게 되면서, 본국의 가종이 날이 갈수록 값이 싸져서 다시 이익을 얻을 수 없는 상황이라고 하였다.

이러한 이학규의 발언에는 당시 인삼의 대외무역 상황이 나타나 있다. 1797년 시행된 포삼제包蔘制는 대청외교 비용마련과 역관의 생활 부양을 위한 제도였다. 그러나 청국 상인들이 조선 사행의 행기行期가 급박함을 이용하여, 홍삼 값을 떨어뜨리려는 농간을 부려 역관은 도리어 손해를 볼 위치에 처하기도 했던 것이다. 청국 상인은 가격을 담합하여 낮추거나, 물품의 가격을 높여 자신들의 이익을 채우려고 하였다. 이러한 청국 상인의 홍삼가격 인하 책동이 가능했던 배경에는 홍삼이 대량 밀수출되고 있었던 데에서 기인한다.[495]

> 본국은 백여 년 전 인삼 무게 1전에 값이 100전이었으나 이후로 가격이 점점 올라서 무게 일 전에 수천 전에까지 이른다. 다만 지금 산에서 캔 것은 가격이 정해져서 바꿀 수 없으나, 집에서 재배하여 품질이 좋은 것은 겨우 사오백 전이고, 품질이 낮은 것은 백여 전을 넘지 않는다. …… 또 들으니 남해의 여러 나라는 날씨가 매우 더워서 사람의 수명이 매우 짧은데, 삼 한 뿌리를 복용하면 오래 살 수 있고 진열과 진습에 도움을 주어 수명을 늘리는데 이른다고 한다.

日賤, 無復獲利也."

495 이철성, 『조선후기 대청무역사 연구』, 국학자료원, 2000, 162~165면 참조.

> 이 때문에 장삿배가 여기에 모여들어 오로지 조선의 삼으로 이익을 도모한다. 이미 중국 땅에서 약재로 거래되며 외국으로 교역이 되고 있으니 홍삼의 값은 반드시 다시 오를 것이다. 이때 비로소 내다 팔아야 한다. 이것은 인삼 재배 계획의 원대하고 거창한 바이다. 그러므로 인삼 재배의 여러 방법과 각단의 시말을 이상과 같이 자세히 논하였으니, 이치를 궁구하는 자가 채용하기를 기다릴 뿐이다.[496]

『삼서』의 마지막 부분이다. 이학규는 여기에서 날이 갈수록 급등하는 인삼의 가격을 지적했다. 그리고 남방의 여러 나라에서 인삼의 약효가 입증되어 장삿배가 모여든다고 하면서, 연시燕市의 교역에 은화 대신으로 쓰인다고 하였다. 그렇기 때문에 홍삼의 값은 다시 오르게 될 것이니 이때 내다 팔아야 한다고 주장하였는데, 이것이 바로 인삼 재배 계획의 원대하고 거창한 바라고 하였다. 여기에는 이학규의 경세 사상이 내포되어 있다. 이를 통해 볼 때, 가삼 재배법을 기술하는 차원을 넘어 국가경제의 차원에까지 관심이 확대되었음을 알 수 있다.

홍삼紅蔘은 인삼을 빈 공간에 시렁을 만들어 그 위에 생삼生蔘을 얹은 다음 시렁 밑에서 숯불을 피워 말린 것이다. 이학규의 언급으로 보아 당시 중국을 상대로 홍삼 무역이 전개되었음을 알 수 있다. 곧 가삼 재배법이 전국적으로 보급된 18세기 후반에 이르면 개성상

---

496 〈第十二, 瑣語〉, 「蔘書」, 『洛下生集』冊2, "本國百餘年前, 蔘重一錢, 價直百錢, 以後價漸踊, 重一錢至數千錢. 只今山採者, 價定不易, 而家種品佳者, 僅直四五百錢, 劣者, 無過百餘錢. …… 又聞南海諸國, 因日氣盛熱, 人壽極短, 服蔘一根, 便可益壽, 資眞熱眞濕, 至以延年耳. 是以商舶輻湊於此, 專以朝鮮蔘致利, 旣資中土, 轉需外國. 紅蔘之價, 必復翔貴, 始出以售之, 此計之遠且巨者也. 故詳論種蔘諸法及各端始末如右, 竢窮理者採用耳."

인을 중심으로 홍삼을 제조하여 중국에 수출하는 단계에 이르렀던 것이다.

이학규는 글의 마지막에서 인삼 재배의 여러 방법과 각단의 시말을 자세히 논하였으니, 이치를 궁구한 자가 채택하기를 바란다고 하였다. 이러한 발언은 유득공이 가삼 재배법을 널리 전파하여 백성들의 곤궁함을 겪지 않게 하려는 생각에서 저술한 것과 동일한 함의를 지닌 것으로 파악된다.[497] 곧 이학규는 가삼 재배에 관한 정보를 제공하여 사람들의 실생활에 도움을 주려는 목적에서 『삼서』를 편찬했음을 알 수 있다. 그리고 『삼서』에 나타나는 이학규의 경세 사상은 현실에 밀착한 학문을 지향했던 실학적 사고에서 비롯된 것이다.

4. 결어

이학규는 일찍이 산천과 도리, 풍토와 지리에서부터 의약과 금수에 이르기까지 명물도수에 박학다식했던 것으로 알려져 있다.[498] 근기남인 실학파의 가학을 이어받은 그의 실학적 면모는 유배 이후에 본격적으로 발휘되었는데, 어느 한 분야에 국한되지 않고 다양한 주제와 분야를 넘나들면서 해박한 식견을 드러냈다. 비록 거질의 저술은 아니지만 당시 사회문제에 대한 관심과 해결책을 제시한 글, 자연

---

497 柳得恭, 『古芸堂筆記』 卷三 「家蔘」, “國中之蔘有餘, 則江民自不必受困, 豈不幸歟. 余故錄其方, 使有心者, 見之.”

498 張志淵, 『逸士遺事』, 「李學逵」, 321~322면, “公이 博學多識ᄒᆞ야 凡山川 · 道里 · 風土 · 地理 · 天文 · 星曆 · 律呂 · 筭數 · 醫藥 · 草木 · 禽獸等 名物度數ᄅᆞᆯ 無不博究通曉ᄒᆞ고 詩詞文章이 尤精邃簡潔ᄒᆞ야…… 所著有名物考 · 廣詩則 · 嶺南樂府 · 因樹漫筆 · 文漪堂稿 · 洛下集等書ᄒᆞ니라.”

과학인 천문과 수학에 대한 식견을 드러낸 글, 의학적 관심과 병장兵仗에 대한 글에 이르기까지 다양한 분야에 걸친 광범위한 지식 체계가 드러난다.

『삼서』는 이학규가 유배되기 한 해 전인 1800년에 저술한 것이다. 이 인삼 재배서는 그의 실학자적 기질이 본격적으로 발휘되기 이전에 편찬된 것으로, 실학자로서의 단초를 들여다볼 수 있는 저작이다. 『삼서』는 그동안 가삼 재배법을 체계적으로 정리한 가장 이른 시기의 저술로 알려진 서유구의 『임원경제지』보다 앞선 시기에 편찬되었다. 시기상으로도 앞서 있을 뿐만 아니라, 가삼 재배와 관련하여 저자가 직접 체험하거나 조사 · 관찰한 내용이 함께 수록되어 독자들에게 중요한 정보를 제공한다. 이러한 『삼서』의 특성은 가삼 재배법이 수록된 다른 농서와 뚜렷하게 구별되는 지점이라 할 수 있다.

『삼서』에는 모두 열두 조목으로 나누어 가삼 재배법과 관련된 내용이 수록되어 있다. 그리고 각각의 조목은 다시 이단 구성으로 되어 있는데, 참고 문헌에서 인용한 가삼 재배법과 함께 이학규가 직접 견문하고 체험한 내용이 수록되어 있다. 전대의 문헌에만 의존하지 않고, 자신이 직접 조사하고 관찰하려는 태도는 그의 실학자적 면모와 맞닿아 있다. 또한 인삼과 홍삼의 대외무역 상황을 기록하고, 이에 대한 자신의 견해를 드러냈다. 이는 가삼 재배에 관한 농법을 기술하는 차원에서 나아가 국가경제의 차원에까지 저자의 관심이 확대되었음을 보여주는 것이다. 『삼서』에서 드러나는 이학규의 경세 사상은 그의 실학적 면모를 가감 없이 드러내는 것으로, 유배 이후에 본격적으로 실학적 기질을 발휘하는 밑바탕으로 작용했다.

V. 이학규의 서화書畵 인식과 감평鑑評

조선 후기 영·정조의 문예부흥기를 지나면서 서화에 대한 사대부 문인들의 관심은 점점 높아져 갔고, 마침내 하나의 학문 영역으로 자리잡기 시작했다. 단순한 관심과 수집의 양상을 넘어 자신들이 직접 서화를 창작하고 이에 대해 감평을 하는 수준으로 나아갔다. 그리고 이러한 시대적 흐름을 따라 서화에 대한 감평을 통해 자신의 예술적 취향과 지적 수준을 드러내기도 했다. 이는 당시 청나라 연행을 통한 중국 문인과의 활발한 교유와 국내 문인들의 서화에 대한 관심이 고조되는 사회적 현상 속에서 가능했다.

지금까지 이학규는 근기남인계 실학파 문인으로 학계에 각인되어 왔다. 이학규는 현실주의적 시인 혹은 문장가의 모습으로 인식되어 왔으며, 서화書畵와 관련지어 이해하는 시각은 거의 전무했다. 그러나 이학규의 문집을 살펴보면 자신이 직접 그림을 그리고 공력을 들여 서체를 익힐 만큼 서화에 대한 관심이 매우 높았음을 알 수 있다. 그 자신이 스스로 서예 감식에 자부심을 드러낼 정도였다. 또한 그는 당시 조선에 유입된 중국의 서화 관련 서적들을 습득하고 여기에 수록된 다양한 정보를 받아들여 서화에 대한 감식안을 키웠다.

본고는 이학규의 서화 인식과 함께 실제 감평한 내용을 살펴봄으로써, 그의 서화 감평가로서의 면모를 정립하려는 시도에서 비롯되었다. 이학규의 서화 감평에 대한 실제 사례를 살펴보면, 그가 당대 서화 기법을 파악하고 있었으며 화단의 최신 동향을 감지하고 있었던 사실이 나타난다. 조선 후기 시詩·서書·화畵 삼절三絶로 일컬어졌던 신위가 아들의 그림을 보내주면서 품평을 요구한 사실은 당시 이학규가 지닌 서화 감식안의 수준을 단적으로 보여준다. 이학규는 당시 서화 기법의 최신 동향과 흐름을 파악하고 있었으며 나름의 회화관을 견지하고 있었다는 점에서, 그의 서화 인식을 고찰하는 작업은 조선 후기 서화사書畵史를 보다 풍부하게 만드는 데 의의가 있다. 이상의 연구를 통해 이학규의 서화 감평가로서의 면모를 새롭게 발견하고, 나아가 조선 후기 서화사의 흐름을 확인하는 토대로 삼고자 한다.

1. 서화 관련 서적의 습득과 이해

이학규의 학문적 관심은 전방위에 걸쳐 있었으며 서화도 그중 한 분야이다. 실제로 이학규는 서화에 대해 풍부한 식견을 지니고 있었다. 특히 24년의 긴 유배기간 동안 유배지의 공간적 제약 속에서도 그의 서화에 대한 관심은 지속되었다. 서울의 유수한 문인들이 중국에서 들여온 그림과 서책을 실시간으로 접촉, 감상하고 소장하는 경우에 비교하면 열악한 환경임에는 틀림없다. 그러나 그의 서화에 대한 관심은 유배기간은 물론 전 생애에 걸쳐서 나타난다.

이학규가 서화 관련 지식을 축적할 수 있었던 배경에는 다음 두 가지를 생각해볼 수 있다. 우선 가학家學의 배경이다. 이학규는 이용휴의 외손자로 태어나 외가에서 성장했다. 이용휴는 남인계의 문단을 30년간 주도한 것으로 평가되는 문인으로, 당시 그의 집에는 이름난 문인과 화가들이 수시로 드나들었다. 일찍이 이학규는 어린 시절 외조부인 이용휴와 외숙부인 이가환에게 학문을 배웠다고 술회한 바 있다. 이를 통해 본다면 외가에서 생장한 이학규 또한 여러 문인 및 화가들과 접촉할 수 있는 환경에 있었으며, 이것은 서화에 대한 견식을 넓히는 데 중요한 배경으로 작용했을 것이다. 일례로 김홍도金弘道는 이용휴의 집을 출입하는 화가 중 한 사람이었으며, 그의 거처인 대우암對右菴에 대해 이용휴가 기문記文과 명銘을 지어줄 만큼 두 사람은 친밀한 관계였다. 그렇다면 이용휴의 몰년(1782)을 감안할 때, 외가에서 유년기를 보낸 이학규가 김홍도와 직접 만나 교유했을 가능성이 높다. 실제로 이학규는 김홍도에게 시를 지어 보내기도 했는데,[499] 이를 통해 본다면 김홍도와의 만남이 이학규의 서화 인식에 일정한 영향을 미쳤을 것으로 짐작된다.

다음으로 조선에 유입된 중국 서화 관련 서적의 습득이다. 중국에서 전래된 여러 화보류 서적과 화론서는 당시 조선의 문인과 화가들에게 일종의 지침서로 작용했다. 예를 들어 17세기에는 『고씨화보顧氏畵譜』, 『십죽재서화보十竹齋書畵譜』, 『당시화보唐詩畵譜』, 『개자원화전芥子園畵傳』 등 수종의 판본 화보류가 조선에 유입되었다. 이 가운데 『고씨화보』는 많은 화가들이 참고로 하는 등 영향력이 컸는데 발간된 지 수년 만에 조선에 전래된 것으로 확인되어 중국문화가 신속

---

499 李學逵, 「山居六絶句, 贈金士能」, 『洛下生集』冊十一 匏花屋集, 한국문집총간 290, 389면. '士能'은 김홍도의 字이다.

히 유입되었던 당시의 정황을 알려준다.[500] 특히 조선에 유입된 중국의 화보집인 『고씨화보』와 『개자원화전』은 조선후기 화단에 지대한 영향을 미친 것으로 알려져 있다.

이학규 역시 조선에 유입된 여러 화보와 화론서를 접하고, 이를 통해 서화에 대한 다양한 지식 정보를 축적했다. 그의 문집을 살펴보면, 명나라 때 화보집인 『십죽재화보十竹齋畵譜』[501]와 『삼재도회三才圖會』[502]를 열람하고 남긴 기록이 있다. 『십죽재화보』는 중국 명대의 호정언胡正言이 편찬한 목판 화보집으로, 명말 판화기술의 획기적인 인쇄기법으로 제작된 명화집으로 알려져 있다. 또 영남루를 방문하고 지은 시에서는 그곳의 망호당望湖堂에 대해 『삼재도회』의 내용을 자주自註로 기록하기도 하였다. 『삼재도회』는 왕기王圻·왕사의王思義 부자가 편찬한 일종의 도설 백과사전으로, 『해내기관海內奇觀』, 『명산도名山圖』, 『태평산수도太平山水圖』와 함께 4대 산수판화집으로 일컬어진다.[503]

이외에도 이학규는 『운연과안록雲烟過眼錄』을 열람했던 것으로 확

---

500 한정희, 「조선 후기 회화에 미친 중국의 영향」, 『미술사학연구』206, 한국미술사학회, 1995, 230면.

501 李學逵, 「瓶梅四絶句」, 『洛下生集』冊16 秋樹根齋集, 한국문집총간 290, 511면, "未擬蠶砂壅桂葩(十竹齋畵譜云, 木樨花以蠶砂壅之, 則花盛.), 錯將眞鷚損甜瓜. 何如一勺鵝黃水, 自向牀前養嫩芽."

502 李學逵, 「嶺南樓」, 『洛下生集』冊19○洛下生藁[下] 卻是齋集, 한국문집총간 290, 576면, "案王思義三才啚會, 嶺南樓, 在慶尙道密陽府舘東山腰, 倚郭而搆, 三面敞豁. 下有長江, 江外有大埜, 埜有栗林, 蒼翠極目. 東有望湖堂, 西有臨鏡軒, 皆極洒落. 今樓東, 有淩波閣, 想卽古之望湖也."

503 박정애, 「17~18세기 중국 山水版畵의 형성과 그 영향」, 『정신문화연구』31권 4호, 한국정신문화연구원, 2008, 133~134면.

인된다.[504] 『운연과안록』은 중국 송나라 때 주밀周密이 찬한 것으로, 자신이 본 서화와 고기古器에 대한 품평을 기록한 책이다. 당시 저명한 수장가인 조여근趙與懃, 왕지王芝, 곽우지郭佑之, 조맹부趙孟頫, 장숙庄肅 등 36인이 소장하고 있던 역대 명화와 이름난 고적에 대한 기록이 실려 있다.

특히 이학규가 열독했던 서적으로 『국조화징록國朝畵徵錄』을 꼽을 수 있다. 이 책은 청나라 문인화가인 장경張庚의 저작이다. 중국 청나라 화가 450명에 관한 전기집으로, 대상에 대한 구체적 정보와 저자의 논평이 수록되어 있다. 청나라 초기부터 건륭 연간에 이르기까지 활동한 화가들의 성명과 출신지를 비롯하여 관작과 작품의 특징 등에 대한 내용이 망라되어 있다. 『국조화징록』은 추사 김정희도 열독했던 책으로 알려져 있다. 조선의 문인들은 이 책을 통해 청조 화가들의 화법과 화론을 익히는 동시에, 이와 별도로 청조淸朝 인사에 대한 다양한 정보를 습득했던 것으로 보인다.

이학규는 다양한 성격의 글에서 『국조화징록』을 인용했다. 그는 백과전서식 저작인 『동사일지東事日知』의 「남과南瓜」에서 『국조화징록』의 내용을 인용했는데,[505] 여기서는 『국조화징록』 「서방徐枋」조

---

504 李學逵, 「感事三十四章」, 『洛下生集』冊十八〇洛下生藁[上] 觚不觚詩集, 한국문집총간 290, 548면, "過眼煙雲事.(宋周公謹, 號弁陽老人, 集古今書畵序曰, 煙雲過眼錄.)"

505 李學逵, 「南瓜」, 『洛下生集』冊二十 東事日知, 한국문집총간 290, 619면, "南瓜俗名好朴. 京外上下, 無不嗜之, 第不以供祭奠. 盖南瓜之入食品, 始於明季. 淸人張庚國朝畵徵錄, 徐枋字昭法, 號俟齋, 長洲人, 崇禎壬午擧人. 父汧, 乙酉殉難, 遂隱居上沙土室. 樹屋邈與世隔, 躬效老圃, 蔬韭外, 多藝南瓜. 夏秋間, 往往藉以晨炊. 前此無聞焉. 我國之食南瓜, 亦必在仁廟以後, 人以祖考之所未嘗, 不當薦之廟祀, 至今猶承行之."

의 내용을 인용하여 남과의 기원에 대해 고찰했다.[506] 이와 같이 서화와 무관한 내용의 글에도 『국조화징록』의 내용이 빈번하게 노출되는 것을 보면, 이학규가 당시 『국조화징록』을 얼마만큼 열독했는지 여부를 알 수 있다. 그런데 이학규가 서화 관련 서적을 인용한 이상의 글은 유배지에 있을 때 지은 것들이다. 유배지에서 그가 어떤 경로를 통해 관련 서적을 습득하고 열람할 수 있었는지는 확인되지 않는다. 다른 문인들처럼 연행을 다녀온 경험도 없을 뿐더러, 더구나 유배지에서 신분적 · 공간적 제약을 받는 상황에서 이학규가 당시 『국조화징록』을 열람했다는 사실은 시사하는 바가 적지 않다.

2. 서화 인식과 회화 감평

이학규는 여러 화보류 서적과 화론서를 열람하면서 서화에 대한 감식안을 키웠다. 그 자신이 직접 그림을 그리기도 했으며,[507] 화책에 제발문을 쓰기도 했다.[508] 이러한 그림 창작은 유배 이전은 물론

506 이학규의 문집에 인용된 부분과 『國朝畵徵錄』의 내용에는 약간의 글자 출입이 있다. 張庚, 「徐枋」, 『國朝畵徵錄』, "徐枋字昭法號俟齋, 長洲人, 崇禎壬午擧人. 父少詹事汧乙酉殉難. 枋遂隱居上沙土室樹屋邈與世隔人莫得見也. 家極貧非力不食賣畫賣簪以自存, 躬效老圃蔬韭外多藝南爪夏秋間往往藉以晨炊即至藜藿不糝人終雖強以一錢餽也."

507 이학규가 그림을 그린 뒤에 지은 시문은 다음과 같다. 「楊生畵」, 『洛下生集』 冊一 春星堂集, 한국문집총간 290, 216면; 「壁上畵柳」, 『洛下生集』 冊七 因樹屋集, 한국문집총간 290, 339면; 「畵山」, 『洛下生集』 冊七 因樹屋集, 한국문집총간 290, 339면.

508 李學逵, 「題柳生雜畵冊 三首」, 『洛下生集』 冊一 春星堂集, 한국문집총간

유배기간 중에도 지속되었다. 이상의 창작 활동은 화가로서의 역량을 펼치려는 것이라기보다는, 유배객의 울울한 심사와 고뇌를 해소시키려는 창작 활동의 일단으로 이해할 수 있다.

창작 활동을 통해 유배객의 고뇌와 심사를 드러내는 것은 그가 〈성시전도城市全圖〉를 소재로 장편시를 지은 것에서도 살필 수 있다.[509] 유배지에서 이학규는 임금과 가족이 있는 경사를 그리워하는 심정을 담아 백운시百韻詩를 짓기도 했다. 이 시의 내용을 보면 이학규가 유배 이전부터 그림에 대해 상당한 관심을 지녔으며, 아울러 그 방면에 대한 지식을 견지하고 있었음을 확인할 수 있다.[510]

1) 회화 기법과 서예에 대한 인식

이학규는 중국에서 전래된 다양한 화보류와 회화 관련 서적을 접했으며, 자연스레 회화 기법을 비롯한 관련 정보를 습득할 수 있었다. 이학규는 당시 화단의 동향과 회화 기법을 파악하고 있었던 것으로 보이는데, 이는 다음 글을 통해 확인할 수 있다.

> 본조 화가로 부벽준을 능하게 하는 사람은 오직 현재 심사정이 있을 뿐입니다. 그러나 현재는 벽준에 머물렀고 대부벽은 능하지 못합

290, 219면.

509 李學逵, 「城市全圖一百韻」, 『洛下生集』冊九 因樹屋集, 한국문집총간 290, 352면.

510 이학규의 「城市全圖詩」에 대해서는 한영규 · 정은주, 「이학규의 「城市全圖詩」 창작 배경과 그 특성」, 『한자한문교육』 29, 한국한자한문교육학회, 2012 참조.

니다. 지금 사람으로 운두준과 절대준을 능하게 하는 자도 또한 드뭅니다. 보내주신 부채의 〈계산도〉는 절대준의 가품이라 이를 만합니다. 그러나 이것은 족하의 재주에는 아무래도 다하지 못했으니, 바라건대 〈구송비폭도〉를 다시 그려서 진력하여 대부벽을 한 번 터득함이 어떻겠습니까?[511]

위 글은 어떤 사람에게 보낸 편지글의 전문이다. 글의 내용에는 편지의 수신인이 누구인지 밝혀져 있지 않으나, 다른 시문을 통해 수신인을 유추할 수가 있다. 이 편지는 학소대鶴巢臺 아래에 살고 있는 김이원金彝源에게 보낸 것으로, 그가 이학규에게 〈계산도溪山圖〉를 부쳐준 데 대한 답장이다.[512]

이학규는 이 글에서 회화 기법의 전문 용어를 구사하여 상대의 그림을 감평했다. 먼저 본조의 화가 중에 부벽준斧劈皴을 잘하는 사람으로 현재玄齋 심사정沈師正을 꼽았다. 그러나 그 역시 벽준劈皴에 머물렀을 뿐, 대부벽大斧劈에는 능하지 못한 것으로 평가했다. 이학규가 언급한 부벽준은 동양화 준법의 하나이다.[513] 산수화를 그릴 때

---

511 李學逵, 「答」, 『洛下生集』冊十 因樹屋集, 한국문집총간 290, 372면, "本朝畵家能爲斧劈皴, 惟一沈玄齋而已. 肰玄齋止於斧劈, 不能爲大斧劈. 今人則能爲雲頭折帶者, 亦鮮矣. 寄來便面溪山圖, 可謂折帶佳品. 肰此未足以盡足下之才, 望復作九松飛瀑圖, 儘肆力爲大斧劈一番看, 如何."

512 李學逵, 「歲暮有褱金彝源」, 『洛下生集』冊十一 菜花居集, 한국문집총간 290, 407면, "聞說蓬萊客, 幽居巢鶴前.(金家居府東鶴巢臺下) 看花絶影馬,(絶影島, 舊産名馬) 振筆美濃牋.(倭牋, 出美濃者, 品最佳) 志業存今日, 功名須妙季. 谿山小便面, (客春, 金寄我便面谿山小景) 淡絶最心憐."

513 이학규는 『物名類解』에서 '皴法'에 대해 다음과 같이 기록해놓았다. 李學逵, 『物名類解』, 부산대 도서관, "皴法 - 그림에 쥰법 ○音俊有雲頭皴麻稭皴斧辟刀皴等諸法."

주로 뾰족하고 험악한 바위의 표면이나 깎아지른 산의 입체감과 질감을 표현할 때 쓰는 기법이다. 붓을 옆으로 비스듬히 뉘어 재빨리 들면서 끌어당겨, 마치 도끼로 찍었을 때의 자국 같으며 끌로 판 자국과도 비슷하다. 부벽준은 붓자국의 크기에 따라 대부벽준과 소부벽준으로 나뉜다. 북송 말기에 시작되었는데 북송 산수화와 남송 산수화를 연결하는 이당李唐에 의해 완성되었다.

심사정은 산수, 인물, 화조 등 회화의 거의 모든 분야를 다루었다. 그중에서 그 자신이 가장 공을 들인 것은 산수화였다고 하며, 현재 가장 많은 작품이 남아있는 것도 산수화이다. 심사정의 산수화를 초기, 중기, 후기로 구분할 때, 중기에 해당되는 1750년경부터 1760년경까지는 남종화법에 부벽준을 결합시킨 절충양식이 성립되는 시기였다.[514] 표암豹菴 강세황姜世晃은 심사정의 그림에 대해 "명대明代 심주沈周의 화법을 받아들여 처음에는 피마준披麻皴을 썼고, 미법米法의 대혼점大混點을 활용하다가 중년에야 부벽준斧劈皴을 시작했다."고 비평한 바 있다.[515] 심사정이 중년에야 비로소 부벽준을 사용했다고 하여 화풍에 변화를 보이고 있음을 지적한 것이다. 누구보다 심사정의 그림을 가까이서 지켜보았던 강세황의 화평畵評은 실제 작품들을 보고 그것을 근거로 해서 나온 것이다.[516]

이학규는 편지에서 운두준雲頭皴과 절대준折帶皴에 능한 사람이 없

---

514 이예성, 「沈師正의 山水畵 硏究」, 『美術史學』12, 한국미술사교육학회, 1998, 90~91면.

515 吳世昌, 『槿域書畵徵』, "玄齋畵學, 從石田入水, 初爲披麻皴, 或爲米家大混點, 中年始作大劈皴.", 1928, 180면.(이예성, 앞의 논문, 96면에서 재인용.)

516 이예성, 앞의 논문, 95~96면.

다고 하면서, 김이원金彝源이 그린 〈계산도溪山圖〉는 절대준의 가품이라고 고평을 했다. 운두준은 바위를 구름과 비슷한 모양으로 그리는 준법이다. 구름이 뭉게뭉게 피어오르는 듯한 모양을 나타내며, 주로 기이한 암석을 표현할 때 쓰인다. 절대준은 붓을 옆으로 뉘어 그은 뒤 끝에 가서 직각으로 짧게 그어 마무리함으로써, 붓 자국이 ㄱ자처럼 보이도록 한 필법을 가리킨다. 이는 원나라 때 문인화가 예찬倪瓚이 자주 사용하던 기법으로, 옆으로 갈라지기 쉬운 편암으로 이뤄진 산을 그릴 때 적합하고, 조선시대에서는 겸재謙齋 정선鄭敾이 많이 사용했다. 이학규는 또 다른 글에서 정선과 심사정 모두 산수화를 잘 그린다고 평한 바 있다. 그러나 두 사람 중 심사정이 영모절지화翎毛折枝畫에 더욱 뛰어난 것으로 평가했다.[517]

편지의 마지막에서 이학규는 상대에게 〈구송비폭도九松飛瀑圖〉를 다시 그려서 진력하여 대부벽大斧劈을 터득할 것을 권유하였다. 자신만의 화법畵法을 터득하기 위해 그림 그리는데 힘 쏟을 것을 당부한 것이다. 편지의 내용을 통해 보면 이학규는 당시 화단의 동향과 흐름을 인지하고 있었으며, 회화 기법과 관련하여 전문적인 지식을 지니고 있었던 것으로 확인된다.

이학규의 서화 인식이 잘 드러나는 다음 글을 살펴보기로 한다.

> 고정된 형태가 있는 사물은 눈으로 보지 않고도 그 모습을 알 수 있다. 그러므로 밝은 해와 달, 거대한 궁궐, 몸집이 큰 사자, 코끼리,

---

517 李學逵, 「感事三十四章」, 『洛下生集』冊十八〇洛下生藁[上] 觚不觚詩集, 한국문집총간 290, 548면, "謙玄猶刻鵠.(鄭敾字元伯, 號謙齋. 沈師正字頤叔, 號玄齋, 並善山水. 沈尤工翎毛折枝, 皆元陵時人.)"

> 낙타, 말, 아름다운 모란과 작약에 대해 사람들은 놀라지도 않고 기이하게 여기지 않으며 단지 큰 볼거리라고 생각할 뿐이다. 그런데 고정된 형태가 없는 사물들, 예컨대 하늘의 구름, 안개, 노을, 그리고 땅의 산천, 나무, 바위는 모두 조물주가 그 형태를 고정시키지 않고 마음가는 대로 만든 것이다. 마음에는 정해진 생각이 없기 때문에, 만든 것에도 고정된 형태가 없다. …… 그림은 조물주의 마음을 헤아려서 형태를 본뜨는 것이다. 예컨대 한간의 말 그림, 대숭의 소 그림, 포정의 호랑이 그림, 서희와 황전의 꽃 그림, 이소도의 인물화와 누대 그림, 그리고 근세에 와서는 임량과 여기의 영모도, 구영의 백묘도, 초씨의 납견도, 요씨의 지두화와 목편화가 모두 빼어난 것들이다. 그러나 고정된 형태를 본뜬 것이기 때문에 사람들은 놀라지도 않고 기이하게 여기지도 않는다.[518]

이 글은 대구에 사는 어린아이 정영갑의 〈의원산수도意園山水圖〉에 써준 것이다. 정영갑은 특히 산수화에 능했으며, 때때로 이학규에게 소품 산수화 십여 폭을 보내어 품평을 구하곤 했던 인물이다. 이학규는 이 글에서 고정된 형태가 있는 사물과 고정된 형태가 없는 사물의 그림에 대해 논하였다. 사자와 코끼리 등 고정된 형태가 있는 사물은 눈으로 직접 보지 않아도 이미 그 형상을 알 수 있다. 그런데

518 李學逵, 「童子鄭寧甲意園山水圖序」, 『洛下生集』冊十六 秋樹根齋集, 한국문집총간 290, 510면, "凡物之有定形者, 人未之目逆而先識其形也. 故雖日星之明, 殿陛之尊, 獅象駝馬之厖大, 牡丹芍藥之組繪, 人不甚驚異, 直謂之偉觀而已. 若其無定形者, 天之於雲霧煙霞, 地之於山川樹石, 皆化工之不恒其式, 惟意造之者也. 由其意無定想, 故造無定體也. …… 繪事者, 體化工之意, 而肖其形者也. 若夫韓之馬, 戴之牛, 包鼎之虎, 徐熙, 黃筌之花卉, 小李將軍之人物樓臺, 至近世, 若林良, 呂紀之翎毛, 仇英之白描, 焦氏之蠟絹, 姚氏之指頭木片, 皆其選也. 朕由其肖定形也, 故人亦不甚驚異也."

구름과 안개 등 고정된 형태가 없는 사물은 그 형태가 시시각각 변화하기 때문에 잘 그리기가 어렵다. 왜냐하면 조물주가 그 형태를 고정시키지 않고 마음가는 대로 만든 것이기 때문이다. 이 때문에 사람들이 잘 그렸다고 평가하는 한간韓幹의 말 그림, 대숭戴嵩의 소 그림 등은 고정된 형태를 본뜬 것이라 놀라지도 않는다고 한 것이다.

그런데 이학규가 여기서 말한 '정형定形'은 송나라 때 문인 소식蘇軾이 말한 '상형常形'과 유사한 함의를 지닌다. 소식은 인물人物, 금수禽獸, 궁실宮室, 기물器物은 모두 상형이 있고, 산석山石, 죽목竹木, 수파水波, 연운煙雲 같은 것은 비록 상형은 없으나 상리常理, 즉 법칙이 있다고 보았다. 그리고 상형을 잃으면 사람들이 모두 이를 알지만, 상리의 부당함은 비록 그림을 아는 사람이라도 모르는 수가 있다고 주장하였다.[519] 상리는 사물의 본질적인 것이기 때문에 매우 중요하다. 따라서 만약 그림에 상리가 잘못되면 작품 전체를 버리게 되는데, 이는 부분적인 형상의 잘못이 단지 부분에만 한정되는 것과 다르다.[520]

소식의 상리론常理論과 관련해서 18세기 문인들에서도 유사한 논의가 발견된다. 예를 들면 선식재善息齋 정지순鄭持淳의 경우 "인물人物·금수禽獸·누관樓觀·기용器用과 같은 종류는 모두 일정한 형상[常形]이 있기 때문에 비록 조금 모자라더라도 그 닮음에는 해가 되

---

519 蘇軾, 「淨因院畵記」, 『蘇東坡文集』 前集 卷31, "余嘗論畵, 以爲人禽宮室器用皆有常形, 至於山石竹木水波煙雲, 雖無常形而有常理. 常形之失, 人皆知之, 常理之不當, 雖曉畵者有不知 …… 雖然, 常形之失, 止於所失, 而不能病其全, 若常理之不當, 則擧廢之矣. 以其形之無常, 是以其理不可不謹也."

520 갈로 저, 강관식 옮김, 『중국회화이론사』, 돌베개, 2010, 224~225면.

지 않지만, 산수 · 초목 · 연운의 변화 모습은 그 형태가 정해지지 않기 때문에, 그 이치[其理] 또한 잃기 쉬움을 알지 못하는 것이다."라고 말한 바 있다.[521] 주지하듯 소식의 문인화론은 조선의 화단에 영향을 미쳤다. 특히 사대부 화가들을 중심으로 소개됨으로써 조선 중기에 이르면 남종문인화가 유입되어 이후에 크게 유행하기도 했다. 이를 통해 본다면 이학규 역시 당시 화단의 흐름을 파악하고 있었고, 소식의 화론에 영향을 받은 것으로 보인다.

> 산수 그림은 당나라 때에 시작되어 그 후 곽희, 왕흡, 예찬, 황공망 등이 때로는 청록으로 때로는 엷은 붉은 빛과 남색을 사용하여 맑고 깨끗하게 그리기도 하고, 먹을 뿌려서 산수를 그리기도 하였다. 구름과 안개, 나무와 바위 등을 물들이거나 엷고 흐리게 칠하였다. 이렇게 해서 산수의 참된 모습을 드러내는 것은 가슴 속 생각이 풍부하고 기백 또한 커서 실로 조물주의 마음 바깥의 마음을 사용하여 형태 바깥의 형태를 묘사한 것이다. 그래서 기이한 봉우리, 깊은 골짜기의 기이한 경치와 그윽한 정감은 과장하거나 예쁘게 꾸미는 사람이 생각할 수 있는 경지가 아니다.[522]

---

521 鄭持淳, 「謙齋畵序」, 『善息齋遺稿』, 성균관대 소장본, "今人喜畵山水草木以爲簡捷易至, 而每難於人物 · 禽獸 · 樓觀 · 器用人之耳目所近■者, 是不知人物禽獸樓觀器用之類, 皆有常形, 故雖有小失, 不病其似, 山水草木煙雲變化之態, 其形無定. 故其理易失也."(정은진, 「善息齋 鄭持淳의 畵論」, 『한문교육연구』32, 한국한문교육학회, 2009, 407면에서 재인용.)

522 李學逵, 「童子鄭寧甲意園山水圖序」, 『洛下生集』冊十六 秋樹根齋集, 한국문집총간 290, 510면, "繪山水者, 始于李唐, 嗣後若郭熙, 王洽, 雲林, 大癡之徒, 或以靑綠, 或以淺絳, 或以潑墨, 若其煙雲樹石之點染渲烘, 以托起山水之眞形眞態者也. 要之, 懷抱旣富, 魄力亦大, 悉能用化工意外之意, 寫形外之形者, 故其爲奇峯邃壑異境幽情, 有非浮汎刻畵之倫所可想到也."

글의 후반부에는 산수화의 계보를 설명하고, 산수의 참된 모습을 묘사하는 방법을 나타냈다. 곽희郭熙는 북송 때 유명한 산수화가이고, 왕흡王洽은 당나라 때 화가인 왕묵王墨을 가리킨다. 먹을 진하게 갈아 그리는 농묵濃墨과 달리 왕흡王洽은 주로 종이나 비단 위에 먹을 뿌린 뒤 먹이 번져 퍼지는 효과를 얻는 표현 기법인 발묵법潑墨法을 사용한 당대唐代의 발묵화가이다.[523] 예찬倪瓚과 황공망黃公望은 오진吳鎭·왕몽王蒙과 함께 원말사대가元末四大家로 불리며, 각각 수묵산수화에 뛰어한 화가였다. 이학규는 이들의 그림이 모두 '마음 바깥의 마음[意外之意]'를 써서 '형태 바깥의 형태[形外之形]'을 그렸기 때문에 높은 경지에 오를 수 있었던 것으로 평가했다.

> 대구에 사는 어린아이 정영갑은 대대로 학문을 이어온 유학자의 집안에서 자랐다. 본래 서적을 좋아하고, 초서와 해서에도 능하였으며, 산수 그림은 더욱 잘 그렸다. 때때로 나에게 소품의 산수화 십여 폭을 보내 주었다. 구성이 빼어나고 자연스러운 정취가 넘쳐나니, 앞서 말한 마음 바깥의 마음을 쓴 것이다. 그러므로 가슴 속에서 구상한 것은 천만 번 쓴다 하더라도 고갈되지 않을 것이다. 이에 나는 이 어린아이가 상상 속의 정원인 의원意園을 아는 자임을 알겠다. 의意는 다른 무엇이 아니다. 이 어린아이는 어려서부터 명성이 있었는데, 지금 나이가 열다섯이다. 의지는 날이 갈수록 더욱 굳세고, 학업은 날이 갈수록 더욱 정밀해지며, 견문은 날이 갈수록 더욱 넓어지리니, 의원의 전답 또한 날이 갈수록 더욱 이름나고 귀해질 것이다. 이것은 내가 감히 의론할 바가 아니다.[524]

---

523 James Cahill 저, 조선미 역, 『중국회화사』, 열화당, 2002, 93면.

524 李學逵, 「童子鄭寧甲意園山水圖序」, 『洛下生集』冊十六 秋樹根齋集, 한국문집총간 290, 510면, "達城童子鄭寧甲, 家世儒素, 嗜書籍, 工草楷, 山水之藝,

정영갑은 서예에도 능했으며, 그림 중에는 특히 산수화에 특장이 있었다. 이학규는 정영갑의 그림에 대해 구성이 빼어나고, 자연스러운 정취가 넘쳐난다는 좋은 평가를 해주었다. 이는 곧 '마음 바깥의 마음[意外之意]'를 발휘한 그림이다. 그렇기 때문에 바로 '의원意園'을 아는 자라고 하였다. 의원은 상상 속의 정원이다. 조선 후기 문인들은 의원에 대한 시문을 짓기도 하고 '의원도意園圖'를 그려 나타내기도 했다. 이학규는 정영갑이 의원을 아는 경지라고 고평했다. 여기에서 언급한 '마음 바깥의 마음[意外之意]'와 '형태 바깥의 형태[形外之形]'는 '의원도意園圖'를 제대로 이해하기 위한 핵심개념이라 할 수 있다. 곧 눈에 보이는 형상만 그대로 그리는 것이 아니라, '마음 바깥의 마음[意外之意]'를 사용해서 '형태 바깥의 형태[形外之形]'을 그린 그림이야말로 화격畵格이 높은 것으로 본 것이다.

> 당송인의 묵죽은 본래 쌍구법에서 나왔는데, 대개 긴 잎을 연이어 겹쳐서 세밀하게 틈새를 보완하지 않았다. 근세 중조는 매도인 이후부터 대개 4~5개를 서로 모아 겹겹이 쌓아 성글고 촘촘하게 하니 절로 간격이 없어졌다. 다만 가지 끝에서 나와 가지를 일어나게 하는데 미쳐서 한 두 개의 붓으로 기세를 취해, 빈 붓으로 점을 찍는 것이 없었다. …… 쌍구법의 순수한 쓰임은 남긴 뜻이 없고, 빈 붓으로 점을 찍는 것은 그가 본디 자득한 것일 뿐이다. 영남지방이 어찌 원앙을 수놓는데, 손을 빌려 금바늘을 준 것이겠는가! 왕녹대가 말하기를, "산수의 용필은 붓에 달려 있다."라고 하였다. 왕석곡

尤所長也. 閒嘗寄予小景十數幅, 皆結構歷落, 天趣迥發, 向所謂用意外之意者, 故其胷中所鋪置. 雖至千萬, 本不竭者也. 於是乎知童子之必自識意園者意非它也, 童子自髫齔, 已有聲譽. 今秊十五, 志日益篤, 業日益精, 見聞日益廣, 意園之田地, 亦將日益名貴, 則又非予所敢擬議也."

> 이 말하기를, "무릇 그림을 그리는 것은 용필이 거칠고 세밀하고 짙고 흐리고 마르고 축축함이 있어야 바야흐로 솜씨가 좋은 것이니, 만일 일률적으로 나타내면 광택이 난다. 내가 생각건대 광택은 곧 붓이 반복된 것이다."라고 하였다. 이는 모두 천고에 전하지 않는 비방이다.[525]

이 글은 이학규가 정영갑의 서화권書畵卷 뒤에 써준 것이다. 당시 정영갑의 나이는 13세였다. 이학규는 이 글에서 회화 기법 중 하나인 쌍구법雙鉤法에 대해 설명하였다. 묵죽墨竹은 수묵水墨을 사용하여 그린 대나무 그림을 말한다. 묵죽은 보통 윤곽선을 따로 그리지 않고, 필선 자체로 대나무의 줄기나 잎의 모양을 나타내는 몰골법沒骨法으로 그리는 대나무 그림을 일컫는다. 이학규는 당송인의 묵죽 그림이 본래 쌍구법에서 기인한 것으로 보았으며, 매도인梅道人 이후부터 대나무 잎 사이의 간격이 없어지게 되었다고 하였다. 매도인은 원대元代의 오진吳鎭을 가리킨다. 자字를 중규仲圭, 호號를 매도인梅道人·매화도인梅花道人이라 했던 그는 여러 제찬題贊에서 자기의 회화 사상을 밝혔다. 동원董源과 거연巨然의 화법을 배워 그림을 그린 오진은 문동文同·소식蘇軾·고극공高克恭 등을 제일 높이 칭찬하면서 공장工匠의 습기를 탈거시킨 그림을 그리고자 하였다.

---

525 李學逵, 「題童子鄭寧甲書畵卷後」, 『洛下生集』冊十五 文漪堂集, 한국문집총간 290, 491면, "唐宋人墨竹, 本出雙鉤, 皆長葉疊綴, 不用細碎補苴. 近世中朝, 自梅道人後, 皆四五相聚, 層疊疎密, 自爲間破. 惟出梢及起枝處, 以一兩筆取勢, 從無虛筆點踢. …… 純用雙鉤, 遺意頓無, 虛筆點踢, 彼固自得者爾. 嶠南那有繡鴛鴦, 手乞與金針者邪. 王麓臺之言曰, 山水用筆須毛. 王石谷曰, 凡作一圖, 用筆有麤有細有濃有淡有乾有溼, 方爲好手, 若出一律則光矣. 愚謂光卽毛之反. 此皆千古不傳之祕也."

이학규는 이어서 왕녹대王麓臺와 왕석곡王石谷의 말을 빌려 용필用筆에 대해 설명하였다. 여기에서 인용한 왕녹대와 왕석곡의 말은 『국조화징록』의 내용을 인용한 것이다. 글의 첫 대목인 묵죽법과 관련된 내용은 『국조화징록』 상권의 「노득지제승왕악유준魯得之諸昇王崿俞俊」조에서 발췌한 것이고, 두 번째 부분인 용필에 관련된 내용은 『국조화징록』 중권의 「이만李巒」조에서 인용한 것이다. 왕녹대는 정통파 화가인 사왕화파四王畵派의 한 사람인 왕원기王原祁를 가리키고, 왕석곡은 왕휘王翬를 지칭한다. 정통파는 원래 명 말기에 활동했던 동기창董其昌의 회화이론과 화풍을 따랐던 문인화가들을 일컫는 용어로, 자신들이야말로 화단의 정통이라고 생각해서 자칭했던 이름이었다. 동기창의 제자였던 왕시민王時敏에 의해 주도되었으며, 왕감王鑑, 왕휘王翬, 왕원기王原祁, 운수평惲壽平, 오력吳歷이 포함되어 있었다. 이상의 화가들을 가리켜서 '사왕오운四王吳惲' 또는 '청초육대가淸初六大家'라고 부르기도 하며, 복고주의에 입각하여 옛 대가의 화풍을 따르는 방작倣作을 주요한 화법으로 하였다.[526]

> 우리나라의 서가書家는 모두 이리 붓과 다듬 종이 때문에 많이 그르치게 되었다. 대개 이리 붓은 부드럽고 연약하여 글씨를 쓰면 굳센 필력을 얻을 수 없다. 다듬 종이는 빛이 나고 매끈하여 먹을 묻히면 고담할 수가 없다. 위중장이 말하기를 "장인이 그 일을 잘하고자 하면, 먼저 그 도구를 날카롭게 해야 한다."고 하였으니, 속이는 말이 아니다. 근래 연경에서 들어온 연사지와 모변지는 서가에서 제일로 좋아하여 황랑, 백추지와 견주면 오히려 하늘과 땅만큼 차이가

---

526 한정희, 「18~19세기 正統派 畵風을 통해 본 동아시아의 회화교류」, 『미술사연구』22, 미술사연구회, 2008, 247면.

> 난다. 네가 모름지기 한번 써본다면 생각건대 아연일소할 것이니 내 말이 증험하다 할 것이다.[527]

이학규는 연사지連四紙와 모변지毛邊紙에 대해 서가에서 제일 좋아하는 종이라고 설명하면서 황랑黃狼, 백추지白硾紙와 비교하면 하늘과 땅만큼 큰 차이가 있다고 하였다. 연사지는 곧 연사지連史紙를 말하며, 모변지는 대나무 줄기와 껍질을 이용하여 만든 종이이다. 연사지와 모변지는 서적의 인쇄에 널리 쓰였다. 백추지는 순저純楮로 만든 종이로, 흰빛이 나고 질이 아주 훌륭하여 고려의 특산품으로 중국에 조공하던 물품이다. 또 낭호필狼毫筆은 이리 털로 만든 붓이다. 이와 같이 이학규는 서예 필수 도구인 붓과 종이의 특성에 대해 잘 파악하고 있었다. 그렇기 때문에 그는 정영갑에게 이상과 같이 자세한 조언을 해줄 수 있었던 것이다.

이학규는 서화와 관련된 물명에 대해 자신의 백과전서식 저술인 『물명류해』에 별도로 기록하기도 했다. 『물명류해』는 천지만물과 인사에 관련된 물명 590조목을 기록한 물명류 저작이다.[528] 『물명류해』에 〈추지硾紙〉는 "다듬은 죠위"라고 하였고, 〈낭호필狼毫筆〉은 "황모필 ○속명황모필俗名黃毛筆"이라고 명시되어 있다.[529] 물명류 저

---

527 李學逵, 「題童子鄭寧甲書畵卷後」, 『洛下生集』冊十五 文漪堂集, 한국문집총간 290, 491~492면, "我東書家, 都因狼毫硾紙多少壞了. 蓋狼毫荏染, 下筆不得遒健. 硾紙光滑, 受墨不能古淡爾. 韋仲將曰, 工欲善其事, 必先利其器, 非謾語也. 近日燕鋪所來連四毛邊及書家樂第一枝, 較諸黃狼白硾, 猶是霄壤. 汝須一試之, 想啞肰一笑, 謂予言之有驗也."

528 『物名類解』에 관해서는 정은주, 「실학파 지식인의 물명에 대한 관심과 『物名類解』」, 『한국실학연구』17, 한국실학학회, 2009 참조.

529 李學逵, 『物名類解』 書畵部, 부산대 도서관, "硾紙 - 다듬은 죠위 ; 狼毫筆

술의 한 영역으로 '서화부書畵部'를 설정하고, 이와 관련된 여러 항목을 고증하여 기록한 것은 서화에 대한 높은 관심이 반영된 것이다.

이학규는 당대 최고의 서화가로 옹방강翁方綱을 꼽았다. 옹방강은 시에 능하고 서화를 잘했으며, 근래 문인들이 모두 그를 종사로 삼는다고 하였다. 그리고 국내의 서예가로는 석봉石峯 한호韓濩와 원교圓嶠 이광사李匡師를 최고로 꼽았다. 두 사람은 모두 초서와 해서에 능하다고 하였으나, 이광사가 더욱 전서와 예서의 모든 서법에 공교한 것으로 평가했다.

이학규는 당시 유행하는 회화 기법과 필법에 대해서도 능통했다. 화가들이 난초와 혜초를 그릴 때에, '봉안아미鳳眼蛾眉' 등의 기법을 사용한다고 했으며, 서예가들은 '잠두마제蠶頭馬蹄' 등의 방법을 사용한다고 했다. '잠두마제'는 서예 필법筆法의 한 가지이다. 글자의 가로 획을 긋는데 왼쪽 끝은 말굽 형상이고, 바른쪽 끝은 누에의 대가리 형상과 같이 하는 필법을 말한다.[530] 이학규의 이러한 발언은 그가 회화 기법은 물론 서예 필법도 평소 관심 있게 눈여겨보고 인지하였음을 나타내는 것이라 하겠다.

앞서 언급한 바와 같이 이학규는 자신이 직접 그림을 그리기도 하였지만, 아울러 글씨 쓰기에 진력하는 등 서예에도 깊은 관심과 식견

－황모필 ○俗名黃毛筆."

530 李學逵, 「感事三十四章」, 『洛下生集』冊十八○洛下生藁[上] 觚不觚詩集, 한국문집총간 290, 548면, "書畵覃谿在.(雍方綱號覃谿, 嘉慶旹人, 能詩善書畵. 近時主持文雅者, 擧翕肰宗師之.) 韓李揔家鷄.(韓道字景洪, 號石峯, 穆陵時人. 李匡師字道甫, 號圓嶠, 元陵時人, 並善草楷. 李尤■■兼工篆隷諸法, 蓋我東金生後一人云.) 鳳眼描能徧.(畵家畵蘭蕙, 有鳳眼蛾眉等式.) 蠶頭法較低.(書家, 有蠶頭馬蹏等式.)"

을 견지하고 있었다.

> 예전 18~9세에 임서臨書를 배웠는데, 처음에 미남궁米南宮의 척독 수삼폭을 가져다가 아침부터 밤까지 몰두하였다. 침상 궤격에서 그림에 미쳐서는 반드시 같게 할 것을 생각했으나, 끝내 도달하지 못하였다. 이윽고 또 구양솔경歐陽率更을 본받아 마침내 조승지趙承旨를 익혔으나 끝내 얻은 바가 없었다. 지금에 이르기까지 종이 대하고 붓을 잡고서 근근이 글씨를 썼을 뿐이다. 그러나 두루 섭렵하여 이미 풍부해지고 감상이 자못 정밀해졌으니, 왕원미王元美가 말한 '눈 속에 신이 있으며, 팔 속에 귀가 있다.'라고 한 것이다.[531]

임서臨書는 좋은 법첩法帖을 옆에 두고 보면서 글씨를 쓰는 방법을 말한다. 글씨를 배우는 사람이라면 반드시 겪어야 할 학습의 기본 방법이라 할 수 있다. 이학규 역시 미남궁米南宮의 척독 수삼數三 폭을 법첩으로 삼아 임서에 몰두하였다. 여기에서 미남궁은 송나라 때 저명한 서화가인 미불米芾을 가리킨다. 이학규는 이후에 구양솔경歐陽率更(구양순歐陽詢을 가리킴 - 필자주)을 본받고, 조승지趙承旨의 서체까지 익혔다고 밝히고 있다. 조승지는 중국 원나라 때 화가이자 서예가인 조맹부趙孟頫이다. 조맹부는 시詩, 서書, 화畵, 인印에 모두 능했는데, 후대의 서예에 큰 영향을 준 흔히 '조체趙體'라 불리는 독창적인 서체를 만들었던 인물이다.

---

531 李學逵, 「與金天一論星曜書」, 『洛下生集』冊十五 文漪堂集, 한국문집총간 290, 483~484면, "昔季十八九時, 學爲臨書, 始得米南宮尺牘數三幅, 曉夜潛心. 至指畵牀茲几格, 思有以必似, 終不至也. 旣又效歐陽率更, 末乃學趙承旨, 終無所獲. 至于今, 臨紙把筆, 僅僅作字而已. 肰涉獵旣富, 鑒賞頗精, 王元美所謂眼中有神, 腕中有鬼者也."

이학규는 이 글에서 서예에 진력했음에도 끝내 얻은 바가 없으며, 근근이 글씨를 썼을 뿐이라는 겸사를 드러냈다. 그러나 그 자신이 두루 섭렵하여 풍부해지고 감상이 자못 정밀해졌다고 말하여 은근히 자부심을 드러냈다. 이러한 발언은 서예를 감평할 만한 수준의 안목이 길러진 것으로 이해할 수 있다. 그리고는 자신의 상황을 왕원미王元美(왕세정王世貞을 가리킴 – 필자주)가 말한 '눈 속에 신이 있으며, 팔 속에 귀가 있다.' 라는 발언에 비유해서 나타냈다. 왕세정의 이 말은 글씨를 잘 쓰지는 못하나, 잘 볼 줄 안다고 하는 일종의 자부심을 드러낸 표현이다. 그런데 왕세정의 이 어구는 이광사李匡師의 『서결書訣』에도 보인다. 이광사는 왕세정의 이 말에 대해서 이른바 눈이 신묘하다는 것은 다만 지혜롭고 박식하여 그림자와 소리만 살피고도 검은 말과 누른 말을 구별해내는 경우 같음을 말할 따름이라고 하였다.[532]

2) 회화 감평의 실제

이학규는 자신이 서예를 감평할 만한 안목을 길렀다고 자부했다. 그러나 그가 서예에 대해 감평한 글은 실제로 잘 발견되지 않는다.

서로 만난 지 또한 며칠이던가	相見復幾日
서로 알게 되어 점점 잊지 못하네.	相知逾未忘

532 李匡師, 「書訣」, 『圓嶠集』選卷 第十, 한국문집총간 221, 553면, "王元美不能書, 自負善鑑曰, 眼中有神, 腕中有鬼, 此無理也. 自到妙, 豈有不知人之妙, 自未到妙, 安能盡解人之妙. 所謂眼神, 特以穎慧博識, 考影響辨驪黃已."

서명은 지금의 식고당이고　　書名今式古
시격은 작은 춘당이라네.　　詩格小春堂[533]

이 시는 이학규가 유배지에서 변지순卞之淳에게 보낸 시의 일부이다. 여기에서 이학규는 변지순의 서명書名을 '식고당式古堂'에 비유하였다. '식고당'은 중국 강희때 사람인 변영예卞永譽를 가리키는데 식고당은 그의 호이다. 이학규는 변영예에 대해서 전서와 예서에 공교했으며 서화를 감상하는 데 자못 정밀한 것으로 평가했다. 실제로 변영예는 청나라 때 저명한 서화감정가였으며, 그의 저작인 『식고당서화휘고式古堂書畵彙考』는 서화 감정에 있어서 가장 체계적으로 완비된 책으로 평가되고 있다. 연암 박지원을 비롯한 조선 문인에게서 『식고당서화휘고』를 열람한 사실이 발견되는 바, 이학규 또한 이 책을 접했을 가능성이 높다.

이학규는 회화 감평에 관해 여러 편의 글을 남겼다. 이학규가 회화에 대해 감평한 시문을 살펴보면, 낯익은 화가의 이름부터 처음 들어보는 생소한 인물의 이름까지 대상의 층위가 다양하다. 이는 이학규가 경험한 유배라는 특수한 환경적 요인에서 기인한 것이다.

새매 옆 날개에 바람 불자　　風鷂脅其羽
곧장 삼천 길을 내려가네.　　直下三千丈
먼 하늘 앞을 가로막는 것도 없어　　天長勢無前
획획 폭풍우 소리 울려 댄다.　　騞肰風雷響
참새 떼 늘어진 가지에 가득하더니　　羣雀滿樛枝
놀라서 요란하게 흩어져버리네.　　驚奪失擾攘

---

533 李學逵, 「贈卞之淳」, 『洛下生集』冊十二 匏花屋集, 한국문집총간 290, 419면.

어지러이 흩어져 일시에 사라지자	紛披一時休
적막하게 풀숲이 텅 비어버렸구나.	寂肰空草莽[534]

이 시는 김기현金機玄이 그린 〈신풍격작도晨風擊雀圖〉를 보고 지은 것이다. 김기현은 학계에 잘 알려지지 않은 인물인데, 시의 내용을 통해 유추해보면 그림에 대해 상당한 소질을 지녔던 김해의 객인임을 알 수 있다. 시의 내용은 그림을 묘사하는 부분과 화가인 김기현을 설명하는 부분으로 구성되어 있다. 위의 인용문은 그림의 내용을 자세하게 묘사한 부분으로, 시의 전반부에 해당한다. 이 그림은 현전하지 않아 확인할 수는 없으나, 화제畵題에 드러나듯 새매가 참새를 공격하는 순간의 찰나적인 모습을 포착하여 그린 것으로 보인다. 새매가 참새를 공격하러 쏜살같이 하강하는 모습과 이에 참새 무리가 놀라 흩어져서 풀숲이 텅 비어버린 장면을 마치 화폭을 마주한 듯 세밀하게 묘사했다.

김생은 바닷가의 나그네로	金生海上客
용모와 정신이 삽상하네.	眉宇颯精爽
솜씨 발휘하여 그림 그리면	施爲竢揮灑
가슴 속에 기상이 우뚝하였네.	方寸森氣像
삼일 동안 가을 마루에 엎드리더니	三朝臥秋軒
붓을 휘둘러 뜻하는 바를 얻었다네.	振筆得所想
인물화와 금수화 모두 득의하였는데	人禽兩得意
예봉을 길러 재주를 같게 한 것이라네.	蓄銳同技檥[535]

534 李學逵, 「金機玄晨風擊雀圖」, 『洛下生集』冊十二 菜花居集, 한국문집총간 290, 430면.

535 李學逵, 「金機玄晨風擊雀圖」, 『洛下生集』冊十二 菜花居集, 한국문집총간

시의 후반부로 화가 김기현에 대해 소개하는 내용이다. 그를 바닷가의 나그네로 소개하고 있어, 세상에 이름이 드러나지 않은 인물임을 알 수 있다. 또 그가 3일 동안 마루에 엎드려 붓을 휘둘러 그림을 얻었다고 하여 화가로서의 자질을 나타냈다. 이학규는 김기현에 대해 인물화와 금수화에 모두 득의한 것으로 평가했는데, 이는 그림의 진면목을 알아본 뒤에야 할 수 있는 말이다. 아무리 뛰어난 재주와 소질이라도 그것을 알아보는 사람이 있어야 진정한 가치를 드러내는 법이다. 곧 이학규의 감식안이 없었다면 김기현이 그린 그림의 진가를 발견할 수 없었을 것이다. 이 점에서 본다면 이 시는 회화에 높은 자질을 소유한 어느 무명 화가의 그림이 지닌 가치를 발견하고, 그의 이름을 세상에 전해준 것이라 하겠다.

하늘은 비가 올 듯하고 비둘기 서로 싸우는데	▦色欲雨鳩勃豀
수컷은 날아 암컷 쫓고 암컷은 성내어 울음 우네.	雄飛逐雌雌怒啼
돌아서 날아 숲속으로 가지 않고 깃드니	回飛不向林間棲
비단 같은 화려한 깃털 아까워하지 않네.	錦襠繡襦不自惜
훌쩍 내려와 자갈밭 진흙을 쪼는데	翩肰下啄山田泥
밭둑의 푸른 풀은 무성하게 뒤덮었네.	田間碧草紛萋萋
위에는 비둘기 두 마리 의기양양 다니며	上有兩鳩行得得
반짝반짝 두 눈동자 살아있는 듯이 빛을 쏘네.	的皪雙睛活相射
비둘기 한 마리 목에 혹이 나서 뻣뻣하게 내려다보고	一鳩瘿頸俯自矜
비둘기 한 마리 깃을 터느라 가슴팍을 돌리고 있네.	兩鳩刷翎回其臆
서쪽 숲의 시든 살구꽃 둥글게 생겼는데	西林老杏花作團
윗가지 아랫가지 하늘을 하얗게 뒤덮었네.	上枝下枝漫天白

290, 430면.

꽃가지엔 참새 두 마리 다시금 다투어 싸워대니　　花梢兩雀復喧爭
쇠잔한 꽃잎 흔들리자 향기가 두렁에 떨어지네.　　搖蕩殘英墜香陌[536]

이 시는 1819년 여름, 이학규가 유배지에서 최북崔北의 〈행화발구도杏花鵓鳩圖〉를 보고 지은 시이다. 이학규가 본 〈행화발구도〉는 현재 전하지 않아 그 실물은 확인할 수 없다. 이 시는 그림에 대한 자세한 묘사와 함께 화가인 최북에 대한 평도 실려 있어, 최북을 이해하는 주요한 자료로 볼 수 있다.

위에 인용한 부분은 시의 전반부에 해당된다. 화폭 안의 사물을 하나하나 세밀하게 묘사하고 있어, 마치 그림 속 대상물이 실제와 같은 느낌을 전달한다. 화제畵題에서 드러나듯, 그림의 대체적인 구도는 살구꽃 아래 비둘기가 그려진 그림이다. 금방이라도 비를 뿌릴 듯 잔뜩 찌푸린 하늘에 비둘기들이 서로 다투고 있다. 수컷 비둘기와 암컷 비둘기가 서로 다투는 장면, 마치 살아있는 듯 눈동자 빛을 뿜어내는 비둘기, 살구꽃가지 위에서 다투는 참새들과 같은 핍진한 묘사는 마치 최북의 그림을 눈에 마주한 듯 생생한 느낌을 더해 준다. 시의 묘사가 이토록 사실적일 수 있었던 까닭은 무엇보다 최북의 그림이 그만큼 대상물을 온전하게 잘 그려냈기에 가능했을 것이다.

최북은 특히 꽃과 풀, 새와 짐승, 바위, 고목, 메추라기와 호랑나비를 잘 그렸는데, 그중에서도 산수와 메추라기를 잘 그려 '최산수崔山水', '최순崔鶉'이라는 별칭이 있었다. 이러한 그의 화풍으로 짐작해볼 때, 〈행화발구도〉는 그의 특장이 매우 잘 드러난 그림이었을 것으로

536 李學逵, 「崔七七杏花鵓鳩圖」, 『洛下生集』 冊十二 海榴菴集, 한국문집총간 290, 436면.(■는 지워져 잘 보이지 않는 글자임. 번역은 안대회, 『벽광나치오』(휴머니스트, 2011)에 실린 것을 일부 수정했다.)

추정된다.

호생의 그림 솜씨 변란邊鸞과 조창趙昌을 뛰어넘고	毫生畵手出邊趙
특히 대와 바위 그림에 뛰어나며 화조도를 겸비했네.	尤工竹石兼花鳥
지금 이 그림은 그저 장난삼아 그린 것이나	今之此圖自謾戲
옥으로 만든 축에 담황색 배접을 해야 하리.	仍須玉躞緗綾褾
묵적을 어루만진 지 오래되어 이미 어두운데	摩挲墨迹久已昏
안목이 있으면 되지 관지가 꼭 있어야 하나.	有眼何須欵識存
남쪽의 촌사람들 아무래도 온전한 솜씨 없으니	南傖竟是寒具手
하물며 보물 상자에 따뜻하고 향기로운 향풀을 말하겠나.	况論蓋篋薰溫馨
서울을 떠나온 지 벌써 십팔 년	一別京城十八載
화폭을 펼쳐 거듭 보니 호생이 살아 있는 듯.	展卷重見毫生在
아!	嗚呼
호생의 그림 솜씨 다시 나지 않는구나.	毫生畵手生不再[537]

최북의 호는 여러 가지가 있는데 '호생관毫生館'은 만년에 이름을 '식埴'에서 '북北'으로 바꾼 뒤에 부른 호이다. 그는 불같은 성격으로 괴팍하고 기행과 취벽으로 많은 일화가 전해지는 화가이다. 이학규는 최북의 그림 솜씨를 중국 당나라 때 화가인 변란邊鸞과 송나라 화가인 조창趙昌을 넘어서는 것으로 보았다. 두 사람은 모두 화훼화花卉畵에 능통했던 것으로 손꼽히는 화가이다. 이학규는 최북의 그림 중에서 특히 죽석도竹石圖와 화조도花鳥圖가 뛰어나다고 했는데, 이 그림에 대해서는 담황색 비단으로 표구를 해야 할 정도의 가치가 있

537 李學逵, 「崔七七杏花鶉鳩圖」, 『洛下生集』冊十二 海榴菴集, 한국문집총간 290, 436면.

는 높은 수준으로 평가했다.

이학규가 이 시를 지은 해는 유배된 지 18년이 지나던 때이다. 그는 최북의 그림을 마주하고 마치 살아있는 최북을 만난 듯한 감회에 젖어들고 있다. 최북이 이학규의 외가인 남인계 문사들과 교류가 있었던 점을 감안하면, 이학규 역시 최북과 만남이 있었을 것으로 추정된다. 이 때문에 유배지에서 최북의 그림을 꺼내어 보고 세월의 흐름을 탄식하며, 옛 추억을 반추하고 있는 것이다. 시의 마지막 부분에서 최북의 그림 솜씨가 다시 나지 않을 것이라는 깊은 탄식을 하고 있어, 이학규가 얼마나 최북의 그림을 애호했는지를 짐작케 한다.

단발령 꼭대기에 연무가 갈라지니	斷髮嶺頭煙霧披
석양이 놀라고 기뻐 하늘가에 가득하네.	夕陽驚喜滿天涯
어찌하면 한 폭의 그림 예찬과 황공망의 솜씨로	那將一幅倪黃手
산을 보며 기울어진 삿갓 쓰고 아울러 그렸는가.	倣寫看山欹笠時
빽빽하게 우뚝 솟아 또다시 총총한데	攢攢矗矗復叢叢
눈 쌓이고 구름 펼쳐있으니 영해의 동쪽이로다.	雪積雲鋪瀛海東
일만 이천 봉우리 정해진 수 아니니	一萬二千非定數
예로부터 무수하게 허공을 꽉 메웠다네.	從來無數塞虛空[538]

이 시는 이학규가 유배지에서 교유한 허경첨許景瞻의 금강권金剛卷 뒤에 붙인 것으로, 단발령 머리에서 금강산의 모습을 그린 그림을 보고 지은 것이다. 허경첨의 집은 보주릉普州陵 아래에 있었는데, 그는 유배지에서 이학규와 종종 왕래가 있었던 인물이다.

---

538 李學逵, 「題許景瞻金剛卷後」, 『洛下生集』冊十六 秋樹根齋集, 한국문집총간 290, 503면.

우리나라 명승지 가운데 유람을 다녀온 후 그 기록이 가장 많이 전하는 산으로 금강산을 꼽을 수 있다. 단발령은 강원도 금강군과 창도군 경계에 있는 고개를 말하는데, 여기에서 바라보는 금강산의 모습이 매우 절경인 것으로 전해진다. 지대가 높은 단발령의 꼭대기에 연무가 걷히자, 그 사이로 석양이 하늘가에 가득 퍼진다. 셋째 구의 '예황倪黃'은 오진吳鎭 · 왕몽王蒙과 함께 원나라 4대 문인화가인 예찬倪瓚과 황공망黃公望을 가리킨다. 두 사람 모두 산수화에 뛰어났으며, 조선의 화가인 심사정이 그들의 화풍인 남종화풍을 즐겨 사용했던 것으로 알려져 있다.

높게 솟은 금강산 아래 눈이 쌓여 있고 구름이 펼쳐져 있다. 그리고 금강산의 무수한 봉우리가 허공을 가득 채우고 있어 그 장관을 더해준다. 이 시는 허경첨의 그림을 예찬과 황공망의 그림 솜씨에 빗대어 재주를 높이 평가하는 동시에, 화폭에 담긴 금강산의 경치를 선명하고 생동감있게 부각시켜 나타냈다.

자하紫霞 신위申緯는 이학규가 해배된 이후에 교유가 잦았던 인물이다. 주지하듯 신위는 시서화詩書畵에 모두 능했던 문인으로, 그의 두 아들도 그림에 능했던 것으로 알려져 있다. 이학규가 해배되어 돌아온 어느 날, 신위는 시문과 함께 두 아들의 그림을 보내주었다.

조금 취하자 유연하게 상쾌한 바람 불어오니	小醉悠肽爽籟邊
안개 낀 숲 몇 폭의 그림 큰 술잔을 들게 하네.	煙林數幅佐觥船
몹시 어여쁜 두 아들 삼절을 갖추었으니	絶憐二妙俱三絶
나이 잊고 의탁하려 해도 아직 인연이 없구려.	擬託忘季未有緣[539]

539 李學逵, 「申紫霞又步前韵共八章, 其胤君命準, 命衍並手寫煙林小景, 亦各步

이 시는 이학규가 신위의 시를 받고 차운하여 지은 것이다. 신위는 이학규에게 시 여덟 수를 부쳤는데, 그때 자신의 아들인 신명준申命準과 신명연申命衍이 그린 〈연림소경煙林小景〉을 함께 보내 왔다. 이학규는 그들에 대해 신명준의 나이는 19세이고, 신명연의 나이는 16세라고 기록했다. 신위는 시문 속에서 뜻을 같이 한 벗의 한묵연은 그대로라고 하면서, 이학규와의 오랜 우정을 드러냈다. 일찍이 중국 강남의 선비들이 신위 부자의 그림을 보고 이들 부자를 각각 '대하大霞'와 '소하小霞'로 일컬은 적도 있을 정도로 그림 솜씨가 뛰어났다. 신명준과 신명연은 10대 초반부터 부친인 신위에게 남종화를 배웠으며, 어린 나이에도 불구하고 그림을 의뢰받을 정도로 명성이 있었다. 특히 신명연은 이미 십대 후반부터 서화에 관심이 높았던 문사들에게 그림을 선사할 정도의 화격畵格에 이르렀다.[540]

이학규는 세 사람의 시와 신명준과 신명연이 그린 그림을 본 후의 감상을 시로 지어 남겼다. 그는 신위의 두 아들이 그린 그림에 대해 술잔을 들게 할 만큼 정취가 있는 것으로 평가했다. 그리고 그들이 삼절三絶을 갖추었다고 추켜세웠다. 신명준과 신명연이 그린 〈연림소경〉의 실물은 현재 확인할 수 없으나, 이학규가 '삼절三絶'이라 평할 만큼 높은 수준의 솜씨를 드러낸 그림으로 짐작된다. 당시 이학규와 막역한 사이였던 신위는 그의 서화 감식안에 대해 누구보다 잘 알고 있었을 것이다. 그렇기 때문에 자신이 아끼는 두 아들의 그림을 이학규에게 보내주어 그의 감평을 원했던 것으로 보인다.

其韵見寄」, 『洛下生集』冊18〇洛下生藁[上] 白門倡和集, 한국문집총간 290, 553면.

540 신성란, 「藹春 申命衍의 繪畵」, 『미술사연구』21, 미술사연구회, 2007, 134면.

3. 결어

이학규는 서화에 대한 높은 식견과 정밀한 감식안을 소유한 문인이었다. 그의 서화 감평이 비록 체계적이고 종합적인 저술로 이어지지는 못했으나, 문집 곳곳에서 서화에 대한 인식을 읽어내기에 부족하지 않다.

그는 1801년 신유사옥 때 김해에 유배되어 24년의 긴 세월을 남쪽 땅에서 보내야했다. 전례를 찾기 어려울 정도로 길었던 유배기간 동안 그는 문학 창작을 통해 유배객의 고뇌와 울울한 심사를 떨쳐내기 위해 무던히도 몸부림쳤다. 그가 유배지에서 직접 그림을 그리고, 서화를 감상했던 일련의 창작 활동 또한 이러한 연장선상에 놓여있다고 할 수 있다.

그의 회화에 대한 감평은 저명한 화가부터 이름이 알려지지 않은 인물에 이르기까지 대상의 층위가 매우 다양하다. 이는 이학규가 오랜 기간을 유배지에서 보내야만 했던 상황에서 기인한 것이다. 이학규의 유배지인 김해는 당시 서울과 비교할 때 문학적 수준 차이가 현격했다. 유배 이전 규장각에 드나들 정도로 문사의 중심지에서 활동했던 이학규에게 그 차이는 더욱 큰 절망감으로 다가왔다. 그러나 점차 시간이 경과하면서 유배지역 사람들에게 자신의 학문과 지식을 계도하는 수준으로 나아갔다. 유배지에서 알게 된 어린 소년에게 회화 이론을 자세히 설명해주고, 산수화의 계보와 붓을 운용하는 방식 등 서화와 관련된 주요한 정보를 조목조목 알려주고 있는 것도 이러한 맥락에서 이해할 수 있다.

본 연구는 이학규의 서화 인식과 감평 양상을 고찰함으로써, 그의 서화 감평가로서의 면모를 새롭게 발견하고 그 특성을 파악한 것이다. 가학적 영향관계와 함께 여러 회화 관련 서적의 열람을 통해 서화 인식의 배경을 짚어보고, 아울러 다양한 회화 비평의 사례를 살펴봄으로써 감평가로서의 실상을 드러내고자 했다. 이는 조선 후기 남인계 문인의 예술적 면모를 확인하고, 당대 서화사의 구도를 보다 정밀하고 풍부하게 구축하는데 일조한다는 점에서 그 의의를 찾을 수 있다. 그럼에도 본고는 이학규의 서화 비평이 당대 서화 비평과 어떤 차이점을 지니는지 서화비평사의 맥락에서 비교 고찰하는 작업은 이루지 못했다. 이는 향후의 과제로 남긴다.

VI. 19세기 성호학파星湖學派 문인의 문물 고증과 기록

『동사일지』는 이학규가 김해에 유배된 지 19년째가 되는 1819년에 지은 저술이다. 이 책은 모두 123조목에 걸쳐 우리나라의 역사·지리·문물·제도·풍속 등 다양한 내용에 대해 국내외 문헌을 종횡으로 참고하여 고증하고 기록한 필기류 저작에 해당한다. 필기류의 특성상 저자의 독서체험과 학식이 무르익은 만년에 지어지는 경우가 대부분인 것을 볼 때, 『동사일지』 또한 이러한 시점에서 산출된 것이라 할 수 있다. 『동사일지』에는 저자인 이학규의 방대한 지적 세계와 독서 체험이 고스란히 녹아들어 있다. 그러므로 『동사일지』는 학계에서 그동안 주목받아 왔던 이학규의 현실주의적 한시세계가 창출될 수 있었던 동인은 물론, 그의 실학적 사고까지 꿰뚫어 볼 수 있는 저작인 셈이다.

이학규는 외가인 남인가에서 생장하면서 성호학통을 이은 문사들과 가깝게 교유하였다. 이러한 가학적 배경은 저술 창작에 깊은 영향을 미쳤다. 『동사일지』가 창출될 수 있었던 배경에는 성호학파의 저술 전통이 자리하고 있는데, 이는 근기남인학파의 학문적 계보를 잇는 것으로 파악된다. 일찍이 근기남인학파의 종장으로 추앙받아온 이익李瀷은 방대한 분량의 백과전서인 『성호사설星湖僿說』을 남긴 바 있다. 이후 성호학파의 문인인 이가환李家煥은 다양한 분야의 내용을 고증하고 기록한 『정헌쇄록貞軒瑣錄』을 남겼다. 이상에서 언급한 두 저작이 17~18세기에 성호학파 문인이 세상의 만물을 고증하고 기록한 백과전서에 해당된다면, 『동사일지』는 19세기에 저술한 백과전서에 해당된다. 곧 『성호사설』-『정헌쇄록』-『동사일지』로 이어지는 저술 창작은 성호학파의 백과전서적 학풍이 시대별로 계승되어 이어지는 양상을 보여주는 것이라 할 수 있다.

1. 성호학파의 가학 전통과 『동사일지東事日知』

성호학파는 경세치용의 학풍을 특색으로 하는 근기지방의 남인학파를 일컬으며, 근기남인학파라고도 부른다. 성호학파의 종장인 이익의 학문은 가학으로서 아들 이맹휴李孟休, 조카인 이병휴李秉休·이용휴李用休·이만휴李萬休, 손자인 이구환李九煥, 종손인 이철환李嚞煥·이삼환李森煥·이중환李重煥·이가환李家煥에게 전승되었다. 이들 가운데 이맹휴는 예학禮學에, 이병휴·이구환·이철환·이삼환은 경학經學에, 이용휴는 문학文學과 역학曆學에, 이중환은 인문지리에, 이가환은 서학西學에 밝았던 것으로 전한다.[541]

541 이우성 선생은 성호 이익에 대해 繼往開來의 역사적 처지에서 門弟子姪들의 群英이 활짝 꽃을 피웠다고 하면서, 이루 다 헤아릴 수 없는 濟濟多士들이 성호의 문정에서 나와 혁혁하게 일세를 照耀하였다고 했다(「해제」, 『近畿實學淵源諸賢集』, 성균관대 대동문화연구원, 2002).

이익의 문하에서 다양한 학문 분야의 문사들이 배출될 수 있었던 까닭은 무엇보다 이익이 문인들 각자의 소질에 맞는 방향으로 학문을 지도했기 때문이다. 이익은 각자의 재능에 맞는 학문주제와 방법을 제시해줌으로써 본인의 개성을 충분히 살려 스스로 궁구할 수 있도록 하였다. 그는 글을 읽고 깨우치는 과정에서 스스로 사색하기를 당부했는데, 후학에게 자득自得을 강구하라는 가르침을 내린 사실은 만년에 이르기까지 이익이 얼마나 자득을 중시했는지 알게 한다.[542] 이익의 문하에서 직접 가르침을 받은 이용휴와 또 그의 후손인 이학규 역시 자득을 중시하는 학문 태도를 강조하였는데, 이는 이익의 학문관이 세대를 이어 전해졌음을 보여주는 것이다.[543]

이학규는 외조부인 이용휴의 집에서 유복자로 태어나 외가에서 유년시절을 보냈다. 그는 이용휴와 이가환에게 직접 학문을 전수받았으며, 자연스레 성호학파 문인들과 가깝게 지내면서 가학적 전통을 깊이 흡수하였다. 이학규가 성호학파의 학통을 이어받은 사실은 후대의 평가에서도 확인된다. 일찍이 이가원李家源 선생은 이학규에 대해 성호학파에서 이용휴를 이어 문학적 전통을 이어받은 문인으로 파악하였다. 그리고 이용휴의 문재文才는 아들인 이가환에 이어 외손자인 이학규에게 흘러들어간 것으로 평가했다.[544] 이학규가 학계에서 근기남인학파의 마지막 세대 문인으로 평가받고 있는 것도 이러한 발언과 무관하지 않다.

---

542 원재린, 『조선후기 星湖學派의 학풍 연구』, 혜안, 2003, 46~47면.

543 정은주, 「낙하생 이학규의 산문에 관한 연구」, 성균관대 석사학위논문, 2006, 13~18면.

544 이가원, 「韓國名人小傳」, 『李家源全集』 9, 정음사, 1986.

문학으로써 이용휴를 계승한 것으로 인정받은 이학규는 그에게 직접 가르침을 받으면서 문학의 기반을 다졌다.[545] 이를 통해 본다면 이학규가 그의 문학관에 어느 정도 영향을 받았을 것으로 짐작된다. 실제로 이학규가 문학창작의 원천으로 진정眞情의 표출을 강조한 것이나, 문집 곳곳에서 소품취의 글이 발견되는 것은 이용휴에게 수학한 영향으로 파악된다.

일찍이 유만주兪晩柱가 "혜환은 장서가 제법 풍부한데, 모두 기문이책奇文異冊으로 평범한 것은 한 질도 없다."라고 증언한 바 있듯이, 이학규가 외가에서 지낼 당시 이용휴의 집에는 장서가 풍부하여 그 소문이 널리 퍼져 있었다. 광범위한 학문 세계를 형성하고 고증적 학문태도를 견지하기 위해서는 방대한 장서가 필수적 요소이다. 알려진 바와 같이 19세기 조선 학계에서는 고증학이 새로운 학문연구의 패러다임으로 등장했다. 한학의 대두와 유행은 물론 청대 고증학의 유입에 자극된 것이었지만, 그 학문적 특성상 박학과 방대한 자료를 요구했다.[546] 곧 이학규의 저술에서 발견되는 광범한 독서 폭과 박학한 지식의 원천에는 외가에서 생장하면서 수학한 환경이 지대한 영향을 미쳤으며, 외가의 장서는 이학규가 다양한 지식을 습득할 수 있었던 창구 역할을 했던 셈이다.

이학규는 유배 이전까지 외숙인 이가환과 시문을 주고받는 친밀한 관계였다. 당시 이가환은 기억력이 매우 비상하고 해박하여 물어보

545 李學逵, 『洛下生集』冊14 文漪堂集, 「權孝配驪州李氏墓誌銘」, "予不祿于天, 先考棄世五閱月, 而先妣始娩余于予外家皇華里第. …… 時惠寰公方敎予學跽坐, 口授唐人詩絕句若干篇."

546 강명관, 『조선시대 문학예술의 생성 공간』, 소명출판, 1999, 271면.

면 모르는 것이 없을 정도로 박학한 인물이었다. 이학규 또한 산천과 도리, 풍토와 지리에서부터 의약과 금수에 이르기까지 명물도수에 박학다식했던 문인이었다.[547] 곧 두 사람 모두 폭넓은 분야에 대한 학문적 관심과 식견을 견지했던 문인으로, 이학규의 박학한 학문 성향은 이가환의 학문을 계승한 것으로 보인다. 곧 이학규가 일생동안 문예적인 문장을 추구했던 것은 외조인 이용휴의 영향을 받은 것으로 보이며, 실학적 학풍을 보여주는 여러 저술에서 드러나는 다방면에 걸친 폭넓은 관심과 박학한 식견은 외숙인 이가환의 영향을 받아 형성된 것이라 할 수 있다.[548]

이익에서 이용휴와 이가환을 거쳐 이학규로 이어지는 성호학파의 학맥은 그들의 저술을 통해 보다 구체적으로 확인될 수 있다. 주지하듯 이익의 학문세계는 경학중심의 질곡을 벗어나 일생동안 학문의 자유를 실천하여 각 방면에 걸쳐 탐구하였고, 그 결과 방대한 저작을 남기게 되었다. 이익의 대표적인 저술로 『성호사설』을 꼽을 수 있다. 『성호사설』은 천하 만물에 대한 것은 물론 고금의 일과 중국과 서양 제국에 대한 다방면에 걸친 견해를 집대성한 것으로, 천지문·만물문·인사문·경사문·시문문 등으로 분류하여 3,057항목에 걸쳐 논술한 거질의 저작이다. 이와 같은 이익의 백과전서적 박학주의는 이가환을 거쳐 이학규에까지 그 학맥이 이어지고 있다. 비록 『성

---

547 張志淵, 『逸士遺事』, 「李學逵」, 321~322면, "公이 博學多識ᄒᆞ야 凡山川·道里·風土·地理·天文·星曆·律呂·筭數·醫藥·草木·禽獸等 名物度數ᄅᆞᆯ 無不博究通曉ᄒᆞ고 詩詞文章이 尤精邃簡潔ᄒᆞ야…… 所著有名物考·廣詩則·嶺南樂府·因樹漫筆·文漪堂稿·洛下集等書ᄒᆞ니라."

548 백원철, 『낙하생 이학규 문학연구』, 보고사, 2005, 80면 참조.

호사설』의 방대한 학적 범위에는 미치지 못하지만, 이가환의 『정헌쇄록』과 이학규의 『동사일지』를 통해 성호학파의 지적 전통이 계승되어 이어지고 있음을 확인할 수 있다.

이가환의 『정헌쇄록』은 저자의 해박한 지식과 정밀하고 전문적인 식견이 잘 나타나는 저술이다. 이 책은 역사 · 풍속 · 시문 · 서화 등 학술 문화의 다양한 방면에 걸쳐 저자의 견해를 잡기雜記한 형태로 써 놓은 것이다.[549] 그런데 『정헌쇄록』은 『동사일지』와 비교하여 그 체제와 내용 면에서 유사한 부분이 적지 않다.[550] 실제로 두 저작을 비교해 보면, 동일한 명칭의 조목은 물론 유사한 내용이 수록된 조목도 발견된다. 예를 들어 『동사일지』에 수록된 「조라치[照羅赤]」는 『정헌쇄록』에 수록된 「조라치[燭剌赤]」와 비교할 때 명칭의 표기법은 상이하나 동일한 소재의 내용이다.[551] 이외에도 『동사일지』의 「상원답교上元踏橋」와 『정헌쇄록』의 「답교踏橋」, 「공형公兄」과 「삼공형三公兄」, 「승보시陞補試」와 「승보시陞補試」, 「가삼家蔘」과 「인삼人蔘」[552] 등의 조목은 그 명칭과 내용이 유사하다. 이를 통해 볼 때 『동사일지』는 『성호사설』보다 『정헌쇄록』과 좀 더 친연성을 지니고 있음을 알 수 있다. 이학규가 외숙인 이가환과 직접적인 사숙 관계에 있었다는 점을 고려할 때, 『동사일지』와 『정헌쇄록』이 내용과 형식면에서 보

549 정우봉, 「해제」, 『近畿實學淵源諸賢集』 2, 성균관대 대동문화연구원, 2002.

550 『貞軒瑣錄』에 대해서는 정은진, 「근대적 일상의 탐구와 기록정신 – 이가환의 『정헌쇄록』 해제」, 『민족문학사연구』 31, 민족문학사연구소, 2006 참조.

551 정은주, 「낙하생 이학규 문학의 변모 양상 연구」, 성균관대 박사학위논문, 2011, 149~150면.

552 『동사일지』 「家蔘」과 『정헌쇄록』 「人蔘」의 유사성에 대해서는 제2부 Ⅳ. 조선 후기 가삼 재배와 『삼서』 참조.

다 밀접한 관계에서 형성되었던 것이다.

이상에서 살펴본 바와 같이, 이학규의 학문세계를 형성하는 데에는 성호학파의 학풍을 이어받은 이용휴와 이가환을 비롯한 가학의 영향이 지대했음을 알 수 있다. 이는 이학규가 『동사일지』를 저술할 수 있었던 내적 동인으로 작용했다. 성호학파의 가학적 전통 속에서 외가의 장서를 열람하며 박학한 지식세계를 구축하고 고증적 학문 태도를 견지했던 이학규는 그 결과물인 『동사일지』를 창출할 수 있었다.

2. 『동사일지』 글쓰기의 특징

『동사일지』는 1985년 한국한문학연구회에서 3책으로 영인해서 간행한 『낙하생전집』 하권과 『한국문집총간』 290권 『낙하생집』 책20에 수록되어 있다. 두 저본 모두 일본 천리대학天理大學 도서관장본圖書館藏本이다.

『동사일지』는 모두 123조목으로 구성되어 있다. 각 조목마다 명칭이 제시되어 있고, 그 아래에 내용이 기록되어 있다. 각 조목의 분량은 편폭이 긴 것이 있는 반면, 한 두 줄에 그치는 짧은 편폭의 것도 있어 대체로 일정하지 않다. 조목의 전체적인 순서를 살펴보면 몇 개의 유사한 주제별 범주로 구분할 수 있는데, 저자 또한 이것을 염두에 두고 기록한 것으로 보인다. 각 조목의 서술방식은 대체로 해당 내용을 국내외 문헌 자료와 견문을 통해 고증한 뒤, 저자의 비평적 견해를 덧붙이는 형식으로 이루어져 있다. 이는 단순한 독서기

의 성격을 넘어서는 것으로, 일종의 차기체 필기의 성격을 지니는 것이다.[553]

『동사일지』에서 '동사東事'는 '동인東人의 인사人事'라는 의미이다. 동사는 국가를 구성하고 운영하는데 필요한 인적·물적 요건을 말하는데, 구체적으로는 법규와 제도, 체제, 풍속 등이 포함된다. 곧 '동사일지'는 '동인의 인사를 날마다 기록한다.'라는 의미로 파악되며, 이학규가 평소에 독서하거나 견문한 것에서 그때마다 적어둔 것들이 모여 이루어진 것이다.[554] 또한 『동사일지』는 청나라 문인 고염무顧炎武의 저술인 『일지록日知錄』에서 영향을 받은 것으로 보인다. 두 저술의 명칭이 유사할 뿐만 아니라 이학규가 『일지록』을 열람하고 그 내용을 인용한 것에서도 그 사실을 짐작할 수 있다.[555]

---

553 진재교 교수는 차기체 필기에 관해 18·19세기에 나온 필기와 총서류에서 볼 수 있는 글쓰기 전략의 하나로, 단순한 독서기의 성격을 넘어선다고 하였다. 이러한 차기체 글쓰기의 성격은 각 조목의 내용과 비평적 덧글에서 선명하게 드러나며, 비평적 덧글에서 보여주는 박학한 지식과 풍부한 식견은 작자의 독서체험 및 객관적 안목과 가문학적 지적 전통을 보여주는 것이라고 하였다(「19세기 箚記體 筆記의 글쓰기 양상」, 『한국한문학연구』 36, 한국한문학회, 2005)

554 일찍이 顧炎武도 『日知錄』의 서문에서 "나는 젊어서부터 글을 읽고 무엇인가 새로운 사실을 발견하면 그때마다 기록을 해두었다. 기록한 내용이 적절하지 못하면 그때그때 고쳐 적었다. …… 삼십여 년 간 차곡차곡 적어서 이제 책 하나가 이루어졌다. '날마다 그 없는 바를 알고, 달마다 그 능히 할 수 있는 바를 잊지 않으면, 학문을 좋아한다고 말할 수 있을 따름이다'라고 한 子夏의 말을 따와서 日知錄이라 이름하고, 후대의 학자들에게 비판을 청한다."라고 하였다.(심경호, 『한문산문의 미학』, 고려대 출판부, 1998, 254면)

555 임형택 선생은 『洛下生全集』(아세아문화사, 1985) 해제에서 "顧炎武의 『日知錄』을 염두에 두어 『동사일지』라고 書名을 붙인 것으로 생각된다."라고 하였다.

『동사일지』를 주제별로 분류하여 제시하면 다음과 같다.

〈표 1〉『동사일지』 체제

『동사일지』	
역사 지리	三韓壃域　四郡
문물 제도	箕子祠　姓氏　韓骨　大成殿　聖廟木主　大成至聖文宣王　春秋上丁釋菜　親幸釋奠 吏兵曹政案　都目政　落點　守令薦　外任文武交遞　監察茶時　廣興倉頒祿　關子移文 牒呈　佛法　關王廟致祀　龍王帝釋　巫房　台子神　兩班　品官　上舍　風憲 貢生　別抄　所由　螺匠　照羅赤　司鑰　其人　該色　摠攝　有髮僧　衙前　公兄 戶長　大房　香徒　花郎　奴婢　栳栳白丁　市廛　水田　瓦屋　溫突　牛耕　行錢 還上　田災　銃　焰硝　濟州馬　羖羅　家蔘　南草　南瓜　綿花　數名具書　利上加利
과거 교육	新恩謁聖　養賢庫　太學捲堂　七書諺解　朱子四書集註　初學千字文　設科取士 科擧程式　科文體格　糊名　式年科　監試　東堂試　陞補試　明經科　武科　漢學講 守令七事講
풍속	正朝歲拜　春耕祭　上元踏橋　上元藥飯　八日燃燈　八日蒸豆　端午鞦韆　流頭 嘉俳　冠服華制　青衣　天翼　風遮　方築纓子　網巾　平頂巾　掛子　行纏　襪子 唐鞋雲鞋　鞋釘　妓生着氈笠　軍服　髢髻　乾正果　油蜜果　燒酒　餻花　絲花鳳 赤壁賦砂鉢　玄琴　伽倻琴　抛毬樂　舞鼓　廣大　石戰　紙鳶　風車　抓子兒 鬪牋　從政圖　擊錢戲　柶木戲

『동사일지』의 글쓰기 특징은 다음 세 가지로 나타낼 수 있다. 첫째, 자국의 문물에 대한 주체적 인식이다. 우리나라의 역사적 사실을 비롯하여 자국 고유의 문화와 문물에 대한 고증과 기록은 자국 문물에 대한 주체적 인식을 드러내는 것이다. 둘째, 고증에 의한 사물의 기원 탐구이다. 『동사일지』에는 문물의 기원을 치밀하게 따져서 고증하는 내용이 많은데, 이는 사물의 원류에 대한 저자의 지적 호기심에서 비롯된 것이다. 셋째, 유배지역 특성과 실체험의 반영이다. 저자의 오랜 유배체험에서 비롯된 영남지역의 다양한 풍물과 풍속에 대해 고증하고 기록한 점은 다른 백과전서적 저술들과 변별되는 지점이기도 하다.

1) 자국 문물에 대한 주체적 인식

이학규는 역사를 학문의 한 부분으로 인정하고 중요하게 생각했다. 그리고 역사에 대해서 '독서지사讀書之士'가 몰라서는 안 된다고 거듭 강조하였다. 이 때문에 학문에 뜻을 둔 유배지역 주민들을 위해 직접 『사평십팔칙史評十八則』을 저술하기도 하였다.[556] 이 책은 지금 현전 여부를 알 수 없으나, 이학규의 역사관이 반영된 저술일 것으로 추측된다. 이와 같이 이학규는 평소에 역사에 대한 관심이 높았으며, 이러한 역사관은 『동사일지』에도 반영되었다.

『동사일지』의 전체적인 구성을 살펴보면, 자국의 역사 지리에 관한 조목이 가장 앞부분에 배치되어 있음을 알 수 있다. 또한 해당 주제의 조목은 다른 조목에 비해 편폭이 상당히 긴 편으로, 이는 저자의 높은 관심을 방증하는 것으로 보인다.

『동사일지』의 첫 번째 조목은 「삼한강역三韓疆域」이다.

> 삼한의 강역에 대한 변론은 예로부터 정해진 논의가 없다. 그 설에는 네 가지가 있다. 첫째는 중국인들이 요동을 삼한이라 부르는 것이요, 둘째는 『송사』, 「지리지」에 "고주의 삼한현은 진한이 부여이고, 변한은 신라이며, 마한은 고구려이다."라고 언급한 것이다. 셋째는 문창후 최치원이 "마한은 고구려요, 변한은 백제이다."라고 한 것이며, 넷째는 양촌 권근이 비록 마한이 백제인줄은 알았지만 고구려가 변한이 아님을 모르고 혼동하여 말한 것이다. 살펴보건대 명 천계 초년에 요양을 잃은 후 황제에게 아뢴 글에 마침내 요인을 삼

556 李學逵, 『洛下生集』冊16 秋樹根齋集, 「二十一史評序」, "今於三十年間, 遺忘已過半, 而猶檃括其大意. 作史評十八則, 以詒邑人之志學而好問者, 使知夫編年之外, 另有史例, 而史亦有二十一代之紀傳表志, 讀書之士, 不可不知者也."

한사람이라 말하며 그들을 구분지어 언급한 것이 있으며, 청나라 사람 고염무는 "요인들은 스스로 삼한이라 일컬으며 자신들을 구분 지으려 한다."고 기롱하였는데, 「지리지」에 실린 것을 잘못 계승하기만 하고 변론은 하지 않았다. 그 근원은 최치원에게서 처음 잘못되었으며, 권근에서 재차 잘못되어 지금에 이르기까지 수 천 년 동안 논설이 분분했지만 끝내 단안이 없다.[557]

삼한三韓은 삼국 시대 이전 한반도 중남부에 있었던 마한馬韓·변한弁韓·진한辰韓을 가리키는데, 그 지리적 위치에 대해서는 오래 전부터 여러 가지 설이 있다.[558] 『송사宋史』의 「지리지地理志」에서는 진한이 부여, 변한이 신라, 마한이 고구려라고 하였다. 이에 반해 최치원은 마한이 고구려이고 변한이 백제라고 하였으며, 권근은 마한이 백제인줄은 알았지만 고구려가 변한이 아님을 모르고 혼동했다고 하였다. 그리고 청나라 문인 고염무도 『송사』에 실린 내용을 잘못 계승하기만 했을 뿐 변론은 하지 않았다고 하였다. 이에 대해 이학규는 삼한 강역에 대한 최치원과 권근의 주장은 잘못된 것이라고 하면서, 의견만 분분할 뿐 끝내 단안이 없다고 토로하였다.

이학규가 기록한 바와 같이, 삼한의 강역은 오랜 세월 동안 수많은

557 李學逵, 『洛下生集』冊20 東事日知, 「三韓壃域」, "三韓壃域之辨, 自古無定論. 其爲說有四, 其一華人謂遼東爲三韓, 其二宋史地理志, 有高州三韓縣, 辰韓爲扶餘, 弁韓爲新羅, 馬韓爲高麗. 其三崔文昌謂馬韓高勾麗也, 弁韓百濟也, 其四權陽村雖知馬韓之爲百濟, 而不知高勾麗之非弁韓, 混而言之. 按大明天啓初失遼陽以後, 章奏之文, 遂有謂遼人馬三韓者外之也. 淸人顧炎武譏遼人之自稱三韓以自外也, 地理志所載, 承譌襲謬, 不當置辨也. 其源始誤於文昌, 再誤於陽村, 至今數千年間論說蜩興, 而迄無斷案也."

558 이학규가 삼한 강역에 대해 변증한 글은 『海榴庵集』에도 실려 있다(『洛下生集』冊12 海榴庵集, 「三韓疆域辨」)

문인들 사이에서 뜨거운 논쟁거리였다. 동국의 외재적인 형세를 규정하는 강역은 이익과 그 문인들이 관심을 보였던 주제 가운데 하나였다.[559] 안정복安鼎福은 삼한 강역에 대해 우리나라 문헌에 증빙할 만한 것이 없어 삼한의 위치가 아직 정해지지 않았다고 하면서, 삼한의 땅이 지금의 한수漢水 이남으로부터 시작되었다고 하였다.[560] 또한 한치윤韓致奫은 옛날에는 한수 남쪽을 한국韓國이라고 하고 또한 진국辰國이라 불렀다고 하면서, 삼한 중에서 마한이 가장 크며 진한과 변한이 모두 마한에 복속했다고 변증하였다.[561] 이익은 『성호사설』에서 삼한의 강역에 대해 마한이 기준에게 쫓겨난 후 마한과 진한 두 나라 사이에 별도로 변한이 있었다고 하면서 마한에 예속된 나라로 보았다.[562] 그리고 이익은 최치원의 삼한 인식을 비판하는 주장에 대해 옹호하는 입장을 취했는데, 이는 이학규가 삼한 인식의 잘못된 근원으로 최치원을 지적한 것과 상반된다. 이익은 최치원의 삼한설에 내포된 의미와 맥락을 제대로 파악하지 못했기 때문으로 보았으며, 당시 사람이었던 최치원이 어긋난 판단을 할 리가 없다고 단정하면서 그의 삼한설을 적극 옹호하였다.[563]

> 대개 삼한은 옛날 진국인데 그 중 마한이 가장 크다. 진나라에서 도망친 사람들이 요역을 피해 한반도로 들어오자 마한은 동쪽 경계

559 원재린, 앞의 책, 220면.

560 安鼎福, 『東史綱目』 附錄 下卷, 「三韓考」.

561 韓致奫, 『海東繹史』 續集 卷3, 「地理考」 3, 「三韓・疆域總論」.

562 李瀷, 『星湖僿說』 卷3, 「天地門」, 「三韓」.

563 문창로, 「조선 후기 실학자들의 삼한 연구」, 『한국고대사연구』 62, 한국고대사학회, 2011, 81면.

를 떼어 그들에게 주었는데, 이것이 진한이다. 또한 그 남쪽은 변한으로 진한에 속해 있었다. …… 신망 원년에 온조가 마한을 멸하고 백제를 세웠으니, 곧 마한이 지금의 충청 · 전라 양도임을 알겠다. 한 선제 오봉 원년에 박혁거세가 진한 육부의 백성들에게 추대되었으니, 곧 진한이 지금의 경상도임을 알겠다. 변한은 비록 어느 곳에 있었는지 정확히 모른다. …… "진한이 동쪽에 있다"는 글에 근거해 보면 곧 지금의 경상좌도가 진한이며, "변진은 남쪽에 있고 또 왜와 접하고 있다"는 글에 의거하면 곧 경상우도의 김해 · 창원 · 웅천 · 거제 · 진해 · 고성 등이 변진인 것이다.[564]

이학규는 삼한의 위치를 고증한 것 가운데 한백겸韓百謙의 「삼한변三韓辨」이 가장 옳은 것으로 보았다. 한백겸은 삼한을 삼국에 비정하던 전통적인 삼한 인식을 벗어나, 마한 – 백제, 진한 – 신라, 변한 – 가야로 새롭게 파악하였다. 나아가 그는 마한의 위치를 호서와 호남지역 곧 오늘날 한강 이남의 경기 · 충청 · 전라도 지역으로, 진한과 변한을 각각 경상도 동북과 서남지역으로 비정하였다.[565] 이학규는 삼한의 위치에 대해 진한의 남쪽은 변한이고, 이후에 마한이 멸하고 백제가 들어섰으니 곧 마한이 지금의 충청도 · 전라도에 해당한다고 하였다. 그리고 진한은 박혁거세가 세운 신라가 되었으니 지금의 경상좌도에 해당하고, 변한은 경상우도에 해당되는 것으로 보았다. 이

---

564 李學逵, 『洛下生集』冊20 東事日知, 「三韓疆域」, "蓋三韓, 古之辰國也. 其中馬韓最大. 秦之亡人, 避役入韓地, 馬韓割東界以與之, 是爲辰韓. 又其南爲弁韓, 屬於辰韓. …… 新莽元年, 溫祚滅馬韓而爲百濟, 卽知馬韓爲今之忠淸全羅兩道也. 漢宣帝五鳳元年, 朴赫居世爲辰韓六部民所推戴, 卽知辰韓爲今之慶尙道也. 弁韓雖未知的據何地. …… 卽據辰韓在東之文, 卽今之慶尙左道是也, 弁辰在南亦與倭接之文, 卽今之慶尙右道金海 · 昌原 · 熊川 · 巨濟 · 鎭海 · 固城等地是也."

565 문창로, 앞의 논문, 71~73면.

상과 같이 이학규는 「삼한강역三韓疆域」에서 국내외 문헌을 참고하여 삼한의 강역을 고증하고, 아울러 삼한의 강역과 실제 지리적 위치를 비교하여 보다 구체적이고 자세하게 해당 지명을 기록했다. 곧 삼한의 강역을 고증하여 민족의 역사적 정통성을 주장함으로써 자국의 역사와 지리에 대한 주체적 인식을 드러냈다.

『동사일지』를 살펴보면 우리나라 고유 문물에 대한 고증과 기록이 많은 분량을 차지함을 알 수 있다. 이는 이학규가 타자와 변별된 시각에서 자국 문물의 고유성과 주체성을 인식한 위에 『동사일지』를 저술한 것이라 할 수 있다.

> 우리나라 향도香徒의 호칭은 네 가지가 있다. 『금관국지金官國志』에 김유신이 나이 15세에 화랑이 되었는데 당시 사람들이 흡연히 복종하여 '용화향도'라 불렀다. 『고려사高麗史』 원종 9년에는 승려와 속인이 마구 섞여 무리를 이루자 이를 '만불향도'라고 불렀는데, 혹은 염불과 독경을 하면서 거짓으로 속이기도 하고 혹은 술에 취해 무기를 가지고 날뛰면서 놀았다. 이에 어사대 금오위순검에 명하여 금지시켰다. 「심우경전沈于慶傳」에는 나라 풍속에 계를 맺고 향을 피우는 것을 '향도'라고 이름하였는데, 서로 돌아가며 연회를 열어서 남녀노소가 서열대로 앉아 같이 술 마시는 것을 향도연이라고 불렀다. 본조에는 남의 상여를 메는 것을 '향도'라고 하는데, 지금 그 무리는 모두 무뢰하고 구걸하는 부류일 뿐이다. 이 때문에 고려 때의 승려와 속인이 섞인 무리에 비교하니 그 명칭을 이어받은 것인가.[566]

566 李學逵, 『洛下生集』冊20 東事日知, 「香徒」, "東國香徒之稱有四. 金官國志, 金庾信年十五, 爲花郎, 時人洽然服從, 號龍華香徒. 高麗史元宗九年, 僧俗雜類, 聚會成羣, 號爲萬佛香徒. 或念佛誦經, 作爲詭誕, 或醉酒持兵, 踊躍遊戲. 令御史臺金吾衛巡檢禁止. 沈于慶傳, 國俗結契燒香, 名曰香徒, 相與輪設宴會,

위에 인용한 조목은 「향도香徒」이다. 이 글은 우리나라 향도의 호칭을 네 가지로 분류하고, 각각의 호칭에 대해 기록한 것이다. 신라시대 김유신이 이끌던 화랑인 '용화향도'가 첫 번째이고, 고려 때 거짓과 자행을 일삼아서 결국 금지된 '만불향도'가 두 번째이다. 그리고 『고려사』 열전, 「심우경전」에 기록된 '향도'가 세 번째이다. 마지막 네 번째는 조선시대 때 남의 상여를 메는 것을 부르는 호칭인 '향도'이다. 이상과 같이 향도는 각 시대에 따라 그 의미가 상이함을 알 수 있다. 이어서 조선의 향도를 무뢰하고 구걸하는 부류로 규정하면서, 고려 때 금지된 만불향도에 비유하였다. 곧 조선의 향도에 대해 승려와 속인의 잡류가 모여 떼를 이루면서 거짓으로 남을 속이고 술을 파는 만행을 일삼아 국가의 금지를 당한 만불향도와 비교하면서 날선 비판의 목소리를 내고 있는 것이다.

이학규는 우리나라 고유 문물에 대해 고증하고 기록하는 한편, 중국의 문물과 비교하여 제시함으로써 그 차이점을 분명하게 드러내는 서술 방식을 취하였다.

> 지금 난방은 난상이라고도 한다. 속칭 온돌인데, 중국의 토항과는 그 제도가 조금 다르다. 고염무의 『일지록日知錄』에 "북쪽 사람들은 흙으로 상을 만들고 그 아래에 구멍을 뚫어서 불을 지피는데 항이라 한다. 고서에는 실려 있지 않다."고 하였다. …… 유동의 『제경경물략帝京景物略』에 "융안사의 당우는 넓이가 다섯 길이고 벽돌로 한 자를 쌓아 불길을 그 아래에 돌게 하였는데, 불 피운 석탄이 삼백 근으로 염불하는 사람을 따뜻하게 하였다. 이것이 난방의 제도임을 알겠

男女少長序坐共飮, 謂之香徒宴. 本朝爲人擔喪轝曰香徒, 今其徒皆無賴乞匃之流. 故比之勝國之僧俗雜類而襲其名歟."

> 으니 사찰에서 비롯된 것이다."라고 하였다. 『구당서舊唐書』, 「고려전高麗傳」에 "겨울철에는 모두 장갱을 만들어서 아래에다 숯불을 지펴 따뜻하게 한다."고 하였다. 그런데 그 법제는 또한 사찰에서 비롯한 것이 아니니 고려에서 시작된 것이 아니다. 일찍이 노인들의 말을 들었는데 수백 년 전에는 온돌의 법제가 오히려 널리 행해지지 않았다고 한다.[567]

위 글은 온돌溫堗의 유래에 대해 고증한 것이다. 온돌은 우리말로 구들이라고도 하는데, 추위에 대비한 난방 제도의 일종이다. 저자는 이 글에서 난방 혹은 난상이라고도 하는 우리나라 온돌은 중국의 토창과 다른 것이라고 설명하였다. 유동劉侗의 『제경경물략帝京景物略』에는 융안사隆安寺에서 염불하는 사람을 위해 벽돌 아래 불길을 쌓은 것이 난방 제도의 시초라고 되어 있으며, 『구당서舊唐書』의 「고려전高麗傳」에는 겨울철에 숯불을 지펴서 따뜻하게 한다고 하여 난방이 예전부터 있었던 것임을 나타냈다. 『제경경물략』은 명나라 때 유동과 우혁정이 공동으로 찬한 책으로, 당시 북경의 경물에 대해 기록한 일종의 중국 세시기이다. 이 책은 이학규가 『동사일지』에서 고증에 활용한 주요 참고문헌 가운데 하나이다.

이학규는 고금의 문헌을 참고하여 온돌의 유래를 고증한 데에서 나아가, 주위 노인들에게 직접 견문한 사실을 기록해 놓았다. 온돌

567 李學逵, 『洛下生集』冊20 東事日知, 「溫堗」, "今之煖房, 或曰煖牀. 俗稱溫堗, 與中國土炕, 其制小異. 顧炎武日知錄, 北人以土爲牀, 而空其下以發火, 謂之炕, 古書不載. …… 劉侗帝京景物略, 隆安寺堂, 廣縱五丈, 磚方以尺, 火道旋其下, 日餤煤三百斤, 以燠念佛者, 是知煖房之制, 始于佛刹. 舊唐書高麗傳, 冬月皆作長坑, 下然熅火以取煖. 然則其法, 亦未始于佛刹, 而始于高麗也. 嘗聞故老言, 數百年前, 溫堗之法, 猶未遍行."

이 시행되기 전에는 탕파湯婆와 흔철焮鐵을 이용해서 추위를 막는 도구로 사용했다고 하였으며, 지금도 이들의 잔재가 남아 있다고 한다. 곧 우리나라의 온돌과 중국의 토항은 난방을 위한 제도라는 점에서는 동일하나, 그 방식에서 약간의 차이점이 존재한다. 이와 같이 이학규는 『동사일지』에서 우리나라의 고유 문물과 중국의 문물을 비교하여 그 차이점을 드러내고자 하였다. 우리나라에서 신는 버선이 중국의 버선과 다르다고 한 발언도 이와 같은 맥락에서 나온 것이다.[568]

> 현금玄琴의 제도는 오직 우리나라에만 있다. 『동사찬요東史纂要』 주에 "처음에 진나라 사람이 칠현금을 고려에 보내왔다. 고려 사람들이 그것을 연주하는 방법을 알지 못해서 국상인 왕산악이 고쳐서 연주하매 검은 학이 내려와 춤을 추니 명칭을 현학금이라 하였다." 고 한다. 또 옥보고란 사람이 있는데 지리산에 들어가 금琴을 50년간 연구하였으니, 세 번 전하여 귀금에까지 이르렀는데 또한 지리산에 들어가 나오지 않았다. 왕은 금도가 끊어질 것을 두려워해서 윤흥을 남원 군수로 삼아 전수받도록 하였다. 윤흥이 안장 등 2인을 보내어 예를 다하여 그것을 배웠는데, 비·표·풍 등 세 곡이 전한다. 안장이 아들 극종에게 전수한 것으로 평조와 우조가 있는데 세상에 전한다.[569]

---

568 李學逵, 『洛下生集』冊20 東事日知, 「襪子」, "我國之俗, 京外上下, 皆著襪子, 與中國襪制差異, 古人之韈, 大抵以皮爲之, 故字从革."

569 李學逵, 『洛下生集』冊20 東事日知, 「玄琴」, "玄琴之制, 惟我東有之. 東史纂要註, 初, 晉人以七絃琴, 送高麗, 麗人不知鼓之之法, 國相王山岳, 頗改其制以奏, 有玄鶴來舞, 名玄鶴琴. 又有玉寶高者, 入地理山, 學琴五十年, 三傳至貴金, 亦入地理山, 不出. 王恐琴道不傳, 以允興爲南原守, 俾傳其業. 允興遣安長等二人, 致禮學之, 傳其所秘飄風等三曲. 安長傳子克宗, 有平調·羽調, 傳于世."

위 조목은 우리나라의 고유 악기인 현금玄琴에 대해 기록한 것이다. 오운吳澐이 편찬한 『동사찬요東史纂要』를 참고하여 현금의 유래에 대해 기록하고, 아울러 현금의 전승에 관한 고사를 나타냈다. 우리나라의 악기 가운데 요고腰鼓, 대금大笒, 편종編鍾, 편경編磬, 축柷, 어敔, 훈壎, 지篪 등의 악기는 중국의 제도이다. 이에 반해 현금은 옛날 오현五絃을 본뜨면서 일현一絃을 더한 것으로 우리나라의 옛 제도를 따른 것이다.[570]

거문고는 진나라 사람이 고구려에 보낸 칠현금七絃琴을 왕산악이 개량하여 하나의 악기로 발전시킨 것이다. 신라에서는 옥보고玉寶高에서 속명득續命得, 귀금貴金에게 계승되어 전수되었다. 그런데 귀금이 지리산에 입산하여 나오지 않자 금도琴道가 단절될 것을 염려한 왕이 윤흥允興을 남원의 사신으로 보내 그 연주법을 전수받도록 하였다. 윤흥이 2명을 뽑아서 귀금에게 보내어 거문고 타는 법을 배우게 하였으나 귀금은 그 기술을 다 가르쳐주지 않았다. 이에 윤흥이 귀금을 찾아가서 예의와 정성을 다하여 전수해줄 것을 청하자, 이후 귀금은 비법을 안장安長에게 전해주고 안장은 극종克宗에게 전하여 비법이 널리 퍼졌다고 한다.

이상에서 살핀 바와 같이 이학규는 우리나라에 전래하는 고유한 문물의 유래와 내용을 찾아서 밝히고, 여기에 더하여 타국 문물과의 변별성을 드러내고자 하였다. 이는 자국 문화에 대한 주체적 인식의 소산으로, 자국 문물의 고유성과 독창성에 대해 분명하게 인지하고 있었음을 나타내는 것이다.

---

570 李裕元, 『林下筆記』卷20, 「文獻指掌編」, 「玄琴」.

2) 고증에 의한 사물의 기원 탐구

『동사일지』의 글쓰기 특징 가운데 하나는 모든 사물의 기원에 대해 고증을 통한 분석적 접근을 시도하고 있다는 점이다. 『동사일지』에는 '언제 시작되었는지 알 수 없다[不知始於何時]'라는 표현이 빈번하게 나타난다. 세상의 만물이 과연 언제부터 비롯되었는가에 대한 궁금증이 저자의 지적 탐구욕을 자극하여 고증과 분석을 통해 사물의 기원을 모색하려는 방식으로 이어진 것이다. 이학규는 유배지인 김해로 내려간 이후 지식 탐구에 대한 갈증을 해소할 길이 없어 늘 답답함을 호소하곤 하였다. 또한 김해지역에 문사가 적은 이유는 장서가 없기 때문이라고 하여, 고을의 유력자들과 함께 금관서사金官書社를 설치하기도 하였다. 곧 이학규는 유배 이전은 물론 유배된 이후에도 지식 탐구를 위해 끊임없이 노력했으며, 이것이 축적된 결과물이 바로 『동사일지』인 것이다.

앞의 표에서 살핀 바와 같이, 『동사일지』에는 과거와 교육에 관한 조목이 상당수 포함되어 있다. 이학규는 서울에서 지낼 당시 『규장전운』 편찬사업에 참여하기도 하고 유배 이후에는 유배지역의 유생들을 모아서 직접 가르치기도 하였던 바, 과거와 교육에 대한 관심이 높았던 것으로 짐작된다.

> 감시監試의 명칭은 전조 『고려사高麗史』 현종 22년에 비롯되었는데, 처음에는 국자감시를 설치하여 시부詩賦를 시험 보았다.[571]

---

571 李學逵, 『洛下生集』冊20 東事日知, 「監試」, "監試之名, 亦始於勝朝高麗史顯宗二十二年, 始設國子監試, 試以詩賦."

> 호명糊名의 법은 또한 『고려사』 문종 16년에 처음 보인다. 국자사업 황항지黃抗之가 유생들을 시험할 때 매우 문란하여 공위봉시법을 시행하였는데, 사인 정유산鄭惟産의 말을 따른 것이다.[572]

위에 인용한 조목은 각각 「감시監試」와 「호명糊名」이다. 두 조목 모두 편폭이 짧은 글 속에서 각 제도의 기원에 대해 고증하였다. 감시라는 명칭은 『고려사』 현종 22년에 보이는데, 처음에는 국자감시國子監試를 설치하여 시부詩賦를 시험 보았다고 기록하여 감시의 기원에 대해 고증하였다. 호명은 과거시험 때 답안지에 쓴 응시자의 이름을 풀칠하여 봉하던 일을 말한다. 이 두 글은 주로 문물의 기원에 중심을 둔 서술방식을 취하고 있어 『동사일지』의 시발점이 어디에서 비롯되었는가를 짐작케 한다.

이학규는 일상에서 마주치는 소소한 미물일지라도 자신의 호기심 영역 안으로 끌어들여 그 기원에 대해 탐구하였다.

> 남과南瓜의 속명은 호박이다. 경외의 상하가 모두 좋아하는데도 제사에는 올리지 않는다. 대개 남과가 식품으로 들어온 것은 명나라 말기에 비롯되었다. 청나라 사람인 장경의 『국조화징록國朝畫徵錄』에 다음과 같이 나와 있다. "서방의 자는 소법, 호는 사재이다. 장주 사람으로 숭정 임오년에 과거에 합격했다. 그의 부친인 서견이 을유년 난리에 죽자, 마침내 모래 위에 흙집을 짓고 은거했다. 수옥은 멀리 세상과 떨어져 있어서, 늙은 농부에게 몸소 배워 채소와 부추 외에 남과를 많이 심었다. 여름과 가을 사이에 이따금 깔고서 새벽밥을 지었다고 한다." 이보다 앞서 들은 것이 없으니 우리나라에서 남

---

572 李學逵, 『洛下生集』冊20 東事日知, 「糊名」, "糊名之法, 亦始見高麗史文宗十六年, 國子司業黃抗考試甚濫, 始行貢闈封彌法, 從舍人鄭惟産之言也."

> 과를 먹은 것은 또한 반드시 인조 이후에 있었다. 사람들은 조상이 먹어보지 않은 것을 제사에 올리기엔 적합하지 않다고 여겼으니, 지금까지 이어져 행해지고 있다.[573]

이 글의 조목명은 「남과南瓜」이다.[574] 저자는 『국조화징록』의 내용을 인용하여 남과의 기원에 대해 고찰하였다.[575] 남과는 원산지가 남미로 남쪽에서 전래했기 때문에 붙여진 명칭이다. 『국조화징록』에 의하면 서방徐枋이 부친의 사후에 세상과 떨어져 은거하면서 남과를 많이 심고 수확한 남과를 식용했다고 한다. 이학규는 이보다 앞서 들은 것이 없다고 하면서, 우리나라에서 남과를 먹은 것은 반드시 인조 이후일 것이라고 추정하였다. 그렇기 때문에 지금 사람들은 조상이 먹어보지 않은 음식을 제사상에 올리기엔 적합하지 않다고 여겨서 지금까지 남과를 올리지 않는다고 한 것이다. 이 글은 남과의 기원에 대해 문헌을 통해서 밝히고, 우리나라에 처음 들어온 유래를 나타냈

573 李學逵, 『洛下生集』冊20 東事日知, 「南瓜」, "南瓜俗名好朴. 京外上下, 無不嗜之, 第不以供祭奠. 盖南瓜之入食品, 始於明季. 淸人張庚國朝畵徵錄, 徐枋字昭法, 號俟齋, 長洲人, 崇禎壬午擧人. 父汧, 乙酉殉難, 遂隱居上沙土室. 樹屋邈與世隔, 躬效老圃, 蔬韭外, 多藝南瓜. 夏秋間, 往往藉以晨炊. 前此無聞焉. 我國之食南瓜, 亦必在仁廟以後, 人以祖考之所未嘗, 不當薦之廟祀, 至今猶承行之."

574 이학규는 南瓜를 소재로 하여 시를 짓기도 했다. 李學逵, 『洛下生集』冊18, 『洛下生藁』上 菊半齋集, 「南瓜三十四韻」.

575 『東事日知』에 인용된 부분과 『國朝畵徵錄』과는 약간의 글자 출입이 있다. 張庚, 『國朝畵徵錄』, 「徐枋」, "徐枋字昭法號俟齋, 長洲人, 崇禎壬午擧人. 父少詹事汧乙酉殉難. 枋遂隱居上沙土室樹屋邈與世隔人莫得見也. 家極貧非力不食賣畵賣碚以自存, 躬效老圃蔬韭外多藝南爪夏秋間往往藉以晨炊即至藜藿不糝人終雖強以一錢饋也."

다. 인용된 청나라 문인 장경의 저작인 『국조화징록』은 명청 화가들의 전기집으로, 고증을 위한 이학규의 독서 범위가 화론서의 영역에까지 미쳤음을 보여주는 것이다.

이와 같이 주변의 소소한 미물까지도 치밀하게 따지고 분석하여 고증하는 태도는 『동사일지』 전체에 걸쳐 나타나는 주요한 특징이다.

> 우리나라에서 기와를 사용해 지붕을 덮는 것이 어느 시대부터 시작되었는지 알지 못하겠다. 『동사찬요東史纂要』에 "기준이 이미 위만의 공격을 받아 좌우에 궁인을 거느리고 바다로 들어가서 마한의 땅인 금마군[지금의 익산군]에 도읍을 정했다. 백성이 모두 십 여 만호였는데, 초옥토실을 지었는데 문이 위를 향해 있었다."라고 하였다. 살펴보건대 토실의 문이 위로 향해 있다는 것은 곧 지금의 음실이다. 신라와 고려 시대에 궁해와 사찰은 기와를 사용하지 않은 것이 없었으나 백성의 집은 아직 사용되지 못했다. 충선왕 원년에 이르러 부유한 자들에게 선의문 내의 한지에 길을 따라 기와집을 짓게 하였다. 또 오부와 민가에 명하여 모두 기와로 지붕을 덮게 하고 사요를 금하지 말라고 명하였다. …… 본조의 영조 임금 때에 또한 푸른 기와를 굽는 자가 있었는데 그 이익을 전용하여 비법을 아들에게도 전해주지 않았으니, 방법이 결국 전하지 않는다. 지금 인색하게 재주를 가르쳐주지 않는 사람을 '청와장靑瓦匠'이라고 부른다.[576]

---

576 李學逵, 『洛下生集』冊20 東事日知, 「瓦屋」, "東國之用瓦盖屋, 不知始于何代. 東史纂要, 箕準旣爲衛滿所攻奪, 攣其左右宮人入海, 戾韓地金馬郡(今益山郡), 其民摠十餘萬戶, 作草屋土室, 其戶向上. 按旣言土室而戶向上, 則卽今之窨室也. 羅麗之世, 宮廨寺刹, 無不用瓦, 而民戶則猶未也. 至忠宣王元年, 命富人就宣義門內閑地, 緣道作瓦屋. 又命五部民家皆盖以瓦, 命毋禁私窰. …… 本朝元陵之世, 亦有燔靑瓦者, 爲專其利, 秘不傳其子, 法遂不傳. 今靳藝不敎人者, 目

위의 조목은 「와옥瓦屋」이다. 와옥은 기와를 지붕에 얹어 지은 집을 말한다. 저자는 글의 서두에서 기와지붕이 언제부터 시작되었는지 모르겠다고 하여 사물의 기원에 대한 호기심을 드러냈다. 이후에 여러 문헌을 활용하여 관련 내용을 조사하고, 기와집의 유래에 대해 시대별로 고증함으로써 사물의 기원을 나타냈다. 그리고 영조 때 푸른 기와 굽는 비법을 전해주지 않았던 사람에게서 유래하여 인색하게 재주를 가르쳐주지 않는 사람을 가리켜 '청와장青瓦匠'이라 부른다고 기록했다. 문물의 기원을 고증하는 것뿐만 아니라 당시 실생활과 관련된 내용을 기록함으로써 독자에게 유용한 정보를 제공하였음을 알 수 있다.

기와지붕을 제재로 한 글은 『성호사실』에도 보인다.[577] 『성호사설』에는 백성들의 급한 것으로 먹는 것이 첫째이고 입는 것이 다음이며 거처하는 집이 또 그 다음이라고 하여, 기와지붕의 효용적 측면을 강조하여 기록했다. 하지만 시골 살림은 여기까지 미칠 힘이 없다고 하면서, 만약 기와를 굽는 제도가 시행된다면 여러 가지로 큰 도움이 될 것이라고 하였다. 이상의 내용을 통해 본다면 『성호사설』과 『동사일지』에 동일한 제목으로 실려 있는 「와옥」은 서술방식의 차이점이 드러난다. 곧 『동사일지』에서 기와지붕의 기원과 유래에 중점을 두어 서술했다면, 『성호사설』은 기와지붕의 효용성과 경제적 측면에

爲青瓦匠."

577 李瀷, 『星湖僿說』卷10 人事門, 「瓦屋」, "凡物, 貴慮逺. 聖人乗殷之輅, 取其堅固也. 生民之所急, 食為最, 衣次之, 室屋又次之. 屋者, 繩直架梁, 用石為礎, 不使雨漏, 可支數百年. 不然, 腐朽傾圮, 材不可継, 功費可惜也. 如欲免此, 不憚勞勤, 必須盖瓦, 但鄉俗無力及此. …… 且地用莫如馬, 農業非牛不成, 養馬牛草稿為重, 貧家或因乏此, 而不得養也, 瓦制若行此, 又補益之大者."

치중하여 서술한 것이다.

이상에서 살핀 바와 같이 이학규는 모든 문물의 기원을 탐구하는 자세로 『동사일지』를 저술했다. 호기심은 때때로 새로운 발견의 시발점이 된다. 현상 그대로의 모습에 안주하지 않고, 항상 주위 사물에 대해 궁금증을 가지고 그 근원을 탐구했던 이학규의 학문 자세는 『동사일지』가 창출될 수 있었던 가장 큰 원동력이 되었다.

3) 유배지역 특성과 실체험 반영

이학규는 1801년 발생한 신유사옥 때 경상도 김해로 유배된 후 24년간의 유배생활을 보냈다. 유배 초기에는 낯선 환경에 적응하지 못하고 서울과의 문화적 수준 차이에 절망하기도 하였으나, 한편으로는 민중들의 생활과 풍속을 보다 가까이에서 체험할 수 있는 계기가 되었다. 또한 유배지에서 마주한 현실 인식을 바탕으로 다수의 악부시와 기속시, 기사시 등의 다양한 현실주의적 한시를 창작할 수 있었다. 곧 유배체험이 개인적으로는 고통스럽고 절망적인 시간의 연속이었으나, 다른 한편으로는 당대 민중의 정감과 현실을 직접 목도하고 기록할 수 있었던 기회가 되었다.

이학규는 오랜 유배생활을 지내면서 유배지인 김해의 풍물과 풍속에 깊은 관심을 기울이게 되었고, 이는 「고정기사시苽亭紀事詩」·「금관죽지사金官竹枝詞」·「영남악부嶺南樂府」·「기경기사시己庚紀事詩」 등의 시문으로 나타났다. 이러한 연장선상에서 유배기간 동안 축적된 지식과 경험을 바탕으로 1819년에 김해의 풍속과 풍물에 관한 연작시인 「금관기속시金官紀俗詩」를 지었고, 같은 해에 『동사일지』를 저술하였다.

> 지금 풍속에 새해 아침이 되면 아이들이 가시나무의 가지를 꺾어서 쪼개어 네 개로 만든다. 차례대로 돌아가면서 던지는데, 네 개의 윷이 모두 뒤집히면 상채가 되고, 모두 눕혀지면 그 다음이 되고, 세 개가 눕혀지면 또 그 다음이고, 두 개가 눕혀지거나 한 개가 눕혀지게 되면 실채가 된다. 국포 강박의 「원조기속元朝紀俗」 시주에 "세상에 전해지기를 높은 지대에서 농사를 짓는 편과 낮은 지대에서 농사를 짓는 편이 이러한 놀이를 하여 내년의 풍흉을 점친다."고 하였다. 살펴보건대 자서에 사柶는 짐승의 뿔로 만든 숟가락이라고 한다.[578]

『동사일지』에는 다양한 문물이 기록되어 있는데, 그중에서도 특히 풍속에 관한 조목이 상당한 비중을 차지한다. 설날에 세배하는 풍속과 단오에 그네 뛰는 풍속, 망건과 윷놀이에 이르기까지 저자는 풍속의 이모저모에 대해 박학한 식견을 드러냈다. 이와 같이 우리나라 풍속과 풍물에 대한 높은 관심은 이학규가 겪은 유배생활과 무관하지 않다. 유배생활을 지내면서 민중과 현실을 새롭게 자각하는 계기가 되었고, 여기에서 비롯된 현실 인식이 구체적인 작품으로 형상화된 것이다.

위의 조목은 「사목희柶木戲」로 새해 아침 윷놀이하는 풍속을 기록한 것이다. 이학규는 이 글에서 강박姜樸의 「원조기속元朝紀俗」 시주詩註를 참조하여 윷놀이의 기원에 대해 설명하였다. 강박은 재야인사

---

578 李學逵, 『洛下生集』冊20 東事日知, 「柶木戲」, "今俗歲朝, 小兒截荊條, 剖爲四枚. 遆相抛擲, 四枚俱覆爲上采, 俱仰爲次, 三仰又其次, 二仰至于一仰, 爲失采矣. 姜菊圃元朝紀俗詩註, 世傳高農汚農作此戲, 以占來歲豊凶. 按字書, 柶角匙也."

로 있던 시절, 백성들의 다채로운 삶에 대한 깊은 이해와 경험으로 38수의 세시기속시를 지었다. 이중에서 「원조기속」은 총 20수로 구성되어 있다.[579] 강박은 시주에서 고지대에서 농사를 짓는 편과 저지대에서 농사를 짓는 편이 다음 해의 풍흉을 점치는데 윷놀이를 이용했음을 밝히고 있다. 이학규는 윷놀이에 관한 내용 이외에 자서字書를 통해 '사柶'의 어원을 고찰하고 있어, 저자의 학문적 관심이 자학字學에까지 폭넓게 미쳤음을 보여준다.

> 소주는 노주인데 원나라 때에 비롯되었다. 고려 신우 원년에 교서하기를 "사람들이 검소함을 알지 못하고 사치하면 재화를 낭비하니 지금 이후로 소주, 비단, 금이나 옥 등의 물건은 하나라도 모두 사용하기를 금한다."라고 하였다. 「최영전崔瑩傳」에 "김진이란 사람이 경상도 원수로 있을 때 한 도의 이름난 기생을 크게 모아놓고 휘하의 병사들과 밤낮으로 술을 마셨는데 김진은 소주를 즐겨 마시니, 군중에서 '소주도'라고 불렀다고 한다. 왜구가 합포를 유린하였을 때에 군중의 무리들이 말하기를 '소주도를 시켜 적을 치게 할 것이다.'라고 하며 뒤로 물러서고 나아가지 않았다고 한다." 지금 소주가 온 나라에 널리 행해져서 노예들과 평민들도 마시지 않음이 없으니 속담에 사치하여 분수에 넘친다는 말을 가히 알만하다.[580]

---

579 남재철, 「菊圃 姜樸의 시세계와 세시기속시」, 『한문학보』 13, 우리한문학회, 2005 참조.

580 李學逵, 『洛下生集』冊20 東事日知, 「燒酒」, "燒酒, 露酒也, 自元時始有之. 高麗辛禑元年, 敎曰, 人不知儉, 侈用傷財. 今後如燒酒錦段金玉等物, 一皆禁斷. 崔瑩傳, 金縝爲慶尙道元帥, 大集一道名妓, 與麾下士晝夜酣飮, 縝嗜燒酒, 軍中號曰燒酒徒. 及倭焚掠合浦, 營衆曰可使燒酒徒擊賊, 却立不進. 今之燒酒遍行一國, 皁隷編氓, 無不飮之, 俗尙之侈濫, 可知已."

위의 조목은 「소주燒酒」이다. 이학규는 고려 신우 원년(1375)에 사치를 막기 위해 소주 · 비단 · 금 · 옥 등의 물건 사용을 모두 금지한 사실을 들어 현실의 문제점을 지적하였다. 곧 지금 세상에서 소주가 온 나라에 행해지고 있는 현실을 개탄하면서 사치하는 풍속에 대해 경계의 목소리를 높이고 있는 것이다. 소주의 기원을 고증하는 것에서 나아가 현실의 문제와 결부시켜 자신의 비판적 식견을 드러냈다. 또한 김진金縝에 관한 일화는 『영남악부』의 창작 동기가 된 고사이기도 하다.[581] 이학규는 『고려사』에서 김진의 고사를 읽고 영감을 얻어 『영남악부』를 지었다고 말하여 그 저술동기를 밝힌 바 있다.

「소주」는 유배지역과 관련된 소주도의 일화를 차용하여 소주에 대한 유래를 고증하고, 당시의 사회적 문제와 연관시켜 저자의 비판적 견해를 담아낸 조목이다. 이와 같이 『동사일지』에는 김해와 관련된 사적과 문물에 대한 기록이 적지 않다. 예를 들어 가락국의 마지막 임금인 구형왕의 무덤에서 출토된 주름 잡힌 치마옷을 지금의 철릭[天翼]과 비교하여 제도의 기원을 고증한 「철릭[天翼]」도 이와 같은 경우이다.[582]

> 마을에서 입춘일에 춘경제를 지내는데, 그 법은 본래 『예기』, 「월령」의 '동쪽 교외에서 봄을 맞이한다'는 뜻에서 비롯된 것이다. 일찍이 영남지방 김해부의 입춘일을 보니, 고을 관아에 나무로 소

581 李學逵, 『洛下生集』冊6, 「嶺南樂府序」, "當宁戊辰仲夏, 余有河魚之疾, 日寢臥于因樹屋之西軒, 人有示余鄭麟趾高麗史數篇, 紙墨刓缺, 不堪便讀. 輒沿洄揣摩, 僅解辛禑二年, 合浦軍謂金鎭爲燒酒徒一段意. 犂然大樂曰, 是可以作樂府矣."

582 李學逵, 『洛下生集』冊20 東事日知, 「天翼」.

> 를 만들고 호장은 공복을 갖추어 입고 징을 울리며 앞에서 인도하여 동성문 밖으로 나아간다. 영춘장 내에서 선농씨에게 제사 지내는 것을 끝낸 후, 소를 밀면서 땅을 경작하는 형상을 하는 것이다. 『몽화록夢華錄』을 살펴보건대, "입춘 이전 5일에 함께 토우를 만들고 농부의 쟁기를 대문 밖에 갖추어 놓는다. 이날 새벽에 관원이 단을 만들어 선농씨에게 제사를 지내고, 관리들이 각자 비단으로 장식한 고리를 갖춘다. 소 잡는 것을 세 번 하는데 농사를 권면하는 뜻을 보이기 위해서이다." …… 춘경의 법은 실로 여기에서 비롯되었다.[583]

위에 인용한 조목은 「춘경제春耕祭」이다. 춘경제는 농사를 장려하고 풍년을 기원하는 풍속으로 입춘일에 지낸다. 입춘은 24절기의 하나로 양력으로는 2월 4일경이고 음력으로는 정월 명절 무렵이다. 이때부터 햇빛이 점점 따뜻해지고 봄이 시작되는 날이므로, 이 날에 농사를 권장하고 풍년을 축원하기 위하여 이와 같은 행사를 하는 것이다. 춘경제는 지역에 따라 정월 대보름에 하는 곳도 있고 입춘일에 하는 곳도 있어 지역별로 약간의 차이가 있다.

이학규는 김해에 있을 때 직접 견문했던 춘경제의 행사에 대해 기록했다. 이날에는 먼저 나무로 소의 형상을 만들고 공복을 갖추어 입은 부의 호장이 징을 울리면서 앞에서 인도하여 동성문 밖으로 나아간다. 이후 영춘장迎春場에서 선농씨에게 제사를 지낸 다음, 소를 밀

---

583 李學逵, 『洛下生集』冊20 東事日知, 「春耕祭」, "州府, 立春日, 爲春耕祭, 其法本出月令迎春東郊之意. 嘗見嶺外金海府立春日, 府司造木牛, 府戶長具公服, 鐃吹前導, 出東城門外迎春場內祭先農訖, 推牛作耕地狀. 按夢華錄, 立春前五日, 並造土牛耕夫犂具於大門之外, 是日黎明, 有司爲壇以祭先農, 官吏各具綵仗環. 擊牛者三, 所以示勸耕之意. …… 春耕之法, 實昉于此."

면서 땅을 경작하는 형상을 하는 것이다. 저자는 자신이 목도했던 사실에 더하여 맹원로孟元老의 『동경몽화록東京夢華錄』을 참고하여 춘경제에 하는 행사의 내용을 기록했다. 이를 통해 볼 때, 저자가 유배지에서 직접 목도하고 체험했던 사실이 『동사일지』의 주요한 창작 요소가 되었음을 알 수 있다. 이는 김해에서 오랜 시간 유배생활을 하면서 그곳 민중의 삶과 풍속을 가까운 거리에서 직접 경험했기 때문에 가능했다.

『동사일지』에는 여러 문물의 명칭이 기록되어 있는데, 특히 영남지방에서 부르는 명칭에 대해 별도로 구분하여 명시해놓았다. 예를 들면 공기놀이를 서울에서는 '공기控棊'라 부르고, 영남에서는 '자새子簺'라고 부른다고 하였다.[584] 또한 영남지방에서는 '풍헌風憲'을 '집강執綱'으로 부른다고 하였고[585], '태자신台子神'을 '공중空中'으로 부른다고 기록하였다.[586] 유배지에서 20년 가까이 지내는 동안, 처음에는 낯설고 적응하기 어려웠던 유배지의 문물과 풍속에 대해 깊은 조예가 생기게 된 것이다. 곧 이학규의 유배체험은 『동사일지』에 녹아들어 있으며, 이는 다른 백과전서적 저술과 변별되는 고유한 특성으로 자리하게 되었다.

---

584 李學逵, 『洛下生集』冊20 東事日知, 「抓子兒」, "抓子兒, 我國京城謂之控棊, 嶺南謂之子簺. 劉侗帝京景物略, 正月, 女婦閑, 手五丸, 且擲且拾, 且承, 曰抓子兒. 丸用象木銀礫爲之, 競以輕捷. 宛然今之控棊也."

585 李學逵, 『洛下生集』冊20 東事日知, 「風憲」, "我國郡縣風憲之任, 不見如中國之社長, 皆凡民之稍知事理者爲之. …… 今嶺南諸郡縣, 謂風憲爲執綱, 以此也."

586 李學逵, 『洛下生集』冊20 東事日知, 「台子神」, "台子神, 中國謂之乩仙, 亦曰箕僊, 或曰紫姑神. …… 今之台子亦於空中作人語聲, 嶺南謂之空中."

3. 결어

이학규는 남인가에서 생장하면서 성호학파 문인에게 직접 사숙하고 교유하는 등 가학의 전통을 깊이 받아들였다. 그 결과 외조부인 이용휴의 문학과 외숙인 이가환의 박학한 학문을 이어받아 성호학파의 마지막 세대 문인이라는 평가를 받았다. 실제로 이학규의 문집에서 문예적인 글과 실학적인 저술이 공존하는 것은 이 때문이다. 이학규는 1801년 유배로 인해 성호학파 문인과의 직접적인 교류는 단절되었으나, 가학의 지적 전통 계승은 유배기간에도 지속되었다.

이학규가 유배지에서 저술한 『동사일지』는 우리나라의 역사 · 지리 · 문물 · 제도 · 풍속 등 다양한 사안에 대해서 고금의 문헌자료와 직접 견문한 체험을 활용하여 고증하고 기록한 것이다. 『동사일지』에는 이학규의 박학한 식견과 현실에 대한 안목이 드러나는데, 역사적 사실에 대한 비판과 함께 현실제도의 개선을 요구하기도 하는 등 저자의 뚜렷한 주관이 엿보인다. 『동사일지』가 저술될 수 있었던 배경에는 성호학파의 백과전서적 학풍이 자리하고 있다. 성호학파의 종장인 이익의 문인이었던 이용휴와 이가환에게 직접 가르침을 받았던 이학규는 외가인 남인가의 학맥을 이어받아 『동사일지』를 저술할 수 있었다. 곧 『동사일지』는 성호학파의 백과전서적 학풍을 고구할 수 있는 중요한 저작인 셈이다.

『동사일지』에는 저자의 학문적 글쓰기와 개인적 체험이 잘 반영되어 있다. 『동사일지』를 저술할 당시 이학규는 국토 남단에 버려진 유배객의 신세였다. 유배지의 환경은 문헌자료의 부족 등 여러모로 제약이 따랐으나, 한편으로는 그곳의 사적과 문물을 직접 견문하고 체험할 수 있는 기회를 제공한 측면이 있다. 이학규는 유배지에서 직접 목도한 민중의 생활과 풍속을 근거리에서 포착하고 직접 경험한 사실을 기록했다. 유배지역에서 민중과 함께 생활하는 동안, 그들의 정감어린 모습을 발견하고 자신의 학적 세계로 수용하여 기록화한 것이다.

『동사일지』는 이학규가 유배생활 19년째 되는 해에 기록한 저술이다. 유배지의 열악한 환경과 서책의 궁핍함을 토로하던 그가 『동사일지』를 저술했던 이유는 무엇일까? 우선 유배로 인해 경세經世의 기회가 좌절된 현실에서 치용致用의 목적으로 저술했을 것으로 짐작된다. 앞서 이학규는 유배지의 유생들을 돕기 위해 금관서사를 설치한 바 있고, 또한 『식기보』를 비롯하여 민중의 실생활에 유용한 저술을 남기기도 하였다. 『동사일지』를 저술한 또 다른 이유는 당대의 지식을 체계화하고자 한 것이다. 특히 유배 후반기에 실학적 성격의 글들을 왕성하게 저술하며 실학파 문인으로 자임했던 이학규는 축적된 지식 정보를 체계적으로 집대성하려는 목적에서 『동사일지』를 저술한 것이다.

제3부

보론

Ⅰ. 낙하생 문집 이본과 선집 수록 현황

본고는 조선 후기에 활동했던 근기남인계 문인 이학규李學逵의 문집 이본異本 자료가 국내외에 분포되어 있는 정황을 파악하고, 흩어진 자료를 수합하여 검토, 분석하기 위해 시도된 것이다. 이학규의 문집은 당대에 간행되지 못했으며, 그의 사후에도 온전히 수습되지 못한 채 유실된 것으로 추측된다. 정약용과 동시대를 살았던 이학규는 일찍이 정조의 지우를 입을 만큼 뛰어난 문재文才를 널리 떨쳤으나, 1801년 신유사옥에 휘말려 경상도 김해에서 24년간 유배생활을 보내는 등 불우한 삶을 살았다. 그러나 그의 문인으로서의 높은 역량은 당대는 물론 후대에도 명성이 이어져 근대에 발간된 한시 선집에서도 그의 작품을 찾아볼 수 있다.

현재 학계에서 통용되는 이학규의 문집은 두 종으로, 한국한문학연구회에서 편찬한 『낙하생전집洛下生全集』 상·중·하(아세아문화사, 1985)와 민족문화추진회(현 한국고전번역원)에서 간행한 『낙하생집洛下生集』(한국문집총간 290, 2002)이 있다. 이학규를 대상으로 한 연구는 대체로 동 문집에 기반해서 이루어졌으며, 그의 문학세계 전반에 걸쳐 활발한 연구가 진행된 바 있다. 그러나 문집이 간행된 이후 문집에 수록되지 않은 저술과 이본이 속속 발견되었으며, 점차 새로운 자료에 대한 관심이 높아졌다. 1985년에 처음으로 문집이 간행된 이래 30여년이 흐른 지금, 이학규에 관한 연구는 상당수 축적되었다. 그동안의 축적된 연구 성과를 올바르게 이해하고, 향후 다각적인 연구 발전을 모색하기 위해서는 문집의 이본 정리와 검토가 절실한 시점이라 하겠다.

1. 낙하생 문집 이본 현황

이학규의 시문은 한동안 빛을 보지 못하다가 20세기에 접어들어 학계 연구자들의 노력에 의해 국내외에 산재한 자료를 한데 묶어 비로소 문집의 형태를 갖추어 간행되었다. 1985년 한국한문학연구회에서 편찬하고 아세아문화사에서 간행한 『낙하생전집』이 그것이다.[587] 모두 상·중·하 세권으로 구성된 이 문집은 일본 천리대학 도서관, 횡성 방손가, 서울대학교 규장각, 일본 동양문고 등에 산재해 있던 이학규의 유고를 수집하여 영인한 것이다. 이 문집은 이학규라는 문인에 대한 연구의 필요성과 연구자들의 각고의 노력이 더해져 세상에 나올 수 있었다. 이후 민족문화추진회에서 한국문집총간 시리즈로 이학규의 문집을 영인하여 『낙하생집』을 간행하였다. 『낙하생집』에는 유배 초기인 32~38세, 59세에서 사망시까지의 시문이 빠져 있다. 이 두 종의 문집을 비교해 보면, 『낙하생전집』은 시대순으로 문집의 차례를 재편했으나, 『낙하생집』은 본래의 차례에 따라 상책에 〈고불고시집觚不觚詩集〉, 〈백문창화집白門唱和集〉, 〈각시재재집卻是齋再集〉,

---

587 『洛下生全集』의 간행 경위와 내용에 대해서는 임형택, 『洛下生全集』 해제 참조.

하책에 〈각시재집卻是齋集〉, 〈국반재집菊半齋集〉, 〈습유拾遺〉의 순서로 수록한 것이 차이점이다.

이학규가 남긴 수많은 저술은 당대에 체계적으로 정리되어 간행되지 못했으며 다수의 필사본으로 제작, 유통되었다. 실제로 기 간행 문집[588]에 수록되지 않은 이학규의 저술인 『물명류해物名類解』(부산대 도서관 소장)가 발굴되었으며, 이와 관련한 연구가 이미 이루어진 바 있다. 『물명류해』는 이학규의 물명에 대한 인식을 살필 수 있는 저술로, 조선시대 물명류 저작의 흐름을 이해하는데 중요한 저작으로 평가된다.[589]

기 간행 문집에 수록된 자료를 제외하고, 국내외에 소장이 확인되는 이학규의 문집 이본을 제시하면 다음과 같다.

〈표 1〉 낙하생 문집 이본 현황[590]

	서명	소장처	형태사항	구성
1	『洛下生稿』	서울대 규장각 한국학연구원	필사본, 1책(87장), 32.4×20.4cm	洛下生稿 上(觚不觚詩集), 洛下生稿(白門唱和集, 卻是齋再集, 菊半齋集), 洛下生藁 下(卻是齋集), 洛下先生藁(拾遺)
2	『洛下生稿』	연세대 중앙도서관	필사본, 2권1책,	洛下生稿 上(觚不觚詩集), 洛

588 본고에서 지칭하는 기 간행 문집은 『洛下生全集』(한국한문학연구회 편, 1985)과 『洛下生集』(민족문화추진회, 2002) 두 종을 가리킨다.

589 『物名類解』는 기 간행 문집에 수록되지 않은 새로운 자료로 본고의 논의에서는 제외하기로 한다. 『物名類解』에 대한 자세한 내용은 제2부 Ⅰ. 실학파 지식인의 물명에 대한 관심과 『물명류해』 참조.

590 이학규의 문집 이본과 선집에 관한 선행연구로 「洛下生 李學逵 文學의 變貌樣相 硏究」(성균관대 박사학위논문, 2011)가 있다. 동 논문의 부록으로 이학규의 문집 이본과 선집 현황 목록이 제시되어 있다. 본고에서는 선행 연구를 토대로 삼아, 추가로 확인된 자료를 더하여 목록화했음을 밝힌다.

			無界, 27×18.0cm	下生稿(白門唱和集, 卻是齋再集, 菊半齋集, 拾遺, 卻是齋集)
3	『洛下生稿』	일본 오사카부립 나카노시마도서관	필사본, 1책(57장), 有界, 22.8×13.6cm	匏花屋集(21장), 菜花居集(12장), 海榴菴集 戊寅(14張)·己卯(10장)
4	『洛下生集』	국립중앙도서관	필사본, 1책(32장), 21.4x15.0cm	洛下生集(96제218수), 洛下生詩 補遺(11제11수)
5	『洛下詩』	한국학중앙연구원 장서각	필사본, 1책(41장), 22.9×14.4㎝	因樹屋集(23제45수), 秋樹根齋集(96제173수)
6	『洛下詩話』	단국대 퇴계기념도서관	필사본, 1책(36장), 21.7x18.9cm	시 88제156수, 문 6편
7	『洛下尺牘』	영남대 도서관	필사본, 1책	척독
8	『文漪堂稿』	서강대 로욜라도서관	필사본, 1책(55장), 21.0x14.2cm, 苑西山房, 1940 발행	시 22제24수, 문 28편
9	『新腔』	개인 소장	필사본, 1책	율시(53제69수), 절구(36제135수), 附斗湖作二絶
10	『因樹屋集』	서울대 규장각 한국학연구원	필사본, 1책(42장), 22.4×16.7cm	因樹屋集(16제25수), 秋樹根齋集(100제233수)
11	『逸名稿』	개인 소장	필사본, 1책(60장)	逸名稿文(문 50편, 시 82제149수), 茶山稿(문 3편)
12	『秋樹根齋集』	미국 버클리대 동아시아문고	필사본, 1책(29장), 21.0x16.8cm, 無界	시 97제218수
13	『秋樹根齋集』	미국 버클리대 동아시아문고	필사본, 1책(35장), 17.8x13.1cm, 有界	시 97제212수
14	『秋樹根齋初稿選』	미국 버클리대 동아시아문고	필사본, 1책(26장), 14.8x9.8cm, 有界	시 59제130수
15	『匏華屋集』	계명대 도서관	필사본, 1책, 27.5x17.0cm, 無界	匏華屋集(시 58제, 문 2편)
16	『匏花屋集』	단국대 퇴계기념도서관	필사본, 1책(76장), 24.3x16.4cm, 無界	匏花屋集七律抄(83제105수) 匏花屋集七絶抄(61제159수) 匏花屋集五律抄(73제82수) 匏花屋集五絶抄(6제182수)

『낙하생전집』(한국한문학연구회본)과 『낙하생집』(문집총간본)에 수록되지 않은 것으로 확인되는 이학규의 문집 이본은 현재 16종으

로 파악된다. 국내에 12종, 해외에 4종의 이본이 전하는 것으로 확인되며, 모두 필사본이다. 자료를 살펴보면, 이학규의 호인 '낙하洛下', 또는 '낙하생洛下生'을 표제에 사용하거나 이학규의 당호인 '문의당文漪堂', '인수옥因樹屋', '추수근재秋樹根齋', '포화옥匏花屋'을 표제에 사용하여 이학규의 문집임을 명시하고 있다. 이본에 수록된 시문은 대체로 기 간행 문집의 범주를 크게 벗어나지 않으나 새로운 내용의 시문이 실려 있는 경우도 있다.

위의 표에서 제시한 이본에 대해 각각의 자료적 특징을 순서대로 설명하되, 상호 친연성이 있는 것들은 함께 묶어서 서술하기로 한다.[591]

① 『낙하생고洛下生稿』

이학규의 문집 이본으로 표제명이 『낙하생고』로 되어있는 것은 모두 3종이다. 서울대 규장각본과 연세대 도서관본, 일본 오사카부립 나카노시마도서관본이다. 이중 서울대본과 연세대본은 체제상에서 약간의 차이를 보이나, 수록된 시문은 문집총간본과 동일하다. 단, 문집총간본과 대조했을 때 일부 시문에서 글자 출입이 확인되고 작품 배열 순서에도 차이를 보인다. 『낙하생고』는 문집총간본에서 마멸되어 확인이 어려운 글자들이 확인되는 경우가 있어, 기 간행 문집과의 대조를 통해 작품 내용을 보완하는데 주요한 이본이라 할 수 있다.

서울대본 『낙하생고』는 표제에 '낙하생고 전全'으로 명시되어 있

591 각각의 이본과 선집에 대한 서술은 자료의 내용적 측면에 중심을 두어 서술하였음을 밝혀둔다.

다. 내제는 '낙하생고 상上'으로 되어 있고, 행을 달리하여 문집 〈고불고시집〉이 표기되어 있는데, 그 하단에 '이학규 저著'를 기재하여 저자를 명시하였다. 내제 '낙하생고'에는 문집 〈백문창화집〉, 〈각시재재집〉, 〈국반재집〉이 필사되어 있다. 내제 '낙하생고 하下'에는 문집 〈각시재집〉이 필사되어 있고, 내제 '낙하선생고洛下先生藁'에는 〈습유〉가 필사되어 있다. 각 문집에 필사된 시문은 기 간행 문집에 수록된 시문의 내용과 대체로 일치한다. 다만 시문의 제목이 누락된 채 내용만 필사된 경우가 있고, 기 간행 문집과 비교했을 때 글자의 출입이 발견된다. 기 간행 문집에서 판독이 어려운 글자들이 확인되는 경우가 종종 있다.

② 『낙하생고洛下生稿』

연세대본 『낙하생고』는 앞의 서울대본과 체제만 다를 뿐, 전체적인 수록 내용은 비슷하다. 표제는 '낙하생고 전'이라 되어 있다. 내제 '낙하생고 상'에 문집 〈고불고시집〉이 표기되어 있고 그 하단에 저자명을 기재하였다. 내제 '낙하생고'에는 문집 〈백문창화집〉, 〈각시재재집〉, 〈국반재집〉, 〈습유〉, 〈각시재집〉이 차례대로 필사되어 있다. 서울대본과 마찬가지로 기 간행 문집과 비교하여 글자의 출입이 있고, 새롭게 판독 가능한 글자가 필사되어 있어 기 간행 문집의 보완 역할을 한다.

③ 『낙하생고洛下生稿』

오사카본 『낙하생고』는 앞의 두 본과 비교하여 표제명은 동일하나, 구성과 내용 면에서 차이를 보인다.[592] 오사카본의 표제는 '낙하생고 전'이라 되어 있고, 내제는 이학규의 문집명인 〈포화옥집匏花屋集(己亥)〉, 〈채화거집菜花居集(丙子)〉, 〈채화거집菜花居集(丁丑)〉, 〈해류암집海榴菴集(戊寅)〉, 〈해류암집海榴菴集(己卯)〉로 표기되어 있다. 문집명 하단에는 '낙하생이학규 저'를 기재하여 저자를 명시하였다. 오사카본은 계선지에 비교적 깨끗하게 필사되어 있어 내용 확인이 용이하며, 간혹 필사자의 두주頭註가 달린 부분도 있다. 수록된 내용은 기 간행 문집과 동일하나, 일부 시문에서는 글자 출입이 발견된다.

④ 『낙하생집洛下生集』

국립중앙도서관본 『낙하생집』의 표제는 '낙하생집'이고, 내제는 '낙하생집洛下生集'과 '낙하생시보유洛下生詩補遺'로 되어 있다. 내제 다음에 '성수이학규 저'를 기재하여 저자를 명시하였다. 표제 다음 장에는 저자에 대한 간략한 생애가 두 줄로 요약되어 있고, '조선총독부도서관朝鮮總督府圖書館 쇼와昭和3.10.31.'로 인장이 찍혀 있다. 내제 이후에는 권수제 구분 없이 시문이 필사되어 있다. 수록된 시문을 살펴보면, 유배 이전 시기부터 유배 만년에 이르기까지 전 생애에 걸친 시문이 혼효되어 실려 있다. 기 간행 문집에 수록된 시문과 비교할 때, 글자 출입이 있으며 시문의 제목이 상이한 경우도 발견된다. 기 간행 문집에 수록되지 않은 시문이 수록되어 있으며, 시제는 「飄景圖」, 「江峴」, 「玉秫」, 「三桂洞餞春詩席」이다.

⑤ 『낙하시洛下詩』

한국학중앙연구원본 『낙하시』는 표제명에서 이학규의 시집임을

---

592 오사카부립 나카노시마도서관본을 이하 '오사카본'이라 약칭한다.

명시하고 있다. 내제명인 〈인수옥집因樹屋集〉과 〈추수근재집秋樹根齋集〉으로 내용이 구분되어 있다. 〈인수옥집〉에는 23제의 시가 수록되어 있는데, 내용은 기 간행 문집 〈인수옥집〉과 동일하나 간혹 글자 출입이 발견된다. 〈추수근재집〉에 수록된 시문은 기 간행 문집의 〈추수근재집〉, 〈각시재집〉, 〈인수옥집〉에 실려 있는 것이다. 『낙하시』에 수록된 시문은 기 간행 문집과 비교할 때 글자 출입이 발견되며, 필사자의 주석이 기록된 부분도 있어 작품 이해에 도움이 된다. 기 간행 문집에 수록되지 않은 시가 있으며, 시제는 「竹東留贈孫孝徵」이다.

⑥ 『낙하시화洛下詩話』

단국대 소장본 『낙하시화』의 표제는 '낙하시화'이며, 내제와 권수제 구분 없이 시문이 순서대로 필사되어 있다.[593] 일부 시문에는 필사자의 비점이 찍혀있는 부분이 있으며, 두주頭註와 미주尾註가 기록된 곳도 보인다. 『낙하시화』에 수록된 내용을 살펴보면, 기 간행 문집에 수록된 시문의 배열 순서와 일치하지 않는다. 또한 『낙하시화』에는 기 간행 문집에 수록되지 않은 새로운 시문이 보이는데, 특히 이학규의 시론詩論을 살필 수 있는 내용이 포함되어 있어 주목을 요한다. 새로운 내용의 시문으로 「贈金生德河」, 「瘴熱」, 「贈鄭弼權」, 「秋日憶蕙園舊遊」, 「來宿康峴贈雨村」, 「悶極疾書」, 「詩評」이 있다.

---

593 단국대 소장 『洛下詩話』, 버클리대 소장 『秋樹根齋集』. 『秋樹根齋初稿選』, 고려대 소장 『茶山詩零』, 『雜詩』는 고려대 이국진 선생께서 자료를 제공해 준 것이다. 이 자리를 빌려 다시 한번 감사드린다.

⑦ 『낙하척독洛下尺牘』

영남대 소장본 『낙하척독』은 이본 중 유일하게 이학규의 척독만 수록된 필사본이다. 문집 『낙하생집』과 『낙하생전집』의 〈인수옥집〉에 이학규의 간찰이 별도의 1책으로 구성되어 있다. 『낙하척독』의 표제명은 '낙하척독'이고, 표제 우측에 '정다산 동시인丁茶山同時人'이라는 부기가 달려있다. 내지 첫 장에는 이학규의 간략한 이력이 첨부되어 있다. 이 글씨는 소장자였던 동빈 김상기 선생의 필적으로, 쪽지와 함께 소장자의 인장이 함께 찍혀 있다. 『낙하척독』에는 1808년부터 1810년 사이에 지은 총 59제 61편의 간찰이 수록되어 있으며, 기 간행 문집과 비교하여 척독 배열 순서가 상이하다.[594]

⑧ 『문의당고文漪堂稿』

서강대본 『문의당고』는 이본 중에서 표제가 '문의당文漪堂'으로 되어 있는 유일한 필사본이다. '문의당'은 이학규의 여러 당호 가운데 하나이다. 『문의당고』의 표제는 '문의당고'이며, 표제 우측에 '이학규 저'를 기록하여 저자를 명시해놓았다. 표제 다음 장에는 경진년에 김태준이 등사했다는 기록(庚辰壹月 金台俊 謄寫于苑西山房(苑西町七七之一二))이 남아 있어, 그의 친필본임을 알 수 있다. 내제는 〈문의당집文漪堂集〉이고, 내제 다음에 행을 달리하여 시문이 순서대로 필사되어 있다. 『문의당고』는 필적이 여러 번 바뀌어 나타나는데, 김태준 이외에 필사에 참여한 또 다른 인물이 있었을 것으로 추정된다. 『문의당고』에 실려 있는 시문은 기 간행 문집의 〈추수근재집〉과 〈문의당

---

594 『洛下尺牘』에 대해서는 정은진 · 정은주, 「동빈문고 소장본 『洛下尺牘』 고찰」, 『민족문화논총』 제57집, 2016 참조.

집〉에 수록된 것들이다. 『문의당고』는 시 22제와 문 28편으로 구성되어 있는데, 이학규의 산문이 다수 수록된 점이 특징이다. 『문의당고』에는 경진년(1820)과 신사년(1821), 임오년(1822)에 저술한 시문이 필사되어 있어, 저자의 유배 만년기의 생활상을 살필 수 있는 자료이다.

⑨ 『신강新腔』

개인 소장본인 『신강』은 표제명이 '신강'이고, 별도의 내제나 권수제 구분 없이 시문이 필사되어 있다.[595] 다른 이본들과 달리 표제에 이학규의 호가 사용되지 않은 점과 저자명이 명시되지 않은 점에서 미루어볼 때, 필사자가 저자를 인지하지 못했을 가능성이 높다. 『신강』에는 이학규의 시를 한시 형식에 따라 분류해서 수록하였는데, 율시 69수와 절구 135수가 실려 있다. 시문 곳곳에 필사자의 비점이 찍힌 흔적이 있다. 이학규의 시를 수록한 다음에는 정약용의 시 '부두호작이절附 斗湖作二絶'이 부기되어 있다. 『신강』에 수록된 시문은 기 간행 문집의 〈인수옥집〉, 〈각시재집〉, 〈추수근재집〉, 〈각시재재집〉, 〈국반재집〉에 실려 있는 것들이다. 다만 기 간행 문집과 비교하여 시문의 배열 순서가 상이하고 글자 출입이 있다. 기 간행 문집에 수록되지 않은 시가 있으며, 시제는 「飄景圖」이다.

⑩ 『인수옥집因樹屋集』

서울대 규장각본 『인수옥집』은 이학규의 당호인 '인수옥因樹屋'을

595 『新腔』과 『逸名稿』는 성균관대 명예교수이신 임형택 선생님이 제공해주신 것이다. 이 자리를 빌려 다시 한번 감사드린다.

표제명에 사용한 필사본이다. 내제는 〈인수옥집〉과 〈추수근재집〉으로 되어 있으며, 내제 아래에 '낙하생이학규 저'라고 하여 저자를 명시하였다. 내제 〈인수옥집〉에 수록된 시문은 『낙하생전집』 중권에 실린 내용과 일치한다. 〈추수근재집〉에 수록된 시문은 기 간행 문집에서 〈각시재집〉, 〈인수옥집〉, 〈추수근재집〉, 〈각시재재집〉, 〈국반재집〉의 일부 시문이 혼효되어 수록되어 있다.

⑪ 『일명고逸名稿』

『일명고』는 개인 소장본으로 유일본이다. 표제명에서 짐작되는 바와 같이 필사자는 시문의 저자를 인지하지 못했던 것으로 보인다. 내제는 〈일명고문逸名稿文〉과 〈다산고茶山稿〉로 구분되어 있고, 내제 아래에 별도의 권수제 구분 없이 시와 문이 혼효되어 실려 있다. 〈일명고문〉에는 이학규의 시 82제와 문 50편, 척독 60편이 수록되어 있다. 다른 이본과 달리 시문 이외에 다수의 척독이 필사되어 있는 점이 특징이다. 〈다산고〉에는 정약용의 문 3편이 수록되어 있다. 『일명고』에 수록된 시문은 대체로 기 간행된 문집에 실려 있는 것이나, 시문의 제목과 수록 내용에서 글자 출입이 있다. 또한 기 간행 문집에서 보이지 않는 시문이 다수 포함되어 있어 주목을 요한다. 특히 『일명고』에 수록된 시문 중 「시화詩話」는 이학규의 시론을 살펴볼 수 있는 중요한 자료로 파악되며, 이학규 시론의 특징을 보다 상세하게 살펴볼 수 있다는 점에서 학술적 가치가 높은 것으로 평가된다. 기 간행 문집에 수록되지 않은 시문으로 「息波堂記」, 「詩話」, 「雜說」, 「長游寺浮屠閣記」, 「上黨韓氏敍族錄序」, 「賣扇者說」, 「瘴熱」, 「初秋」, 「題駕海錄」, 「贈金生」, 「初夏」가 있다.

『일명고』에서 발견되는 새로운 시문과 유사한 내용이 다른 이본에서도 보이는데, 단국대 소장본 『낙하시화』이다. 단 두 본에 수록된 작품은 전체가 일치하지 않고, 제목과 내용면에서 다소 차이가 있다. 예를 들면 『일명고』의 「시화」에 수록되어 있는 내용의 일부분이 『낙하시화』의 「민극질서悶極疾書」에도 동일하게 나타난다. 비록 작품의 제목은 다르나 동일한 내용이 중복되어 나타나는 것으로 보아, 아직 미발굴된 또 다른 이본이 존재할 가능성을 배제할 수 없다.

⑫ 『추수근재집秋樹根齋集』

이학규의 당호 가운데 하나인 '추수근재秋樹根齋'를 표제로 한 이본은 현재 3종이 전한다. 모두 미국 버클리대 소장으로, 이 중 2종은 표제명이 '추수근재집秋樹根齋集'이고 다른 1종은 '추수근재초고선秋樹根齋初稿選'으로 되어 있다.

표제명이 『추수근재집』으로 되어 있는 2종은 내제명과 수록 내용에서 차이를 보인다. 『추수근재집』 1종은 내제가 '낙하생집 권지일洛下生集卷之一'로 되어 있다. 내제 다음에 행을 달리 하여 시제와 원문이 순차적으로 필사되어 있는데, 첫 번째 시제 아래에 '성수이학규저'라고 하여 저자를 명시해놓았다. 다음 행을 달리하여 〈인수옥집〉이라는 문집명이 표기되어 있다. 여기에 수록된 작품은 기 간행 문집의 〈인수옥집〉, 〈각시재집〉, 〈추수근재집〉, 〈각시재재집〉, 〈국반재집〉의 시문 일부가 혼효되어 필사된 것이다. 문집 곳곳에 필사자의 비점 흔적이 보이며, 두주가 달려 있는 부분도 있다. 기 간행 문집에 수록되지 않은 시문이 있으며, 시제는 「飄景閣」, 「睦正言爲開城經歷時所咏題王參奉山亭」, 「滿月臺懷古」, 「立秋府城南門樓」, 「新凉登淸

香閣」, 「緣事出往江村」, 「漫咏」, 「過王參奉山亭」, 「七月六日苦熱次杜韻」이다.

⑬ 『추수근재집秋樹根齋集』

또 다른 『추수근재집』의 내제는 '낙하생권집지일洛下生卷集之一'로 되어 있고, 내제 다음에 행을 달리하여 '성수이학규 저'로 저자 표기가 되어 있다. 표제 다음 장에는 수십 개의 인장이 찍혀 있어 동 필사본이 오랜 시간 동안 여러 사람의 손을 거쳐 전해진 것임을 짐작케 한다. 수록된 작품은 기 간행 문집에서 〈인수옥집〉, 〈추수근재집〉, 〈각시재집〉, 〈각시재재집〉, 〈국반재집〉, 〈춘성당집〉의 시문 일부를 필사한 것이다. 여기서 〈추수근재집〉에 수록된 시문은 『낙하생전집』 하권의 순서와 유사하다. ⑫와 ⑬의 『추수근재집』 두 종은 표제명은 동일하나, 필사된 서체가 다르고 수록된 작품도 대체로 일치하지 않는다. 문집에 수록되지 않은 시문으로 「飄景圖」, 「江峴」, 「玉秫」이 있다.

⑭ 『추수근재초고선秋樹根齋初稿選』

『추수근재초고선』은 표지에 '부 다산시附 茶山詩'라는 부제가 달려 있다. 내제는 표제와 동일하고, 저자명은 명시되어 있지 않다. 내제 다음에는 시제와 내용이 순서대로 필사되어 있으며, 간혹 필사자의 비점이 찍혀 있는 곳도 있다. 『추수근재초고선』에 수록된 시문은 대체로 기 간행 문집의 〈인수옥집〉에 실려 있다. 이 가운데 「瘴熱」, 「初秋」, 「贈鄭弼權」, 「贈金生悳河」는 문집에 실려 있지 않은 것이다. 필사본 마지막에는 장을 달리하여 내제 '다산초고선 부茶山初稿選 附'

가 명시되어 있고, 그 아래에 정약용의 시가 필사되어 있다. 여기에 수록된 「山家襍咏」은 『與猶堂全書』에 「夏日田園雜興效范楊二家體二十四首」로 실려 있다.

⑮ 『포화옥집匏華屋集』

계명대본 『포화옥집』의 '포화옥匏華屋'은 이학규의 당호인 '포화옥匏花屋'의 오기인 것으로 짐작된다. 『포화옥집』은 표제와 내제가 동일하며, 내제 다음에 행을 달리하여 시문이 필사되어 있다. 『포화옥집』은 기 간행 문집의 〈채화거집〉, 〈인수옥집〉, 〈문의당집〉에서 시문 일부를 채록하여 필사한 것이다. 새로운 내용의 시문으로 「竹園齋舍」가 수록되어 있다.

⑯ 『포화옥집匏花屋集』

단국대본 『포화옥집』은 이학규의 시를 한시 형식에 따라 분류하여 수록하고 있는 점이 흥미롭다. '포화옥'은 이학규가 유배지에서 사용한 당호 가운데 하나이다. 내제는 각각 '포화옥집 칠율초匏花屋集 七律抄', '포화옥집 칠절초匏花屋集 七絶抄', '포화옥집 오율초匏花屋集 五律抄', '포화옥집 오절초匏花屋集 五絶抄'로 되어 있으며, 내제 다음에 행을 달리하여 시문이 필사되어 있다. 이학규의 시를 한시 형식에 따라 수록한 구성 방식은 저자의 시를 보다 체계적으로 분류하여 재편집하려는 필사자의 의도가 함축된 것으로 보인다. 『포화옥집』에는 이학규 이외에 박제가朴齊家의 한시도 수록되어 있다. 즉 각각의 한시 형식 내에서 이학규와 박제가의 한시가 연달아 필사되어 있다. 다만 이학규와 박제가의 시가 혼효되어 필사되어 있지는 않고, 이학규의 한시 이후에 박제가의 한시를 수록하는 방식으로 구성되어 있다. 『포화옥집』에는 저자에 대한 표기가 보이지 않는다. 이점에서 본다면 필사자가 이학규와 박제가의 시를 동일인의 작품으로 착각한 것인지, 아니면 두 문인의 한시 선집을 편찬하려는 의도에서 필사했는지 여부는 확실하지 않다. 여기에 수록된 박제가의 시 64제는 『정유각집貞蕤閣集』에 실려 있다.

2. 낙하생 문집의 선집 수록 현황

이학규의 문집은 비록 당대에 정리되어 간행되지 못했으나, 다수의 필사자에 의해 필사되어 다양한 형태의 이본으로 유통되었다. 이와 같이 이학규의 문집을 필사한 경우 이외에 문집에 수록된 시문의 일부를 채록하여 선집選集에 수록한 경우가 있다. 이 경우에는 편찬자의 편찬 의도나 목적, 혹은 선집의 성격에 따라 수록된 시문에서 차이를 보인다. 이학규의 시문이 수록된 주요 선집 현황 목록을 제시하면 아래와 같다.

〈표 2〉 낙하생 문집의 선집 수록 현황

	서명	소장처	형태사항	수록내용
1	『今古詩選』	동국대 경주캠퍼스 도서관	필사본, 1책(36장), 25.0x18.2cm, 無界	夏日山居 시 24수
2	『茶山詩零』	고려대 도서관	필사본, 1책, 26.7×19.5cm	因樹屋集(20제), 秋樹根齋集(86제)
3	『大東詩選』	국립중앙도서관	연활자본, 장지연張志淵 편, 12권보유합5책, 22.3x15.5cm	시 11수

4	『東國風雅』	국립중앙도서관	신연활자본, 김광제金光濟·조창규趙昶奎 공편, 6권2책, 21.5x14.9cm, 有界	시 2수
5	『東遊詩』	고려대 도서관	필사본, 1책, 21.6×19.4cm	惺叟李學逵詩(88제203수)
6	『四書問對』	한국학중앙연구원 도서관	필사본, 박경가朴慶家 편, 1책(87장), 28.5×24.9cm	洛下生藁
7	『申紫霞詩抄』	경희대 도서관	필사본, 1권1책, 27.0x19.0cm	李洛下學逵七律詩(45제 49수)
8	『五家詩摘句』	미국 버클리대 아사미문고	필사본, 1책, 23.3x13.0cm, 無界	시 5제5수
9	『雜詩』	고려대 도서관	필사본, 1책, 23.0x14.8cm	山店 10수
10	『海東詩選』	국립중앙도서관	연활자본, 이규용李圭容 편, 350면, 22.1x15.0cm	시 2수
11	『秋雲茶集』	安城 李氏家	필사본, 1책	秋樹根齋集(120제235수)
12	『八家精華』	성균관대 존경각	석인본, 류백영柳栢榮 편, 2권2책, 19.5x13.5cm, 有界	李洛下學逵七律詩(46제 50수)

① 『금고시선今古詩選』

『금고시선』은 7인의 한시를 필사하여 수록한 시선집이다. 표제는 '금고시선'이고, 내제에는 수록된 한시의 저자가 표기되어 있는데 정다산丁茶山, 유산酉山, 운포耘圃, 이낙하생李洛下生, 정초부鄭樵夫, 이임연李臨淵, 이동번李東樊이다. 즉 정약용과 그의 두 아들인 유산 정학연, 운포 정학유, 그리고 이학규, 정초부, 임연 이량연, 동번 이만용의 한시가 함께 수록되어 있다. 조선시대 저명한 문인들 사이에 노비의 신분인 정초부의 시를 함께 수록한 점이 흥미롭다. 이학규의 시는 1제 24수가 수록되어 있는데, 시제는 「夏日山居」이다. 이 시는 기 간행 문집에 수록된 「奉和洌上夏日田園雜興, 戲效楊誠齋體」와 동일하다. 다만 시 원문에 글자 출입이 있고, 문집총간본에는 16수에 수록된 내용이 배열 순서를 달리하여 『금고시선』에는 가장 마지막 수에 필사되어 있다.

② 『다산시령茶山詩零』

『다산시령』은 정약용, 정초부, 박제가, 이학규의 시를 선집한 필사본이다. 이학규의 시는 내제가 〈인수옥집〉과 〈추수근재집〉으로 되어 있다. 필사 형태를 보면 대체로 시제를 적고 그 아래에 내용을 적고 있으나, 일부 시문의 경우 내용 없이 시제만 기록되어 있는 경우도 있다. 시제는 기 간행 문집과 비교하여 글자 출입이 있으며, 시문 배열 순서도 일치하지 않는다. 『다산시령』은 대체로 필사 형태가 어지러워 알아보기 어려운 부분이 있으며, 문집과 비교하여 시문의 수록 순서와 내용이 혼효되어 있다.

③ 『대동시선大東詩選』

장지연이 1918년에 편찬한 『대동시선』에는 이학규의 시가 모두 11제 실려 있다. 이 가운데 2제는 기 간행 문집에 실려 있지 않은 새로운 내용이다. 9제의 시는 문집의 〈춘성당집〉과 〈해류암집〉에 수록된 것이다. 〈춘성당집〉은 이학규의 유배 이전 시문이 수록된 문집이고, 〈해류암집〉은 유배 만년기에 해당되는 1818년~1819년 사이에 지은 시문이 수록된 문집이다. 두 문집의 저술 시기는 유배 이전과 유배 만년으로 대략 20여년의 간격이 있는데, 편자가 어떤 의도에서 작품을 선별했는지는 불분명하다. 새로운 시 2제는 「城南」과 「三桂洞餞春詩席」이다.

④『동국풍아東國風雅』

김광제金光濟가 편찬하고 조창규趙昶奎가 1917년에 간행한 우리나라 역대 시선집인『동국풍아』에는 이학규의 시 2제가 수록되어 있다. 문인의 성명 아래에 '낙하'라는 호가 기재되어 있다. 여기에 수록된 시는 문집의 〈각시재집〉에 실려 있는데, 다만 시제와 내용에서 글자 출입이 있다.

⑤『동유시東遊詩』

『동유시』는 이학규, 곽종석郭鍾錫, 이건창李建昌, 신광수申光洙, 이희성李羲性, 정지윤鄭芝潤 등 6인의 한시 선집이다. 내제는 '성수이학규시惺叟李學逵詩'로 되어 있다. 여기에 수록된 이학규의 시는 모두 88제 203수이며, 이 가운데「驅景圖」를 제외하고 모두 문집에 실려 있다.『동유시』는 기 간행 문집의 작품명과 배열순서가 일치하지 않는데, 여러 문집에서 시문을 선별하여 필사한 것으로 보인다.

⑥『사서문대四書問對』

한국학중앙연구원 소장본『사서문대』는 조선 순조 때 문인인 학양鶴陽 박경가朴慶家가 편한 것이다. 내지에 '학양 박경가 문집'이라는 기록이 남아 있다.『사서문대』에서 이학규의 시문이 수록된 부분의 내제는 〈낙하생고〉와 〈채화거집〉으로 되어 있다. 내제 아래에는 행을 달리하여 시문의 제목을 기록하고, 다시 행을 달리하여 내용이 기록되어 있다. 〈낙하생고〉에는 문집총간본 〈포화옥집〉의 시문이 수록되어 있고, 내제 〈채화거집〉에는 문집총간본 〈채화거집〉의 시문이 수록되어 있다. 마지막에 수록된 편지글은 문집총간본 〈각시재집〉에 수록되어 있는 「畣金勉運書」와 내용이 동일하다.

⑦ 『신자하시초申紫霞詩抄』

『신자하시초』는 이학규, 신위申緯, 조수삼趙秀三, 강위姜瑋, 김정희金正喜의 한시 선집이다. 『신자하시초』에 수록된 이학규의 한시는 모두 45제 49수이다. 내제는 '이낙하학규 칠율시李洛下學逵 七律詩'이며, 행을 바꾸어 시문이 순차적으로 필사되어 있다. 수록된 한시의 배열 순서는 기 간행 문집과 일치하지 않으며, 문집에서 칠언율시 형식의 한시만 채록하여 필사한 것으로 보인다. 문집에 수록되지 않은 시로 「秋晩有懷」, 「金陵雜詠」, 「次杜審言與景林同賦韻」, 「拈冷齋韻」, 「拈楚亭韻」, 「秋窓夜集」, 「次雲汀韻」, 「盆荷」가 있다.

⑧ 『오가시적구五家詩摘句』

버클리대 소장본 『오가시적구』는 정학연이 정약용, 이서구李書九, 박제가, 유득공柳得恭, 이학규의 시를 필사한 것이다.[596] 이학규의 시는 모두 5제가 실려 있는데, 모두 기 간행 문집에 수록된 것이다. 다만 시제에서 차이를 보이는데, 기 간행 문집의 시제를 축약하거나 전혀 다른 시제가 기록된 경우가 있다. 정학연은 정약용의 첫째 아들로, 그 역시 뛰어난 문학적 역량을 보유한 문인이었다. 동 저본은 정학연이 당대 저명한 문인들을 '오가五家'의 범주로 묶어 시선집을 편한 데에 의의가 있다.

---

596 『五家詩摘句』에 대해서는 김영진, 「버클리대 아사미문고 소장 『五家詩摘句』」, 『고전과해석』 창간호, 고전문학한문학연구학회, 2006 참조.

⑨『잡시雜詩』

『잡시』는 고종 연간에 필사된 것으로 모두 1책이다. 이계양李季陽 등이 펴낸『옥패시집玉佩詩集』과 함께 정약용, 이학규의 시가 실려 있다. 이학규의 시는 1제가 수록되어 있는데, 기 간행 문집에서 보이지 않는 새로운 내용이다. 시제「山店十首」아래에 이학규의 호인 '낙하생'이 기록되어 있다. 또한 시제 아래에 '일기삼逸其三'을 기록하여 10수로 구성된 시에서 3수가 누락된 점을 명시하였다. 그런데「산점십수」이후에 별도의 시제 구분 없이 7수의 시가 추가로 기록되어 있는데, 이 시는 문집 〈국반재집〉에 수록된「奉和洌上夏日田園雜興, 戲效楊誠齋體 二十四首」의 일부이다.

⑩『해동시선海東詩選』

이규용李圭瑢이 편찬한『해동시선』은 삼국시대부터 조선조 순종 때까지 활약한 시인 1,200여 명의 시 2,400여 수가 수록되어 있는 시선집이다. 이 가운데 이학규의 시는 각각 칠언절구 1제, 오언율시 1제가 수록되어 있으며, 여기에 수록된 시는 모두 기 간행 문집에서 확인된다.

⑪『추운다집秋雲茶集』

『추운다집』은 이학규와 정약용, 이양연의 한시 선집이다.『추운다집』의 내제는 〈추수근재집〉이며, 이학규의 시 120제가 필사되어 있다. 여기에 실려 있는 시는 기 간행 문집의 〈추수근재집〉에 수록된 시문의 배열순서와 일치하지 않는다.『추운다집』에 수록된 이학규의 시는 문집에 수록된 시의 일부를 선별하여 필사한 것으로 보인다.

새로운 내용의 시가 수록되어 있으며, 시제는 「瘴熱」, 「秋夜」, 「暮秋夜不寐」, 「江倉漁家」, 「待月」, 「有感」, 「謝固城使君徐淇修惠寄熟芐」이다.[597]

⑫ 『팔가정화八家精華』

『팔가정화』는 2권2책으로 구성된 필사본이다.[598] 이 가운데 1권에 수록된 내용은 앞서 소개한 『신자하시초』와 유사하다. 『팔가정화』 1권에는 이학규, 신위, 조수삼, 강위, 김정희의 칠언율시가 수록되어 있다. 『팔가정화』는 내제에 '이낙하학규 칠율시李洛下學逵 七律詩'로 기재되어 있으며, 수록된 이학규의 한시는 46제 50수이다. 문집에 수록되지 않은 시가 있으며, 시제는 「秋晩有懷」, 「金陵雜詠」, 「次杜審言與景林同賦韻」, 「拈冷齋韻」, 「拈楚亭韻」, 「秋窓夜集」, 「次雲汀韻」, 「盆荷」이다.

이상으로 동시대부터 근대에 이르기까지 다양한 시선집에 수록된 이학규의 시문을 검토하였다. 이는 이학규의 명성이 당대는 물론 후대에까지 이어졌음을 방증하는 것이라 할 수 있다. 또한 당대 손꼽히는 저명한 문인들과 함께 '오가五家' 또는 '팔가八家'의 일원으로 규정된 사실은 이학규가 지닌 시인으로서의 높은 위상을 드러내는 것이라 할 수 있다.

---

597 『秋雲茶集』에 대해서는 윤승준, 「筆寫本 『秋雲茶集』의 資料的 價值」, 『동양학』 47, 단국대 동양학연구소, 2010 참조.

598 『八家精華』에 대해서는 한영규, 「식민지시기 한국 漢詩選集」의 존재상과 문학사적 의의 - 柳栢榮 編 『八家精華』를 중심으로」, 『동양고전연구』 64집, 동양고전학회, 2016 참조.

3. 낙하생 문집 현황 검토의 의미

지금까지 이학규의 문집 이본과 선집 수록 현황을 파악하고, 각각의 자료에 수록된 내용을 검토하였다. 그리고 그 과정에서 기 간행 문집에 수록되지 않은 새로운 시문이 발견되었다. 새롭게 발견된 시문의 경우 단일 자료에 수록된 경우가 있는 한편, 동일한 시문이 다수의 이본과 선집에 중복되어 수록된 경우도 보인다. 예를 들면, 『팔가정화』와 『신자하시초』에서 발견된 새로운 시는 모두 8제이며 내용이 동일하다. 이점에서 미루어보면 『팔가정화』와 『신자하시초』의 필사 원본이 동일한 본이었을 가능성이 있으며, 이는 다른 형태의 이본이 유통되었던 정황을 나타내는 것이라 하겠다.

이학규의 문집 이본과 선집 수록 현황을 검토한 의미는 다음 세 가지로 요약된다.

1) 기 간행 문집의 보완 및 확충

이학규의 문집 이본과 선집에 수록된 시문은 각각 기 간행 문집에 수록된 시문에 대해 상호 보완의 의미를 지닌다. 알려진 바와 같이 이학규의 문집은 그 자손에 의해 간행되지 못한 채 오랜 세월 동안 여러 곳에 흩어져 전하다가 후대에 들어 연구자들 손길에 의해 수습되어 간행된 것이다. 이 때문에 이학규의 저작이 상당 부분 유실되었을 것이란 짐작은 어렵지 않게 할 수 있다. 실제로 간행된 이학규의 문집에는 글자가 마멸되어 확인이 불가하거나, 필체를 알아보기 어려운 경우 등 시문의 정확한 내용 파악이 곤란한 경우가 종종 있다.

이러한 경우 문집과 이본에 수록된 시문의 대조를 통해 소실된 부분을 보완하여 보다 온전한 형태의 작품에 대한 접근이 가능하다.

가) ▦色欲雨鳩勃谿, 雄飛逐雌雌怒啼. 回飛不向林間棲, 錦襠繡襦不自惜.[599]

나) 天色欲雨鳩勃谿, 雄飛逐雌雌怒啼. 回飛不向林間棲, 錦襠繡襦不自惜.

인용한 시는 「崔七七杏花鵓鳩圖」이다. 이학규가 화가 최북崔北의 그림을 보고난 이후에 지은 것으로, 전체 32구로 구성되어 있다. 이 시는 이학규의 회화에 대한 관심과 감식안을 엿볼 수 있는 작품으로 언급되어 왔다. 인용한 부분은 시의 첫째 구~넷째 구이다. 가)는 문집총간본 『낙하생집』에 수록된 내용이다. 인용문에서 보는 바와 같이 첫째 구의 첫 번째 글자가 마멸되어 확인이 불가한 상태로, 해당 구절의 정확한 해석이 어렵다. 나)는 일본 오사카본 『낙하생고』에 수록된 내용이다. 문집총간본 『낙하생집』에서는 마멸되어 확인하기 어려웠던 글자가 오사카본 『낙하생고』에서는 '하늘[天]'으로 분명하게 필사되어 있음이 확인된다. 이는 기 간행 문집의 불완전했던 작품이 이본과의 대조를 통해 비로소 정확한 해석과 의미 분석이 가능하게 되었음을 나타낸다.

가) ▦魚風爽蕩輕舠, 湖面平看極海濤. 萬點雲霞爭日沒, 一灣蘆荻迴周遭. 饔人酒裛銀絲鱠, 座客詩沾玉帶袍. 六度南洲行浪迹, 至今遺恨

599 『洛下生集』冊十二 海榴菴集.

▦山皋.[600]

나) 鯉魚風爽蕩輕舠, 湖面平看極海濤. 萬點雲霞爭日沒, 一灣蘆荻迥周遭. 饔人酒裛銀絲鱠, 座客詩沾玉帶袍. 六度南洲行浪迹, 至今遺恨舫山皋.

위의 시는 「南湖舟中贈許任進士」로, 이학규가 유배 생활 중에 지은 것이다. 가)는 문집총간본 『낙하생집』에 수록된 내용으로, 1구의 첫 번째 글자와 8구의 다섯 번째 글자가 마멸되어 확인이 불가능하다. 나)는 일본 오사카본 『낙하생고』에 수록된 내용으로, 가)에서 보이지 않던 1구와 8구의 글자가 각각 '이鯉'와 '방舫'으로 분명하게 기록되어 있음을 알 수 있다. 각각의 개별 한자가 지니는 의미에 따라 해당 시문의 내용이 달라지는 한시의 경우에는 더욱 이본과의 대조 과정이 중요하다고 할 수 있다. 이와 같이 이본 대조를 통해 기 간행 문집의 불완전했던 부분을 보완하여, 작품에 대한 온전한 이해가 가능하다. 이학규의 문집이 여러 필사본을 엮어서 간행한 것이라는 점에서 볼 때, 문집과 이본과의 내용 검토는 이학규의 문학을 보다 정확하게 이해하는 데에 필수적인 과정이라 할 수 있다.

이상과 같이 마멸된 글자의 확인 이외에도 이본 대조 작업을 통해 기 간행 문집에 수록된 작품에 대한 보완 및 확충이 가능하다. 정약용과 밀접한 관계에 있던 이학규의 문집에는 두 사람의 교유 양상을 드러내는 다수의 작품이 수록되어 있으며, 이는 이본에 수록된 작품에도 나타난다. 이 가운데 다산의 시에 화답하여 지은 이학규의 시 「奉和洌上夏日田園雜興, 戲效楊誠齋體」는 문집총간본 『낙

600 『洛下生集』冊十二 海榴菴集.

하생집』책18 〈국반재집〉에 수록되어 있는 작품으로, 모두 24수로 구성되어 있다. 그런데 『신강』과 『동유시』에는 동 시문이 24수가 아닌 25수가 수록되어 있다. 즉 문집총간본에 수록된 작품보다 1수가 더 실려 있다. 두 종의 이본에서 동일한 내용의 시문이 추가로 확인된 사실은 원래 시문의 전체 내용이 25수로 구성되었을 가능성을 시사한다.

또한 이본에는 기 간행 문집에 없는 새로운 내용이 기록되어 있는 경우도 있다. 『낙하생집』책3 〈인수옥집〉에 수록된 「駕洛懷古」는 이학규가 김해로 유배된 이후에 지은 시문으로, 7언 율시 4수이다. 이본인 『일명고』와 『낙하시화』에도 동 시문이 동일하게 실려 있으나, 여기에는 문집에 수록되지 않은 병서竝序가 함께 기록되어 있다.

이상에서 검토한 바와 같이 문집과 이본의 대조 교감 작업을 통해 소실되어 보이지 않는 글자를 판독하여 시문의 내용을 보완하기도 하고, 추가로 기록된 새로운 내용을 확인하여 시문의 의미를 확장시킬 수 있었다. 이외에도 작품의 주요 구절에 찍힌 방점과 문집에 없는 주석을 통해 작품에 대한 이해력을 높일 수 있다. 이를 통해 볼 때 이학규의 문학을 보다 정확하고 분명하게 이해하기 위해서는 문집과 이본의 대조, 교감 작업이 선행되어야 할 것이다.

2) 새 자료 발굴로 인한 문학 지평 확대

이학규 문집의 이본과 선집 현황 검토를 통해 얻은 가장 주목할 성과는 새로운 작품의 발굴이다. 이학규의 문집에는 생애 전반에 걸친 저술이 수록되어 있으나, 현재까지 미발굴된 시기의 저술이 존재한다. 이 때문에 이본에 수록된 내용을 정밀하게 검토하여 이학규의 문집을 보다 온전한 형태로 채우는 과정이 필요하다. 본 연구에서 새롭게 발굴된 작품의 검토를 통해 이학규의 문학적 면모를 재조명하고 나아가 그의 문학 지평이 확대되는 결과를 기대할 수 있다.

둥근 창 높이 내고 담장은 낮게 쌓아	高鑿圜窓短築墻
앉아있으니 안개 낀 나무 아득하게 보이네.	坐來烟樹見蒼茫
우거진 버들과 넘치는 시냇물 날이 개자 더욱 푸르고	柳陰水漫晴逾碧
빈 누각에 소나무 가지 드리우니 낮에도 서늘하네.	松秒樓空晝亦凉
가랑비 젖은 거문고 가락 느릿하고	小雨潤添琴韻慢
가벼운 바람 불어오니 묵진이 향기롭다.	輭風吹散墨塵香
청룡진 위엔 해마다 나그네	靑龍津上年年客
또 그대의 집에서 약옥잔에 취한다네.	又醉君家藥玉觴

위 시의 제목은 「범경도飄景圖」이다. 이 시는 『신강』을 비롯하여 여러 종의 이본과 선집에 공통으로 수록되어 있다. 이 시의 구체적인 창작 시기는 불분명하다. 다만 시의 7구에서 언급된 청룡진이 충청도 충주에 있었던 나루터라는 점과 이학규가 해배 이후 충주에서 거처했던 점에서 미루어볼 때, 이 시는 저자가 해배된 이후에 지은 만년의 작품일 것으로 추정된다. 누각에서 보이는 싱그러운 주위 환경과 그 속의 여유로운 일상, 그리고 친한 사람을 방문하여 술잔을 기울이는 시인의 모습에서 속박된 유배지의 삶에서 벗어나 자유롭게 왕래하는 시인의 일상이 투영되어 있다.

새롭게 발견된 시문 가운데 가장 주목할 내용은 이학규의 시론이 수록된 작품이다. 이는 이학규의 시론의 특성에 대한 명확한 이해를 돕는 자료로써 학술적 가치가 높은 것으로 평가된다.

> 시는 '정情'과 '경景' 두 개의 도가 화합하여 글을 이루는데, 정에 기인하여 경에 깃드는 것과 경을 만나 정을 일으키는 것이 있다. 『시경』 삼백 편에서 논해보면, '끼룩끼룩 저구새가 하수 모래톱에 있구나', '칡덩굴이 쭉쭉 뻗어 골짜기 가운데로 뻗어가도다', '꾀꼬리가 날아와 떨기나무 위에 앉아서', '곱고 고운 꾀꼬리가 그 소리도 예쁘구나', '암양은 말라서 머리만 크고, 통발에는 삼성만 비추도다', '원앙새 돌다리에 앉아 왼쪽 날개 접고 있네'는 정에 인하여 경에 깃든 경우이다. 또한 '질 장구 치면서 완구의 길가에서 놀고 있는데', '동문의 버드나무여 그 잎이 무성하게 우거졌도다. 어두울 때 만날 약속 했는데 샛별이 빛나고 있구나', '수레소리 덜컹덜컹 이마가 흰 말이로세', '소소한 말의 울음소리이며, 유유한 깃발이로다'는 경을 만나 정을 일으킨 경우이다. 당나라 시에서 논해보면, …… '밤중의 파도 소리 오원의 사당으로 들고, 봄날의 버들 빛은 소소의 집에 갈무리했네'는 정에 인하여 경에 깃든 경우이다. 또한 '장락궁의 종소리는 꽃 너머로 사라지고, 궁 연못의 버들 빛은 빗속에 짙어가네', …… '남은 별 두어 점 아랜 기러기 변새를 가로지르고, 긴 젓대 한 소리엔 사람이 누각을 기대었네'는 경을 만나 정을 일으킨 경우이다.[601]

위의 인용문은 『일명고』에 수록되어 있는 「시화詩話」의 일부이다. 시는 '정情'과 '경景'이 융합하여 이루어지는 것인데, 정에 기인하여

601 『逸名稿』, 「詩話」, "詩以情景二道, 融合成語, 有因情寓景者, 又有遇景起情者. 就論三百篇, 如關關雎鳩, 在河之洲, 葛之覃兮, 施于中谷, 黃鳥于飛, 集于灌木, 睍睆黃鳥, 載好其音, 牂羊墳首, 三星在罶, 鴛鴦在梁, 戢其左翼, 是因情寓景者也. 如坎其擊缶, 宛邱之下, 東門之楊, 其葉牂牂, 昏以爲期, 明星煌煌, 有車鱗鱗, 有馬白頭, 蕭蕭馬鳴, 悠悠旆旌, 是遇景起情者也. 就論唐詩, …… 濤聲夜入伍員廟, 柳色春藏蘇小家, 是因情寓景者也. 如長樂鐘聲花外盡, 龍池柳色雨中深, …… 殘星數點鴈橫塞, 長篴一聲人倚樓, 是遇景起情者也."

경에 깃드는 경우와 경을 만나 정을 일으키는 두 가지 경우가 있다고 하였다. 그리고 『시경』에서 정에 기인하여 경에 깃드는 경우와 경을 만나 정을 일으키는 경우의 다양한 예문을 제시하였다. 이어서 당시唐詩에서 보이는 정에 기인하여 경에 깃드는 경우와 경을 만나 정을 일으키는 경우의 다양한 시문을 예로 들어 비교하였다. 문학사적으로 볼 때 시의 정경情景에 대한 논의는 새로운 내용은 아니나, 이에 대한 이학규의 구체적 논의는 다른 글에서는 찾아보기 어렵다. 이어지는 글에서 이학규는 당나라 이전 시기에는 경을 만나 정을 일으킨 것이 많았으나, 송나라 이후부터는 그 반대가 되었음을 밝히고 있다.

> 무릇 당나라 이상의 시는 경을 만나 정을 일으킨 것이 가장 많으나, 송나라 이하부터는 이와 반대가 되었다. …… 당나라 이후부터는 누각에 가득 찰 정도로 책이 많아져서, 오직 오언 칠언이 거의 절반이나 된다. 가령 하나의 사실을 부로 짓고 한 가지 사물을 노래하는 데도 점귀부나 달제어가 아니면 한 구절 한 글자를 얻지 못한다. 이는 바로 속이고 거짓으로 꾸미는 자가 한번 웃고 한번 허락하여 곧장 모갑 모을을 본뜨는 것과 같으니, 우맹이 손뼉을 친 것이 아니라 결국 한단에서 걸음걸이를 배운 것이다.[602]

송대 이후의 시에서 정에 인하여 경에 깃드는 것이 많은 원인에 대해 이학규는 방대한 서적의 양을 꼽았다. 이 때문에 점귀부點鬼簿

602 『逸名稿』, 「詩話」, “且凡唐以上詩最多遇景起情, 自宋以下反是. …… 自唐以後, 充棟塞樓, 惟五七字居半爲, 假使賦一事咏一物, 自非點鬼獺祭, 則道一句一字不財. 是如慣詐喬做者, 一哂一諾, 便倣某甲某乙, 非爲優孟抵掌則竟亦邯鄲學步者.”

나 달제어獺祭魚가 아니면 시를 짓지 못한다고 하면서 당시 작시作詩의 병폐를 지적하였다. 즉 옛사람의 이름을 많이 따서 짓거나 용사가 많은 시문을 나타내는 점귀부와, 불필요하게 많은 참고문헌을 끌어다 시문을 짓는 달제어와 같은 경우가 아니면 시를 이루지 못한다고 한 것이다. 그리고 이와 같은 행동은 남을 본뜨는 것과 같으니, 한단에서 걸음걸이를 배우려다 본래의 모습마저 잃어버린 사람과 같이 되어서는 안된다는 경계의 목소리를 내고 있는 것이다.

또한 이학규는 「시화」에서 '이理'로써 '문文'을 승勝하는 것이 지극한 곳이고, '정情'으로써 시를 승勝하는 것이 지극한 곳이라고 밝히기도 했다.[603] 여기에서 언급한 이理로써 시를 승勝하고 정情으로써 시를 승勝한다는 주장은 그의 다른 글에서도 발견된다.[604] 이학규는 일찍이 시와 문을 변별하면서, 각각의 작법이 있어 그에 따라 이루어져야 시다운 시, 문다운 문이 될 수 있다고 주장하였다. 그러므로 시를 잘한다고 해서 문도 잘할 수 있는 것이 아니며, 마찬가지로 문을 잘한다고 해서 또 시도 잘할 수 있는 것이 아니라고 하였다. 그리고 시와 문의 작법을 각각 '운韻'과 '이理'로 구분하여 말하였다.[605] 여기에서 시의 작법으로 내세운 운韻은 앞에서 언급한 정情과 연장선상에서 이해해야 할 것이다.

이상에서 살펴본 이학규의 시론이 구체적으로 나타난 작품은 문집에서는 잘 보이지 않는다. 그런데 『일명고』의 「시화」에 수록된 내용이 다른 이본에서도 발견된다. 바로 단국대 소장본 『낙하시화』에서

---

603 『逸名稿』, 「詩話」, "以理勝文之至極處, 以情勝詩之極至處."

604 『洛下生集』冊十四 文漪堂集, 「畣朴思浩」, "文以理勝, 詩以韻勝, 不易之法也."

605 백원철, 『낙하생 이학규 문학 연구』, 보고사, 2005, 100~101면 참조.

보이는데, 『일명고』와 달리 작품의 제목이 「민극질서」로 되어 있다. 그러나 「시화」와 「민극질서」에 수록된 내용이 일치하는 것은 아니다. 두 작품을 비교해 보면, 일정 부분은 동일한 내용이 필사되어 있고 전혀 다른 내용이 필사되어 있는 부분도 있다. 향후 두 작품을 정밀하게 대조, 검토하여 그 내용을 분석한다면 이학규 시론의 본질에 한 걸음 더 다다를 수 있을 것이다.

3) 근기남인계 시인으로서의 위상 재정립

이학규는 일찍이 악부시樂府詩와 기사기紀事詩 등 다양한 현실주의적 한시로 먼저 주목을 받았다. 시인으로서의 높은 명성을 입증하기라도 하듯 그의 시는 여러 종의 시선집에서 발견된다.

정학연이 펴낸 『오가시적구』에는 정약용, 이서구, 박제가, 유득공, 이학규의 시가 필사되어 있다. 정학연은 당대 기라성처럼 포진한 수많은 문인들 가운데 5명을 꼽아 '오가五家'라 규정하고 그들의 시를 한데 묶어 펴냈다. 편자의 높은 감식안에서 미루어볼 때, 그가 선정한 '오가'는 조선 후기를 대표하는 시인으로 보아도 무방할 것이다. 그리고 이러한 '오가'의 범주에 이학규가 포함된 사실은 당대 문인들에게 뛰어난 역량을 지닌 시인으로 그 존재가 각인되었음을 보여주는 것이다.

류백영柳栢榮이 편찬한 『팔가정화』는 문인 8명의 시를 선별하여 수록한 것이다. 1권에는 조수삼, 신위, 김정희, 이학규, 강위의 시가 실려 있고, 2권에는 김택영, 이건창, 황현의 시가 수록되어 있다. 19~20세기 초반에 활약했던 명성이 드높았던 시인들이 '팔가八家'에 포함되었음을 알 수 있다. 『팔가정화』에는 7언율시만 수록되어 있는데, 이는 편찬자가 한시 감상을 위한 선집이면서 작시를 위한 효용성을 추구한 결과로 볼 수 있다.[606] 『팔가정화』는 1939년에 편찬된 시선집으로, '팔가'의 한명으로 이학규가 호명된 사실은 그의 문학적 명성과 영향력이 당대를 넘어 근대에도 지속되었음을 입증하는 것이다.

이외에도 특정 시기에 국한된 시선집에서부터 역대 한시 선집에 이르기까지 오랜 세대를 아울러 이학규의 시는 여러 시선집에서 자주 거론되었다. 즉 후속 세대 문인들에게 이학규의 시가 시의 전범으로 활용된 사실을 짐작할 수 있으며, 이는 시인으로서의 높은 위상을 방증하는 것이라 하겠다.

이학규의 시세계에 대해서는 다양한 소재의 작품을 대상으로 다각적 측면에서의 선행연구가 진행되었다. 여기에서는 문집에 수록되지 않은 새로운 시 2수를 살펴보기로 한다.

오늘 밤 장기瘴氣가 검은 구름 몰고 오니	今宵瘴來雲黑色
준치가 바람에 일어나고 남은 꽃도 떨어지네.	鰣魚風起卸餘花
날아다니는 벌레 뜰에 가득하고 하늘은 뜨거운데	飛蟲滿院天烘熱
누워서 앞 연못 참새가 뱀 쪼는 소리 듣노라.	臥聽前池雀啅蛇

이 시의 제목은 「장열瘴熱」이다. 기 간행 문집에는 실려 있지 않으며, 『일명고』, 『추운다집』, 『낙하시화』에 수록되어 있다. 이 시의 정확한 저술 시기는 확인하기 어려우나, 시의 내용으로 보아 시인이 유

606 한영규, 「식민지시기 한국 漢詩選集의 존재상과 문학사적 의의 - 柳栢榮 編『八家精華』(1939)를 중심으로」, 『東洋古典硏究』 64, 동양고전학회, 2016, 146면.

배지인 김해에서 거처할 때 지은 것으로 추정된다. 장기瘴氣는 풍토병의 일종으로, 이것으로 인해 변화된 주위환경을 포착하여 묘사하였다. 뜰에 가득한 날아다니는 벌레, 밤이 되어도 열기가 식지 않아 뜨거운 하늘, 집 주변에서 서식하는 뱀은 모두 시인을 괴롭게 만드는 요인들이다. 마지막 구에서는 자신을 힘들게 하는 미물에 둘러싸여 어쩌지 못한 채 무기력한 행동을 나타내는 시인의 애처로운 정황이 드러난다. 이학규는 유배 초기 김해가 지닌 지역적, 환경적 특성으로 인해 유배생활에 적응하지 못한 채 육체적, 정신적 고충을 토로한 바 있다. 이 시는 시청각적 시어를 활용한 생생한 묘사를 통해 시인의 고통스럽고 힘든 유배 일상의 단면을 고스란히 재현해내고 있다.

군의 성 남쪽 언덕 구름 가	郡城南畔水雲端
천고의 산에 올라 홀로 슬피 탄식하네.	千古登臨悵獨歎
산천은 눈에 가득하고 두견새 우는소리 들리는데	滿眼山川聞杜宇
비바람 불어 몸은 난간에 기대어 있네.	半身風雨倚欄干
남은 꽃 암암리에 서로 아까워하는 듯	殘花暗暗如相惜
향기로운 풀 아득하여 다 보지 못하네.	芳草迢迢不盡看
무슨 일로 나그네의 한을 더했나	何事倍添遊子恨
오늘 고향에는 밥이 오히려 차겠구나.	故園今日食猶寒

이 시의 제목은 「금릉잡영金陵雜詠」이다. 기 간행 문집에는 보이지 않으며, 『팔가정화』와 『신자하시초』에 수록되어 있다. 이 시는 장지연이 펴낸 『대동시선』에도 수록되어 있는데, 시제는 앞의 두 본과 다르게 「성남城南」으로 되어 있다. 그리고 앞의 두 본에서는 7언율시 3수로 구성되어 있으나, 「성남」에는 인용된 1수만 실려 있다. 이 시는 시인이 유배지인 김해에서 지낼 때 지은 것으로 보이는데, 고향에

대한 향수와 가족을 향한 한없는 그리움이 짙게 묻어난다. 천고의 산에 올라 홀로 탄식하는 시인의 내면은 '두우杜宇', '잔화殘花'로 대변되는 경물에 전이되어 나타난다. 이 시는 '정情'과 '경景'이 조화로운 경지를 이루고 있어 이학규의 시세계의 일면을 잘 보여준다.

4. 결어

본고에서는 이학규의 문집 이본과 선집 수록 현황을 조사하고, 각각의 자료를 문집과 대조, 검토하여 그 의미를 밝히고자 하였다. 그 결과 이학규의 문집 이본 16종과 선집 12종이 확인되었다. 이상의 조사 결과는 현재 시점에서 이학규의 문집 자료 총량을 파악하여 제시한 것으로, 향후 추가 발굴 여부에 따라 변동 가능성이 존재한다. 이와 같이 이학규의 문집이 다양한 형태의 이본과 선집에 수록된 점은 수세기를 넘나들며 그의 시문이 인구에 회자되고 전승된 사실을 나타내는 것이다.

이학규의 문집 자료 조사는 현재진행형이다.[607] 이학규 자신이 직접 저술했다고 밝힌 작품 중에는 아직 세상의 빛을 보지 못한 것이 적지 않다. 지금까지 이학규에 관한 연구는 수십 년간 다각적인 분석이 이루어졌으며, 그에 따른 연구 성과도 상당히 축적되었다. 향후 본 연구를 확장시키기 위해서는 미발굴 저술을 비롯하여 이학규의 문집 자료에 지속적인 관심을 갖고 조사를 진행해야 한다. 그 결과

607 영남대 도서관 소장 『藝苑雜選』 卷12에 이학규의 시문이 수록된 것으로 확인된다. 동 자료에 관한 논의는 후속 연구에 포함시키기로 한다.

문집의 정본화를 위한 실질적인 기반을 마련할 수 있고 이는 새로운 연구 성과로 이어져 이학규의 문학세계에 대한 전체적인 조망이 가능해질 것이다.

| 참고문헌 |

1. 자료

金正喜, 『阮堂全集』, 한국문집총간 301, 민족문화추진회

金憲基, 『初庵先生文集』二, 『한국역대문집총서』2619, 경인문화사, 1999

盧德奎, 『古今堂文集』, 한국역대문집총서 2692, 경인문화사, 1999

柳　僖, 『物名考』, 대제각, 1986

李建昌, 『明美堂集』, 『한국문집총간』 349

朴允默, 『存齋集』, 『한국문집총간』 292

徐榮輔, 『竹石館遺集』, 한국문집총간 269

徐浩修, 『海東農書』(正本), 아세아문화사, 1982

徐浩修, 『海東農書』(草本), 아세아문화사, 1982

成海應, 『硏經齋全集』, 한국문집총간 277

申　緯, 『警修堂全藁』, 한국문집총간 291, 민족문화추진회

安鼎福, 『東史綱目』, 한국고전번역원

柳得恭, 『古芸堂筆記』, 『雪岫外史 外二種』, 아세아문화사, 1986

柳僖 · 李嘉煥, 『物名考 · 物譜』, 경문사, 1980

李　瀷, 『星湖僿說』, 민족문화추진회, 1979

李　瀷, 『星湖全集』, 한국문집총간 198, 민족문화추진회

李家煥, 『錦帶詩文鈔』, 한국문집총간 255, 민족문화추진회

李家煥, 『貞軒瑣錄』, 『近畿實學淵源諸賢集』 二, 성균관대 대동문화연구원, 2002

李晩永, 『才物譜』, 『韓國學古辭典叢書』14, 아세아문화사, 1980

李用休, 『惠寰雜著』, 『近畿實學淵源諸賢集』 二, 성균관대 대동문화연구원, 2002

李裕元, 『林下筆記』, 한국고전번역원

李嘉煥, 『物譜』, 『近畿實學淵源諸賢集』 六, 성균관대 대동문화연구원, 2002

李學逵, 『洛下生全集』 上 · 中 · 下, 아세아문화사, 1985

李學逵, 『洛下生集』, 한국문집총간 290, 민족문화추진회

李學逵, 『物名類解』, 부산대 소장본
張 庚, 『國朝書徵錄』, 『四庫全書存目叢書』 子部 第73冊, 齊魯書社, 1995
張志淵, 『逸士遺事』, 『이조후기여항문학총서』 9, 여강출판사, 1990
丁若鏞, 『茶山詩文集』, 고전번역총서, 1982
丁若鏞, 『與猶堂全書補遺』 二, 경인문화사, 1987
丁若鏞, 『與猶堂全書』, 『한국문집총간』 281, 민족문화추진회
丁學游, 『詩名多識』, 『한국경학자료집성』 81, 성균관대 대동문화연구원, 1995
韓東赫 編, 『西原家稿』, 국립중앙도서관 소장본
韓致奫, 『海東繹史』, 한국고전번역원
『群芳綴英』, 전남대 도서관본
『今古詩選』, 동국대 경주캠퍼스 도서관본
『洛下生稿』, 서울대 규장각본
『洛下生稿』, 연세대 국학자료실본
『洛下生稿』, 일본 오사카부립 나카노시마도서관본
『洛下生集』, 국립중앙도서관본
『洛下詩話』, 단국대 퇴계기념도서관본
『洛下詩』, 한국학중앙연구원 장서각본
『洛下尺牘』, 영남대 도서관본
『茶山詩零』, 고려대 도서관본
『茶山學團文獻集成』, 성균관대 대동문화연구원, 2008
『大東詩選』, 국립중앙도서관본
『東國風雅』, 국립중앙도서관본
『東遊詩』, 고려대 도서관본
『文漪堂稿』, 서강대 로욜라도서관본
『四書問對』, 한국학중앙연구원 소장본
『西原家稿』, 국립중앙도서관본
『新腔』, 임형택 선생 소장본
『申紫霞詩抄』, 경희대 도서관본
『因樹屋集』, 서울대 규장각본
『逸名稿』, 임형택 선생 소장본
『雜詩』, 고려대 도서관본
『增補海東詩選』, 국립중앙도서관본

『秋樹根齋集』, 버클리대 동아시아문고본
『秋樹根齋初稿選』, 버클리대 동아시아문고본
『八家精華』, 성균관대 존경각본
『平昌李氏大同譜』 上·下, 平昌李氏大同譜所, 1978
『平昌李氏細譜』, 平昌李氏大宗會, 平昌李氏大同譜編纂委員會 編, 2005
『匏華屋集』, 계명대 도서관본
『匏花屋集』, 단국대 퇴계기념도서관본

2. 국내 논문

강만길, 「開城商人硏究 - 朝鮮後期 商業資本의 成長」, 『한국사연구』8, 한국사연구회, 1972
강혜선, 「국화를 좋아한 문인들」, 『나홀로 즐기는 삶』, 태학사, 2010
고연희, 「정약용의 화훼에 대한 관심과 화훼시 고찰」, 『동방학』제7집, 한서대부설 동양고전연구소, 2001
김남형, 「星湖의 創作論」, 『한문교육연구』 제9호, 한국한문교육학회, 1995
김동준, 「소론계 학자들의 자국어문 연구활동과 양상」, 『민족문학사연구』 35, 민족문학사학회, 2007
김명순, 「기속시의 성격과 조선후기의 양상」, 『동방한문학』 33, 동방한문학회, 2007
김성진, 「조선후기 소품체 산문 연구」, 부산대 박사논문, 1991
김승룡, 「심원자 한재렴의 학문과 문학에 대하여」, 『동양한문학연구』 22, 동양한문학회, 2006
김영진, 「朝鮮後期의 明淸小品 수용과 小品文의 전개 양상」, 고려대 박사학위논문, 2003
______, 「버클리대 아사미문고 소장 『五家詩摘句』」, 『고전과 해석』 창간호, 고전문학한문학연구학회, 2006
김채식, 「이규경의 『오주연문장전산고』 연구」, 성균관대 박사학위논문, 2008
김철범, 「이학규의 금관기속시」, 『문화전통논집』 2, 경성대 부설 한국학연구소, 1994
김하라, 「낙하생 이학규 서간문의 自己敍事的 특성」, 『민족문학사연구』 제27호, 민족문학사학회, 2005
남재철, 「菊圃 姜樸의 시세계와 세시기속시」, 『한문학보』 13, 우리한문학회, 2005
류화송, 「이학규의 「聲韻說」 小考」, 『우리말글』 34, 우리말글학회, 2005

문창로, 「조선 후기 실학자들의 삼한 연구」, 『한국고대사연구』 62, 한국고대사학회, 2011
박용만, 「18세기 安山과 驪州李氏家의 文學活動」, 『한국한문학연구』25집, 한국한문학회, 2000
______, 「18세기 星湖一門의 한시 창작에 관한 일고찰」, 『국제어문』 26집, 국제어문학회, 2002
박정애, 「17~18세기 중국 山水版畫의 형성과 그 영향」, 『정신문화연구』제31권 제4호, 한국정신문화연구원, 2008
박준호, 「혜환 이용휴 문학 연구」, 성균관대 박사논문, 1999
박혜숙, 「이학규의 악부시와 김해」, 『한국시가연구』 6집, 한국시가학회, 1998
배규범, 「잡체시의 범주와 현황」, 『대동문화연구』 53, 성균관대 대동문화연구원, 2006
백원철, 「낙하생 이학규의 생애와 문학」, 『한국한문학연구』 제6집, 한국한문학회, 1982
______, 「낙하생 이학규의 유배지역에서의 위치와 역할」, 『공주사대논문집』 제23집, 공주사범대학, 1985
______, 「낙하생과 자하의 문학적 교환」, 『한문교육연구』 제1호, 한국한문교육학회, 1986
______, 「낙하생과 다산의 동인적 결속과 실학사상의 전개」, 『공주사대논문집』 제26집, 공주사범대학, 1988
______, 「금관기속시 연구」, 『한국한문학연구』제13집, 한국한문학회, 1990
______, 「이학규 한시에 있어서의 민요수용」, 『국어국문학논총』, 1990
______, 「낙하생 이학규의 시 연구」, 성균관대 박사학위논문, 1991
석진주, 「이학규의 영남악부 해동악부 연구」, 고려대 석사학위논문, 2004
손혜리, 「研經齋 成海應 散文의 研究」, 성균관대 박사학위논문, 2004
신성란, 「藹春 申命衍의 繪畫」, 『미술사연구』 21, 미술사연구회, 2007
신익철, 「茶山과 다산학단의 菊影詩 창작과 그 의미」, 『한국실학연구』16, 한국실학학회, 2008
______, 「한겨울 매화를 탐하다」, 『한국학 그림과 만나다』, 태학사, 2011
심경호, 「서정 자아의 근대적 변모와 그 한계 – 낙하생 이학규의 한시를 중심으로」, 『한국학보』 제25집, 일지사, 1981
______, 「한국 類書의 종류와 발달」, 『민족문화연구』 47, 고려대 민족문화연구소, 2007
안대회, 「이용휴 소품문의 미학」, 『한국학논집』34집, 한양대 한국학연구소, 2000

______, 「상상 속의 정원」, 『문헌과 해석』 통권 16호, 문헌과해석사, 2001
______, 「한국 蟲魚草木花卉詩의 전개와 특징」, 『한국문학연구』제2호, 고려대 한국문학연구소, 2001
______, 「망상에 관한 사유」, 『문헌과 해석』 통권 19호, 문헌과해석사, 2002
______, 「이학규의 소품문」, 『現代詩學 – 한문으로 쓰는 고전산문⑮』, 현대시학사, 2004
______, 「이수광의 지봉유설과 조선후기 명물고증학의 전통」, 『진단학보』 98, 진단학회, 2004
______, 「평양기생의 인생을 묘사한 小品書 『綠波雜記』 연구」, 『한문학보』 14집, 우리한문학회, 2006
______, 「城市全圖詩와 18세기 서울의 풍경」, 『고전문학연구』 35, 한국고전문학회, 2009
염정섭, 「18세기 家蔘 재배법의 개발과 보급」, 『국사관논총』제102집, 국사편찬위원회, 2003
윤승준, 「筆寫本 『秋雲茶集』의 資料的 價値」, 『동양학』 47, 단국대학교 동양학연구소, 2010
이가원, 「物譜와 실학사상」, 『인문과학』 5, 연세대 문과대학, 1960
이강옥, 「김해 여성과 이학규의 시세계」, 『고전여성문학연구』 12, 고전여성문학회, 2006
이국진, 「이학규의 현실인식과 시세계」, 고려대 석사학위논문, 2005
______, 「이학규 영물시 연구」, 『대동한문학』29, 대동한문학회, 2008
______, 「이학규 한시의 표현기법과 미적 특질 연구」, 고려대 박사학위논문, 2010
이덕희, 「물명어휘집의 의미적 체계」, 『우리말연구』 19, 우리말학회, 2006
이예성, 「沈師正의 山水畵 硏究」, 『美術史學』 12, 한국미술사교육학회, 1998
이우성, 「李朝後期 近畿學派에 있어서의 正統論의 展開」, 『역사학보』제31집, 역사학회, 1966
______, 「『近畿實學淵源諸賢集』 해제」, 『近畿實學淵源諸賢集』, 성균관대 대동문화연구원, 2002
이종묵, 「이응희가 시로 쓴 백과사전 〈萬物篇〉에 대하여」, 『국문학연구』 16, 국문학회, 2007
이지양, 「18세기의 '眞' 추구론과 성령설」, 『한국한문학연구』 24, 한국한문학회, 1999
이현일, 「자하시 연구」, 성균관대 박사학위논문, 2006

______, 「우촌 남상교 시 연구」, 『한국한문학연구』 42, 한국한문학회, 2008
이혜순, 「한국악부연구(I)」, 『한국문화연구원논총』 39, 이화여대, 1981
임형택, 「『洛下生全集』 해제」, 『洛下生全集』, 아세아문화사, 1985
정 민, 「18, 19세기 문인 지식인층의 원예취미」, 『18세기 조선지식인의 발견』, 휴머니스트, 2007
정승혜, 「낙하생 이학규와 『물명유해』」, 『문헌과해석』 38, 문헌과해석사, 2007
정우봉, 「이학규의 문학론 연구」, 『한국한문학연구』 12, 한국한문학회, 1989
______, 「『近畿實學淵源諸賢集』 해제」, 『近畿實學淵源諸賢集』 2, 성균관대 대동문화연구원, 2002
______, 「낙하생 이학규의 산문세계」, 『한국실학연구』 6, 한국실학학회, 2003
______, 「이학규 산문의 내면 풍경」, 『문헌과해석』 38, 문헌과해석사, 2007
정은주, 「낙하생 이학규의 산문에 관한 연구」, 성균관대 석사학위논문, 2005
______, 「실학파 지식인의 물명에 대한 관심과 『物名類解』」, 『한국실학연구』 17, 한국실학학회, 2009
______, 「洛下生 李學逵 文學의 變貌 樣相 硏究」, 성균관대 박사학위논문, 2011
______, 「조선 후기 家蔘 재배와 『蔘書』」, 『한국실학연구』 24, 한국실학학회, 2012
정은주 · 정은진, 「동빈문고 소장본 『洛下尺牘』 고찰」, 『民族文化論叢』 64, 영남대학교 민족문화연구소, 2016
정은진, 「근대적 일상의 탐구와 기록정신 – 이가환의 『정헌쇄록』 해제」, 『민족문학사연구』 31, 민족문학사연구소, 2006
______, 「善息齋 鄭持淳의 書論」, 『한문교육연구』 32, 한국한문교육학회, 2009
조창록, 「楓石 徐有榘에 대한 한 硏究 – '林園經濟'와 『樊溪詩稿』와의 관련을 중심으로」, 성균관대 박사학위논문, 2002
진인권, 「신유사옥에 관한 연구」, 성균관대 박사학위논문, 1986
진재교, 「19세기 箚記體 筆記의 글쓰기 양상」, 『한국한문학연구』 36, 한국한문학회, 2005
______, 「실학에서의 한시, 한시에서의 실학」, 『한국실학연구』 18, 한국실학학회, 2009
차미애, 「中國 花鳥畵譜의 類型과 系譜」, 『미술사논단』 제22호, 한국미술연구소, 2006
차수정, 「朝鮮後期 人蔘貿易의 展開過程 – 18세기초 蔘商의 成長과 그 영향을 中心으로」, 『북악사론』 1, 북악사학회, 1989
한영규, 「식민지시기 한국 漢詩選集의 존재상과 문학사적 의의 – 柳栢榮 編 『八家精華』(1939)를 중심으로」, 『東洋古典硏究』 64, 동양고전학회, 2016

한영규 · 정은주, 「이학규의 「城市全圖詩」 창작 배경과 그 특성」, 『한자한문교육』 29, 한국한자한문교육학회, 2012

한정희, 「조선 후기 회화에 미친 중국의 영향」, 『미술사학연구』 206, 한국미술사학회, 1995

______, 「18~19세기 正統派 畵風을 통해 본 동아시아의 회화교류」, 『미술사연구』 22, 미술사연구회, 2008

홍윤표, 「18,9세기의 한글 類書와 實學」, 『동양학』 18, 단국대 동양학연구소, 1988

______, 「유희의 『물명고』」, 『어문연구』108, 한국어문교육연구회, 2000

황수연, 「17세기 祭亡室文과 祭亡女文 연구」, 『한국한문학연구』 제30집, 한국한문학회, 2002

3. 국내외 저서

강만길, 『韓國近代史』, 창작과비평사, 1984

강명관, 『조선시대 문학예술의 생성 공간』, 소명출판, 1999

국사편찬위원회, 『한국사』 33, 1997

금동현, 『조선후기 문학이론 연구』, 보고사, 2002

금장태, 『조선후기 儒敎와 西學』, 서울대학교 출판부, 2003

김상홍, 『한국한시론과 실학파문학』, 계명문화사, 1989

김용섭, 『조선후기농학사연구』, 일조각, 1971

김택영 저, 김승룡 편역, 『송도인물지』, 현대실학사, 2000

김학성, 『韓國近代文學史의 爭點』, 창작과비평사, 1990

박병출, 『시인, 김해를 그리다』, 김해문화재단, 2009

박종채 저, 김윤조 역주, 『역주 과정록』, 태학사, 1997

백원철, 『낙하생 이학규 문학연구』, 보고사, 2005

서유구 저, 노평규 · 김영 역, 『임원경제지』, 소와당, 2010

서종태 · 한건 편, 『조선후기 천주교신자재판기록: 推案及鞫案』, 국학자료원, 2004

송재소 외, 『이조후기 한문학의 재조명』, 창작과비평사, 1983

송재소, 『한국한문학의 사상적 지평』, 돌베개, 2005

심경호, 『한문산문의 미학』, 고려대학교 출판부, 1998

안대회, 『18세기 한국한시사 연구』, 소명출판, 1999

______, 『벽광나치오』, 휴머니스트, 2011

원재린, 『조선후기 성호학파의 학풍 연구』, 도서출판 혜안, 2003
유봉학, 『조선후기 학계와 지식인』, 신구문화사, 1998
이가원, 『李家源全集』, 정음사, 1986
이가환 저, 조남권 · 박동욱 역, 『이가환 시전집』, 소명출판, 2009
이병태, 『金海地理志』, 김해문화원, 1991
이성무, 『조선시대 당쟁사』, 동방미디어, 2000
이순지 저, 김수길 · 윤상철 공역, 『天文類抄』, 대유학당, 1998
이옥 저, 실시학사 고전문학연구회 역, 『역주 이옥전집2』, 소명출판, 2001
이용휴 저, 조남권 · 박동욱 역, 『혜환 이용휴 시전집』, 소명출판, 2002
이용휴 저, 조남권 · 박동욱 역, 『혜환 이용휴 산문전집』, 소명출판, 2007
이용휴 · 이가환 저, 안대회 역, 『나를 돌려다오』, 태학사, 2003
이우성, 『한국의 역사상』, 창작과비평사, 1982
이철성, 『조선후기 대청무역사 연구』, 국학자료원, 2000
이학규 저, 정우봉 역, 『아침은 언제 오는가』, 태학사, 2006
이희목, 『이건창 문학연구』, 성균관대 출판부, 2005
임형택 편, 『(李朝後期)閭巷文學叢書』 九, 여강출판사, 1986
임형택, 『한국문학사의 시각』, 창작과비평사, 1984
______, 『실사구시의 한국학』, 창작과비평사, 2000
______, 『한국문학사의 논리와 체계』, 창작과비평사, 2002
장지연, 『逸士遺事』, 태학사, 1982
정 민, 『18세기 조선지식인의 발견』, 휴머니스트, 2007
정석종, 『조선후기의 정치와 사상』, 한길사, 1994
정학유 저, 허경진 · 김형태 역, 『시명다식』, 한길사, 2007
조재성 외, 『인삼재배』, 선진문화사, 1998
진재교, 『이조후기 한시의 사회사』, 소명출판, 2001
최윤 외, 『낚시물고기 도감』, 지성사, 2000
한양대 한국학연구소 편, 『19세기 조선지식인의 문화지형도』, 한양대 출판부, 2006
허경진, 『낙하생 이학규 詩選』, 평민사, 1998
허필 저, 조남권 · 박동욱 옮김, 『허필 시전집』, 소명출판, 2011

葛路 저, 강관식 옮김, 『중국회화이론사』, 돌베개, 2010
顧炎武, 『日知錄 集釋』, 臺灣中華書國, 1984

大木康 저, 노경희 역, 『명말 강남의 출판문화』, 소명출판, 2007
袁宏道 저, 심경호 · 박용만 · 유동환 역주, 『역주 원중랑집』5, 소명출판, 2004
陳必祥 저, 심경호 역, 『한문문체론』, 이회출판사, 2001
坂上登 · 加藤忠懿 저, 『朝鮮人蔘耕作記 · 和漢人蔘考』, 농촌진흥청, 2009
胡正言, 『十竹齋書譜大全』, 京都書院, 1977
Baker Donald 저, 김세윤 역, 『조선후기 유교와 천주교의 대립』, 일조각, 1997
Elman, Benjamin 저, 양휘웅 역, 『성리학에서 고증학으로』, 예문서원, 2004
James Cahill 저, 조선미 역, 『중국회화사』, 열화당, 2002
R. Kent Guy 저, 양휘웅 역, 『사고전서』, 생각의 나무, 2009

정은주

서울 출생. 성균관대학교 한문학과 및 동 대학원을 졸업하고「낙하생 이학규 문학의 변모 양상 연구」로 박사학위를 받았다.
주요 논저로「실학과 지식인의 물명에 대한 관심과『물명류해』」,「19세기 성호학파 문인의 문물 고증과 기록,『동사일지』」,『철로 위에 선 근대지식인』(공역) 등이 있다.
조선후기 한문학에 대한 관심을 견지한 채 근대시기로 연구 분야를 확장 중이다.
현재 성균관대학교 강사이다.

낙하생 이학규 문학의 심층 연구

2020년 4월 3일 초판 1쇄 발행

지은이 : 정은주
펴낸이 : 김병환
펴낸곳 : 학자원
주　소 : 서울시 강동구 천호대로 1121
전　화 : 02) 6403-1000
팩　스 : 02) 6338-1001
E-mail : hakjaone@daum.net
등　록 : 2011년 3월 24일 제2011-14호

ISBN 979-11-6247-174-6 93810

값 30,000원